金成奎著

宋代の西北問題と異民族政策

汲古書院

目次

第五章 宋代における熟戸の形成とその對策——蕃兵制研究の基礎として—— 159

第八章　北宋後期の蕃兵制

269

はしがき

中國史が唐宋の間に大きな變革を經驗していたとき、それとほぼ同じ時代に東アジアの世界全體もその構造を大きく變化させていた。このことは「唐宋變革」と共に早くから指摘されており、今や學界の「定説」になった觀がある。とすれば、唐宋變革はそれが中國史内部で自生的に起きた側面が多いとはいえ、廣く東アジア全體の規模で起きた變化の一部であり、そのより深い理解のためにも東アジア全體の問題と切り離しては考えられない所があるように思われる。

だが、そのような宋代東アジアの變化が具體的にどのような内容や構造をもっているのか、今のところそれに對する學界の答えは、まだ十分に用意されていないように思われる。その原因の一つは、まずこの時代に新たに生起していた數々の新事態に關する分析が未だ充分に行われていないことにあろう。しかし、それと同時にそうした分析で明らかにされた事實をいくら積み重ねても、そのままでは必ずしも全體的な歴史像の復元に結びつかず、そこには總合化の手法がまた必要とされるのである。すなわち、宋代の國際關係に關する問題は、主として秦漢から隋唐時期までを對象としてこれを册封體制と捉える西嶋定生氏以來の研究[1]、あるいは主に明代以降近代までを分析の對象としてそれを朝貢體制と論ずる濱下武志氏などのそれ[2]と比較すると、現在いま一つ低調であるように思え、その體系的な總合化を缺くように見える。恐らくそのためもあって、いま擧げた册封または朝貢論者側からは、宋代東アジアの國際關係の特徴の一つを、「朝貢關係が統屬關係として機能せず、むしろその停止あるいは政治的・軍事的な對抗關係の立場」にあると概論するに止まっている。[3]しかしその歴史の實態については、この時代の專家による具體的な檢討と分析が待たれる狀況にあることは言うまでもない。

ただし、それにもかかわらず、宋代東アジア世界において、從前よりかえって活潑かつダイナミックな國際關係が生起していたことは周知の事實である。そして、この點に着目した、幾つかの注目すべき論點も既に出されている。問題はいま述べたように、そのような論點と關わる諸事實をさらに具體的に檢討・分析する作業と、そこから全體像を體系化することにあろう。

すでに提出された論點の一つは、この時代に契丹（遼）を始めとする周邊諸「民族」が新しく出現することによって、從來の東アジアの國際秩序が大きく變わったということである。たとえば、宮崎市定氏は契丹の出現によって齎された宋朝との對等外交を、「けだし東洋史上にかつて見ざる現象であり、かくのごとき存在の出現が東洋近世史の一特徵をなしている」[4]と位置付けられた。契丹王朝の出現によって、中國と周邊民族との關係はまず大きく變わったのであり、兩國では從來のように一方が他方を一方的に册封するような關係が消滅したことを始め、大小の各種の外交問題においてもその及ぼす影響の並々ならぬことは贅言を要しない。

また、契丹の登場は宋の對西夏政策にも決定的な變數として作用した。契丹の場合と同じく、西夏の建國もこの時代に流行した「民族主義」の高まりによるものと言われるが、[5]西夏の獨立は一方では宋と契丹の勢力關係を巧妙に利用した結果でもあった。西夏が李繼遷時代からその建國以降に及ぶまで、引き續き宋と契丹から同時に册封を受けたことはまさしくそのためであった。また、慶曆年間（一〇四一～四八）などに起きた宋・契丹・西夏三國間のダイナミックな外交も、かかる西夏の立場とそれをめぐる宋・契丹の兩宗主國間の微妙な立場を同時に反映するできごとであった。[6]西夏は建前上では宋に君臣關係を取ったが、實質は決して屬國ではなく、利害關係によって、これを離脱・復歸するのが常であった。

一方、この頃、韓半島でも新羅の滅亡と高麗の建國という大事件が勃發したが、この高麗の對宋または宋の對高麗政策も契丹の立場を考慮する形を取らざるをえなかった。高麗の積極的な對宋外交にも拘らず、宋がこれを警戒したのは契丹を意識したからであり、高麗も日増しに契丹に壓迫され、宋から契丹への傾斜は止むをえなかった。中國にとって傳統的に最も忠實な册封國であった韓半島の國家でさえ、宋朝との册封關係は斷絕した期間が長く、高麗の宗主國は時により變化したのである(7)。

さらに、中國の西南方面でもベトナムが獨立する歴史的事件があったのが注目に値する。漢代以降、中國王朝の支配を受けていたベトナムでも獨立王朝が誕生したのである(8)。その後、ベトナムの李朝は、熙寧末年頃（一〇七七年前後）には宋朝と衝突して勝利を収める場面もあったが、大勢としては實利を追求して宋朝に朝貢した觀がある(9)。

この他、もう一つの東アジアの重要な成員である日本は、すでに六世紀中期以降から中國の册封を受けていない狀態にあり、それは、以降一五世紀初め足利義滿が日本國王として册封されるまで續く。この間、日本が直接間接に中國文化を攝取したことは事實であるが、特記すべきは日本がまるで「自己完結的な錯覺」を引き起こすほどの「小册封體制」（=小中華）的構造を持っていたということである(10)。それは「太陽系の惑星がさらに小惑星を持つように、册封體制の中に小册封體制が生じる」(11)ものである。ところで、かかる觀點からすると、宋代東アジアではこのような姿が日本以外の國家にもあったように思われる。濱下武志氏は明代以降におけるこれに類似する實體を「サブ（sub）朝貢體制」と命名されるが(12)、その呼び方はともかく、宋代東アジアにおいてそのような構造に準ずるものは日本以外に、契丹はもちろん西夏(13)、そして高麗(14)でも認められるとされている。

このように見てくると、宋代の國際環境は複雜かつ重層的であり、その中には確かに以前までは見られなかった數々の問題が潛められているように思われる。それ故、ここでの課題は、かかる多様な諸國家間の交渉と關係の實體を明らかにし、最終的にはそのような諸關係から成り立つ宋代東アジアの全體像を眺望することであろう。もちろん、今までそうした研究がなかったと言うのではないが、それにしても先述のように殘された問題はまだ多く、宋代を前後する他の時代と比較すれば、全體的な觀點からの研究はなおさら不十分のように思われる。

次に、從來出されたもう一つの論點は、以上と關連して必然的に生じてきたはずの同時代人の世界觀や意識など內面的な側面に關するものである。以上のような當時の嚴しい國際狀況下では、中國人が持っていた從來の世界觀や意識に少なからぬ影響と變化があったことは十分推測される。宋人自らがすでに相對的に低下した自身の位相をよく認識していたようであり[15]、宮崎氏はそのことを「これまた東洋近世史の一特徵として數えることができる」[16]とされる。同氏は特に南宋と金との關係を念頭におき、「こういう時代に成立した朱子學は必然的に强烈な攘夷思想を包含しており、漢民族の國民主義とも言うべきものは南宋時代に入って明瞭な意識形態を取るに至ったことは注意さるべきである」[17]とされている。また、同じくかかる宋人の意識變化は、永嘉學派葉適の華夷論を分析された近藤一成氏の指摘からも檢證される。すなわち、近藤氏は「われわれが中華思想という言葉で想い起こす政治的ダイナミズム、すなわち册封に象徵される、華を中心に夷を含めて作り出す政治秩序への構想がみられなくなり、夷を一個の獨立した對象と把えようにな[18]」ったとされる。

宮崎・近藤兩氏のかかる指摘は、まさしく前述した通りの宋代東アジア世界の狀況變化に對應して、從來の中華思想がもはや維持できる根據を喪失するにしたがって、それに代わって「華夷思想」が新たな世界觀としての位置を占めるようになったことを說明する。つまり、宋代の「夷」は中華の枠から離脫・獨立しようとする段階にあり、その實體を受けて世界觀を再構築したのが華夷思想の要諦であるが、これからはさらに、宋代は「旣存の傳統的諸價値を東アジア國際情勢の新展開という現實によって修正せねばならぬ歴史段階に至っていた」[19]ともいうことができる。

また最近、妹尾達彦氏も「中華」と「華夷」の差異を述べ、兩者間には何よりも他意識に關する相違があると強調された後、「德化・王化による華人の文化の普遍性を強調する中華思想の方は、華夷を包みこむ包括性・普遍性に特徵があり、他者認識自體が稀薄であるのに對し、華夷思想の方は、華人と夷狄の文化の高低差を強調し、對外關係における排他性を特徵とする」[20]とされた。そして、さらに氏は「安史の亂の後、唐朝の統治空間が分割・削減されて、北方遊牧民等の外的壓力の增す八世紀後半以後に至ると、華夷概念が思想・哲學上の重要問題として登場するようになる」[21]とされ、やはり華夷思想が異民族の興起と密接な關係があることを指摘しつつ、やがて中國人の思想面でも重要な比重を占めることを言及されている。以上のように、宋代以降大きく變わった東アジアの國際狀況は、諸國家間の力關係に變動をもたらしつつ、それに表裏して中國人の思想にも決定的に作用していたと言える。

さて、そうだとすれは、かかる變化は、成り行き上觀念的な領域に止まらず、現實的なところにも必ず波及して、やがて具體的な形をとって現れるはずである。そしてその一つこそ、この時代に盛んに起きた國境問題であり、民族問題であったと思われる。つまり、華夷思想という理念は、現實的には國境と民族などをもって他者と自己を具體的に區別していたはずである。それに加え、この時代には中國以外の民族側でも民族主義が強く現れていたのは、すでに學界の通說である。そのため、早くから宋代、廣く言って九〜一三世紀は民族主義時代として把握されており、その中で宋代に外交問題として國境問題が起きていたこともすでに指摘されている。

ただ、この場合、民族と國境概念は近代國民國家（nation-state）の形成とともに創られたものであり、そうした概念を近代以前のものと同じ範疇の中で論じることの不適當さが、妹尾達彦氏から指摘されている。[22]氏は嚴密な意味で、前近代中國においては國境と國民の存在がないとされているようである。確かに、傳統中國では、安部健夫氏が

「要するに、最小のところ主權と人民と領土、それらの三者をその不可缺的な構成要素とするステートの觀念、あるいは、名稱は何であろうと實質上それに相當する觀念はなかったのだといわれる」[23]と、整理される如くである。とすれば、その實體はどうであれ、事實上今日とさほど差異のないもののように見える、宋代の「國境」や「民族」をめぐる外國との紛爭はどのように解釋されなければならないのであろうか。ここで注意したいのは、安部氏が先の引用文に續けて次のように述べられることである。

もちろんこれは一般論としてでもそうだと言うのであって、特殊論としてならそうだというのではない。すなわち、ここで問題になるのは決して、シナことに近代のシナが、ヨーロッパ流の「近代國民國家」……の標尺では測りきれぬことではない。……いや特殊といえば、「國家」の不可缺的な構成要素を主權・人民および領土の三者とみること自體、じつのところ直接には「近代的」「歐米」諸國家の現實的なありかたから歸納されたものにすぎない。おなじ西歐的な國家のうえにさえ、中世や古代にまで遡ると、例えば「領土」の觀念が少なくとも表面じよう缺けるかボヤけるかしていて問題の「國家」には妥當しそうにないものもあり、したがってそれは、見かけがそうであるほどには實質上一般的な定義ではない。これを理解の標尺にとることも、嚴密にはやがて、問題を特殊な觀點からみることになるのかも知れない。ただ常識的に考えると、ある支配の關係がある支配の場所において「國家」として成立するためには、一般的にも最少限度例の三つの要素ぐらいはこれを必要としたとみていい。

安部氏は前近代中國で「國家」と、それを構成する要素としての主權・人民および領土（國境）の三者が、いずれも存在しないように見えるのは、その有無を決定する尺度がヨーロッパ＝一般論であったためだと批判された後、中國でもそれらしきものが事實上あることを認めているように見られる。それは同氏が、かかる問題提起から出發して、結局國家を否定しているように見られた中國の「天下」觀念が、實質的には中國史の展開の中では「國家」的な意味を含蓄していることを明らかにしていることから分かる。(24) かかる觀點からすると、傳統中國で近代以降に生じてきたような概念の「民族」と「國境」がなかったことはむしろ當然なことであるが、しかしそれに準ずる他者と自己を辨別する範圍としての「國境」と人々としての「民族」は存在していたと言えよう。現に、今の政治地理學などでは、前近代中國の中華思想下でも國境はあったとみている場合がある。(25) また、先述した宮崎・近藤兩氏の場合においても、その概念規定は行われていないものの、その言説の中で使われている「國民主義」「ナショナリズム」などの言葉からは、限りなく近代的なニュアンスが感じ取られる。私は妹尾氏の言われるような嚴密な意味でのものを主張するのではないが、少なくとも宋代以降では自分の領土と人を前代より強く確認・確保しようとする大勢のなかで、國と國の間の境としての「國境」と、その内側に置いて支配を貫徹しようとする人としての「民族」はあったとみたい。そして、それが果たしてどういうものであったかを知るためにも、それらをまずありのまま究明することが重要であると思う。

私はいまそれを便宜上「國境」と「民族」と呼ぶことにするが、宋代にはこれらをめぐって東アジア諸國の利害が大きく交叉していることに注目する。まず、國境問題は宋代に意外に盛んに發生しており、この王朝と境を接している殆どの國との間でそれが起きている。例えば、北宋時代に限ってみても、契丹と少なくとも二回の交渉があったのを始め、西夏とは五回以上で最も多く、さらにベトナムとの間でも少なくとも一回起きている。(26) そして、その際においては各種の付隨的な外交問題も伴われている。また、宋代の邊境では民族問題も常に起きている。これは諸種の異民族が雜居する宋代の邊境を介して、その人口數が稀薄なためその誘致に努める近隣國家の利害と、そこの異民族を別の目的で利用しようとする一方の宋朝の利害との衝突、という仕組みでみることができる。宋人には「侵爭の端は常に地界の不明に因る」[27]と斷言して、宋代邊境問題の一大原因を指摘するが、その説明の裏には國境の他に民族の問題も絡んでいることを看過してはならない。このように宋代の國境問題と民族問題は不卽不離であり、これらは宋代外交問題の一つの鍵をなすように思われる。本書が國境と民族の問題を取り上げたことは以上のような觀點からである。

ところで、本研究では考察の重點を西夏と境を接する西北方面に置きたい。それはこの地域でむしろ契丹よりも國境と民族をめぐる問題が活潑に起きており、それを觀察するのに便利だと思われるからである。さらに、周知のごとく宋朝（北宋）が當面した諸民族は、契丹（遼）であり、西夏（タングート＝黨項）であり、女眞（金）である。宋は女眞によって滅ぼされ、また契丹は宋に對等の關係を要求する實力を持つ强敵であった。しかし、宋が金と本格的な關係を持ちはじめるのは北宋の末頃からであり、また契丹とは「澶淵の盟」締結を境に凡そ緩慢な關係へと變わっていく。しかしこれに對し、西夏は國の初めから次第に實力を增し、終始一貫宋朝を苦しめ、その對策に惱まされ續けた宋代史上の難敵であった。つまり、西夏は宋朝にとって最も長くかつ活潑な接觸を保った國であり、そこから先述した「東アジアの國際情勢の新展開」という事象＝國境・民族問題が、西夏と境を接する西北地方を軸に動いていたと言えるのである。

そこでまず、本書では場所を西北地域に絞り、宋・西夏間の國境交渉と國境の實體について考えることを課題の一つとしたい。ただ、この兩國の國境交渉はすでに觸れたごとく五回以上に及んでいたと思われるが、そのうち交渉の展開過程を史料的にある程度追えるものは、慶曆（一〇四一～四八）、熙寧（一〇六八～七七）、元祐年間（一〇八六～九三）の三件である。したがって、本書では特にこれら三つの事例が檢討の主な對象となる（本書の第二・第三・第四章）。またその際、本書ではもう一つ、かかる交渉の分析に先立って、宋代國境の一般的なあり方を契丹を含めて全體的に眺望する試みも行ってみた（本書の第一章）。それは宋代の國境に關する問題をせっかく取り上げるのであるから、その基本問題を一應全體的に整理しておきたいことと、さらにそれを踏まえたうえで宋・西夏の國境交涉を考えることが理解の助けになると思うからである。從來、宋代の國境問題については、契丹との間の問題が一部取り上げられているに過ぎず[28]、特に西夏方面、またそれに西夏・契丹を合わせた全體的な國境問題の性格などの分析は殆ど行われていない。

次に、西北地域の民族問題に關しては、大きなポイントとなるのが所謂熟戶と生戶の問題である。これは宋朝が自己への「內屬」の有無をもって區別して稱したものであるが、このうち熟戶は「邊事の作るは未だ熟戶に因らざる無し[29]」と言われたように、特に宋朝の邊境、そして問題の性格上、西夏や西蕃（チベット方面の藏族政權）の間でも問題となっている。要するに、これは宋代の邊境地域でその歸屬の曖昧さで近隣の國々と紛爭の種になっていた問題であり、この點から、前の國境問題と合わせて考察すべきものである。從來は、この問題についての研究も充分にはなされていない。日本でのそれは皆無の狀態に等しく、中國では近年李埏、安國樓氏らによる論文が出されたが[30]、熟戶の內屬の樣態などその具體的實相についてはなお考究すべき餘地があるように思われる。本書の第五章はそのような熟戶の形成過程とそれに對する宋朝の對策を考えたものである。さらに、熟戶はその多くがいわゆる蕃兵という宋朝の外人部隊に編成され、禁軍の戰力を大いに補いつつあったことも重要である。宋朝の熟戶對策の大きな狙いはまさにここにあった。この蕃兵に關する研究も少なく、最近は先述の安國樓氏が熟戶問題の延長でこれを取り上げられたことがあるが[31]、その解決すべき所はなお多いと思われる。したがって、本書では熟戶問題に續き、第六章では宋代の蕃兵を考えるに先立ち唐代蕃兵制との比較をまず試み、第七から八章にかけては宋代蕃兵制度の形成と發展過程を中心に考えた。

注

（1）この方面に關する代表的な研究史として、『隋唐帝國と東アジア世界』（汲古書院　一九七九）所收、菊池英夫「總說」を擧げておく。
（2）濱下武志「東アジア國際體系」（山本吉宣等編『講座國際政治(1)』國際政治の理論　東京大學出版會　一九八九）、同『近代中國の國際的契機』（東京大學出版會　一九九〇）など。
（3）注（2）濱下前揭論文「東アジア國際體系」五五頁。このような立場は西嶋にも見える。例えば同氏の『岩波講座　世界歷史（4）』（岩波書店　一九七〇）所收「總說」など。
（4）宮崎市定『東洋的近世』（教育タイムス社　一九五〇　のち同『アジア論考・上卷』朝日新聞社　一九七五）第四章「東洋近世の國民主義」。
（5）岡崎精郎『タングート古代史研究』（東洋史研究會　一九七二）第二篇第二章「西夏建國前史の研究」參照。
（6）陶晉生「余靖與宋遼夏外交」（『食貨月刊』一―一〇　一九七二）を參照。
（7）かかる東北アジアの狀況については、田中健夫『中世對外關係史』（東京大學出版會　一九七五）第一章「一四世紀以前における東アジア諸國との關係」など參照。
（8）徐玉虎「宋朝與安南之關係」（『中華文化復刊月刊』四―九　一九七一）、呂士朋「宋代之中越關係」（『東海學報』二二　一九八一）、河原正博『漢民族華南發展史』（吉川弘文館　一九八四）第二編第一章「五代宋初の嶺南とベトナム獨立王朝の成立」など參照。
（9）注（8）河原前揭書第二篇第三章「宋朝とベトナム李朝との關係」參照。
（10）注（7）田中前揭論文參照。
（11）注（1）前揭菊池「總說」。
（12）注（2）前揭濱下論文參照。
（13）西夏は特に李德明以降西方に勢力を擴大しつつ回鶻などの國家を從え朝貢國としている。『西夏書事』卷三六　紹興二三年五月に「畏兀兒居伊州外、見夏國日盛、遣使獻方物」とあり、『松漠紀聞』回鶻條に「甘・涼・瓜・沙舊有（回鶻）族帳、後悉羈縻于西夏」とある。注（5）岡崎前掲書第三編「タングート・ウィグル關係の研究」參照。

（14）例えば奥村周司「高麗における八關會秩序と國際環境」（『朝鮮史研究會論文集』一六　一九七九）參照。

（15）『水心集』卷五　紀綱一一に「天下之弱勢、歷數古人之爲國、無甚於本朝」とある。陶晉生『宋遼關係史研究』（聯經出版事業公司　一九八四）第五章「北宋朝野人士對於契丹的看法」參照。

（16）注（4）前掲宮崎論文第四章「東洋近世の國民主義」。

（17）同右。

（18）近藤一成「宋代永嘉學派葉適の華夷觀」（『史學雜誌』八八―六　一九七九）。

（19）同右。

（20）妹尾達彦「都市の生活と文化」（『魏晉南北朝隋唐時代史の基本問題』汲古書院　一九九七）。

（21）同右。

（22）同右。

（23）安部健夫『元代史の研究』（創文社　一九八一）付錄一「中國人の天下觀念」。

（24）同右。

（25）國松久彌『政治地理學概論』（風間書房　一九五七）第九章「政治的境界」二五四頁。

（26）本書第一章參照。

（27）『長編』卷二二九　熙寧五年正月丁未。

（28）本書第一章參照。

（29）『長編』卷二七三　熙寧九年三月辛巳。

（30）本書第五章參照。

（31）同右。

第一章　宋代國境問題の基本性格と國境の諸相

はじめに

宋代を取り巻く國際状況は非常に嚴しいものであったし、そのため宋朝はその歴史を通じて常に少なくとも周邊諸國のある一國とは必ず對立していた。そして、その緊張關係は宋朝の多方面に影響を及ぼし、例えば、曾我部靜雄氏は宋代の財政を「戰時財政」と規定され、この特殊な状況下で宋代には、「政治・經濟・社會上には、他の時代に見られない特異のものがあった[1]」と述べられる。

そうした特殊な状況は對外的な方面でも見られ、この時代にいわゆる「和議」と呼ばれた諸外國との協定はその一つであろう。そして、この和議でこそ國境が必ず主要な議題として提起されることは注目に値する。したがって、宋代の國境問題は和議體制との關連の中で分析される必要があり、本章ではまず國境交渉の検討に先立ち、この和議の問題を考えることにしたい。

また、本章では國境交渉の検討のためのもう一つの先行作業として、宋代國境の全般的なあり方や特性についても概觀しておく必要を感じる。というのも、本書の第二章以降で検討する西夏との具體的な交渉においても國境の姿は自ずから現れるだろうが、ただしそこではどちらかと言えば、國境をめぐる宋・夏間の交渉に比重がおかれており、その交渉自體の理解のためにも宋代國境の一般的スケッチは必要と思われる。そこで、本章では史料の少ない南方などはさておき、その實體をある程度把握できる西夏や契丹方面、すなわち陝西・河北・河東路などを中心として整理して後の便としたい。

一　宋代外交史上の國境問題

1　和議體制の成立

和議という言葉は唐代からすでにあったが、[2] それが本格的に現れるのは宋代からである。それは和議の意味が、「講和の評議」または「仲直りの相談」を意味する通り、[3] 外國との戰後の仲直り＝和平交渉が宋代になって盛んに行われた現實を反映したからだと思われる。すなわち、具體的に宋朝（北宋）をめぐる外國としては、契丹・西夏・ベトナム・高麗・日本、そして北宋末期の金などがあるが、このうち高麗・日本は、宋と國境を接しておらず、また冊封關係も短期間或はまったく持っていない關係にあるから、[4] これを除き、その外の諸國とは和議を結びあっていたことになる。それに金も宋との本格的關係は南宋以降であるから、結局北宋が活潑な關係を保っているのは契丹と西夏、そしてベトナムであった。そのため、この三國の問題は史書でも「三方の急」[5] とし、宋朝國防上で最も重要な案件であったし、それら諸國との關係はいずれも和議を軸に動いている。つまり、宋代の和議は、その大部分が戰爭のような緊迫した狀態で取り結ばれ、締結時には相互の利害が鋭く對立し、そのため決裂する場合もあったが、しかしいったん成立すると彼此これを守る義務が生じ、違反した場合は相手國の抗議を受けるか、再交渉が行われることもあっ

表Ⅰ　宋夏關係大勢略年表

期間	982～1005	1005～1038	1038～1044	1044～1067	1067～1072	1072～1081	1081～1086	1086～1095	1095～1099	1099～1105	1105～1106	1106～1114	1114～1119	1119～1127
基本關係	對立	和平	對立	和平	對立	和平	對立	和平	對立	和平	對立	和平	對立	和平
關係變化の契機	李繼遷の獨立運動開始	景德和議成立	李元昊の稱帝建國	慶曆和議成立	綏州事件等發生	熙寧和議成立	靈武の役發生	元祐和議交涉開始	元祐和議交涉決裂	元符和議成立	西夏の失地回復運動等	崇寧和議成立	西夏の失地回復運動等	宣和和議成立

た。したがって、宋代外交の基本方向はこの中に示されており、私はこれをかりに和議體制と呼びたい。

そうした和議關係を概觀してみると、まず契丹との間では景德元（一〇〇四）年に有名な「澶淵の盟約」が結ばれている。これは「盟約」と通稱されるが明らかに兩國の和議による結果であり、その盟約文の中には歳幣を始め、以降の兩國關係を規定する基本構造がここに生まれることになったと言える。(6)すなわち、澶淵の盟約以降の宋遼關係史においては「增幣交涉(7)」、「畫界交涉(8)」などが最も大きな爭點であるが、これらの爭點は澶淵の盟約の内容改定などをめぐるところにあったと言えよう。その他、當時の國境を介して宋遼雙方間で常に起きている大小各種の揉め事の裏面にも、多くの場合澶淵の盟約の内容をある一方が破ったという經緯が看取される(9)。

西夏との場合も和議がその關係の基底となっている。特に、兩國は表Ⅰからも明らかなごとく、對立と和平を繰り返す「一戰一和」の關係が著しく、その際「戰」の後に來る「和」の狀態のためには、ほぼ例外なく和議交涉が行われた。そうした交涉は管見の限り七回も見えており（表Ⅰ參照）、その過程で和議が新たに更新されることが多かった。この點は、基本的に澶淵の盟約一つをもって宋遼の關係が貫かれている契丹とは對照的である。またそのため、宋の、西夏との關係は契丹より安定しなかったと言えよう。とは言え、西夏との場合においても、和議の内容が兩國の行動に制約を與えているのは契丹と變わりなく、また兩國間で常存している局地的なトラブルの事情も、その内容を檢討すれば、少なからぬ部分が兩國の邊吏や軍人の和議協定違反からくるものであったことが判る。(10)

最後に、ベトナムとも和議が僅か一回だが締結されている。(11) ベトナムは宋の初め中國から獨立し宋朝とは君臣關係にあったが、暫く兩國間には相互を强制しあう和議は存在しなかった。これは先述した契丹及び西夏とは違って、兩國間に局地的な紛爭はあっても大きな對決はなかったためだと思われる。ところが、この兩國間でも熙寧末年頃ついに大きな軍事衝突が發生し、その後和議が取り結ばれることになる。これによって、兩國の君臣關係を始めとする諸關係が明文化され、外交關係の基底も確立した。(12)

このように見てくると、宋朝は境を接する周邊各國と殆ど和議を結んでいることになり、これも以前の王朝とは異なる宋朝の位相を示すかに思われる。そして、かかる體制の分析は、宋代の外交を考える上で重要な手掛かりを與えてくれるように思われる。

2　和議體制からみた宋代國境問題の基本性格

(イ)和議の内容

和議は、史料にその内容を比較的明確に窺えるものもあれば、そうでないものもある。また、その内容が分かるものは場合によって非常に詳細に及ぶものもあり、その一部については第二章以降の國境交涉を分析する際具體的に紹介する。よって、ここではそうした和議締結文を一一列擧する煩瑣を避け、それらを分析して得た結果としての次表を用いて、國境問題を中心に考えることにしたい。

この表Ⅱを見て分かるごとく、和議締結過程では、誓詔・誓表、歳與（歳幣や歳賜）、交易、捕虜、領土、書界といった、様々な問題が提起される。なおこのうち、(g)と(h)では他の場合と比較して○印（＝協議内容）が少ないが、これはそうした論議がなかったというより、史料の不足でそれが確認されないだけのことだと思われる。

まず、以上に共通することは、誓詔と誓表の相互交換である。この交換は互いに和議を保證し合う、すべての和議の必須條件であった[13]。嚴密に言えば宋と西夏またはベトナムとの間では、後者の方から先に誓表を提出し、その後宋側が誓詔を出すのが原則であり、その反面宋と契丹間では對等という立場が反映され、誓詔という共通の書式をほぼ同時に交わすのが原則であった[14]。したがって、その交換は他の諸懸案が妥結されてから最終的に行われており[15]、それが折り合わなかった際には、和議は決裂し誓詔などの交換もなかった。(e)はまさにそのような經緯を辿っている[16]。

誓詔などの交換に先立ち、その前提として數々の案件が處理されなければならず、これが事實上和議の成否を決する要因となった。まず、經濟的な問題として歳與と交易問題をめぐる交涉があった。歳與は契丹（この場合は歳幣）を

表Ⅱ　宋朝の外國との和議締結において確認できる主な協議內容[17]

相手國	和議名	誓詔	誓表	歳與	交易	捕虜	領土	書界
契丹	(a)澶淵の盟約（一〇〇四）	○	○	○	○	○	○	○（?）
西夏	(b)景德和議（一〇〇五）	○	○	○	○	○	○	
	(c)慶曆和議（一〇四四）	○	○	○	○	○	○	○
	(d)熙寧和議（一〇七二）	○	○	○	○		○	○
	(e)元祐和議（失敗）			○	○	○	○	○
	(f)元符和議（一〇九九）	○	○	○		○	○	○
	(g)崇寧和議（一〇〇六）	○	○				○	○
	(h)宣和和議（一一一九）	○	○					
ベトナム	(i)熙寧和議（一〇七七）	○	○	○	○	○	○	○

始め、西夏やベトナム（これらの場合は歳賜）に大きな利益となったため、その諸國は和議で多額を要求し、その反面宋朝はこれを利用して和議を有利に進めようとする意圖がほぼすべての例から讀み取られる。(18) また、交易も重要な議題であった。當時の三國はいずれも宋朝に制限された數個の交易場しか持てず、日頃宋朝により多い交易の機會を持てる榷場の增設を願い出ていたが、和議交渉はその要望を主張できる絶好のチャンスであった。(19) このように當時の和議では、相手諸國より經濟的な問題が提起され、宋朝はこれを國防と財政の間でバランスよく處理すべきであった。

次に、和議の戰後處理的性格を如實に示すものが捕虜と領土の問題である。これは和議の前に戰爭などによって起こった、人口や土地の歸屬ないし所有權をどのようにすべきかの問題であるが、それには戰爭の結果を一應そのまま認める場合と、それが認められず人口や土地を相手國に移讓する場合とがあった。(20) また、和議文では、和議成立以後發生する逃亡戶などを想定してその引渡しを明記したこともあるが、實際そのような問題はよく起きている。(21)

(ロ)和議體制からみた國境問題の基本性格

以上に加え、もう一つの和議成立の條件となったのが畫界、すなわち國境問題である。とくに、この問題は場合によっては、和議の成否を決するほどの重要性をもっている。それは他の交渉が濟んでも最後まで畫界が解決されなかったが故に、和議の決裂はもちろん戰爭にまで突入する場合があることや、(22) 或はそこまでは行かなくても畫界交渉を有利にするため、歳賜などの政策も隨時變更する宋朝の姿勢(23)から讀み取られる。宋朝と相手國が和議交渉の中で、畫界にこれほど執着を示したのは、少しでも多い領土を獲得しようとする利害の他、その結果次第では相手に對する戰略地理などにも大きな影響が出てくるためであった。

ところで、かかる宋代の國境問題は和議の性格と深い關係を持つものであり、また先に述べたようにその和議が相手國によって多少性格を異にするものだとすれば、國境問題の性格も自ずとそれにしたがって變わってくるものと見られる。

すなわちまず、宋と契丹の間には澶淵の盟約で外交の基調が確定していたのだから、多分國境についても雙方間で何らかの話し合いがあったと推定される。その裏付けとしては「沿邊の州軍は、各々疆界を守る」[24]という盟約文の一部しか擧げられないが、これは兩國間で既存の國境がある程度確認かつ追認されていたものと考えられる。[25]したがって、それ以降はこの線が大きな修正がないまま原則的に守られるようになったと思われる。すなわち盟約以降、兩國の關係に大きな摩擦がなく、和議體制が基本的に守られる中で、國境問題の原點はいつもそこにあったのであり、またそれ故に兩國の國境は比較的安定した形態を維持していたことになる。

ただし、これが兩國間で國境紛爭が全くなかったことを意味するものではない。全面戰爭となるような國家間の大きな紛爭はなかったものの、兩國では民間による局地的な境界紛爭がよく起きている。いわゆる「侵耕」というものがそれで、宋遼間では互いに越境して相手の土地を無斷に占有・耕作して、問題を起こすことが多かった。この問題は後に詳述されるが、このように宋遼間の紛爭は多くの場合民間による侵耕を發端とし、その後そこに國家が介入する形を取っている。煕寧年間に起きた兩國間の最大の國境紛爭である「地界交渉」もかかる形を帶びるものであった。[26]また、「侵耕」という行爲は文字通り耕地を侵占して耕すものであるから、これからは良好な土地を求める人間の動きとか、土地不足という事態が連想される。ただ、宋側のことはさて置き、當時の侵耕は契丹の方がより盛んであったし、したがって遊牧民族である彼らが土地に執着することは一見意外であるが、これは恐らく契丹で農業に従事する漢戸などの特定集團のことのように思われる。[27]いずれにせよ、當時このような紛爭は決して希なことではなく、それは國境線の不明瞭さを反映しているが、かかる紛爭とその調整を經つつ境界は従前より一層明らかとなってきたたはずである。

こうした宋遼間の關係に對し、宋夏間の關係は對照的であった。前者が時を限らぬ局地的な侵耕を主な原因としたとすれば、後者の場合はその大部分が戰爭を經た後で提起される形を取っている。すなわち、先述の通り宋夏間では七回に及ぶ戰爭と、またその戰後處理として和議交涉が進められたが、その過程では戰爭の結果として齎された領土歸屬の變動などを雙方が互いに認め、新しい國境を確定する必要が多くの場合生じていた。そのような國境確定が必要となった地域としては、領土歸屬の變動が生じたところに限られる場合と、時には兩國間の國境全體へ擴大される場合もあった[28]。したがって、このような頻繁な交涉によって宋夏間の國境やはり明確化されていったと見られる。しかし同時に、この場合の國境は宋遼間のそれに比べ、相當不安定な狀態にあったと言えよう。早い周期で繰返される和議の再締結とそれによる國境交涉の更新は、そのまま國境の變化につながっていったからである。とすれば、この場合の國境は、アンセルが「國境は二つの壓力の間の一時的均衡を示す政治的等壓線である[29]」とした、もう一つの國境の屬性を示しているように思われる。つまり、宋夏間のそれは明らかに「均衡－均衡の瓦解－戰爭－新しい國境－力の對立」といった構圖を持っている。このような關係は、本書の第二章から四章にかけての宋夏國境交涉の展開過程を述べるときの基本的背景である。

二　宋代邊境における國境の諸相

では、以上のような國境問題が發生する宋代國境地帶の姿はどのようなものであったのか。ここでは宋朝が外國と交涉を行うに當たり、その現場となった邊境地帶の一般的なあり方を概觀し、國境交涉のための檢討の前提としたい。

その際、本章の冒頭で斷ったように、本書ではその交渉を西夏との場合に限定するが、ここではそうした交渉が行われる西北地域が宋代の他の邊境と比較してどのような狀態なのかを押さえるためにも、西夏方面に限らず契丹方面の狀況も合わせて素描することにしたい。

このように分析の對象を西夏と契丹との接境地帶と定める場合、それは大まかにいって、西方（西夏）から東方（契丹）に向けてまず陝西路一帶を主とする「邊壕地帶」、ここから太行山（恆山）脈以西を中心とする「禁地（兩不耕地）地帶」、さらに恆山山脈以東の「界河・塘濼地帶」に大きく分けることができる。この區分は私の勝手なやり方であるが、以下この三地域のそれぞれの特徵を檢討していく。

1　邊壕地帶――西夏方面における國境のあり方――

宋代の西北地域に對しては、その初期の國境線を設定することは非常に困難かつ曖昧にならざるを得ない。それは西夏の前身の李繼遷の夏州政權[30]が宋朝に「叛附常なら無かった」ために、その態度如何によって宋朝との境界も變わったと考えられるからである。しかし、次第に李繼遷の背宋行爲が明らかとなる[31]にしたがって、夏州などオルドス一帶が事實上外國化したため、兩者の間には少なくとも國防上の必要からも境界線が形成されていったのであろう。そしてその境界線は、大體の兩國の攻防關係から見て、西から陝西路の秦州、鎭戎軍、涇州、原州、環州、慶州、延州などの地域一帶を繫ぐ線と見て大過ないように思われる[32]。

ところで、ここで注意されるのは、いま擧げた多くの地域ではその一帶に塹壕、濠塹、邊壕などと呼ばれる軍事施設が徐々に現れ[33]、この地域の一つの特色となったことである。すなわち、まず李繼遷の對宋反抗が嚴しかった咸平年間（九九八～一〇〇三）の鎭戎軍では、『長編』巻五二　咸平五年九月甲午に、

上謂左右曰、頃有使自鎮戎還言、戎人夜塡長壕、越古長城而入、伏騎城側、而本軍始知。

とあり、また場所は特定できないが、『宋史』巻二五七　李處耘傳にも、

戎人伺警巡弛備、一夕、塞長壕、越古長城抵城下。

とある事態が起きている。これらによれば、鎮戎軍などでは「古長城」[34]の付近に「長壕」があり西夏などの賊を遮断する期待がかけられていたが、しかし賊はそれを簡單に埋めてから「古長城」を越え宋の境内を犯している。ここに見る「古長城」はもちろん「長壕」も宋以前のものであり、宋はその初期には取り敢えずこれらに依存していたようだが、しかしその果す機能は充分でなかったと言える。

そのため、この後、宋朝では新たな防禦體制に迫られたと思われるが、それは宋朝自身の手で自ら新しい邊壕を掘ることである。そして、その作業は當時の西北邊防に最大の功勞者と評價される曹瑋[35]によって精力的に推し進められている。まず、『武經總要』前集　巻一八上　陝西　渭州には、

宋咸平中曹瑋守邊、自州界循隴山而東剏邊壕數百里、頗得守禦之要。

と見え、彼は咸平年間中に、渭州の州界から隴山東側に沿って邊壕を數百里掘っていたとある。ところで、これに似た記事が『長編』巻六〇　景德二年五月癸丑にも見える。[36]

知鎮戎軍曹瑋言、軍境川原夷曠、便於騎戰、非中國之利。請自隴山而東、緣古長城鑿塹以爲限。從之。

この記事は『武經總要』と時期を異にしているため、別の事項を傳えている可能性もあるが、しかしそうなると兩者は大規模な工事がしかも殆ど同一の地域で僅か三、四年の間に連續して行われたことになる。これは恐らくどちらかの編年の間違いのように思われるが、いずれにしても「隴山」から渭州の鎮戎軍を中心とする一帶は宋朝の主要な極邊であり、その一帶に宋朝の丹念な邊防施設が施されたことが伺われる。[37]特に後者の記事によれば、鎮戎軍一帶は

「川原夷曠」にして騎戰に便利で、相對的に宋には不利であるから、それに對處する戰略の一環として塹壕が掘られていたのである。また、そのような塹壕は、もはや頼れなくなっていた先述のかつての「古長城」ラインが目安となって、恐らくその内側に掘られたように見られる。

さらに、曹瑋の邊壕開掘は右の地域に止まらず、彼が赴任する邊境の殆どで行われたようである。すなわち、今度は『長編』巻八六　大中祥符九年四月丙戌に、

　曹瑋言、縁邊舊無濠塹、致蕃部屢有侵略。今規度自永慶（寧?）寨西城掘壕塹至拶囉咙、凡五十一里。已召集廂軍・寨戸赴役、二十二日而畢。

とあって、秦州一帶でも五一里（約二八km）に及ぶ長い邊壕が作られている。ここでも彼が赴任する前までは防禦施設がなかったため、積極的にそれが造營されるようになった。また、この場合の作業には廂軍などが動員され二十二日がかかったとあるが[38]、ちなみに『東都事略』巻二七　曹瑋傳に、

　塞下諸塹皆以一丈五尺、爲深廣之阻山險不可浚者、止使治峭絶而已。

とあり、また『五朝名臣言行錄』巻三　曹瑋傳にも、

　開邊濠、率令深廣丈五尺。

とあることから、邊壕の規模を知ることができる。つまり、塞下の諸塹＝邊壕は深さ廣さ共に一丈五尺（約四・五ｍ）にもなっており、その工事中には山などの険しい地域も含まれていた。このように見てくると、少なくとも曹瑋が縁邊に滯留する間、相當な長さの邊壕が新設され、そうした諸地域ではいわば「邊壕地帶」と稱すべき防禦ラインが構築されつつあったことになる[39]。

ところで、かかる邊壕地帶の本來の使命が軍事的なところにあったことは言うまでもないが、それらは宋夏間でや

がて國境としても認知されていったと考えられる。もちろん最初の邊壕開掘は宋側の一方的なものであり、相手側の合議を前提としたものではないが、互いに對峙している状況の中で邊壕に兩者を區分する境界的意味が持たされていたことは否定できないであろう。そして同時に、そこからは『長編』巻七一　大中祥符二年三月己卯に、

環慶都鈐轄曹瑋發兵開浚慶州界壕塹、趙德明移牒鄜延路鈐轄李繼昌言其事、蓋德明多遣人齎違禁物、竊市於邊、間道而至、懼壕塹之沮也。

とあるような作用や效果も齎されている。これによって曹瑋が邊壕造りを慶州方面にまで推し廣げていたことが分かるが、その作業は同時に西夏が從來宋朝に無斷で行われていた密交易をも抑制する效果、すなわち邊壕が單なる防禦機能を越え、物流を調節する國境の他の機能も果たしていたと言える。[40] ちなみに國境政治地理學では、そのような城壁や水濠のような舊時代の防禦境界を「リメス境界」（Limes Grenze）と稱している。つまり、リメスは元來畑地間を區分する小規模の横斷道路及び畝を意味し、「このリメス樣式が漸次境界線として轉用せられ、標識畝（堤防）等より構築せられた境界城壁（Boundary wall）となり、各々要塞施設を伴う境界線となった」[41]。この點を考慮すれば、宋代西北地帶の國境は廣い意味でリメス境界の一タイプに屬すると言えないであろうか。宋代の緣邊にも邊濠近くに多數の堡寨などの城壁が作られており、[42] しかもその建設は『文莊集』巻一四　陳邊事十策に、

沿邊小寨、多是曹瑋建置。

とあるように、邊壕を多く掘り續けていた曹瑋によるものであった。また周知のように、女眞の金朝も蒙古や宋などへの防禦のために、緣邊に「界壕」なるものを大々的に開設している。[43] 宋代西北地域の邊壕はこの界壕を思い浮かばせる。

宋代西北地域の國境は、當初は以上のような狀態にあって、それがやがて西夏との「交渉された相互的協定」とい

う國境成立の條件を滿たして正式に成立するものだと考えられる。そうした交渉のやりとりは本書の第二章以降で述べる通りであり、その交渉の結果、邊壕地帯には從來見えなかった「界堠」や「封堠」などの境界標識の付帶施設も現れてくる。宋代の國境はこれらのものが付け加えられ、國境の景觀を飾っていたと言えよう。

2　禁地地帯——對契丹方面における國境の一形態——

次に以上に續く河東路以東の地域について考えてみたい。この地域は西の方からすると、その一部が西夏と契丹に同時に境を接する麟府路（麟・府・豐州など）、そして專ら契丹と接する河東路や河北路を含む廣大な地域である。この長い邊境地帯は、今日でも山東と山西省を分かつ自然的境界をなす太行山脈をもって、その東西の地理ないし地形的性格が著しく異なっていることに注意したい。このことについては、つとに松井等氏などの詳しい考證があり、同氏はそうした地形の差が、宋朝からすれば對契丹防備、一方の契丹からすれば對宋攻擊のための戰略などにも決定的な影響を與えたとされ、太行山脈以西の「西方地區警戒線は、…東方地區警戒線に比して、距離稍々長しと雖、警戒正面は、南北の交通困難なる山地に沿い、東方地區の平地に於けるが如き一連不斷の緊密なる警戒を必要とせず[44]」と述べられる。太行山脈を中心にその以西は山嶽地帯が續くことに對し、その以東は平地が有力な形狀をなしているのである。

　とすれば、こうした地形の差異は、當然この方面における國境の形態にも影響を與えたことが考えられる。すなわち、宋遼間の國境地帯を觀察すれば、太行山脈以西には「禁地地帯」と言うべき地帯が廣く存在し、その以東は「界河・塘濼」という地帯が廣がって、それぞれの地域における最も有力な境界形態となったが、これは先述したような自然的な條件が一義的に反映されたものと言える。このうち、まず禁地は宋朝が代州などの地域住民の安全を圖るために、その土地の一部を空けて出入りを禁じたことに由來するが、この措置はそれ以降の契丹はもちろん、西夏方面にも導入されていく宋代國境の重要な一形態となっていく。こうした禁地の廣がり過程は、宋夏國境交渉史の上でも跡づけられるが、本節ではその發生過程を中心として、それの性格を明らかにしておきたい。

先に述べたように太行山脈以西は地形險悪して、この方面への契丹の侵攻路は非常に限られていた。その中で、代州はこの地區における南北交通の要點を占め、北に雁門關を以て直ちに契丹の領土に接する、「南北交通の唯一の主要道路」であった。[45] そのため、この地域に宋遼間の對立があったのはむしろ自然なことであるが、禁地の問題は一應かかる事情を勘案した宋朝の邊防の一環として現れて來る。

禁地の出現經緯については諸書に傳えがあるが、『群書考索後集』巻四六　兵門　守邊は、その後の變遷のことも含めて次のように述べる。

至和二年、(A)先是、潘美帥河東、避寇抄爲、已累令民内徙、空寨（塞の誤り）下不耕、號禁地。而析（忻の誤り）・代州・寧化・火山軍廢田甚廣。(B)歐陽修常奏乞耕之。詔范仲淹相視、請如修奏、尋爲明鎬沮撓、不克行。(C)及韓琦至、遣人行視曰、此皆我腴田、民居舊迹猶存、今不耕適留以資敵、遂奏募弓箭手居之。會琦去、即詔弼議、弼請如琦奏、凡得戸四千、墾地九千六百頃。

まず、この記事は主として至和二（一〇五五）年前後のことと思われる(C)を説明するため、關連事項として(A)と(B)を先に述べるが、そのうち(A)は(B)・(C)の發端となった禁地出現までの經緯を述べる。それによれば、宋の初め河東路では、將軍潘美が契丹の侵略から人民を保護するために、塞下の地を空白として耕作を禁じており、その結果忻・代州・寧化・火山軍などに廢田が廣く發生し、これを「禁地」と稱したとある。なお、『名臣碑傳琬琰集』下　潘武惠公美傳は、上記四州軍の民に對する「内徙」の措置が雍熙二（九八五）年四月の宋朝の「詔」によるものであるとする[46]。ちなみに、かかる禁地は政治地理學で言う「中間荒廢地帶（Intermidiate Waste Zone）」に屬するものであり、その屬性は「ことさらに他國と接壤する一定の地帶を無居住・無利用の土地として殘しておき、これによって接壤國との紛爭のおこるのを緩和し、自國の安全の保障に役立たたしめた[47]」とされる、それとまさに同樣のように思われる。いずれにせよ、ここで初めて「禁地」が出現したわけであるが、ところで問題はその後の宋の消極策でこの地帶に契丹の進出が目立つようになることである。

(B)で歐陽修がこの地域の再開墾を上奏したのも、そのことへの對策であった。(B)の原文と見られる彼の建議が『歐陽文忠公集』などに見えて[48]、それによれば、歐陽修は緣邊の利害を相度する使命をうけて慶曆四（一〇四四）年河東に「奉使」し、翌年二月その結果を詳しく報告している。彼はここで幾つかの問題を指摘する中で、特に、

臣竊見河東之患、患在盡禁沿邊之地不許人耕、而私糴北界斛斗、以爲邊儲。

という弊害を最も力說している。河東路の邊患の殆どは「禁地」設定に起因しており、弊害の最たるものとして、軍糧不足のあげく契丹から密かに「私糴」まで行うに至る矛盾を招いた、というのである。この報告は禁地設定から數十年も後のこととは言え、その間[49]禁地が全く放置され、宋の邊防に惡影響を齎していたことが推察される。

しかし、歐陽修の主張は宋朝に受け入れられず[50]、恐らくそのこともあって(B)のように范仲淹が河東に送られている。彼も河東を視察した後、歐陽修の上奏を支持したが[51]、それも當時の權臣明鎬の反對で挫折している。

したがってこの後、暫く契丹の禁地への侵入が續いたが、宋朝にあってこの事態に對し警戒の聲が再び強まったのは、(C)のように韓琦が河東經略按撫使としてこの地域に赴任した以降のことである。韓琦の赴任は皇祐五（一〇五三）年正月のことで『韓魏公集』卷一三　家傳などに見えるが[52]、そこには(C)では見えぬ禁地設定以降の代州における境界變化を次のように記している。

代州陽武寨地、舊用黃嵬山麓爲界、契丹侵耕不已。琦又遣安靜塹地立石限之、自此不敢耕山上。

すなわち、禁地が設けられていた代州の一堡寨である陽武寨では、契丹との元來の境界は黃嵬山（＝六蕃山山麓[53]）であったが、契丹が侵耕を止めなかったため、韓琦が人を遣わし（恐らく契丹と協定し）特定の場所に「塹地立石」して、その南下を阻止し境界も明らかにしたことが、まず分かる。ところで、陽武寨の境界は實はこれより前、既に一度變更されていた。それは嘉祐元（一〇五六）年一二月、契丹が賀正使を送った際、その使者が陽武寨の境界を問題としたことに對して、宋朝が次の事實を明らかにしていることから判る。

中書・樞密院按舊籍、陽武寨地本以六蕃嶺爲界。康定中、北界耕戶聶再友・蘇直等南侵嶺二十餘里、代州累移文朔州、而朝廷以和好大體、命徙石峯。未幾、又過石峯之南、遂開塹以爲限…。（『長編』巻一八四　同年同月癸酉）

すなわち、宋朝の「舊籍」によると、陽武寨の寨地は少なくとも康定以前まで（一〇四〇年）は六蕃嶺（黃嵬山）の頂上を境としていたこと、その後契丹の住民から二〇餘里（約一一㎞）を侵耕されることがあったが、宋朝は摩擦を避けるために多分頂上にあったと思われる石峯を、二〇里も後退したところの山麓に移したこと、しかしその後も契丹がなお石峯を越えて侵入したために、宋朝は遂に塹壕を掘って境界を明確にしようとしたこと、などの事實である。とすれば、韓琦が赴任直後行った、先述の「又遣安靜塹地立石限之、自此不敢耕山上」は、このうち後者のことであり、それ以前の境界變更を受けての再度の變更であったと分かる。そしてまた、その時の契丹の侵耕は、六蕃嶺南側に從前から存在する例の「禁地」に對するものと見られるから、宋は韓琦以前まで一部の禁地の契丹への歸屬を事實上放置していたことになり、こうした事實を默認する代價を拂った上で、契丹との國境協定が結ばれたと理解できる。

このように、代州陽武寨の一例から、國初に設けられた禁地が長期間契丹側の侵耕を受けていたことが判ったが、その事情は代州とともに禁地が設けられていた先述した代州近隣の忻州・寧化軍・火山軍などの地域においても變わりはなかったと思われる。

以上のように、無防備に存在していた代州一帯の禁地が大幅に整理される事態になったが、この禁地は一方で次のように變わっていたことも注意される。すなわち、ここで再び(C)文に戻ると、この(C)は韓琦が既述した契丹との境界確定を終えた後の措置に關するものである。つまり、そこでは韓琦の奏請を支持する富弼によって、代州の禁地に弓箭手四千戸が招致されるほか、九千六百頃の耕地を得たとあるが、前掲した『韓魏公集』巻一三　家傳には(C)とほぼ同文を記した後に、

乃以代州寧化軍如岢嵐軍例、去北界十里爲禁地。自餘地就委鈐轄蘇安靜・竇舜卿、與兩州通判、召募强壯之民、刺爲弓箭手、給田令住坐防邊、得戶四千、墾田九千六百頃。

と續けている。すなわち、この記事を通じて(C)の內容を再吟味すると、結局それは代州とその左隣の寧化軍が、それに先立つ岢嵐軍の前例に卽して、北界＝契丹との境界から一〇里（五・五㎞）を禁地とし、さらにその以南の土地についてはそこの邊吏に委任して弓箭手を招致し開墾させたということになる。ここから代州の前にすでに岢嵐軍が、そして代州とほぼ同じ頃には寧化軍等の地域でも、各地の禁地に代州陽武寨と同樣の事情が生じつつあったことが明白に看取できる。(54) つまり、禁地は宋代の河東路に廣く分布していたが、その多くは歐陽修がまさに「河東の患はここに在り」と診斷したごとく、契丹に侵され、やがて整理される運命を迎えているのである。

すなわち、すでに論證したごとく代州を始めとする寧化軍と岢嵐軍はもちろん、多分その他の禁地が存在した地域（忻州・火山軍）でも禁地は從來のような無規定狀態から一〇里という比較的管理しやすい適當な規模に整理されたのである。もちろん、この場合の禁地は宋の自國領土內に設定されており、正確な國境線は禁地の彼方に設けられている。それは、これより以前六蕃嶺あたりが一應の國境となり、その以南に禁地が付屬していたのと同樣のことである。

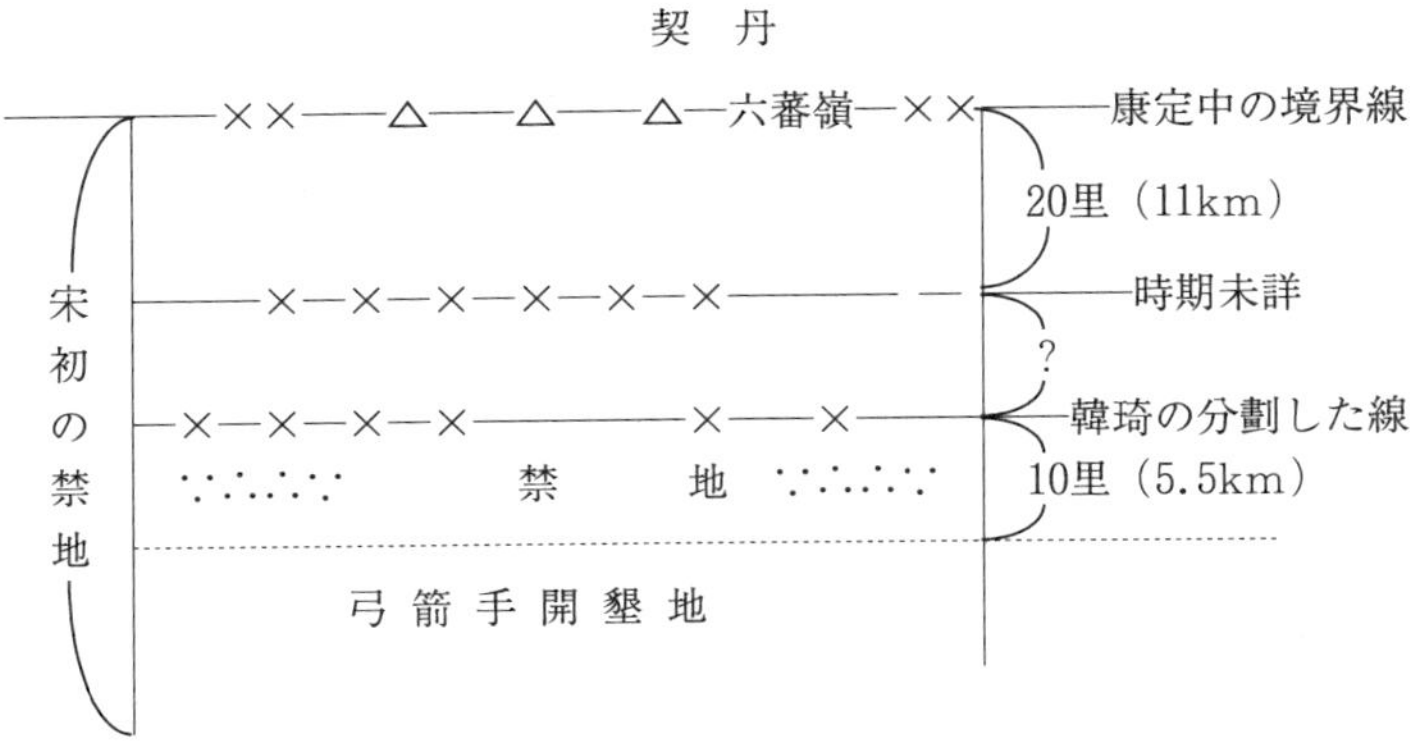

圖Ⅰ　代州等地における禁地の整理過程（××＝境界線）

とはいえ、禁地は契丹との國境に付屬したまま出入りが許されない特殊な緩衝地帶であったという點で、國境の一部分と見るべきであろう。この禁地は以降も河東路に擴散しつつ、先述した邊壕を中心とする宋夏の國境地帶にもやがて導入され、それは特に「兩不耕地」なる號稱で呼ばれている。(55)その具體像は本書の第二章以降で見ることにするが、「兩不耕地」は禁地を指し、それは文字通り宋と西夏兩側が耕作してはならない土地を意味する。とすれば、宋夏間の場合は禁地が兩國に認められ完全に國境の一形態として定着しており、宋遼間ではそれが合議された痕跡はないが、宋朝が契丹と直接相接することを嫌ってその間に依然として緩衝地帶を設けた意圖は變わりないのである。

　このように、宋代の禁地は國初より契丹方面で國防上の必要で發生した後、その性格ゆえ契丹との紛争を招き、さらにやがてその無規定な姿が一定の規模で再整備され、事實上國境の機能を果たすようになり、西夏方面にまで廣がって行くという、宋代國境の特殊な展開を示している。また、以上のことから考えれば、太行山脈以西地域においても、宋代を通じて國境の明確化過程が認められよう。代州ではその境界が、「分水嶺」－「山麓（石峯）」－「塹壕＋禁地」というふうに變わって行った。つまり、太行山脈以西の地形を反映して分水嶺から始まった代州の境界形態は、次第

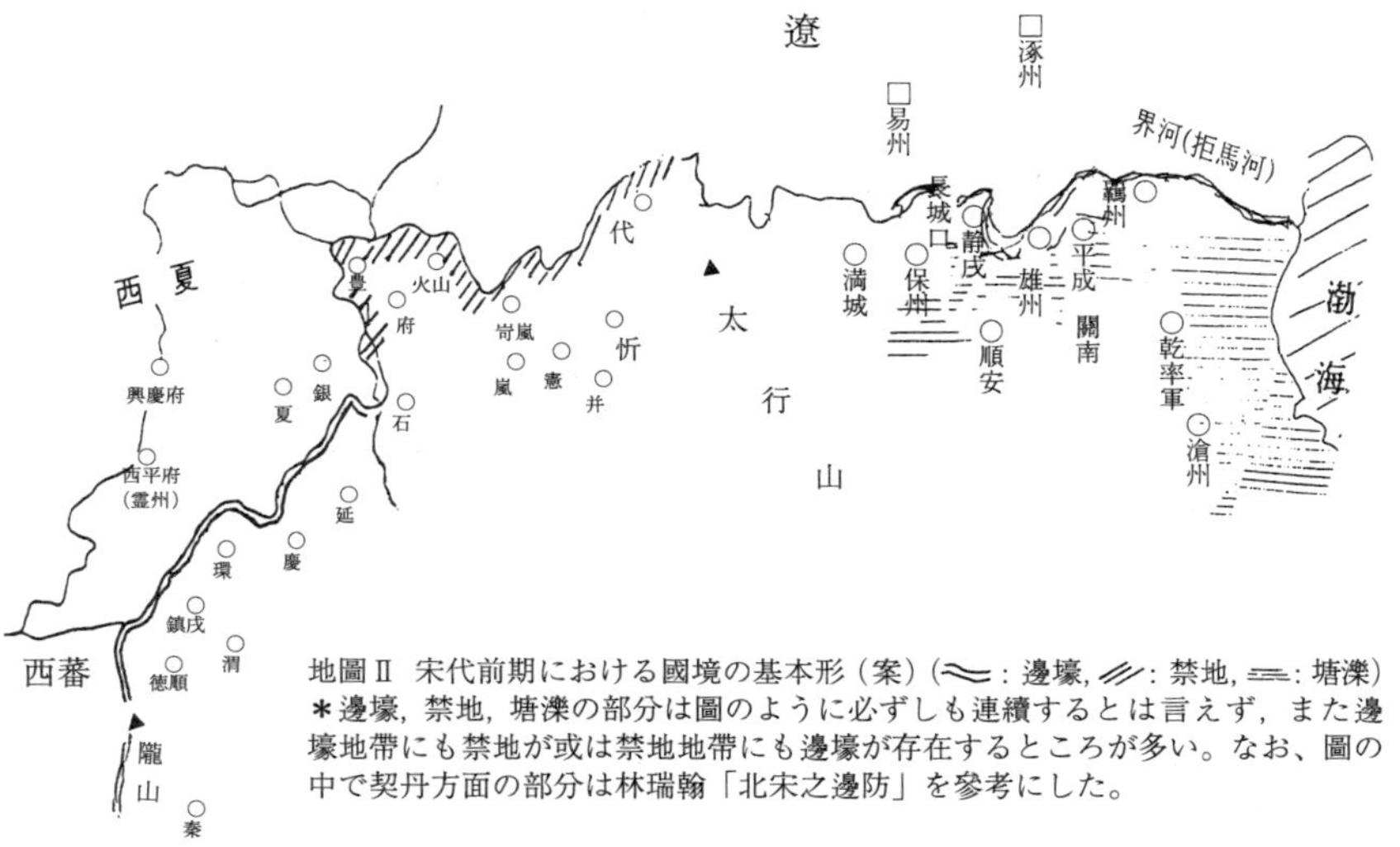

地圖Ⅱ　宋代前期における國境の基本形（案）（≈：邊壕，⫽：禁地，═：塘濼）
＊邊壕，禁地，塘濼の部分は圖のように必ずしも連續するとは言えず，また邊壕地帶にも禁地が或は禁地地帶にも邊壕が存在するところが多い。なお、圖の中で契丹方面の部分は林瑞翰「北宋之邊防」を參考にした。

にそれを明確にするための人爲的要素が付け加えられ、「塹地立石」などの形で定着するが、この「塹地」は宋遼兩國の合議による當時まで最も明確な國境確定の方法であった。また、境界を發生的に見れば、「フロンチャー（邊疆帶）は原始的な政治組織體の境界であることは政治地理學に於いて一般に肯定されて」おり、このフロンチャー的境界は「機能的には他の政治的組織體と隔絶し、原始自給態勢下に自らの防護を主體とするというところにより山嶽・原始林・砂漠・湖沼等の自然的障害を利用するものであった」が、「近代國家の發達と共にこのような隔絶だけでは國家が成立しなくなり、しかも主權範圍の明確化につれて」「フロンチャー的境界は明確なるバウンダリー（境界線）に進展していき、フロンチャー的なものは世界から段々影をひそめるに至っ[56]」ている。この説明がそのまま當てはまるわけではないが、宋代においても境界は色々な狀況に對應しつつ、明らかに「フロンチャー（邊疆帶）」的なものから「バウンダリー（境界線）」的なものへと傾斜していったことは、概ね間違いないように考えられる。

3 界河・塘濼地帯——對契丹方面における國境のもう一つの形態——

一方、太行山脈以東の地域は、大體西は恆山の到馬關付近よりはじめ、易州、雄州、覇州などを經て、東は今の天津東方の渤海に至る。ここは、先述した西方地區の山嶽地帯とは正に對照的な地形、すなわち主に平地となっている。そして、この形勢を反映して宋契丹間の境界の姿も自ずと變わってくるが、その一つとして、易水または「拒（巨）馬河」といった自然河川が存在し、これらがそのまま境界になっている。これらの河川の自然・人文地理などに關しても松井氏をはじめ閻沁恆、林瑞翰、史四馬勵ら諸氏の詳しい研究がある。(57)それらによると、宋代東方地區の境界は、易水が「易州の南三〇里を經て東に流れ、巨馬河と合して、廣く白溝と呼ばれ、宋遼の界を成せるに由りて、又界河と稱せられ(58)」ている。すなわち、易水と一名白溝とも呼ばれる拒馬河を合わせた、東部地區の宋契丹の境界線である界河は、その上流たる易水で契丹の易州の境に接し、下流たる拒馬河で宋の雄州、覇州、信安軍の北境を界としたのである。

ただし、ここで注意しなければならないのは、界河がその名稱通り一應契丹との境界線にはなっているものの、河川地帯にも拘らずそれが軍事的な防禦機能を果たしたとは言えない點である。つまり、界河は思ったより深くはなかったようであり、そのため、「宋人は界河に於いて嚴密なる防禦編成を施さず、契丹人をして航通を恣にせしむること久しく、別に界河の南方において塘濼を造り、これをもって契丹の侵入に對する阻止要線と成し(59)」ていた。すなわち、塘泊、塘淀、塘濼、陂澤、陂塘などの汎稱とされる宋代の塘濼は、界河に南隣して廣く存在する底濕地に貯水工事を施す軍事施設で、その内容についても前掲松井、閻、林、史四諸氏の關連説明がある。それらによれば、その分布は東の滄州から西の保州邊りまで凡そ九つの州軍にわたる屈曲九百里に及び、またその規模は處により差があって一律には言えないが、長さ一〇～一五〇里、幅一〇前後～一〇〇里前後、そして深さは一丈～五尺まで様々であった。このような狀況であったため、この方面に對する契丹の對宋挑發はさすがに困難であり、そこから自ずと侵攻地域が選ばれるようになった。その限られたルートとしては二つが擧げられ、一つは先述の塘濼地區が終わる保州付近より太行山脈東側に至る數十里の地域である。[60] つまり、ここは一應山地にはなっているが、塘濼のような障礙物はないため、契丹騎兵の出沒する所となり、宋はこの方面に多數の軍隊を駐屯させると同時に、別途の防備が要求されていた。[61] また、もう一つのルートは、雄と霸二州の間であって、[62] ここは唯一、二州の塘濼の水が相接しない處であるが、この邊については後でさらに述べることにする。

このように見てくると、東部地區における宋遼間の境界は、いま擧げた二ヶ所を除けば、それ以外の長い地域は界河が境界線となっていることになる。そして、このことによって、東部地區の契丹との國境線は、前述した他地域よりも比較的容易にその境界を雙方間で認識できたもののように見られる。

しかし、これは東部地區の界河線上で國境問題がなかったことを意味するわけではない。ここでは、他ならぬ有名な兩屬地問題が國境問題の一環として起きていたのであり、問題の地域は契丹の限られた對宋南侵ルートの一つと先に擧げた雄州である。この雄州は宋代いや中國史上においても極めて特異な場所で、その一部の地域、すなわち雄州城の北より界河に至るまでの容城・歸信二縣には、宋・遼兩國に租稅を同時に輸納する人戶が存在し、このことから彼らは兩輸戶（兩屬戶）といい、また宋・遼兩國に隷屬する意味からその地を兩屬地と稱せられる。一見不思議に見えるこの地帶は、宋遼雙方の主權が共に及ぼす非常に特殊な一種の緩衝地帶であると言える。

その存在は夙に佐伯富[63]・德山正人[64]兩氏に注目され、その内容の多くが既に解明されている。ただし、兩氏の間で最も肝心な兩輸地ないし兩輸戶の起源問題については對立があり、またこれらが宋代の國境問題においてどのような位置と意味を持つのかについては言及が十分でないように思われる。國境問題の全體的性格を考察する本論において、特に後者の問題は避け難く、以下ではこの部分を中心として若干の私見を明らかにしてみたい。

まず佐伯氏は、それを宋太宗の失地回復事業の失敗（雍熙三〈九八六〉年三月 岐溝關の戰闘）後、宋遼兩國の間に何らかの講和條約の締結があり、兩輸地もその取決めの結果生じたもの、という前提で、「太宗は契丹に對する賠償の一部として、雄州に對する領土上における主權は確保しながら、賦役上における權利の一部を、契丹に譲歩したものではないか。その結果兩輸地が發生し、それが宋遼兩國間の緩衝地帯として、北宋を通じて存在したのではないか[65]」と想像されている。これは言わば宋遼間外交の折衷案によるものである。しかし、一方の德山正人氏はこの外交折衷論を否定し、いわば雄州州民と遼朝との密約説を取っておられる。すなわち氏は、後晉石敬瑭の割讓によって一時契丹領となり、後に再び後周世宗の奪還（九五九年）で中國に復歸した雄州（瓦橋關）の州民には、宋太宗の岐溝關敗北以來、逆に契丹の威勢が強まってきた當時の國際情勢に敏感に反應して自發的に契丹へ内通するものがあり、その結果宋朝の氣付かぬ間に、邊民と遼朝との密約がなされたが、ただこれは首鼠兩端を持する邊民が、宋側には祕密に取決めたもので、全く宋の支配を離れる意味のものではなく、その結果兩輸戸が發生したとされる[66]。

私は、この問題の全面的な解決を意圖するものではないが、ただこの問題を他の地域の問題と關連づけて考える必要を感じる。つまり、かかる比較は從來なかったが、ここで視點を廣げて兩屬地問題を宋代全體の國境問題の上で考えて見ると、幾つかの新しい見方が存在し得るように思われる。

まず、その一つは雄州の兩屬地を、先に檢討した西部地區の「禁地」＝「兩不耕地」と基本的に同一な性格の緩衝地帯と見、さらにそこから宋朝の邊境政策の一環として緩衝地帯の擴張があることを認める觀點である。時期的にみても、先述した西部地區の代州など四州軍の地に禁地が設けられ始めたのは、雍熙二（九八五）年四月のことであるが、雄州の兩屬地もそれから遠くない時點で設けられていたと見られる。雄州の兩屬地の發生時期について、佐伯氏は「宋遼が界河を以て兩國の國界と定めると、すぐその南に接する雄州の地に兩輸地を設けて、兩國の緩衝地帯となし、兩國の直接の摩擦を相互に回避しようとしたらしい[67]」とされているが、ただ氏は「太宗の失地回復事業の失敗後、宋遼兩國の間に講和條約の締結された事實は、記録の上には認められない」とされている。しかし、私は『宋史』巻二九〇　張希一傳に、

希一曰、界河之禁、起於大國（契丹）統和年、今文移尚存。白溝本輸中國田租、我太宗特除之。自是大國侵牟立税、故名兩屬。

と見える、「文移尚存」など[68]は、佐伯氏の言われた他ならぬ太宗の失地回復事業の失敗後に遼側と取り結ばれた、界河を國境と認め合った條約ではないかと考える。前節で指摘したように、宋朝は軍事衝突の後、相手側と條約を結ぶ傾向があったが、太宗の岐溝關敗北後にもその可能性がある。とすると、前節で述べた「澶淵の盟約」中において「沿邊の州軍は、各々疆界を守る」という和議文の一部は、界河を國境と定めた上記のような前の協定を再確認したものとしても見ることができる。また、前掲の張希一傳ではそうした岐溝關敗北後にあった條約の成立を「統和年」（九八三～一〇一二）とするが、岐溝關の敗北は雍熙三（九八六　遼統和四）年三月のことだから、「統和年」もそこからあまり離れていない時點になろう。事實『宋會要』兵二九　備邊　崇寧三年五月一八日の王薦の奏には、

其歸信・容城兩縣兩輸戸、…自端拱初、蠲其租税、而虜人復征之。…緣此名爲兩屬。

と見え、「端拱初」＝端拱元（九八八　遼統和六）年を兩屬戸の現れた時點としているから、[69]岐溝關敗北の事後處理である條約及び兩屬地設定の合議は、雍熙三年三月から二年以内のことと思われる。そして、これは西部地區の禁地設定からすれば僅か一～三年後のことであり、宋の初め、特に對契丹國境地帯には緩衝地帯が擴散する傾向が認められる。

すると、宋朝は雄州に何故このような奇妙な形の緩衝地帯を設けたのであろうか。同じ緩衝地帯とはいっても、西部地區のそれはいわば無人の緩衝地帯であって契丹の侵耕はあるにせよ形の上で問題はなかったが、東部地區すなわち雄州のそれは有人のしかも契丹とこれを共同管轄する點で非常に特殊なものである。私はこの點について理由を一つ選ぶとしたら、基本的には先述した佐伯氏の宋・遼折衷論の方に立ちたい。宋太宗は、即位以來前代からの一大懸案たる燕雲一六州の奪還を志したが、雍熙三年の岐溝關の敗北でその雄圖を挫かれ、以來北伐の斷念はもちろん宋朝では厭戰の雰圍氣の中で概ね守成の段階へと移行することになった。[70]反面、一方の契丹はこの事件を機として受け身から攻勢に出、宋朝に「關南の地」の返還の聲を強めていたはずである。とすれば、かかる狀態の下で先述したような戰後處理の交渉があった際、宋の太宗は契丹に何らかの讓歩策を取ることを迫られたであろう。そしてその結果、雄州そのものの割讓には應じ得なかった太宗の取った措置が、兩輸戶の出現につながる雄州城以北の容城・歸信二縣に對する租稅と賦役上の權利の一部の放棄であったと思われる。[71]また、これは先述の通り、太宗自らが「詔」を通じて西部地區に禁地を設定させた時期から僅か一～三年內の時點に當たり、したがって對契丹政策の旋回を考える太宗の頭には西部地區の禁地に準ずる構想が描かれていた可能性もある。しかし、雄州以北の二縣を西部地區のように單純に無人の禁地とすることは、契丹には何の利益にもならないから、ここでやむを得ず住民を置いたままの變則的な緩衝地帯が現れたのではなかろうか。同時に、この雄州は既に述べた如く契丹が攻めて來る東部地區において數少ない重要ルートの一つであるから、宋朝がここをも一種の緩衝地帯にしようとした可能性は強い。宋朝は契丹または西夏の南侵してくる要衝にかかる緩衝地帯を設ける傾向があるのである。

次に、兩屬地問題を考える上で必ず參照すべきは、實は雄州の兩屬戶のような情況が宋代の西南方地域でも確認できることである。管見の限りその用例は二つしかないが、重要であるから次に擧げておけば、『長編』巻三〇四　元

豐三年五月甲申に、

命涇原路總管兼第一將・四方館使・忠州團練使韓存寶都大經制瀘州蠻賊事、聽選本將及陝西幷東兵萬人自隨、其義軍弩手亦聽選揀、擧使臣四十人、候行兵日、先諭兩屬蠻戸、並令安居、如願隨軍討賊亦聽、本路兵官並受節制…。

とあり、また同書卷三〇四　元豐三年五月丙戌にも、

詔、蠻人知歸徠州乞弟作過、旁近蠻族、或兩屬蠻、如能斬獲乞弟者、若願知歸徠州、卽與本州刺使、月給茶綵、若願受漢官…。

とあるのがそれである。用例不足でその實態は不明であるが、用語から判斷してこれらは一應宋朝側と別の有力な者の間で「兩屬」している蠻族であったことになる。この方面に契丹ほど强力な存在はなく、從ってそれの發生に雄州のような經緯があったとは餘り考えられないが、宋朝は何らかの別の理由をもって南方地域にも「兩屬地」を設けていたことになる。ただ、雄州の場合は彼らが漢人として「兩屬」＝「兩輸」の關係にあるが、この場合は「蠻」の異民族であり、また「兩屬」＝「兩輸」の關係にあるかどうかは斷言できない。

その存在形態の考察は、今のところこのくらいに止まらざるをえない。いずれにせよこの「兩屬蠻」の存在によって、宋代には緩衝地帶としての兩屬地がより廣く存在し、さらにこれに「禁地」＝「兩不耕地」という無人の緩衝地帶まで加えて考えれば、緩衝地帶の範圍は非常に廣範圍なものになる。現に、以上で示した「兩屬地」や「禁地」の例の外に、德山氏は「史料に現れないが、拒馬河上流の地方に、さらに廣い地域に亙って兩屬關係の人戸が存在する」[72]と推測されており、また宋代の西南地區では兩屬蠻の存在の他に「禁山」または「禁地」の存在も確認され[73]、これも禁地が單に西部地區に限られたものでないことを物語る。ちなみに、本書の第五章で論じるように、宋の緣邊地帶では異民族の分布が、宋側からみれば北の方から南に向かって、「敵國－生戸（その一部は敵國屬戸）－熟戸（宋朝屬戸）－

宋朝」という圖式となるが、兩屬戶が存在する地域では「敵國―兩屬戶（兩屬地）または禁地（兩不耕地）―宋朝」という圖式が想定される。宋代の緣邊にはこの二つの圖式を中心とする複雑な民族または地域の構成が想定される。

このように見てくると、東部地區の國境紛爭の要をなしていた雄州の問題は、未だ未解決の問題が多いが、それは從來のように河北の一地域に限られた問題に止まらず、西北・南方など他の諸地域における邊境及びその住民の樣態とも比較する考察が必要となると思われる。

おわりに

以上の檢討によって次のようなことが言えるであろう。

一　宋代には周邊諸國と和議が結ばれ、その外交の基本方向もその中に示されており、したがって和議體制の分析は宋朝の國際關係を考える上で重要な手掛かりとなる。

二　和議締結の過程では、誓詔・誓表、歲與、交易、捕虜、領土のほか、國境も解決されるべきものであったが、特に國境問題は和議の成否を決するまで重要かつ敏感なものであった。

三　そこで、和議體制と關連づけ宋代國境問題の基本性格を考えると、まず契丹との場合は、澶淵の盟以降、別の和議が存在しなかったことから分かるように、兩國關係は安定しており、それにしたがって國境線も大體大きな變化はなかったと考えられる。ただし、兩國間にはしばしば侵耕問題が起き、局地的な地域紛爭やその調整による多少の境界變更は避けられなかったが、それにより從來は曖昧であった一部の境界が明確化していった。これに對し西夏との場合は、七回の和議交涉と五回以上の國境交涉の存在が意味するように、兩國關係はもちろん國境線も不安定であった。このことから、西夏との國境は「二つの壓力間の一時的な均衡を示す政治的等壓線」的な性格を有するが、その過程でも國境の明確化というこの時代の趨勢が見られる。

四　一方、宋と西夏及び契丹間に存在する國境地帯のあり方を分析すれば、それは地域によって多少の差異があることが分かる。すなわち、宋代の邊境地帯は、西方（西夏）から東方（契丹）に向け、陝西路一帯を主とする①「邊壕地帯」、その以東から太行山脈に至るまでの②「禁地＝兩不耕地地帯」、さらに同山脈の以東から界河などに沿い海に達するまでの③「界河・塘濼地帯」として三分することができる。

五　まず、このうち①は、宋の初め國境線が曖昧であった西北緣邊地域において、西夏などの敵を防備するため、特に曹瑋によって廣範圍に開掘されたものが、やがて西夏にも認められる國境に發展したものである。これはいわゆるリメス境界が發達したものと言えるし、後は西夏との國境交渉を經て境界を表すほかの標識なども設けられた。

六　②は、發生的には宋朝が自國民の保護のために、一定の幅を持つ地域に、農耕や出入りを禁じ無人の荒廢地帯＝緩衝地帯としたもので、これも宋代境界の一パターンをなしている。特に、宋代には異民族が攻めて來る交通の要地にかかる地帯が次第に增設される傾向が認められ、したがって契丹はもちろんその一部が西夏とも接境する河東路で②が最も有力であるが、これは部分的に①の地域にも導入されている。

七　③はこの地域に存在する河川及び低濕地がそのまま國境となった自然境界に屬する。ただし、ここでは雄州に兩屬地なる特異なものが存在するが、これも廣く宋代全體の國境問題の中で考えると、②のような宋朝の消極的な邊防策によって現れた、緩衝地帯の一種と見るべきである。事實、宋代の西南方面にも②のような地帯が存在し、宋一代を通じてこれらが全國規模で國境地帯に散在していたことになる。

注

（1）同『宋代財政史』（生活社　一九四一）三頁。
（2）『新唐書』巻一二二　郭元振傳、同書巻一七四　李逢吉傳、同書巻二一六下　吐蕃傳下などにその用例が見えるが、いずれも吐蕃との場合である。
（3）『漢語大詞典』（漢語大詞典出版社　一九九四）第二巻。
（4）例えば西嶋定生『日本歴史の國際環境』（東京大學出版會　一九九二）第四章「東アジア世界の變貌と日本」、田中健夫『中世對外關係史』（東京大學出版會　一九七五）第一章「一四世紀以前における東アジア諸國との關係」など參照。
（5）『宋史』巻三一七　銭彦遠傳に「惟陛下（仁宗）念此三方之急、講長久之計」とあるが、ここでいう「三方の急」は北方の遼、西北の西夏、南方のベトナムである。
（6）澶淵の盟約に關する論文は多いが、代表的なものとして田村實造「澶淵の盟約とその史的意義（上）（中）（下）」（『史林』二〇―一・二・四　一九三五）、陶晉生『宋遼關係史研究』（聯經出版事業公司　一九八四）第二章「宋遼間的平等外交關係：澶淵盟約的締訂及其影響」、柳立言「宋遼澶淵之盟新探」（『中央研究院歴史語言研究所集刊』六一―三　一九九〇）を擧げておく。
（7）陶晉生「餘靖與宋遼夏外交」（『食貨月刊』一―一〇　一九七二）など參照。
（8）後掲する注（26）の諸論文參照。
（9）『長編』から例を幾つ提示すれば、巻五九　景徳二（一〇〇五）年正月丙辰に「詔諭緣邊諸州軍各遵守契丹誓約、不得輒與境外往還、規求財利」とあり、また巻六五　景徳四年五月壬寅に「詔、自今緣邊城池、依誓約止行修葺外、自餘移徙寨柵、開復河道、無大小悉禁止之」とあるように、宋朝では緣邊の州民及び州軍に對して無斷に越境することと、契丹を刺激する邊防施設の移動などをそれぞれ警戒させているが、これは契丹との誓約にもかかわらず、そうした事態が現に起きていた可能性を反證する。一方これと反對に、契丹側では、巻七二　大中祥符二年一〇月癸未に「雄州奏、契丹改築新城。上（宋眞宗）謂輔臣曰、景德誓書、有無創修城池之約、今此何也」とか、巻七八　大中祥符五年七月壬申に「知雄州李允則言、契丹議築武清・安次・涿郡州城。上曰、是正違誓約…」とあるような行爲を行い、宋の憂慮を買っている。

(10) 宋・契丹の間で見られるようなことが宋・夏の間でも起きている。例えば景德和議直後の『長編』卷六四　景德三年一〇月甲戌に「趙德明上言、臣所管蕃部近日不住歸鎭戎軍、蓋曹瑋等招納未已、緣臣已受朝命、乞賜曉諭。詔以德明誓表徧諭邊臣」とあるのは、西夏側から宋への盟約遵守を訴えたものであり、逆に『長編』卷七三　大中祥符三年五月癸卯に「環州高繼忠言、趙德明雖稱藩、然頗不遵誓約、近有所部蕃族醸酒、召內屬戶飲之、欲誘其背畔…」とあるのは、宋朝の西夏への不滿である。

(11) 宋・ベトナム關係については、徐玉虎「宋朝與安南之關係」(『中華文化復刊月刊』四－九　一九七一)、呂士朋「宋代之中越關係」(『東海學報』二二　一九八一)、河原正博『漢民族華南發展史』(吉川弘文館　一九八四)第二篇第三章「宋朝とベトナム李朝との關係」などを參照。

(12) 河原正博注(11)前揭論文參照。

(13) ただし、(d)では當時の宋朝の特殊な立場のために西夏からの誓表を受理せずに和議が結ばれている。本書第三章第三節「和議の成立とその內容」參照。

(14) 『契丹國志』卷二〇　澶淵誓書を參照。

(15) (C)では例外的にその交換が畫界交渉の前に行われている。本書第二章第一節「寶元用兵から慶曆和議へ」參照。

(16) 本書第四章參照。

(17) この表は基本的には『契丹國志』卷二〇　澶淵誓書(a)、『宋大詔令集』卷二三三　四裔六　答趙德明誓表詔　景德三年九月丁卯(b)、『宋大詔令集』卷二三三　四裔六　賜西夏詔　慶曆四年十月庚寅(c)、『宋大詔令集』卷二三三　四裔六　答夏國主秉常詔　熙寧四年九月庚子(d)、『宋大詔令集』卷二三三　四裔六　賜夏國詔　元祐八年四月庚申(e)、『宋大詔令集』卷二三三　四裔六　答夏國詔　元符二年十二月壬寅(f)、『西夏紀』卷二二　崇寧五年四月、八月(g)、『西夏書事』卷三三　宣和元年六月、八月(h)、『宋大詔令集』卷二三八　四裔一一　賜交趾王李乾德詔(i)などによっている。ただし、これらの他に、當時の狀況を判斷して表を作った箇所もある。

(18) 本書第二、三、四章參照。

(19) 特に本書第二章からそのような様子がよく伺われる。

(20) 本書第二章參照。

(21) 『宋史』巻四八五　外國一　夏國上に「（大中祥符）九年、因表邊臣違約招納逃亡、云、自景德中進誓表、朝廷亦降詔書、應兩地逃民、緣邊雜戶不令停舍、皆俾交還…」と見える。また、本書第二章で述べる慶曆和議でもその內容が見える。

(22) 本書第四章參照。

(23) 同右。

(24) 『契丹國志』巻二〇　澶淵誓書。

(25) ただし、盟約締結時に既に兩國の國境のすべてが確定されていたとは言えず、しかもそれが雙方の住民にまで周知されていたとは言えなかろう。例えば『長編』巻六〇　景德二年六月丙申に「定州軍城寨言、得契丹西南面飛狐安撫使牒、請諭採木民、無越疆境。命轉運使與本州、據部民取材之所、召其疆吏、同立標幟以示衆」とあるような例はその裏付けとなろう。

(26) 熙寧年間の地界交渉については、朱斯白「王安石與宋遼之畫界交渉」（臺灣大學學士論文　一九五三）（未見）、張家駒『沈括』（上海人民出版社　一九六二）第四章「在對遼交渉中取得了勝利」、鄧廣銘『王安石』（人民出版社　一九七五）第八章「在遼人兩次制造釁端時的對策」、張雅琴「沈括與宋遼畫界交渉」（『史繹』一二　一九七五）、李之勤「熙寧年間宋遼河東邊界交渉研究」（『山西大學學報』一九八〇－一）、李平「荊公溫公同異論」（『西南師範學院學報』一九八四年增刊號）、陶晉生注(6)前掲書第六章「王安石的對遼外交政策」など參照。

(27) たとえば島田正郎『契丹國』（東方書店　一九九三）第二章「キタイ國の制度と社會」參照。

(28) 例えば表Ⅱの(c)は前者、(d)と(e)は後者の例となる

(29) 奥村房夫「國境論」（『海外事情』一九七〇－一）より再引用。

(30) 西夏の建國は宋寶元元（一〇三八）年で、その以前の李繼遷・德明時代は嚴密にはこの時代に入らない。したがって岡崎精郎氏などは、西夏以前の時代を「夏州政權」と呼ぶが、本書では通常の例に従って必ずしもこれを區別せず、兩時代を合

わせて「西夏」と通稱することが多い。
(31) 岡崎精郎『タングート古代史研究』(東洋史研究會　一九七二)第二篇第二章「西夏建國前史の研究」參照。
(32) 前田正名『河西の歴史地理學的研究』(吉川弘文館　一九六四)第五章第三節「秦州の地域性地域構造」、林瑞翰「北宋之邊防」(『臺灣大學文史哲學報』一九　一九七〇)、韓茂莉「宋夏交通道路研究」(『中國歴史地理論叢』一　一九八八)など參照。
(33) ただし、この邊壕は後述するように契丹方面でも見ることができる。
(34) この「古長城」が正確にどの時代のものなのかは不明であるが、戰國時代のものではなかろうか。
(35) 曹瑋は宋初の名將曹彬の子として、三〇年以上西北邊にいながら「尤も西方において功有る」(『五朝名臣言行錄』巻三曹瑋)と評價された。
(36)『武經總要』前集　巻一八上　陝西　鎭戎軍に「宋咸平初、詔曹瑋修築建軍、自隴山而東緣古長城、開浚壕塹」とも見える。
(37) 鎭戎軍は『河南先生文集』巻八　上四路招討使鄭侍郎議御賊書に「賊大衆入寇、不過徳順與鎭戎兩路、至于原州山險、非賊大寇之路也」とあるような、西夏南侵のための重要なルートであった。
(38)『宋史』巻二五八　曹瑋傳には「築…十砦、浚壕三百八十里、皆役屬羌・廂兵、工費不出民」とある。また『通典』巻一五二　兵五によると、唐代には邊壕一里を掘るに一日延べ七萬五百人の勞働力が必要であった。すると、一應これで計算してみると、七〇、五〇〇人×五一日=三、五九五、五九九人が動員されたことになる。
(39) この他、曹瑋の邊壕作りなどに關する記事として『長編』巻八一　大中祥符六年八月庚辰に「涇原鈐轄曹瑋等奏、鎭戎軍至原州開浚壕塹功畢、詔獎之」とあり、また同書巻九〇　天禧元年六月己卯にも「曹瑋等言、近役兵夫繕葺諸寨及創掘縣鎭城壕、凡一百三十七萬三千三百六十九功畢」とある。
(40) ブルース・バートンは「太宰府の國境機能」(新川登龜男編『西海と南島の生活・文化』〈古代王權と交流〉名著出版　一九九五)で、國境の機能として「人の移動に對する機能」、「物の移動に對する機能」、「情報の移動に對する機能」などを擧げている。

（41）岩田孝三『國境政治地理』（東學社　一九三八）一〇～一二頁參照。
（42）宋代の堡寨については羅救慶「宋夏戰爭中的蕃部與堡寨」（『崇基學報』六－一　一九六七）、李建超「北宋西北堡寨」（『西北歷史資料』一九八三－二）、江天建「北宋陝西路沿邊堡寨」（『食貨月刊』一五－七・八　一九八六）など參照。
（43）中國歷史大辭典編纂委員會編『中國歷史大辭典』（遼夏金元史　上海辭書出版社　一九八六）三六一頁など參照。
（44）松井等「宋對契丹の戰略地理」（『滿鮮地理歷史研究報告』四　一九一七）。
（45）同右。
（46）同書同傳に「（雍熙二（九八五）年四月）…詔（潘）美歸代州、俄受詔遷四州之民于內地、會戎人奄至與戰、不利」とある。
（47）國松久彌『政治地理學概論』（風間書房　一九五七）第一〇章「中立地帶と緩衝國」參照。なお、佐藤弘「國防地理學の立場より觀たる中立地帶の理論（一）（二）（三）（四）」（『地理學』五－五・六・七・八　一九三七）も參照。
（48）同書卷一一六　請耕禁地劄子、及び『長編』卷一四五　慶曆五年二月甲寅參照。
（49）この間、契丹の侵耕が進んでいただろうが、史料には殆ど見えない。
（50）『名臣碑傳琬琰集』卷一二　富弼　范文正公仲淹誌銘には、歐陽修の建議が「以帥議不協罷」されたとある。
（51）『名臣碑傳琬琰集』卷一二　富弼　范文正公仲淹誌銘も參照。
（52）『長編』卷一七四　同年同月壬戌も參照。
（53）黃嵬山＝六蕃山山麓であることは、注（26）前揭諸論文參照。
（54）『歐陽文忠公集』卷一一六　請耕禁地劄子に「代州・岢嵐・寧化・火山四州軍、沿邊地既不耕、荒無定主、虜人得以侵占。往時代州陽武寨爲蘇直等爭界、訟久不決、卒侵却二三十里。見今寧化軍天池之側、杜思榮等又來爭侵、經年未決。岢嵐軍爭掘界壕、賴米光濬多方力拒而定。是自空其地、引惹北人歲歲爭界」とあり、また『韓魏公集』卷一三　家傳にも「又侵我聖佛谷、朝廷與之、既以黃嵬山麓爲界、乃侵不已」とあり、さらに『長編』卷一七四　皇祐五年正月壬戌にも「寧化軍天池顯應廟在禁地中、久不葺、契丹冒有之。（韓）琦遣鈐轄蘇安靜抵境上、召其酋豪諭曰、爾嘗求我修池神廟、得爾國移文固在、今曷爲見侵也。契丹無以對、遂歸我冷泉村」とある。

（55）徳山正人氏も禁地が一名兩不耕地であることを指摘されている。後掲する同氏論文の注（31）參照。

（56）以上は岩田孝三『境界政治地理學』（帝國書院　一九六三）第一章「政治地理學における境界の意義」から引用。

（57）松井等「宋對契丹の戦略地理」（『滿鮮地理歴史研究報告』四　一九一七）、閻沁恆「北宋對遼塘濼設施之研究」（『國立政治大學學報』八　一九六三）、林瑞翰「北宋之邊防」（『臺灣大學文史哲學報』一九　一九七〇）、史四馬勵「北宋在對遼戰爭期間的河北邊防」（『史釋』一〇　一九八三）。

（58）松井前掲論文九五頁。

（59）松井前掲論文一〇〇頁。

（60）前掲松井、林、史四氏論文參照。

（61）松井前掲論文一〇一～一〇七頁に詳しい。

（62）前掲松井、林、史四氏論文參照。

（63）同「宋代雄州における緩衝地兩輸地について」（『東亞人文學報』一－二　一九四一　のち同『中國史研究』一　東洋史研究會　一九七一に再錄）

（64）同「遼・宋國境地帶の兩輸戸について」（『史潮』一一－四　一九四二）

（65）佐伯前掲論文第三章「兩輸地の起源」參照。

（66）徳山前掲論文第四章「兩輸地の起源」參照。

（67）前掲佐伯論文參照。

（68）『宋史』巻三三一　程師孟傳、及び同書巻四二六に共に同文として、「師孟曰、兩朝當守誓約、涿郡有案牘可覆視…」とある。

（69）徳山氏は兩輸戸の起源を雍熙四（九八七）年より遡るものとされる（同氏前掲論文第四章「兩輸地の起源」參照）。

（70）竺沙雅章『宋の太祖と太宗』（清水書院　一九七五）、程光裕『宋太宗對遼戰爭考』（臺灣商務印書館　一九七二）參照。

（71）徳山氏も「遼よりみれば、兩輸戸及びその居住地の經濟的價値は相當重要視される。…農業に不得意な北方民族の常として、兩屬漢人の利用は食糧政策上重大な意義を有する。…宋では兩輸地の田賦を放棄したに對し、遼は田賦そのものを目的にしたのである」と述べられる（同氏前掲論文第三章「遼・宋兩國の兩輸戶統治策の比較」）。

（72）前揭德山論文第二章「河北の國境線と兩輸地」參照。

（73）宋代の「川蜀」から西南地域の蕃夷と接する邊境にも「禁山」という人爲的荒廢地帶が廣く存在していた。これは特に南宋時代に目立っていたらしいが、その機能は以上で述べた「禁地」と殆ど變わりなく、宋代における「禁地」「禁山」が邊境の一特徵をなしていたことをさらに裏付けている。その具體的なあり方については、『宋會要』兵二九－四一　邊防　淳熙七年二月七日を參照。安國樓氏もその存在を指摘し、これを宋朝の「消極防禦政策」の一環と性格づけられている（同『宋朝周邊民族政策硏究』（文津出版社　一九九七）第一章「宋朝少數民族的地區分布」）。

第二章　寶元用兵と戰後の國境問題

はじめに

本章では、北宋の半ば頃、宋・西夏兩國の間で寶元用兵の停戰交渉として行われた慶曆和議の過程と、それを前後にして提起された國境問題について考察したい。

李繼遷以來反宋闘争を展開してきた西夏は、宋寶元元（一〇三八）年ようやく念願の建國に成功し、翌年には宋朝を攻撃している。この頃、西夏では民族主義的な傾向が高まっており、この宋朝への挑發もその延長線上にあるものであったが、そうした西夏の姿勢は戰後の慶曆和議において明確に現れた。例えば、西夏は和議協商で、宋朝に多數の事項を要求する中で宋朝との關係を從前の「君臣」から「父子」に格上げすることを始め、一方では國境の問題をも解決すべき問題として取り上げている。特に、宋朝が他國と國境交渉を本格的に行い始めたのはこれからのことであり、(1)またこのときの西夏との國境に關する交渉のやりとりはいわゆる「慶曆の舊例」という一つのモデルとなって以降幾度も繰り返される兩國の國境交渉において準用されることになる。

また、この時の國境問題には「和市」問題も深く關っており、それに對する理解も缺かせない。というのも、宋朝が事あるごとに西夏に貿易規制を行っていたのは周知の事實であるが、この時も宋朝は一時膠着狀態に陷っていた國境交涉の打開のため和市を利用しているからである。つまり、當時の國境問題には宋夏關係の重要なポイントとなっていた交易問題も絡みあい、單なる地域紛爭以上の樣相を呈しつつ展開していったのである。

そこで、本文ではかかる和市問題にも注意を拂いつつ、宋代において最初の國境交涉がどのように展開し、並びにそこから現れた國境の形や性格がどのようなものであったかを考えることにしたい。

一 寶元用兵から慶曆和議へ

1 寶元用兵から慶曆和議へ

宋も太祖・太宗期を經て眞宗朝になると、政權が安定し、脅威の强敵契丹との關係も緩和の局面を迎えていた。だが、さらに時代が次代の仁宗朝に進むと、社會的にはやがていわゆる「慶曆の改革」を呼ぶ諸矛盾が露呈されるようになる。(2)そしてこれに加え、數十年間比較的平穩だった西北邊からは西夏が契丹に次ぐ難敵として臺頭し、新たな宋朝の「邊患」をなすことになった。

西夏の李元昊は寶元元（一〇三八　西夏天授禮法延祚元）年「大夏」を建國し、さらに翌年にはその建國と「稱帝建元」(3)の事實を宋朝に傳え、承認を求めてきたのである。しかし、これはほぼ宋朝への宣戰布告に他ならず、宋朝も從來藩臣として臣從し續けてきた西夏のこうした要求を認めるはずがなかったため、兩國の對決は避けられないものとなり、この年の後半から始まった兩國の戰爭は以降だいたい慶曆二（一〇四二）年末まで續くようになる。これがいわゆる寶元用兵である。なお、この用兵の戰史については既に先學の研究があり、(4)ここではその複雜な委細は割愛することにする。

ところで、この戰爭は開戰から二、三年も經ぬところで、宋夏兩國の間で互いに異なる思惑が作用するなかで、早くも停戰が模索されていた。まず、宋側では何より敗戰を重ねていた不利な戰況が理由となっていた。いわゆる「三川口の役」（康定元年　一〇四〇）、「好水川の役」（慶曆元年　一〇四一）、「定川の役」（慶曆二年　一〇四二）といった三大戰での連敗は、[5]しばらく戰爭を忘れていた宋朝に多大の衝撃を與えたに違いない。建國以來最も大きい敗戰と見なされるこの戰役について、例えば司馬光は『溫國文正司馬公文集』卷三八　橫山疏で、

自其始叛、以至納款、纔五年耳、天下困弊、至今未復、仁宗屈己、賜以誓詔、册爲國主…。

と論評し、また富弼は『長編』卷一四三　慶曆三年九月丁丑で、

…自四五年來、賊（＝西夏）入州城打刧者、約三四十州。

と述べる。西北緣邊の大部分の州にまたがるこの空前の被害が、そのまま宋朝の不安感を募らせたと言えよう。このため、宋朝ではまもなく慶曆期になると、多數の官僚が西夏との和議を強く念願するようになる。[6]

一方、かかる停戰への期待は宋朝だけでなく戰局を有利に展開させていた西夏側においても同じく存在していた。西夏がもとより長期戰に弱かったことは定評があるが、[7]この時はそれに加え、旱魃による農耕の不況[8]とりわけ宋朝による歲賜の停止及び交易の中斷などが、西夏の經濟を壓迫していた。『涑水記聞』卷一一に、

元昊雖屢入寇、常以勝歸、然…歲失賜遺及緣邊交市、頗貧乏、思歸朝廷。

とあり、また『長編』卷一三八　慶曆二年一二月是歲にも、

諸路皆傳、…賜遺互市久不通、飲無茶、衣帛貴、國內疲困、思納款。

とあるのがそれである。西夏經濟において歲賜が占める意義は日野開三郎氏の研究[9]により既に明らかにされており、

また宋朝との貿易の重大さも後に詳論するとおりであるが、この二つの大きな利益を失った當時の西夏の狀況について、畑地正憲氏は「北宋との國交斷絕により茶・絹等の入手困難となった西夏では、絹一匹が五十餘緡に高騰し、…西夏國內の絹價は、北宋との國交斷絕時で四〇倍、修好後で三〜四倍であった」[10]とされている。

そこで、このように宋夏兩國で停戰への期待が共に存在する中で、まずその氣持ちを相手に傳えてきたのは西夏側であった。そもそも「而して先に（和議の意を）發するを恥」[11]としたとされる李元昊は、いわば戰勝國の立場から宋朝と有利に和議を結ぼうとする思惑を抱きながら、戰鬪の最中である慶曆元（一〇四一）年正月宋朝に初めて和議を申し入れている。この西夏の主張に對し宋朝では當初は緣邊の官吏たちが、まずその可能性を打診することとなったが、翌年末からは中央でも本格的に檢討する動きがおこる。そして、これには周知のように契丹の仲裁も加わり[12]、兩國の和議交渉は以後本格的な軌道に乘ることになる。そうした雙方間の交渉過程を整理してみたのが表Ｉである。

表Ｉ　慶曆期の和議交渉のための宋夏間の使者往來一覧

遣→着	時期	使者名	摘要	典據
夏→宋	元年正月	未詳	使者が涇原路と延州に來て和を乞う	長編130、書事14
宋→夏	正月	韓周、張宗永、高延德等（以上非公式）	知延州の范仲淹は「未肯順事、且無表章」の理由でこれを朝廷に告げず、直接使者を西夏に送り是正を要求	長編130、書事14、15
宋→夏	未詳	王嵩、破丑、法淳等（以上非公式）	邊臣たち（种世衡、龐籍、葛懷敏）が、單獨で西夏の納款を督促する	長編138、155、涑水記聞11、宋史335、書事15
夏→宋	2年6月	李文貴	延州に來て「用兵以來資用困貧、人情便于和」という	長編138、書事15
夏→宋	3年正月	賀從勗、李文貴	延州に來て「男邦泥定國兀卒曩霄上書父大宋皇帝」と稱し、詣闕を乞い	長編139、書事16

		等	翌月許される	
宋→夏	4月	邵良佐等	西夏の「名體未正」及び榷場、歳賜等の問題を議論	長編140、書事16
夏→宋	7月	呂爾如定等	所謂「十一事」を要求する	長編142、書事16
宋→夏	8月	張子奭、王正倫	「青白鹽」「回易京師」「歳賜」「侵地問題」等を議論	長編142、145、146
夏→宋	12月	張延壽	「賣青白鹽」「回易京師」「歳賜の數」等を議論	長編145、書事17
夏→宋	4年5月	尹與則、楊守素	西夏が初めて稱臣し、誓表を上げる	長編149、書事17
夏→宋	9月	尹與則、楊守素	宋に誓詔を要求し、翌月實現される	長編152、書事17
宋→夏	12月	張子奭、張士元	李元昊を夏國王に冊封する	長編153、書事17

＊書事は『西夏書事』を表す。

この表を一瞥して分かるように、兩國は慶曆三（一〇四三）年になってから、頻繁に使者を交換しつつ交渉を活潑に展開している。しかし同時に、それにも拘らず、和議締結には互いになかなか同意しない様子も窺われる。これは特に西夏が和議の前提として宋朝に多數の要求事項を提示したからに他ならない。すなわち、そうした西夏の要求は當時「十一事」と言われ、『宋史』卷三三〇　任顓傳に、

夏人納款、遣使要請十一事、甚者欲去臣稱男。[13]

とあるごとくである。獨立國家を目指していた西夏は、宋朝との從前の「君臣」關係を「父子」關係へと格上げさせることを中心に、合わせて一一個の事項を要求していたのである。したがって、當時の宋朝はこれらの要求をどこまで受け入れるべきかをめぐって西夏と調停を繰り返していたわけである。

では、この十一事は具體的にどういうものであったのか。これらの全てを傳える史料はなく、管見の限り最も詳しいのは、『西夏書事』卷一六　慶曆三年六月に、

要請如歳賜、割地、不稱臣、弛鹽禁、至京市易、自立年號、更兀卒稱爲吾祖、巨細凡十一事、朝議不決。

とある記事である。このことからまず十一事のうちに「歳賜[14]」、「割地[15]」、「不稱臣」、「弛鹽禁[16]」、「至京市易[17]」、「自立年號[18]」、「更兀卒稱爲吾祖[19]」という七つの事項が入っていたことが判る。また、中國の顧吉辰氏は慶暦和議を論じた論文[20]の中で、十一事を、

①求請和　②求割領土　③求割屬戸　④求至京師依前來出入買販　⑤求宋罷修沿邊城寨　⑥求宋朝臣管件　⑦求僭號　⑧求賣青白鹽　⑨求進奉乾元節及賀正　⑩求歳賜　⑪求頒誓詔

と推定されている。このうち②、④、⑦、⑧、⑩は『西夏書事』と重なるが、その他は顧氏の論證と推定によるものである。

ところで、ここで十一事の内容を全面的に再檢討するつもりはないが、ただ一つ氣になるのは『長編』巻一五二慶暦四年一〇月己丑朔に實は顧氏が直接引用されていない記事として次のようにあることである。やや長文であるが後述の便のために全文を示しておく。

初元昊以誓表來上、其詞曰。兩失和好、遂歴七年、立誓自今、願藏盟府。其前日所掠將校民戸、各不復還。自此有邊人逃亡、亦無得襲逐、悉以歸之。臣近以本國城寨進納朝廷、其栲栳・鎌刀・南安・承平故地及它邊境蕃漢所居、乞畫中央爲界、於界内聽築城堡。朝廷歳賜絹十三萬匹、銀五萬兩、茶二萬斤、進奉乾元節回賜銀一萬兩、絹一萬匹、茶五千斤、賀正貢獻回賜銀五千兩、絹五千匹、茶五千斤、仲冬賜時服銀五千兩、絹五千匹、及賜臣生日禮物銀器二千兩、細衣著一千匹、雜帛二千匹、乞如常數、無致改更、臣更不以它事干朝廷。今本國自獨進誓文、而輒乞俯頒誓詔、蓋欲世々遵承、永以爲好。倘君親之義不存、或臣子之心渝變、使宗祀不永、子孫罹殃。庚寅、賜誓詔曰、朕臨制四海、廓地萬里、西夏之土、世以爲胙。今乃納忠悔咎、表於信誓、質之日月、要之鬼神、及諸子孫、無有渝變。申復懇至、朕甚嘉之。俯閲來誓、一皆如約。所宜明諭國人、藏書祖廟。

これは、いよいよ慶曆四年一〇月の和議締結に當たり、宋夏の兩國が和議を正式に保證するために「誓表」と「誓詔」を相互交換したことを述べたものである。ところで、そのうち特に西夏が提出した誓表の中には、西夏が宋朝に對して幾つかの事項を要求または確認していることが見える。それらを整理するとおよそ、

a戰爭捕虜の不交換、b逃亡戶の相互引渡し[21]、c境界の整備、d歲賜の確保、e賀正及び乾元節等における回賜の確保、f誓表に對する誓詔の頒賜

のような六つのものとなる。とすれば、これらの項目は先述の一一事とは互いにどのような關係があるのであろうか。兩者が全く無關係なものとは言い難く、恐らくこの誓表を通じては一一事の一部を推定しうるヒントが得られるようにも思われる。つまり換言すれば、西夏が誓表進上の際、俄に新たなことを要求しだしたとは考えられなく、從ってa～fは西夏が既に提出した一一事の中でも多分宋朝との協議を經て最終的に宋朝にも承認されたものの一部で、それらが特に誓表をもって改めて確認されたものと推察される。實際にa～fのうち、d、e、fの三つは顧氏の擧げられたものと一致している。また、西夏の誓表に對して宋朝が答えている誓詔には「俯閱來誓、一皆如約」とある。これは「一つのように全て（の誓表の內容）を約束通り」認めるという意味だから、誓表の六つの事が一一事の一部と何らかの關りをもつ可能性がある。したがってこのように考えると、特定はできないものの、結局一一事には顧氏が擧げていない事項として誓表のa～cのようなものが入る可能性もなくはないように思われる。

いずれにせよ、宋夏兩國は以上のような多くの事項を議論し合った末、慶曆四年一〇月和議を締結しているが、だいたいここでは宋朝が「名分」を重視し、西夏は「實利」を得る形の結果となったと見られる。[22]

2　畫界の對象地域とその方法

ところで、そうした數々の協議事項の中で、ここで注目に値するのは當時の兩國間で國境整備の問題が重要な議題となっていたことである。この以前にも宋朝が戰後國境問題に取り組んだ例は幾つか見えるが、それが契丹を含めて和議締結時に相手國との間で明確な形として問題化されたのは、宋代史上初めてのことである。[23] そして、これ以降、兩國の間では特に戰後國境協商がほぼ常例化することになり、兩國關係においても大きな爭點となっていく。では、以上のように宋代史上初めてはっきりと提起されたこの時の西夏との國境交渉は、どのように展開していったのか。

この問題を追っていくために、ここでもう一度前掲の西夏の誓表を檢討しておきたい。というのは、これから行われる兩國の交渉の凡その原則と方向性が誓表のなかで既に決められていたからである。すなわち、前掲した誓表からそれに當たる部分を再引用すると、

臣近以本國城寨進納朝廷、其栲栳・鎌刀・南安・承平故地及它邊境蕃漢所居、乞畫中央爲界、於界內聽築城堡。…

賜誓詔曰、…一皆如約。

とあり、宋夏兩國が和議推進の過程で、國境を畫定すべき對象地域とそれに適用すべき畫界方法などを既に合議しあっていたのが明らかである。

まず、畫界の對象として擧げられた地域は、栲栳・鎌刀・南安・承平という四つの堡寨の故地と、それに「他の邊境」という、大きく二つの地域となっている。この場合、「四寨」とはいずれも鄜延路、具體的には延州と保安軍に所屬する堡寨であり、一方の「他邊境」は後述で明らかなように特に河東の麟府路を貫流する屈野河一帶などを指すものと思われる。そして、このような特定の兩地域がなぜ畫界が必要となったのかと言うと、そこにはむろんそれなりの理由があった。

まず「四寨」の場合は、元々宋朝の堡寨で寶元用兵の際西夏に一時占領されたものであったが、誓表にみるように

和議の直前には再び宋朝に返還されたため、ここで境界の調整が必要となったと見られる。宋朝では、表Ⅱで見るように、寶元用兵で「四寨」の他にもいくつかの地域を失われており、そのためそれらの返還を和議締結の前提とすべきとの聲もあったが[24]、結局和議締結時まで西夏より還してもらったのはこの「四寨」だけであった。但し、和議締結からちょうど一年後となる慶曆六年一〇月頃、西夏が宋朝に河東路の豐州を還したため、豐州でも「四寨」に次いで畫界交渉が繰り廣げられるようになる。このように、「四寨」と豐州における國境交渉は、失地の回復という事情がその裏にあったと言える。

しかし、これに對しもう一つの畫界對象地であった麟府路の屈野河一帶は、事情がやや異なっていた。後述によれば、ここでは要するに寶元用兵で西夏軍が國境を越境したまま和議がなされても撤退しようとしなかったため、宋朝はこれに對しても元來の境界を回復する必要があったのが理由となっと思われる。なお、西夏がこの地域からなかなか撤退しようとしなかったことには當該地域の肥沃さが有力な背景であって、この點はこの後の兩國の境界交渉上で一つのポイントをなす。

また、西夏の誓表によれば、以上のような諸地域には「蕃漢所居、乞畫中央爲界、於界內聽築城堡」という境界畫

表Ⅱ　宝元用兵における西夏の主要な占領地

占領地	所属路（州）	返還の有無（返還時期）
栲栳・鎌刀・南安・承平等の故地	鄜延路（延州）	○（和議前）
塞門・安遠等の堡寨	鄜延路（延州）	×
豊州と諸堡寨	麟府路	○（和議後、慶曆六年九月）
臥貴龐・吳移・巳布等九寨	？	？

圖Ⅰ　慶曆和議直後の西北國境（◎＝州軍、●＝堡寨、〰＝國境線）

定法が適用されることになっている。これは「現在の蕃（＝西夏）と漢（＝宋）の兩民が居住する（土地の）中間點を境界とし、[25] その内外には（いわば國境監視所の）堡寨を置く」という意味である。宋代にはこのやり方の上に、さらに蕃漢の中間點に國境の標識として塹壕と「封堠[26]」が設けられるのが最も一般的な畫界法であったが、それらの原型も一應この慶曆期にあったと考えられる。つまり、この方法は後「慶曆の例」として踏襲されることになる。

このように、宋夏の兩國は和議締結に際して、既に境界畫定の對象地とその方法について約束していたのが明らかとなった[27]。では、これを受けた兩國の實際の交渉がどうであったか、以上の事項を念頭に入れつつ、次にそれを檢討していく。

二　慶曆期における畫界交渉の展開

1　「四寨」と豐州の畫界問題をめぐって

さて、和議成立後、畫界に關する初見記事は、

『長編』巻一五五　慶暦五（一〇四五）年三月己卯に、

樞密副使龐籍言、曩霄（＝李元昊）已受封册、望早令延州・保安軍立定封界。

とあって、宋朝で和議成立から五ヶ月後、樞密副使の龐籍が西夏との關係が正常化したから、國境交渉に着手することを宋廷に建議した内容である。これは、宋朝が前に合議した約束を移行しようとしたものである。そこで、これを受けて宋朝では『宋會要』兵二七／三七　備邊　慶暦五年八月に、

詔、夏國比進誓表、惟延州・保安軍別定封界、自餘皆如舊境。

とあるような詔を發し、先述の西夏の誓表通りまず延州と保安軍、すなわち鄜延路の栲栳・鎌刀・南安・承平の四寨と、その他の場所、すなわち麟府路の屈野河一帶に對する西夏との國境整備の着手を宣言している。なお、宋代において西夏との交渉の窓口は、鄜延路の保安軍に設けられており(28)、この時もそれは變わっていない。したがって、先程出された宋朝の詔は、一應鄜延路經略司（延州所在）を經由して保安軍に傳えられ、ここで西夏に交渉を呼びかけるようになったと思われる。

ところが、こうして始まったばかりの交渉はその第一歩から行き詰っていた。それは、當時既に西夏と交渉に入っていたと見られる鄜延路經略司から、『長編』巻一五七　慶暦五年八月庚辰に、

鄜延經略司言、夏國未肯明立封界。

とあるように、西夏が交渉を拒否していることが宋朝に報告され、そのため宋朝も直接延州の保安軍に、

詔保安軍移文宥州、令遵守誓約指揮。（同右）

と、再び詔を降して西夏の對宋交渉の窓口である宥州に交渉を促させている事實から分かる。

とすれば、なぜ早くもこのような狀態に陥り、また西夏は宋朝の督促に如何に反應したのか。殘念ながらこの後鄜

延路での畫界交渉の動向を知らせる史料は『西夏書事』巻一八　慶曆五年八月に「曩霄（李元昊）、遷延して詔を奉ぜず」とあるだけであり、史料の空白でその委細を窺うことが困難である。

しかし、こうした中で鄜延路で再び交渉が再開されたのはいままで問題となっていた「四寨」などの問題によってでなく、『西夏書事』巻一八　慶曆六年一〇月に、

獻豐州地、請定封界。

とあるように、西夏が宋朝に豐州を突然還し、この地域にも境界畫定が必要となったことによる。麟府路の最北方に位置し、西夏と契丹の兩國に共に境を接する豐州は[29]、先述の如く寶元用兵で西夏に奪われたが[30]、それがこの時返還されたのである。なお、この返還が和議段階で兩國の間で了承されていたものかどうかは定かでない。ただし、これについて『宋大詔令集』巻二三四　四裔七　賜夏國主詔　慶曆六年九月甲午には、

…今差尙書刑部員外郎張子奭於保安軍計會、差來人將邊界事節面更商議。

とあるから、宋朝は西夏が豐州を返還する直前から、早くも使者の張子奭を保安軍に送り出し、西夏の使者と畫界を「商議」していたことが分かる。つまり、宋朝では畫界交渉が膠着狀態に陷った延州に直接使者を派遣して、「四寨」などの問題を含めて豐州の畫界について協商の進展を圖ったと思われる[31]。

またその際、宋朝は延州（具體的には保安軍）に張子奭を送りつつ、豐州に對する一定の畫界方法を持參させている。『長編』巻一五九　慶曆六年一〇月丁未朔に、

詔、比遣張子奭往延州與夏國議疆事、其豐州地、當全屬漢界、或所議未協、聽以横陽河外嚮所侵耕四十里爲禁地。若猶固執、卽以横陽河爲界。初、夏國既獻臥貴龐・吳移・已布等九寨、又納豐州故地、欲以沒寧浪等處爲界。下河東經略使鄭戩、而戩言沒寧浪等處並在豐州南、深入府州之腹、若如其議、則麟・府二州勢難以守、直宜以横陽

河爲界。上乃以戩所上地圖付子奭往議之。

とみえるのがそれである。これによっても、宋夏の間で張子奭派遣以前、既に豐州の畫界に關する議論があったのが分かり、またその際西夏はまず臥貴龐等の九つの堡寨を宋に獻じ、その後は豐州をさらに納めながらその境界を「沒寧浪等の處」とすることを提案している。ただ、ここで西夏が臥貴龐などの九堡寨を獻じたというのは事實ではなかったと見られ[32]、またそれらの九堡寨及び「沒寧浪等の處」は位置を特定することができない。

しかし、いずれにしても宋朝はこの西夏の畫界案を容認せず[33]、張子奭にはそれとは異なる畫界案を持たせ、西夏を説得させようとしていた。すなわち宋朝はこれより以前、西夏案の利害を河東路經略使鄭戩[34]に檢討させたところ、彼からもし西夏の主張に從えばその南の麟・府州の邊防に難點が生じるとの報告があったため、これを受け入れ、境界を豐州の西方を流れると思われる横陽河[35]とすることを決めているのである。宋朝がそうした鄭戩の意見を柱に決定した畫界案を圖示してみると上のような三つの案となろう（圖Ⅱ）。

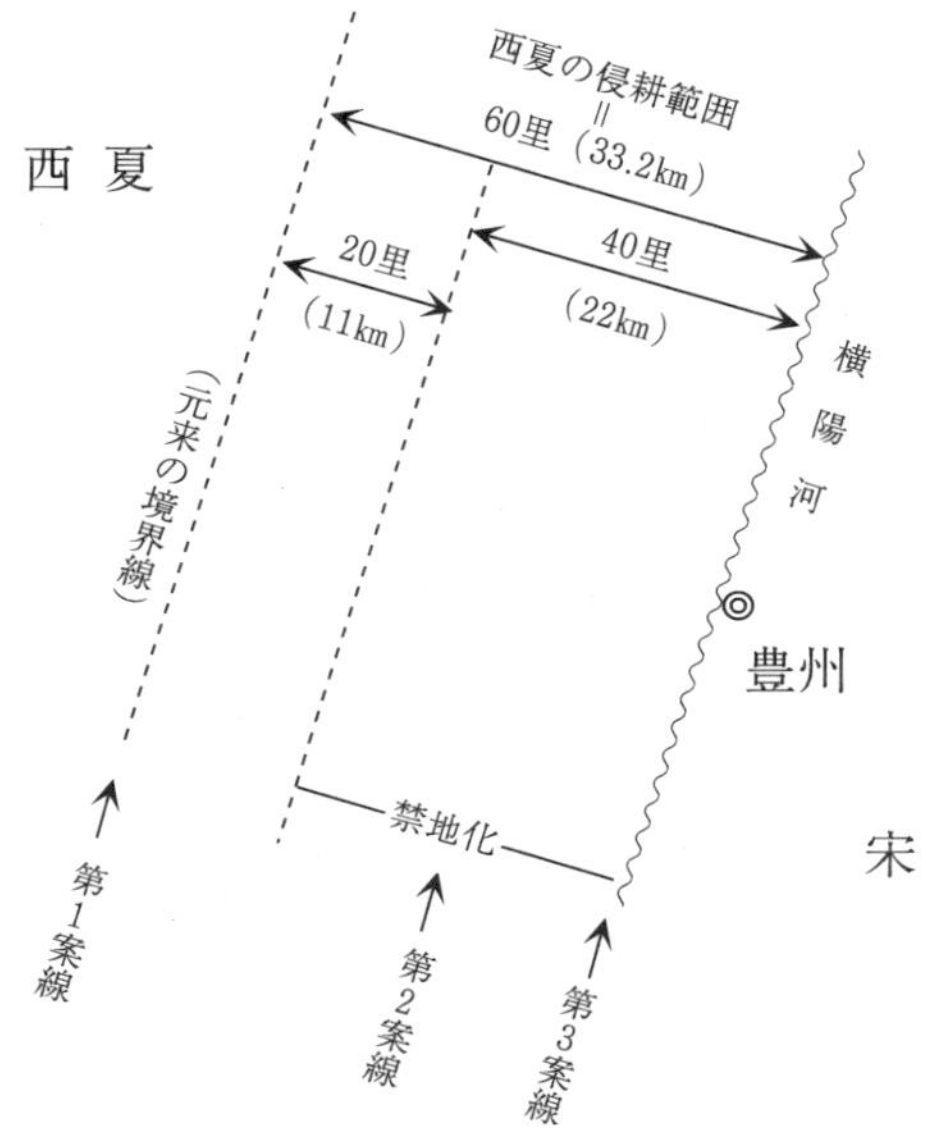

圖Ⅱ　慶曆期における宋朝の豐州に對する畫界案

　まず、第一案は「其の豐州の地は、當に全て漢界に屬すべし」というものである。後掲する史料に「當時夏侵界六十里[36]」とあることから考えると、豐州の舊境は元々横陽河から約六〇里（約三三・二km）

程度の外側にあったことになるから、第一案はそのような元來の漢界を全て取り戻すこと、すなわち横陽河から六〇里の所を境とするものと解される。次に、第二案は「或は議する所に未だ協わざれば、横陽河の外嚮の侵耕する所四〇里（約二二㎞）を以って禁地と爲すを聽す」ことである。これはもし第一案が西夏に受け入れられなかった場合、横陽河の外の六〇里のうち最も外側の二〇里（約一一㎞）は西夏に讓歩し、殘りの四〇里はだれもが居住しない「禁地」とする案と思われる。かかる禁地は北宋の初め頃から既に緣邊に分布していたが、横陽河でも西夏との協商を通じてそれを導入しようとしたものと見られる。また、この第二案を通じては西夏が當時國境を超えて「侵耕」を行っていた事實も指摘できる。このような西夏の「侵耕」は後述のように特に當時の麟府路でかなり進んでおり、宋朝はそれらの侵地をだいたい禁地と作ろうとする政策的傾向が讀み取れる。一方、宋朝はこの第二案も通用せず「（西夏が）若し猶も固執」する場合は、「横陽河を以って界と爲す」第三案も用意している。これは、宋朝の讓れる最大の線が横陽河であったことを意味する。

　このように、宋朝では西夏からの豊州の返還を契機に、張子奭を直接延州に送り出し、豊州をはじめ以前から未解決狀態となっていた鄜延路の「四寨」などの畫界問題に對しても共に解決を圖っていたと言えよう。

　では、ここで再開された交渉の行方はさらにこの後どのようになったのか。こののち、延州で兩國の交渉を直接知らせる史料はまた見當たらなくなり、事態の委細は不明である[37]。ただし、實はこのとき宋夏の間では延州のほかに麟府路でも別の窓口を設け、もう一つの畫界對象地である屈野河地域をめぐって交渉を繰り廣げていた。そして、この屈野河の畫界問題が鄜延路の協商問題とも深く關係を持っていたと見られる。そこで、次はその屈野河問題の検討を通じて、麟府路と延州の問題についても考える。

2　屈野河の畫界をめぐって

さて、寶元用兵で宋朝が最も大きい被害にあった地域の一つは麟府路である。すなわち、河東路の一軍政路である麟府路は、畑地正憲氏や前田正名氏らの研究で述べられているように、(38) 西夏が東進を企圖する時は必ず經由する所であり、そのため李繼遷時代から存在するこの道を利用する西夏の對宋攻擊は、寶元用兵でも再現され宋朝に大きな打擊を與えている。先述の豊州陷落はそのような被害の一つであったが、さらに麟州の西南方面を流れる屈野河流域に對する西夏勢力の進出は著しいものがあった。特に西夏はこの地域で「侵耕」を活潑に敢行し、それで從來の境界秩序が大いに亂れていたと思われる。先述の慶曆和議で擧げられた畫界對象地としての「其の他の邊境」は、この屈野河一帶に他ならず、そのため麟府路でも和議後、延州（鄜延路）と同時に窓口が設けられ、畫界交涉が進められるようになっていたのである。

ところで、そうした麟府路での交涉の事實は、史料にはそれが實際に行われた當該時期の箇所に載っておらず、慶曆期から一〇年以上も離れている『長編』卷一八五　嘉祐二年二月壬戌、並びに『宋會要』兵二七／四一～四五　備邊　嘉祐六年六月などにそれぞれ一括して、かつ年度を明示せぬ形で載っている。そこで、次はいずれも長文のこれらの記事のうち、『長編』の記事を適宜に區切って示し、各段落の時期を特定しつつその內容について檢討していく。

（イ）麟州の「舊境」について

Ａ　初、麟府西南接銀州、西北接夏州、皆中國地也。慶曆中、元昊既納款、知麟州禮賓副使張繼勳奉詔定界至而文案無在者、乃問州人都巡檢王吉及父老等。

まず、このＡから宋朝が和議直後、麟府路でも境界の畫定に取り組んでいる事實が知られる。その仕事の責任者は知麟州張繼勳(39)であって、彼は慶曆中（一〇四一～四八）に宋朝から詔を賜ったとあるから、Ａは宋朝が西夏と畫界交涉

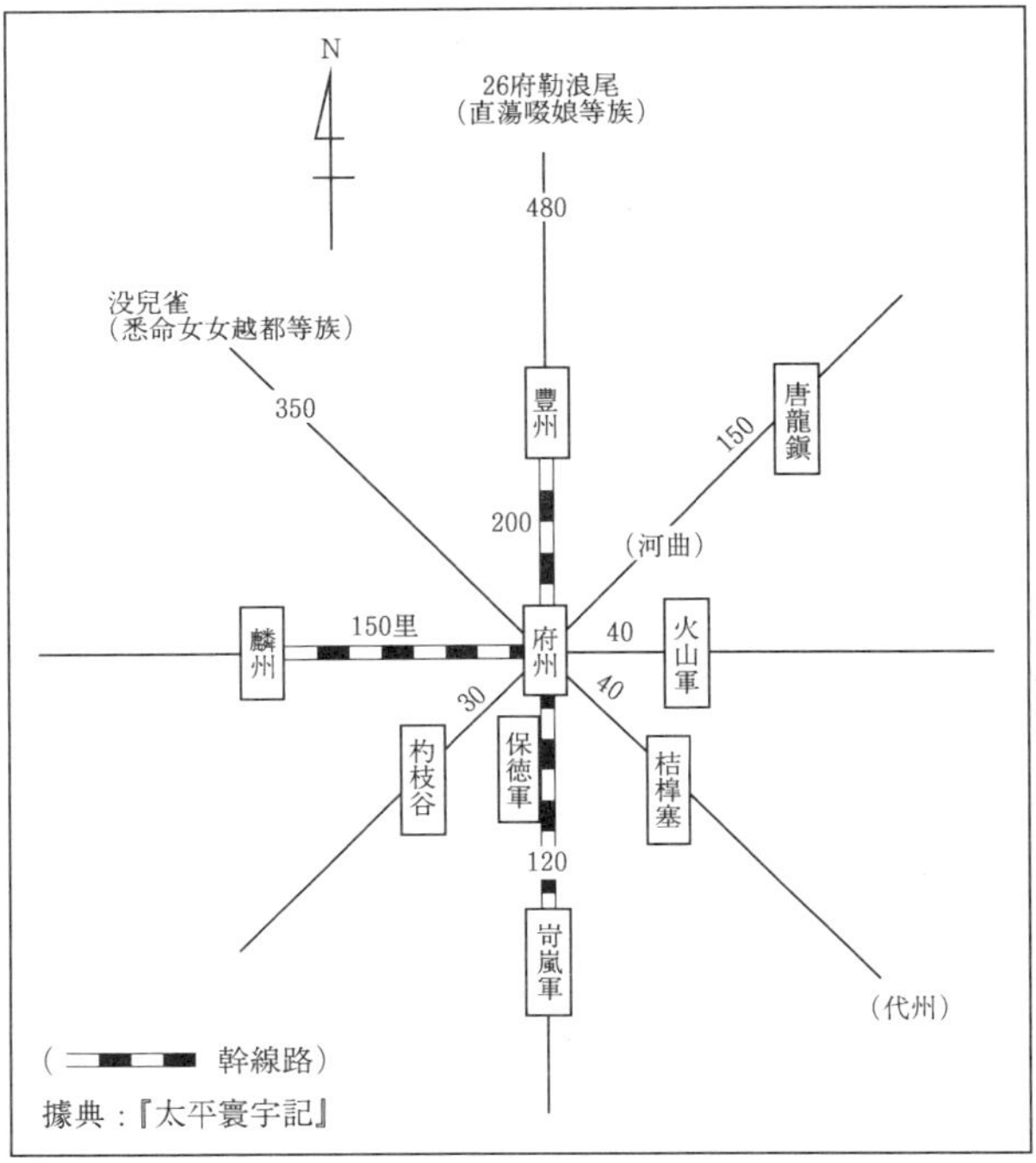

圖Ⅲ　府州を中心とする四至八到圖（畑地正憲「宋代における麟府路について」（『東洋史研究』五一－三　一九九三）より）

を始めるようになった同五（一〇四五）年八月から同八（一〇四八）年の間のことになる[40]。そして、この時點は前述の鄜延路での交渉期間ともだいたい一致し、やはり宋夏の畫界交渉が鄜延路と麟府路でほぼ同時に進められていたことになる。

ところで、麟府路で張繼勳が「（麟州の）界至を定める」ために始めた最初の仕事は州の「文案」を調べることであったが、この「文案」とは麟州の過去の境界、すなわち「舊境」を記した文書を指すものであろう。なぜなら、張繼勳はその「文案」が亡失していたため、その代わりに麟州の舊境を直接州の父老と官吏などに聞いて、後にそれを宋朝に報告しているからである。Aに續くB～Fは、後述するように彼が父老などに聞き得たその舊境の内容を記したものに他ならない。

また、これに加え注意すべきは、かかる張繼勳の舊境調べの背景には、先に検討した『長編』巻一五七　慶暦五年八月癸酉の、

詔…惟延州・保安軍別定封界、自餘皆如舊境。

という、宋朝の詔があったと思われることである。すなわち、既述のごとく宋朝はそもそも和議以後西夏との畫界交渉を始めた際に、この詔を發して、延州と保安軍（すなわち「四寨」）以外の地域の境界は「皆、舊境の如くす」としたことがあったが、いまの張繼勳の行動はまさにそうした前の詔に對應したものと見なされる。したがって、これをさらに言えば、A文で張繼勳が奉じたとする「詔」はいま再引用した慶暦五年八月の「詔」であり、彼はそれを實行するための準備としてAで見るような調べに着手したことになる。[41]

ただし、このように見てくるとき、ここではもう一つ注意すべき點が出てくる。それは、以上の宋朝の動きが實は西夏との最初の約定、すなわち誓表で決められていた畫界の方法とは多少食い違いがあると思われることである。それらを直接對照してみると、まず誓表には、

「四寨」とその他の邊境（＝麟州）では現在の蕃（＝西夏）と漢（＝宋）の兩民が居住する中間點とする。

とあり、これに對し張繼勳が奉じた慶暦五年八月の詔では、

延州・保安軍（＝鄜延路）では（誓表のように？）界を別に定めるが、その他（＝麟州）では舊境通りする。

となっている。兩者の間に特に麟州の畫界の方法について明らかな相違が認められる。とすれば、この違いはどうして生じたのだろうか。

これは、宋朝が和議成立直後、麟州の舊境を回復する必要から前の立場を變えた結果であり、そしてここにこそ鄜延路で西夏が宋朝との交渉を拒否していた原因があったのではなかろうか。この推測を助けることの一つに後に擧げ

るG文の一部に、

朝廷以更定誓詔、…閤門祇候張宗武諭張繼勳曰、若西人來、卽且答以誓詔。惟延州・保安軍以人戶所居中間爲定、餘路則界至並如舊。

とみえる。張宗武という宋の官吏の話しによれば、宋朝は「更めて誓詔を定め」、延州と保安軍（＝鄜延路）では誓表通り（蕃漢の）中間を境界とするが、その他（＝麟州）では舊境通りしたというのである。後述するごとく、西夏は當時麟州の屈野河一帶で「侵耕」を激しく進めていたが、宋朝がもしこうした情況下で誓表のまま「現在の蕃漢の中間を界とする」ことになると、それは西夏の侵耕をそのまま認める結果となる。そこで、宋はあくまでも從來の境界を回復する目的で、「麟州では舊境通り」畫界法を改定したのではなかろうか。そうであるとすれば、その舊境はどのようなものであったのか、次に張繼勳が麟州の父老などから聞いたことを記したと思われる、B～F文を通してそれを検討する。

B　皆云、繼遷未叛時、麟州之境、西至俄枝・盤堆及寧西峯、距屈野河皆百餘里、西南至雙烽橋・杏子平・彌勒・長干・鹽院等、距屈野河皆七十餘里。

まず、Bは時期が遡って李元昊の祖に當たる李繼遷時代における麟州の境を説明している。「繼遷未だ叛せざる時」が何時を指すのかは不明であるが[42]、ただBは咸平五（一〇〇二）年のことを述べている次のCよりは以前のことである。また、Bに見える地名の殆どは各種の地理書にも見えず、それらの位置を地圖に畫定することは非常に困難である。しかし、確かなことは當時の麟州の領域が屈野河から西限は約一〇〇里（約五五・二㎞）の地點に、そして西南限は約七〇里（約三三・六㎞）の所に離れていることである。宋夏の關係史に卽するに、この版圖は恐らく至道三（九九七）年一二月頃、宋朝が李繼遷を定難節度使に封じながら夏・銀・綏・宥・靜の五州を割讓した時[43]のものではなかろうか。

C　咸平五年、繼遷圍麟州、陷濁輪・軍馬等寨。

次に、Cは咸平五（一〇〇二）年李繼遷の反宋活動の猛威が麟州にも及び、その結果麟府路所屬の濁輪と軍馬等の堡寨が西夏に陷落されたことを傳える[44]。この年、西夏は宋の重鎭靈州を既に陷れていたが、同時に東方にも進んで宋朝の内屬異民族（熟戶）が多い濁輪寨などを强打したのである。

D　大中祥符二年、始置横陽・神堂・銀城三寨、皆在屈野河東、以衙前爲寨將、使蕃漢義軍分番守之。又使寨將與緣邊酋長分定疆境。横陽寨西至故俄枝寨四十里、州城西至大横水六十里、西南至浪爽平五十里。神堂寨西至伺候峯三十五里、西南至赤犍谷掌四十里、次南至野狸塢三十里。銀城寨西至榆平嶺四十里、西南至淸水谷掌五十里、次南至洪崖塢四十里、次南至道光谷・中嶺上六十里。

ところで、そうした中、續いてDによれば、屈野河では大中祥符二（一〇〇九）年に注目すべき境界變化が起こっている。ここでも地名は未詳のものが大部分であるが、ただそれらの多くがここでは屈野河から大體五〇里（二七・六㎞）前後の所に位置している。Dも麟州の「舊境」を述べるのが基調なので、恐らくこれらの地點を繫い合わせた線が當時の宋夏の分界線であったと思われる。すると、これは前の咸平五年のB線よりも境界が相當後退していたこと、つまりこの地域における西夏勢力の急速な進出と、またそれに相反した宋朝勢力の退潮を共に反映することになる。このような西夏の麟府路への進出は既にCの段階でもみえており、恐らくそれはその以降も續けられていたようである。そして、Dはそれの一つの頂點をなした時期として見受けられる。なぜなら、そうした西夏の進出はDになって漸く宋朝からの制動がかかっているからである。すなわち、そのDによれば、宋朝は大中祥符二年屈野河の東岸に横陽・神堂・銀城の三寨[45]を初めて置き、それらを漢と蕃の兵士に守らせる一方、その寨將とその地域の酋長たち[46]をして西夏と境界を「分定」させ、西夏の進出に歯止めをかけることを模索している。特に、この時點で宋朝が既に西夏と畫界協商を行い、それで西夏の進出を阻止しようとしたことは注目すべきことであるが、ただこれは同時に西夏の進出を現實的に認めたことにもなる。

E　天聖初、州官相與訟河西職田、久不決、轉運司乃奏屈野河西田並爲禁地、官私不得耕種。自是民有竊耕者、敵輒奪其牛、曰、汝州官猶不敢耕、汝何爲至此。由是河西遂爲閑田、民猶歳輸税、不得免、謂之草頭税。自此敵稍耕境上、然亦未敢深入也。

しかし、それでも西夏の進出が封鎖されたわけではなかった。Eによれば、西夏はDの境界分定にも拘らず、天聖年間（一〇二三～三二）になって再び屈野河への進出を圖っているのが見えるからである。ただ、この時の西夏の進出は、その原因が宋側より提供されていた。この時、宋朝ではたまたま官吏の間で屈野河以西の職田に對する紛争が起こり、そのため同河以西の土地全てが「禁地」として定められており、西夏の進出は多くはこの隙間に乘って行われたのである。なお、後に擧げる『長編』巻一八五　嘉祐二年二月甲戌の注に「屈野河西並爲禁地、此司馬光河外諮目、天聖四年五月事」とあって、以上のような宋朝による屈野河の禁地設定が天聖四（一〇二六）年五月のこととなっている。この直後、屈野河以西では西夏の「侵耕」と、また宋人の「盗耕」もがなお共存していたが、ただ西夏の侵耕はまだ深刻な状態には達していなかった。

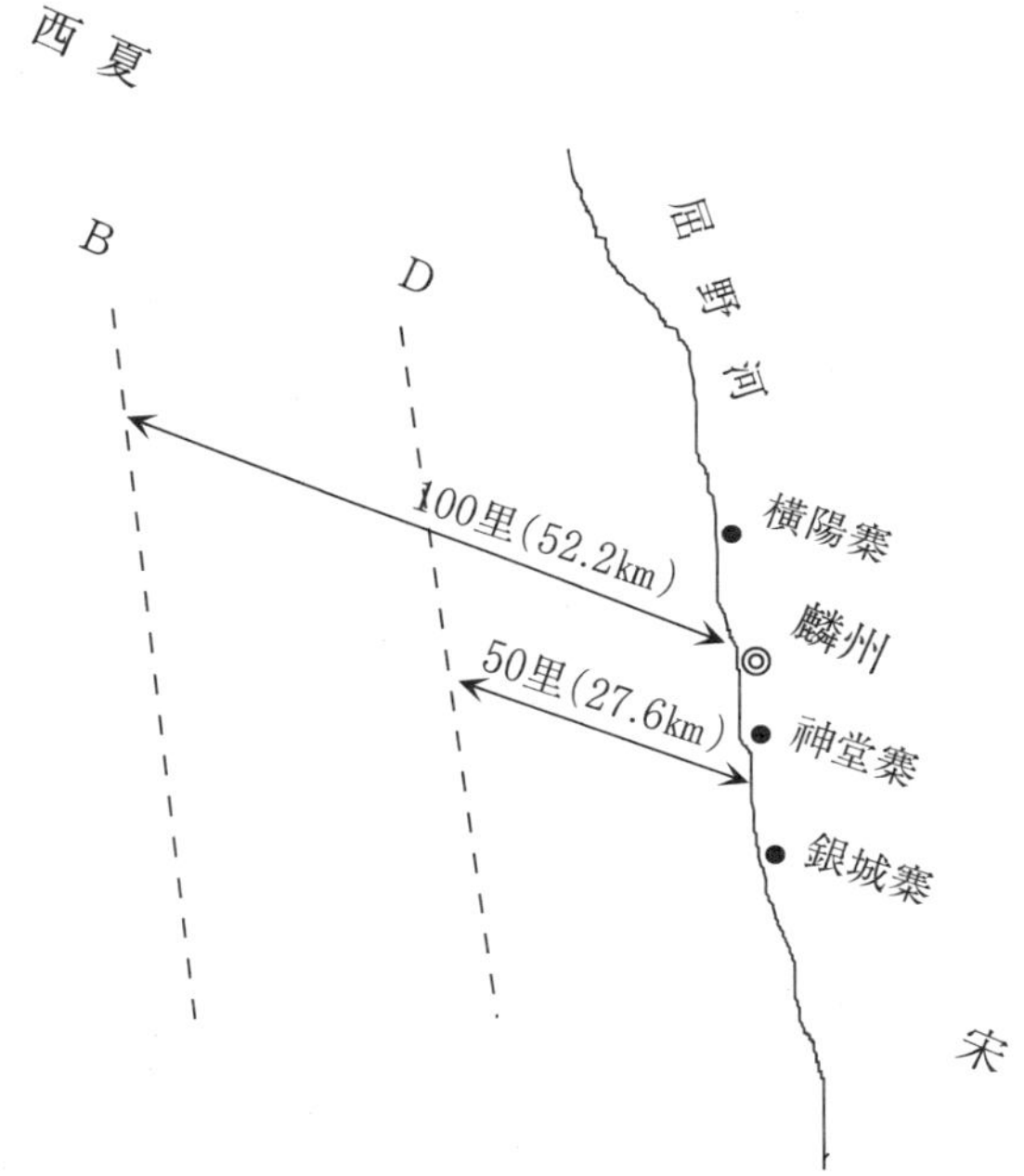

圖Ⅳ　慶曆和議以前屈野河流域における境界變遷の大勢（概念圖）（B＝咸平五年以前の分界線、D＝大中祥符二年頃の分界線、なお三寨の位置は未確定）

F　及元昊之叛、始揷木置小寨三十餘所于
道光・洪崖之間、盜種寨旁之田、比至
納款、所侵才十餘里。

だが、こうしていったん再開した西夏の侵耕は、次のF、すなわち李元昊が全面南侵を開始する寶元元年以降になると、一段と激化している。西夏は宋への戰勝に彈みをつけ屈野河への進出を加速化したわけであろう。とりわけ、この時からは從前には見えなかった多數の「小寨」[47]が侵耕の據點として建てられている。西夏のこのような侵耕は和議が成立する頃（慶曆四年末）、約一〇里（約五・五km）に及んでいたが、この一〇里は前述で檢討したD線からの距離であろう。

（ロ）交渉の妥結とその背景

さて、以上が張繼動が詔を受けて、調査

した麟州の「舊境」の實態である。要するに、これによって宋朝は麟州で多様な紆餘曲折はあったものの、その舊境が結局圖Ⅳの B と D 線のような處にあったことを確認したわけである。ならば、宋朝にとって次なる課題は、こうした事實を西夏に認知させることだったろうが、實際はどうであったのか。『長編』には F の後にさらに次のような G 文が續いているので、次はそれを通じて引き續きそのやりとりを検討していく。

G　是時、朝廷以更定誓詔、不欲與敵分明界至、乃令修河濱堡。閤門祗候張宗武諭張繼勳曰、若西人來、卽且答以誓詔。惟延州・保安軍以人戶所居中間爲定、餘路則界至並如舊。未定之處、若西人固欲分立、則詳其所指之處、或不越舊境、差官與之立牌堠以爲界。繼勳遂列前後界至地名奏之、且云、今若以河西爲禁地、則益恣其貪心、進逼河西之地、耕墾畜牧、或興置寨柵、與州城相距、非便。若用咸平五年以前之境、則太遠難守、請以大中祥符二年所立之境爲定。詔繼勳與宗武先審定之、不得明行檢踏以致生事。繼勳復申經略司、前所議疆境已得其實、無以復易。乃遣臨塞堡監押三班借職馬寧、指使殿侍康均待西人于境上、及令麟州通判領其事。西人言我馬足所踐、卽爲我土、與相辯詰久之。會西人數遣人求通寧星和市、繼勳使均等以此邀之。其把關太尉曹勉及管勾和市曹敕謂均等曰、若通寧星和市、其麟府疆界請一切如舊。經略司令諳保安軍自陳。未幾、果諳保安軍、朝廷以爲疆界既如舊、乃許之。

このGは、ようやくその時點が再び慶曆和議以降に戻され、特に屈野河問題に對する宋朝の對應、或は宋夏の間の交涉のことが記されている。ところで、まずGの冒頭では、既にAで指摘したように、宋朝が畫界の方針を改めているることが述べられている。張宗武なる者が張繼勳に諭した言葉をさらに參照すると、宋朝は當時屈野河に對してあくまでも「舊境」の回復を強く目指していたことが讀み取れる。宋朝が「敵と界至を分明にせんと欲さず」としたというのも、恐らく西夏が現在の麟府路の狀態をそのまま境界とすることを固執していたため、それに應じようとしない姿勢を示そうとしたものと思われる。

というのも、Gではさらに宋朝が張繼勳に舊境を調べさせた後、何とか西夏を交涉の場に呼びつけ、それを認めさせようとする努力の樣子が看取できるからである。すなわち、引き續きGによれば、張繼勳は舊境調べの後、宋朝にその結果を報告するなかで、麟州の畫界について、

①屈野河以西を「禁地」のままにしておくと西夏の侵耕は根絕しない。②咸平五年以前すなわちB線を境とすると、廣すぎるから守りに難點がある。③それゆえ、境は大中祥符二年すなわちD線で決めるのが望ましい。

という自分の考えを披瀝している。この建議は、麟州の舊境がBとD線の複數で存在していたのを知った宋朝が、西夏との交涉のために事前にそれをどれかの一つに確定しておく必要があったことを意味する。そこで、宋朝は張繼勳の報告に對し、それを張繼勳本人と張宗武にもう一度檢討させた後、最終的には張繼勳の意見を正論と決定し、西夏との交涉に入ることを圖っている。なお、西夏との實際の交涉は、張繼勳ではなく彼の副官である麟州通判がそれを掌り、また西夏との交涉の場所である「境上」には麟州管下の堡寨の官吏などが送られていた。

ところで、こうして西夏との接觸が再び持たれたものの、西夏は當初は依然として「我が馬の足踐む所、卽ち我が土と爲る」という言葉で、宋朝の主張には全く從おうとしなかった。この象徵性に富む言葉からは、西夏の境界に關する認識の一面が讀み取れる。ところが、かくして一見解決の見込みがないように見えた兩國の對立は、他ならぬ張繼勳の和市開通の提案で一擧に解消の局面を迎えている。張繼勳は西夏と「與に相詰すること、之を久しくする」狀況で、當時西夏が寧星和市(48)の開通を宋朝に願っていた事實に注目し、それの開通を條件に畫界の妥結を打診したところ、直ちに西夏の同意を得ているのである。

表Ⅲ　西夏における對宋貿易の主な形態と場所

貿易形態	場所など（括弧内は初置又は史料での初見年代）	典據
榷場	保安軍（景徳3）、鎭戎軍（天聖中）	宋史186
和市	并州（天聖4）、代州（天聖4）、吳堡（?）、寧星（慶曆7）	西夏書事10、18
走私貿易	赤沙（咸平5）、橐駝口路（咸平5）、濁輪谷（祥符8）、金湯（慶曆2）、白豹（慶曆2）、折薑會（?）、撫寧（?）	長編51、135、西夏書事10、22
貢奉使節	賀正使、賀乾元節使等「朝聘使」の京師での行商活動	范文正公集

＊表の內容のうち、「和市」と「走私貿易」の場所は筆者が見つけたものだけであり、この他にも多數あったと思われる。

このような西夏の簡單な態度變化は、當時宋朝が西夏に對して通商を大きく制限していた政策、(49)逆に言うと西夏のより自由な對宋貿易への願望が、その背景にあったのは言うまでもない。後述とも關連する所があるので、ここで當時の西夏の對宋貿易の實態を簡單に整理してみると、それは表Ⅲのように大きく榷場、(50)和市、(51)走私貿易(52)といった貿易場を持つものと、朝聘使などが宋の京師で臨時的に行う貢奉使節による貿易などがある。ただ、このうち臨時的な貢奉使節の貿易はもとより走私貿易も祕密貿易であるから、西夏が宋朝と持續的かつ自由な交易を保てるのは、國家公認の榷場と、それよりは規模が小さい和市だけであった。(53)しかも、表Ⅲでみるように、その榷場は二つ、そして和市は當時寧星和市がまだ開かれていなかったから三つ程しかなかったことになる。つまり、西夏は宋朝の貿易統制の中で高まる對宋貿易への欲求を解決すべき方法として走私貿易なども誘致しつつ、一方では機會があれば宋朝に貿易場の增設を要求し、當時は特に寧星和市に關心をもっていたと言えよう。(54)そこで、宋朝はこのような西夏の欲求を利用して、長引く國境交渉の妥結を圖り、西夏も念願の和市場をもう一つ獲得することで麟府路の疆界を「一切舊の如くする」ことに惜しまなかったと言えよう。

かくして、さらにGにあるように、この後宋朝は西夏の交渉官を兩國の公式的な交渉窓口たる陝西路の保安軍に來させ、一應交渉を妥結している。つまり、ここでまず麟州の屈野河の境界は宋朝の要求通り大中祥符二年＝D線で決められたはずであるし、また同時に「四寨」と豐州も大體宋朝が要求するような形で妥結されたと考えられる。すなわち、このうち豐州は、西夏が「其の麟府の疆界は一切舊の如くするを請う」たから、その「舊境を全て回復する」形で決められたと思われるし、また「四寨」の場合も元來の方針通り「蕃漢の中間點」で決められたと考えられる。なお、『西夏書事』などには寧星和市の開通が慶曆七年四月のこととなっているから、以上の畫界妥結もこの頃のことであったろう。[55]

三　慶曆以降における畫界交渉の再開と和市問題

さて、以上が慶曆和議の戰後處理問題として提起された宋夏兩國間の境界協商の內容であり、これで慶曆七年頃、兩國では一先ず境界問題が解決したと思われる。ところが、にも拘らず、史書には慶曆以降、至和年間（一〇五四～一〇五六）にかけてまで西夏が麟府路の屈野河と豐州一帶に對して侵耕を再開している事實と、そのためそれをめぐって宋朝との間により深刻な紛爭が再び起きているのが見えている。では、この問題はまた如何なるものであったのか、本節では慶曆期の畫界問題の延長線上に位置附けられるこの事態が最終的にどのように終結するのかを検討したい。

1　交渉再開の原因について

前節で擧げた屈野河の畫界問題をまとめて記した『長編』巻一八五　嘉祐二年二月壬戌の記事（A～G）には、さらに續けて次のようにある。

H　及繼勳坐事去、後知州事者懲其多事取敗、各務自守、以矯前失。會有指使過河西、爲西人所掠、乃禁吏民皆不得過河西。王吉嘗過河西巡邏、州司輒移文劾之、自是無敢過者、諸堡寨亦利民不過河、而敵無踰境、歳滿得遷官、故禁之尤急。西人初猶顧望未敢、數歳之後、習知邊吏所爲、乃放意侵耕。然州西猶距屈野河二十餘里、自銀城以南至神木堡、或十里、或五七里以外、皆爲敵田矣。敵明指屈野河中央爲界、或白晝逐人、或夜過州東、剽竊貲畜、見邏者則逸去、既渡水、人不敢追也。

まず、このHによれば、麟州では慶曆期に境界妥結に手腕を發揮した張繼勳が何らかの理由で「事に坐して去」っており、その後再び西夏の屈野河流域に對する進出が再現している。張繼勳の事跡は史料に不明なので正確な時期の確定はできないが、次のIなどを參考にすると、かかる西夏の侵耕再開は一應慶曆期の畫界が一段落した慶曆七（一〇四七）年四月から至和二（一〇五五）年七月までのことと思われる。[56]

ところで、この期間中の西夏の侵耕はいわば宋朝官吏の事無き態度によって段々と激しくなった觀がある。麟州の官吏たちは慶曆末以降も絶えなくなっている西夏の略奪行爲から官民を守るため、ある時期から官民の屈野河以西への渡河を禁止する措置を取っていたが、これが西夏の侵耕を助長したと見られる。なおこのことは、前節でみたように宋朝が天聖年間に「屈野河の西の田を並に禁地と爲し」、西夏の侵耕を招いたことと類似する。[57]しかしこの時、西夏は屈野河から西方一、二〇里の地點にまで侵耕を進める一方、白晝にも屈野河を渡り剽略を働きながら、いよいよ屈野河をもって境界線とすることを主張するに至っている。これは、前節で檢討した慶曆期の境であったD線をかなり越えたものであり、事態はより惡化していたと言えよう。なお、後の狀況から判斷すれば、西夏はこの時豐州の方

表Ⅳ　李元昊以來四代外戚關係表（中嶋敏「西夏における政局の推移と文化」（『東方學報』東京六　一九三六）より）

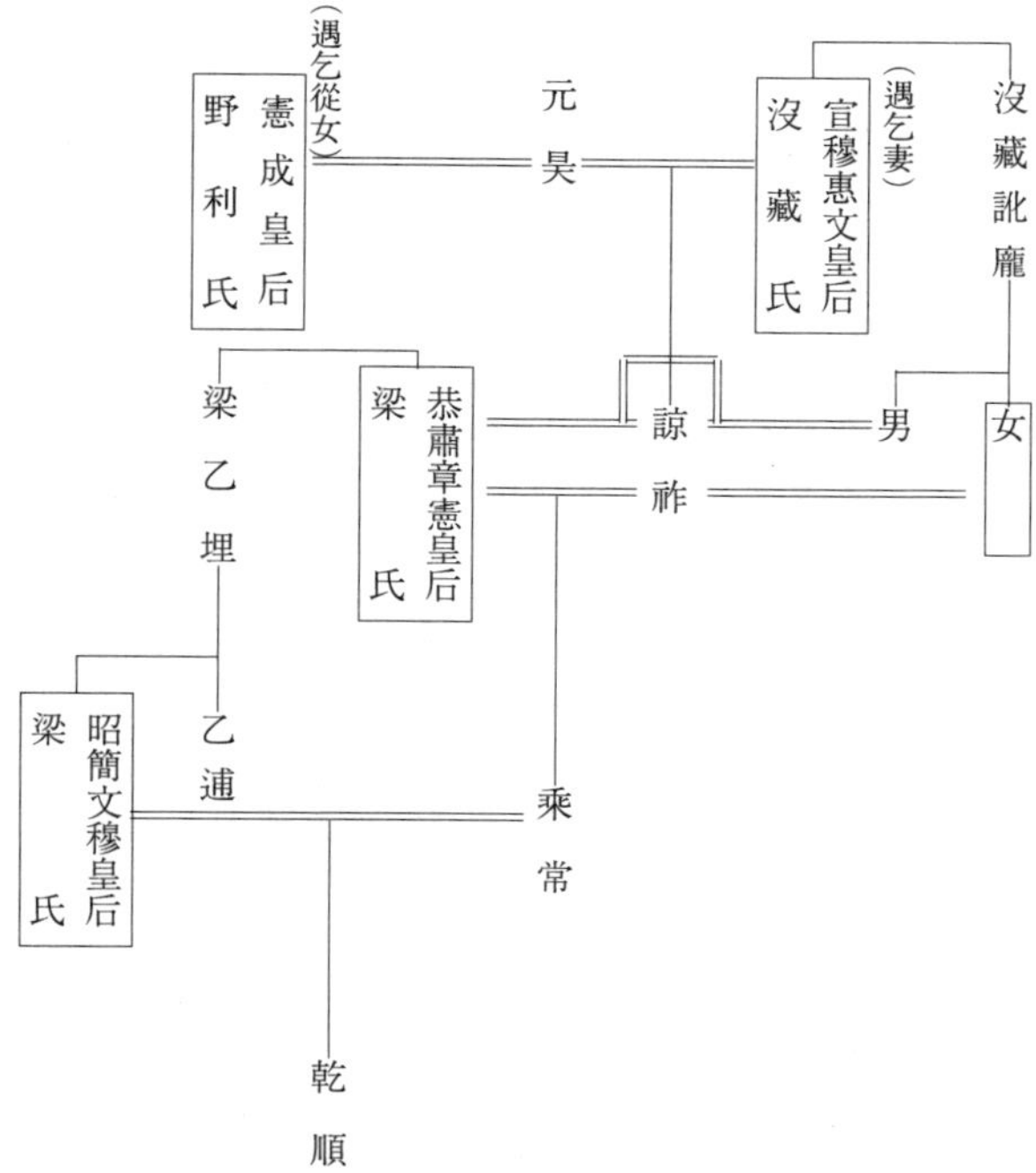

（|は血緣關係、
=は婚姻關係を示す。）

でも侵耕を行っていた。

　では、それにしても西夏の侵耕はいったいどうしてこのように執拗に續いていたのであろうか。宋朝の屈野河以西に對する「禁地」、或は「渡河禁止」措置にも原因がなくはなかったが、より根本的な原因にはHの後に次のように述べられる西夏の國內事情があった。

I　及管勾軍馬司賈逵行邊、見所侵田、以責主者、知州王亮懼、始令邊吏白其事。經略司遂奏土人殿直張安世・賈恩爲都同巡檢、以經制之、然敵侵耕久、宴然自以爲己田、又所收皆入其（西）沒藏訛尨、故安世等迫之則格鬪、緩之則不肯去、經略司屢列舊境檄之使歸所侵田。訛尨之妹使其親信部曲嘉伊克來視之、還白所耕皆漢土、乃召還訛尨、欲還所侵地。

　會嘉伊克作亂誅而國母死、訛尨益得自恣。

すなわち、寧星和市が許されてから間もない慶暦八年正月、西夏では李元昊が突然没藏訛尨なる者に殺され、政權が彼の手中に陥るクーデター事件が發生した。表Ⅳでみるように、没藏訛尨は李元昊の第二婦人没藏氏(58)の兄に當たる人物であったが、彼は平素李元昊と合わず、やがて李元昊を始め正妻の野利氏及び太子などを次々と謀殺し、その後は没藏氏所生の一才足らずの李諒祚を國主に、さらに没藏氏を皇后に各々擁立して國政を專らにしていた(59)。したがって、まずＨとＩにみる慶暦以降の西夏の侵耕は、彼によって主導されたことになる。

とするならば、この没藏訛尨はなぜ宋朝との關係惡化までを覺悟しながら侵耕を敢行していたのか。中嶋敏氏は、西夏で外戚勢力が強い時は對外政策が排他的な傾向となり、これに對し國主親政の際は華化政策の傾向があった、とされている(60)。確かに、没藏氏執權期には官制においていわゆる「漢禮」の代わりに「蕃禮」が取られたり(61)、また對契丹關係も惡くなるなどの事實が見える(62)。しかし、當時の西夏の侵耕の背景にはこうした西夏の政治變化に加え、もう一つ没藏訛尨の個人的な野望が働いていた。

Ｉには「また收まる所、皆其の酋没藏訛尨に入る」と見えるが、これは侵耕によって得る收穫の大部分が彼に獨占されていたことを意味する。また、この事實は『宋史』巻三三六　司馬光傳に「麟州屈野河の西、良田多く、夏人其の地を蠶食して、河東の患と爲す」とあり、さらに同書巻四八五　外國　夏國上にも「屈野河、其の外、夏の境を距たること尙七十里、而して田腴し利厚く、多く訛龐に入る」とあることからも裏付けられる。當時、西夏では農耕の發達(63)に比べ、農地は一部のオアシス地帯を除く他は宋との接境地帯に多く分布していた觀があるが、没藏訛尨は特に肥沃だった屈野河一帶の土地を手に入れようとしたと考えられる。ただし、さらにＩによれば、訛尨の妹の没藏皇后は彼の侵耕行爲を好ましくせぬ立場を持ち、それゆえ彼女は親臣に屈野河を視察させた後、それが宋の土地であることを確認してからは、それを宋に返そうとしていた。だが、それから間もなく彼女もあいにく他の親臣に殺され[64]、よって訛尨の國政獨斷は一層進んでいるのである。なお、『西夏書事』は沒藏皇后が親臣を屈野河に送ったことを嘉祐元（一〇五七）年九月に、そして彼女がその親臣に殺されることを同年一〇月のこととしている[65]。

それならば、宋朝ではかかる事態を果たしてどのように受け止めていたのであろうか。

2　宋朝の對應と和市問題

宋朝が再び西夏の侵耕を深刻に受け止め、それに初めて本格的な對應を見せたのは『西夏書事』巻一九　嘉祐元（一〇五七）年三月、及び『西夏紀』巻一二　同年同月にいずれも、

　禁銀（＝寧）星和市。

とあって、慶曆七年畫界妥結を條件に西夏に許した寧星和市をいきなり停止した事件であった。宋朝にとってこの對策は十分豫想されるものであり、かつこれより有力な方法はなかったろう。これと關連して『西夏書事』には續いて、

　…龐籍戒官吏曰、夏人仰吾和市、如嬰兒之望乳、若絶之、彼必自來、毋得過河與戰、乃懸榜于邊、禁絶銀星和市。

という注文が見える。宋では河東經略使龐籍が西夏における和市の重要性を「嬰兒の乳を望む如し」と比喩しており[66]、このような宋朝の認識が寧星和市を停止に踏み切らせたのであろう。ちなみに、先のⅠで見た西夏の沒藏皇后による侵耕の實態調査はこの年九月のことであり、とすれば、恐らく彼女の行動は宋の寧星和市停止に對する對策の一つであったかも知れない。とはいえ、そのような彼女の對策が無爲に歸し、かえって訛尨への政權集中が一段と加速化したのは先述の通りである。そして、そのため宋朝の「寧星和市停止策」も功を奏すことがなかったと見られる。

そのため、宋朝ではこの後より嚴しい西夏對策が再び龐籍によって建議された。『長編』巻一八五　翌嘉祐二（一

〇五七）年二月甲戌に、

經略使龐籍言、西人侵耕屈野河地、本沒藏訛尨之謀、若非禁絕市易、竊恐內侵不已、請權停陝西緣邊和市、使其國歸罪訛尨、則年歲間可與定議。詔禁陝西四路私與西人貿易者。

とある如くである。龐籍は現在の西夏の侵耕が沒藏訛尨によるものと判斷し、陝西四路の和市全てを停止することによって、西夏に對する一層の經濟的打擊と、同時にそれで訛尨の失脚までを期待している。宋朝は寧星和市に次いで他の地域に對しても貿易の停止を檢討し、經濟制裁の程度を強めようとしていたのである。ただし、この龐籍の要求に對し實際宋朝が取った措置は、「私かに西人と貿易する者を禁ず」ということであったから、ここでは龐籍の要求通り和市を停止したのではなく、民間の祕密貿易すなわち前掲表Ⅲに示した「走私貿易」の取り締まりを強化したものと思われる。それは、後述するようにこのあと宋朝が別に陝西路の和市停止を檢討していることからも裏付けられる。「走私貿易」も榷場貿易に劣らぬ盛況にあったと見られるから[67]、その規制だけでも西夏の打擊は期待できたと考えられる。

一方、宋朝ではこうした貿易統制と並行して司馬光らがもう一つの西夏對策として『溫國文正司馬公文集』巻一七論屈野河西修堡第一狀で、

州城之西臨屈野河、自河以西直抵界首五六十里、並無堡障斥候、以此虜得恣耕其田、遊騎往々直至城下、或過城東、州人不知。去歲已於河西置一小堡、以處斥候之人、亦曾申經略司、乞於其西增置二堡、…急於州西二十里左右增置二堡、每堡不過十日可成、比至虜中再行點集、此堡已皆有備、虜不能爲害。如此、則麟州永無侵軼之虞、州兵出入有所宿頓、堡外先侵之田、虜皆不能耕種。

との如く建議している。當時、知幷州（河東路經略使を兼任）龐籍の下で通判に務めていた司馬光は[68]、西夏に對處する

ためにこの地域に堡寨を増築することを建議し、許されている。それによれば、屈野河では從來「堡障」や「斥候」が不備な狀態にあり、そのため司馬光は屈野河の西方約二〇里の地點に二つの堡寨を築き、それを據點として西夏の侵入を阻止しようとしたのである。ところが、この計畫が實行に移される直前の嘉祐二（一〇五七）年五月、宋軍は屈野河の西を巡視する途中、斷道塢という所で西夏の伏兵にあって思わぬ被害を被っている。そしてその結果、宋の堡寨築造計畫はあっけなく全面中止となり、龐籍と司馬光はその責任を負い共に左遷を餘儀なくされている。[69]これで宋朝では交易の封鎖という經濟制裁策に次いで、邊防の充實を期す堡寨修築案も共に成功しなかったわけである。

そのため、宋朝の計畫が裏目にでるなかで、いままで西夏對策に盡力してきた龐籍は幷州を去る直前の嘉祐二年八月、最後にもう一度『長編』巻一八六　同年同月壬申で、

知幷州龐籍言、經略司已令殿中丞孫兆議定横陽河爲府（豐）州界、然後三分、許一分與夏國、若不聽、卽絶之、請嚴禁陝西和市、從之。

とあるような建言を行っている。これによって、西夏が當時屈野河のみならず豐州でも侵耕を行っていた事實と、また宋朝がそれに對して西夏と交渉を交わしていたことが同時に分かるが、龐籍は西夏に一定の讓歩をすることで交渉の妥結を圖っている。龐籍は豐州の境界を横陽河とし、またその地の「三分の一」は西夏に與えるが、もしそれでも決裂する場合は陝西の和市を嚴禁することを提案して、從われている。この「三分の一分を夏國に與えるを許す」讓歩策は、前掲『長編』の注にさらに、

三分許一、蓋當時夏人侵界六十里、只令退四十里也。

とあるから、六〇里にも及んでいる西夏の侵耕の範圍のうち、四〇里だけを還してもらい、殘りの二〇里はそのまま西夏に歸屬させるものと解される。但し、龐籍は「横陽河をもって府（豐）州の界と爲す」としているから、横陽河

からその外の四〇里は、宋の領有としながらも一應「禁地」に作ろうとしたものと見られる。また、宋朝はこの譲歩策が通用しない場合、今度こそ陝西の和市を嚴禁することも決めている。先述のように、宋朝ではこの年二月、龐籍が陝西路の和市停止を要求して見合わせられたことがあったが、この時それが西夏との交渉決裂を想定して再び決定されたのである。

では、これらの事態はさらにどのように展開していったのか。この後、宋夏兩國では一應交渉があったようであるが、『西夏書事』巻一九　同年九月には、

河東遣使再議疆事、沒藏訛龐復不聽。

と見え、沒藏訛尨の頑固な抵抗に交渉が中々進んでいないことが窺われる。[70][71] したがって、この後宋朝は、史料こそ見當たらないが、恐らく豫定通り陝西路の和市を全面停止することに踏み込んだ可能性が強い。また『西夏書事』巻一九　同年一一月には、

河東禁絶私市。

とあって、宋朝の制裁がさらにエスカレートし河東路の私市も禁絶されている。

このように宋朝では西夏の侵耕に歯止めをかけるべく、貿易統制、堡寨修築、そして土地の一部割譲といった、多様な方法で西夏に對應してきたが、それらは沒藏訛尨の反對の前で悉く成果を擧げることができなかったのである。しかしとはいえ、連續する宋朝の經濟封鎖の中で、西夏では對宋交易の殆どが取り止められ[72]、並々ならぬ經濟的困難が生じていたのは確かな事實であったと言える。

3　交渉の妥結

そのような西夏の經濟的困窮ぶりは、どれ程のものであったのか。この後しばらく史料の空白が續き委細は不明であるが、西夏で物資などの不足が起きていたのは想像に難くない。まさにそれを物語るのが、抵抗一邊倒であった沒藏訛尨が『西夏書事』巻二〇　嘉祐五年（一〇六〇）七月に、

> 夏國所産羊馬氈毯、用之不盡、必以其餘與他國交易、而三面戎狄、鬻之不售、故中國和市、不能不通、自河東禁絕私市、官民胥怨、訛龐乃遣使至麟府、請退河西田二十里還中國、願通和市、經略使梁適不從。

とあるように、ようやく宋朝に妥協案を提出している事實である。これで西夏では明らかにこの數年間、宋との交易不通による大きな經濟的打擊が生じていたことと、そこから何とか事態を打開しようとする動きが存在していたのが共に讀み取れる。とくに、沒藏訛尨は官と民から恨みを買い、この事態に責任をとるべき立場に立たされていた。そこで、訛尨はこの危機脫皮のため、やむを得ずついに宋朝に腰を曲げ境界協商を申し入れなければならなくなったのである。但しその場合も、彼は宋朝に「河西の田は二十里を退き中國に還すを請う」としているから、侵地の全面的な返還には意思がなかったのであり、そのため宋の河東經略使梁適は西夏の提案を拒否している。こうして宋夏の協商はまたもや失敗となったのである。

しかしながら、沒藏訛尨の抵抗ももはやここまでであった。西夏では以上の經濟的矛盾が露呈される中で、政治的に再び大きな變化が起こっていたからである。それは嘉祐六（一〇六一）年四月、いままで沒藏訛尨の攝政を受けていた國主李諒祚が、沒藏訛尨の專横に不滿を持ち彼を暗殺する事件であった(73)。ただ、この時諒祚は僅か一四歲に過ぎず、彼一人で沒藏訛尨を去勢したとは考え難い。この點と關連して『西夏紀』巻一三　嘉祐六年條にも、

> 諒祚益長而驕、心忌訛龐專。…又有漫咩者、其官高于訛龐、然勢力反出其下、于是、亦惡訛龐。諒祚乃與漫咩等擧兵誅訛龐、滅其族、幷殺其妻沒藏氏、…至是、始親政。

とあって、諒祚の背後に漫咩など、平素沒藏訛尨に不滿を持つ勢力が存在していたことが窺われる。とすれば、このような反訛尨勢力が訛尨に密かに反抗しながら、一方では侵耕を始めとする彼の一連の政策にも不滿を持っていた可能性が考えられる。それを象徵する證據の一つは、李諒祚が親政後まもない嘉祐六年一一月に『東都事略』巻一二八附錄六に、

諒祚上書自言、慕中國衣冠、明年當以迎漢使者、(宋)仁宗許之。

とあるように、宋朝にいわゆる「蕃禮」を廢止し「漢禮」を採ることを願い出、許されていることである。(74) これは、諒祚が沒藏訛尨の諸政策、とりわけ對中國政策を反宋的なものから親宋的なものへと轉換することを宋朝に強くアピールする意味があったのであろう。したがって、かかる諒祚の對宋政策の急旋回と、それによる宋夏關係の全般的な改善の中で、兩國關係のカギとなっていた畫界問題にも決定的な解決の機會が到來したのは言うまでもない。

特に、西夏の方でも畫界問題の解決無しには宋との關係改善は期待できないという考えがあったに違いない。というのも、實は宋夏の間では沒藏訛尨が暗殺されてから僅か二ヶ月後、そして李諒祚が漢禮の採用を願い出る既に五ヶ月前の嘉祐六年六月に、それほど長く續いていた畫界問題が簡單に解決をみているからである。それについて『西夏書事』巻二〇　嘉祐六年五月には、

始正屈野河地界。諒祚誅訛龐、始親國政、太原府代州鈐轄蘇安靜移牒來議疆事、遣大酋呂寧、拽浪獠禮議定…。

とあり、また翌月のこととして『長編』巻一九三　同年六月庚辰には、

太原府・府州鈐轄・供備庫使・忠州刺史蘇安靜上麟州屈野河界圖。

とある。『西夏書事』によれば、訛尨が暗殺された翌月の嘉祐六年五月、宋朝では太原府(=并州)代州鈐轄蘇安靜が直ちに西夏に畫界交渉を提議しており、また西夏でもこれを受け入れる使者を送っている。宋朝では訛尨の死亡を畫

界解決の好機として捉えており、それに對して西夏でも宋朝の提案に順應することで宋との關係改善の第一歩を自然に踏み出そうとする意圖があったのであろう。そして、かかる兩國の思惑が一致した結果、雙方は交渉後すぐに一定の合議に達している。[75] 蘇安靜が宋朝に「界圖」を進めているのは、そうした兩國の交渉がまさに大團圓を迎えたことを意味する。

それならば、その「界圖」は如何なる内容をもつものなのか。それが兩國の合議により決定された麟府路の新たな境界を描いたものであったことは疑いないが、その實物は今日存在しない。しかし、『長編』巻一九三　同年六月庚辰にはその「界圖」の内容と性格を窺わせる重要な記事が載っている。宋夏の兩國は畫界妥結の際、いわば國境條約文を作り合っていたのであるが、『長編』の記事はそれを要約したものと見られる。そこで次は、それの檢討を通じて當時の國境の範圍と性格について考えることにする。

四　國境條約の性格について

蘇安靜が西夏の使者と結んだ條約の全文を示すと次の如くである。

至是、安靜與其國人輒移呂寧・拽浪獠黎始議定、其府州自樺泉骨堆・埋浪莊・蛇尾掊・橫陽河東西一帶、築堠九、自蛇尾旁順橫陽河東岸西界步軍照望鋪間、築堠十二、自橫陽河西以南直埋井烽、築堠六、自埋井烽西南直麟州界俄枝軍營、築堠三、自俄枝軍營南至大橫水・染枝谷・伺堠烽・赤犍谷・掌野狸塢西界步軍照望鋪相望、築堠十二(以上I－i)。其榆平嶺・淸水谷頭有西界奢俄寨二、從北訛也山成寨一、次南庥也乞寨一。各距榆平嶺四里、其大和拍攢有西界奢俄寨四、從北訛龐遇勝寨一、次南吾移越布寨一、次南庥也吃多訛寨一、次南庥也遇崖寨一、各距大和拍攢五里、其紅崖塢有西界奢俄寨三、從北岡越崖寨一、距紅崖塢二里、次南訛也成布寨二、各距紅崖塢一里、其道光都隔有西界奢俄寨二、並係訛也成布寨、在道光都隔上。其十一寨、並存之如故。寨東西四里、各有西界歩軍照望鋪、亦築堠十二（以上Ⅰ－ⅱ）。

乃約自今西界人戸、毋得過所築堠東耕種。其在豐州外漢寨及府州界蕃戸舊奢俄寨、並復修完、府州沿邊舊奢俄寨三十三、更不創修。麟州界人戸、更不耕屈野河西。其麟・府州不耕之地、亦許兩界人戸就近樵牧、卽不得插立梢圈、起蓋庵屋、違者並捉搦赴官及勒住和市。兩界巡捉人員、各毋得帶衣甲器械過三十人騎（以上Ⅱ）。

この文は、その内容により麟府路の國境そのものの範圍などを示したⅠと、その國境地帯で宋夏兩國が遵守すべきことを述べたⅡ文とで分けられる。

そして、このうちⅠは、その地名の特定こそできないが、多分宋側の國境を説明するⅠ－ⅰと、西夏側の國境を説明するⅠ－ⅱの兩文とでさらに區分されるのではないか、と思われる。すなわち、まずⅠ－ⅰでは府州（豐州を含むものと考えられる）と麟州の境界を凡そ横陽河と屈野河の線そのものとし[76]、そのうえで河の東岸に河とほぼ並行して國境の標識たる堠（＝界堠）を立てる、ということを説明するものと解したい。同文では屈野河以西の地名も多數みえるが、これは西夏側の「歩軍照望鋪」の位置を現わすものだけであって、宋の堠はあくまでもそれらとの「間」或は「相望む」所にあると述べられているから、宋側の堠は屈野河付近に立っていたと思われる。國境の内外に堠を立てるのは宋代においてほぼ一般化しており、ここでもそれがまず宋側にも立てられたと思われる。なお、Ⅰ－ⅰによれば、そうした宋側の堠は合わせて「四二個」[77]になっている。

一方、これに對し西夏側の國境線を述べるものと見られるⅠ－ⅱによれば、西夏の國境線は横陽河と屈野河からは多少離れた所にあったと解される。とりわけ、文中にみえる地名の多くは他ならぬ大中祥符二（一〇〇九）年頃の國境線、すなわち先述したD線＝屈野河から西方約五〇里前後のものと重複しており、このことから西夏の國境は多分この線がそのまま再認定されたと判斷される。當時の狀況から見ても、これは極めて自然のことと言えよう。また、この線上には西夏が從來より持っていた一一個の堡寨をそのまま存續させる他、それらの堡寨は東西四里の内に各々「歩軍照望鋪」を立て、また堠も一二個を立てることになっている。

したがって、このようにみてくると、結局宋と西夏の國境は直接相接するものではなく、その間には一定の空白地が存在することになる。そしてそうであるとすれば、それこそ例の「禁地」に他ならず、當時の宋夏の兩國が國境地帶に前例にしたがって「禁地」を設けることに合議したことになる。そしてその證據こそⅡに述べられ、同文にはこの禁地地帶の中で兩國の人民が守るべき幾つかの原則が明示されている。

それらの内容をまとめてみると、次のようなものがとり擧げられる。

①西夏と宋の人民は、共に「堠より東」或は「河の西」の禁地で農耕することを禁止する。

②豐州の外にある「漢寨」、及び府州の蕃戸のもともとの「奢俄寨」[78]は並びに修復するが、府州緣邊の舊「奢俄寨」は「創修」しない。

③兩國の人民は禁地の中で簡單な「樵牧」活動は許されるが、「梢圈」[79]または「庵屋」を建ててはいけない。

④これらを違反する場合、違反者は官に押送され、また和市も假に停止される。

⑤禁地の内には、宋と西夏が共に「巡捉」する人員を出すが、重武裝の人員が三〇人を越えてはいけない。

これらはいずれも注目に値する内容であるが、まず①で特に宋の人民に對して「河より西」での農耕を禁止しているところからは、先述の通り宋の國境線を表す堠はやはり屈野河または横陽河の東岸にあったことを思わせる。また西夏の場合も「堠より東」側での農耕の禁止はもちろんそれを過ぎることも禁止されており、これで禁地の存在は明らかである。ただし、③によればそのような禁地では家屋の設立は許されないものの、簡單な燃料の採取と遊牧行爲は一應認められている。これはこの時の禁地の性格の一端を窺わせる。だが、もちろん農耕は嚴禁されており、その意味でⅡでは禁地が「不耕之地」とも呼ばれている。宋代に禁地は一般に「兩不耕地」と同義語と使われており[80]、この場合「兩」はすなわち宋と西夏兩方を指している。また、④ではこれらの事項を違反した時、その違反者が官に押送されると共に、特に和市が假に停止されるのは、注目に値する。これは言うまでもなく西夏の侵耕に懲りた宋朝が、西夏の最大弱點というべき和市の停止を擔保として、侵耕の再發を豫防しようとする意志を反映させたものであろう。さらにそうした宋朝の意志の一端は、⑤で禁地の中に侵耕などを監視するために偵察員を置いたことにも現れている。ただし、その偵察員が宋と西夏の兩國から共に出されている點から、禁地は兩國の共同管理下に置かれたことになったと見られる。このことからも、禁地はまさに中立地帶または緩衝地帶の役割が期待されていたはずであろう。なお、上述の條約文が載っている『長編』の記事の注には、

更新邊禁、邀以違約則罷和市、界始定云。

とあり、また現行の『宋史』巻四八五　夏國傳にも、

更新邊禁、要以違約則罷和市、自此始定。

とある。これらの記述からも以上の條約の核心は和市の停止問題に集まっている。

このように、宋夏の兩國では幾つかの基本原則を確認することで、慶曆以來長期間爭ってきた麟府路一帶の國境紛爭が一應解決されている。

おわりに

以上検討したことを要約すると次の如くである。

一　西夏の建國とほぼ同時に始まった宋夏の戰爭（寶元用兵）は、一〇四四年兩國の間で慶暦和議が結ばれることで終戰した。

二　和議協商の過程で、兩國は和議の條件としていわゆる「一一事」を議論し、その中には和議後行うべき國境畫定問題についての約定もなされていた。その國境畫定の對象地域には、鄜延路の四寨（栲栳・鎌刀・南安・承平）と麟府路の屈野河流域が擧げられており、またこれらの地域に對しては「宋夏兩國の人民が現在住居する中間點を境界とする」畫界法が使われることになっていた。

三　かかる約定を背景に、和議成立後、兩國は延州（鄜延路）と麟州（麟府路）の兩地域でほぼ同時に畫界交渉に着手した。が、この交渉は始めからほぼ膠着狀態に陷り、中々解決の見込みがなかった。その理由は宋朝が後に麟州に對する畫界法を變えようとしたことに原因があったと見られる。というのも、當時の西夏は麟州で以前の「舊境」をだいぶ越境して屈野河一帶で「侵耕」を行っていたが、宋朝はこの狀態で麟州の畫界をそのまま「現在の中間點」とすると、多くの土地が喪失されると判斷したからである。そして、宋朝はこのことから、麟州の畫界を「舊境のごとくする」と立場を覆し、その「舊境」すなわち屈野河から西方五〇里の線を西夏に認めることを要求した。西夏の延州での交渉拒否はここに原因があったのであり、よって交渉もしばらく膠着狀態を餘儀なくされることになった。

四　しかし、事態が反轉され畫界交渉がいっきに解決したのは、宋朝が西夏に寧星和市の開通を許したことに契機があった。西夏は從來制限された幾つかの榷場などを通じてしか宋朝と貿易を行うことができず、當時はさらなる對宋貿易の窓口を探していたが、宋朝はそのような西夏に寧星和市の開通を條件に畫界の妥結を提案し、西夏もそれに同意したのである。その結果、麟州は宋朝の主張通り屈野河以西五〇里が、また延州の四寨は元來通り「蕃漢の中間點」が各々境界となった。

五　ところが、かくして畫定した境界も慶曆以降になると、西夏の侵耕再開によってほぼ無效狀態となった。かかる西夏の侵耕はとくにクデータで政權を握った西夏の外戚沒藏訛尨の反宋政策によるものであった。

六　そこで、宋朝は西夏に侵耕中止や侵地の返還を要求したが、效果はなかった。そのため、宋朝は嘉祐元年から同二年までの間に慶曆年間に許した寧星和市を始めとして、陝西路と河東路の走私貿易と和市を次々と停止することになった。これで西夏が直に侵耕を止めたわけではなかったが、しかしこの前例のない交易抑制策で西夏の經濟に打擊があったことは言うまでもない。

七　だが、西夏が宋朝に屈伏した直接の理由は、西夏で突發した政變であった。政情の不安が續いていた西夏では沒藏訛尨がこれまで攝政を受けていた國主李諒祚に去勢され、親宋政策が取られるようになり、それで屈野河の境界問題も解決の端緒が見出されたのである。

八　そして、この時は兩國の間で國境條約が締結されていた。それによれば麟府路の國境は一應慶曆末に妥結された從來の線が再び認められたが、ただそこには「禁地」が設けられたうえ、それに對し①西夏と宋の人民は、共に「堠より東」側或は「河の西」側で農耕することを禁止する、②兩國の人民は禁地の中で簡單な「樵牧」活動は許されるが、「梢圈」または「庵屋」を建ててはいけない、③これらを違反する場合、違反者は官に押送され、また和市も假に停止される、④禁地の内には、宋と西夏が共に「巡捉」する人員を出すが、重武装の人員が三〇人を越えてはいけない、などの協定が了承されていた。

注

（１）宋朝はこの以前「澶淵の盟約」の際にも契丹と國境問題ついて話し合ったことがあるが、しかしそれは大きな話題とはなっていなかったようである。例えば宋朝が契丹と交わした「盟約文」を記した『契丹國志』巻二〇　澶淵誓書　宋眞宗誓書にも境界に關しては「沿邊州軍、各守疆界、兩地人戶、不得交侵」という記事しか見當たらない。なお澶淵の盟については田村實造「澶淵の盟約とその史的意義（上）（中）（下）」（『史林』二〇―一・二・四　一九三五、のち同氏『中國征服王朝の研究』上　東洋史研究會　一九六四に一部再錄）を參照。

（２）慶曆期に關する從來の理解については、寺地遵「范仲淹の政治論とその歴史的意義」（『廣島大學文學部紀要』三一―二　一九七二）、小林義廣「歐陽修における歴史敍述と慶曆の改革」（『史林』六六―四　一九八三）、近藤一成「北宋慶曆の治小考」（『史滴』五　一九八四）などを參照。

（３）西夏の稱帝建元問題については、中嶋敏「邦泥定國考」（『東方學報（東京）』一一―一　一九四〇、のち同氏『東洋史學論集』汲古書院　一九八八）、唐嘉弘「關于西夏拓跋氏的族屬問題」（『四川大學學報』一九五五年第二期、のち白濱編『西夏史論文集』寧夏人民出版社　一九八一に再錄）、吳天墀『西夏史稿』（四川人民出版社　一九八三）第一章「西夏王國的出現」などを參照。

（４）趙繼顏「北宋仁宗時的宋夏陝西之戰」（『齊魯學刊』一九八〇年第四期、のち白濱編『西夏史論文集』寧夏人民出版社　一九八四に再錄）、及び李蔚「試論北宋仁宗年間宋夏陝西之戰的幾個問題」（同氏『西夏史研究』寧夏人民出版社　一九八九）などを參照。

（５）これらの三大戰については注（４）の前揭諸論文を參照。

（6）例えば、歐陽修は和議に愼重な立場から和議成立の直前「當臣建議之際、衆人方欲急和、以臣一人、誠難力奪衆議」（『長編』巻一四六　慶暦四年二月庚子）と指摘している。當時、宋朝で和議賛成論が有力であったことが窺われる。なお、當時の和議をめぐる宋朝の動向については、「略論北宋主戰主和兩派對西夏之政爭」（『青海師範大學學報』（哲史版）一九八八年第三期）を參照。

（7）注（4）の趙氏前掲論文參照。また、西夏でも「元昊雖數勝、然死亡創痍者相半、人困於點集、財力不給、國中爲十不如之謠以怨之」（『宋史』巻四八五　外國一　西夏上）という被害があった。

（8）『宋史』巻四八五　外國一　西夏上に「夏境鼠食稼、且旱、元昊思納款」とある。

（9）同氏「五代・北宋の歲幣・歲賜の推移」（『東洋史學』五　一九五二、のち同氏『日野開三郎東洋史論集』三一書房　一九八〇に再錄）、「五代・北宋の歲幣・歲賜と財政」（『東洋史學』六　一九五二、のち同氏前掲論集に再錄）、「銀絹の需給上よりみた五代・北宋の歲幣・歲賜」（『東洋學報』三五－一、二　一九五二、のち同氏前掲論集に再錄）などを參照。

（10）同「北宋・遼間の貿易と歲贈とについて」（『史淵』一一一　一九七四）。

（11）前掲『涑水記聞』巻一一の「…歲失賜遺及緣邊交市、頗貧乏、思歸朝廷」の後に「而恥先發」とあり、また『長編』巻一三八　慶暦二年是歲にも「元昊固欲和而恥先言之」とある。

（12）この時、契丹が宋朝の難局に目をつけ、いわゆる「關南の地」を求めて來たのは有名な事實である。しかし、「慶暦中、契丹以兵壓境、欲復周世宗所取關南之地。…富公（富弼）之使北也、…與虜約曰、能爲我令元昊稱臣納款、我歲增二十萬物、不能者、歲增十萬者。虜曰、元昊稱臣納款、我頤指之勞耳」（『涑水記聞』巻一一）とあるように、宋朝はこれを西夏との交渉を有利にさせる契機と利用しており、また同じく西夏でも「契丹來諭罷兵、（元昊）令契丹使詣京師請和」（『西夏書事』巻一六　慶暦三年正月）と見えるように、對宋交渉で同盟國である契丹の威勢を借りようとした。なお、この時の三國間の交渉については、陶晉生「餘靖與宋遼夏外交」（『食貨月刊』（復刊）第一一巻一〇期　一九七二）、及び同氏「北宋慶暦改革前後的外交政策」（同氏『宋遼關係史研究』聯經出版事業公司　一九八六に所收）などを參照。

（13）『長編』巻一六三　慶暦八年三月辛亥に同文。

（14）注（9）日野氏前掲諸論文參照。
（15）『後山集談叢』に「求割三州十六縣地」とみえる。またこの問題については注（3）吳天墀前掲書第二章「與北宋、遼鼎立的前期西夏王國」を參照。
（16）青白鹽問題については宮崎市定「西夏の興起と青白鹽問題」（『東亞經濟研究』一八卷第二號　一九三四、のち同氏『アジア史研究（一）』東洋史研究會　一九五七に再錄、のち『同氏全集』九（五代宋初）岩波書店　一九九二に再錄）、廖隆盛「宋夏關係中的青白鹽問題」（『食貨月刊』（復刊）第五卷一〇期　一九七六）、郭正忠「青白鹽使與青白鹽刑律」（『寧夏社會科學』一九九五年第二期）などを參照。
（17）これは後述する貢奉使節による貿易に當たる。
（18）宋朝はついに西夏に年號の使用を許さなかったようであるが、しかし李元昊は宋寶元元年から「天授禮法延祚」という年號を使っている。
（19）李元昊は最初自らを「青天子」という意味の「兀卒」と稱したが、その後それを「吾祖」と直すことを宋朝に傳えている。すると、宋がこれを容認すると、宋は李元昊を「吾祖」と呼ぶことになり、よって宋朝はこれを認めなかった。
（20）「宋夏慶曆議和考」（『寧夏社會科學』一九八八年第三期）。
（21）これは「自此有邊人逃亡、亦無得襲逐、悉以歸之」という部分に當たるが、ここでの「歸之」は「逃亡戶を（受け入れずに相手國に）返す」という意味と解析される。和議成立後、西夏から宋朝への逃亡戶が多かったため、「先是、夏國遣楊守素、…理索過界人四百餘戶。…己丑、降詔諭夏國主、又增設誓條、自今有過界者、雖舊係邊戶、亦不得容納」（『長編』卷一五八慶曆六年正月戊子）という措置も取られている。ちなみに、このような約定は慶曆和議以前のいわゆる景德和議の際にも「自（李）德明納貢四十年、有內附者未嘗留」（『宋史』卷二九七　郭勸傳）と見える。
（22）顧吉辰注（20）前掲論文、及び吳天墀注（3）前掲書第二章「與北宋、遼鼎立的前期西夏王國」を參照。
（23）注（1）を參照。
（24）宋夏の和議交渉過程で「侵地問題」が議論されたのは前掲表Ⅰでも明らかであり、また宋朝では特に田況、歐陽修、范仲淹などが侵地の返還を和議締結の前提とすることを要求していた。『長編』巻一四六　慶暦四年二月庚子、同書巻一四九　慶暦四年五月丙戌、同書巻一五一　慶暦四年八月戊午などを參照。

(25)『長編』に「蕃漢所居、乞畫中央爲界」とあるのが、『宋史』巻四八五　夏國傳上には「蕃漢所居、乞畫中爲界」とあり、また『宋大詔令集』巻二三三　賜西夏詔には「見今蕃漢人戶住坐之處、並乞以蕃漢爲界」となっている。

(26)封堠の性格については本章第四節「國境條約の性格について」を參照。

(27)ちなみに、ここで敷衍したいのは、例えば本書の第二章、第三章などでみるように、宋夏の間では畫界問題をまず濟ませた後、和議を締結するのが普通の手順であったということである。したがって、この點からいうと和議を先に締結しその後畫界交渉に入っている慶暦期の例はむしろ異例と言えよう。

(28)前田正名『河西の歴史地理學的研究』(吉川弘文館　一九六四)第六章第四節「涼州と保安軍順寧寨」を參照。

(29)豊州の地域性については、畑地正憲「宋代における麟府路について」(『東洋史研究』第五一巻三號　一九九二)、前田正名『陝西横山の歴史地理學的研究』(學術出版社　一九六二)二二五～二三八頁を參照。

(30)豊州陷落前後の様子について『溫國文正司馬公文集』巻二　論復置豊州劄子(嘉祐六年一二月一四日)には、「此(豊州)誠河西險要之地、修之甚便。然其地勢孤絶、外迫寇境。曏者王氏知州之時、所部蕃族甚衆、有永安・來遠・保寧三寨、皆以蕃族守之。慶暦初、拓跋元昊攻陷州城、州民及三寨蕃族盡爲所虜、掃地無遺。今州城之中、但有丘墟瓦礫、環城數十里皆草莽林麓而已。」とある。

(31)後の注(33)をあわせて參照。

(32)西夏が豊州のほかに「九寨」をも獻じたとある記事は、何らかの誤りであろう。というのも『長編』巻一五八　慶暦六年正月戊子には「先是、夏國遣陽守素持表及地圖來獻臥尙龐・吳移・已布等城寨九處、幷理索過界人四百餘戶。然所獻城寨、所獻城寨並在漢地、但以蕃語亂之…」とあり、「九寨」は元々西夏に奪われていなかったとあるからである。

(33)『宋會要』兵二七／三九　備邊　慶暦七年二月六日に「詔、夏國近差楊守素等到延州商議邊境事節、幷河東路豊州地界、並未可從」とあるのは、この間における西夏との交渉を言うものであろう。

(34)　吳廷燮『北宋經撫年表』卷三によると、鄭戩は慶曆六（一〇四六）年六月から皇祐元（一〇四九）年一一月まで河東路經略使に在任していた。
(35)　橫陽河の位置は特定すべき典據がないが、『武經總要』前集一七　麟府路には「豐州、…西至橫陽川、南至故寧遠砦、北至隔河藏才族、東南至府州」とあって、豐州の西方にあったことが知られる。ちなみに、譚其驤主編『中國歷史地圖集』（地圖出版社　一九八二）第六冊宋・遼・金時期一六頁によれば、豐州の西方を流れる河としては濁輪川が見えるだけである。
(36)　『長編』卷一八六　嘉祐二年八月壬申注。
(37)　但し、この後西夏と實際に交渉に臨んだ者は張子奭ではなく、當時管勾鄜延經略司機宜文字だった楚建中であったと思われる。『長編』卷一五九　慶曆六年十一月己卯、及び『宋史』卷三三一　楚建中傳などによれば、張子奭は「病故」で途中その任務が楚建中に代わっているからである。
(38)　注（29）前揭兩氏論文參照。
(39)　張繼勳は『宋史』に傳なく、『長編』にも卷一八五　嘉祐二年二月壬戌の記事が唯一のものである。
(40)　後述のように宋夏の交涉が一應終わるのは慶曆七年四月のことと思われるから、正確に言えばAは慶曆五年八月から同七年四月の間のこととなる。
(41)　豐州は和議直後まだ西夏から還されていない狀態にあったから、その「以外の地域」には入らない。
(42)　李繼遷の宋朝に對する反亂は太平興國八（九八二）年を起點とするが、この場合は本文でさらに述べるように、特にC文にみえる咸平五年の李繼遷の麟州侵攻以前を指すもののように思われる。
(43)　『西夏書事』卷六　至道三年一二月條、及び前揭吳天墀『西夏史稿』（四川人民出版社　一九八三）第一章「西夏王國の出現」など參照。
(44)　濁輪寨については『武經總要』前集一七　麟府路に「控合河路、至道中以重兵戍守、置濁輪砦、部署。蕃戶三族一千五百帳、徙于嵐石州、給田居之。今陷于賊」とある。また、西夏の攻擊については『西夏書事』卷七　咸平五年九月を參照。
(45)　この三寨の名前は『武經總要』前集一七　麟府路の條に見えるが、位置の確定は困難である。

(46) 熟戸については本書第五章「宋代における熟戸の形成とその對策」を參照。

(47) 宋代の緣邊における堡寨の機能については、江天健「北宋陝西路沿邊堡寨」(『食貨月刊』第一五卷第七、八期 一九八六)を參照。

(48) 寧星和市の位置については、『元豐九域志』卷四 河東路 府州の條に「麟州、永安節度使、…西北至星和市三百二十里」とある。ここには「寧」の字が缺けているが、これが一應寧星和市を指していることは間違いないであろう。またここで、寧星和市が麟州の西北三百二〇里にあるという「西北」は西南の誤りであろう。というのも、麟州から西北三百二〇里の地點だとすれば、大雜把に見てもそれは西夏の領內に當たるからである。また『長編』卷三一五 元豐四(一〇八一)年八月戊午にも、宋軍が西夏に進擊するルートの中に寧星和市というのが見えるが、これによっても同和市は麟州からは西南の方面にあると見るのが自然に思われる。なお『長編』卷二四九 熙寧七年正月丙辰には「河東經略、都轉運司言、同相度乞罷創置吳堡、其寧星和市依舊開通從之」とある。

(49) 宋朝の對西夏貿易政策については、杜建錄「宋夏商業貿易初探」(『寧夏社會科學』一九八八年三期)、霍升平「論北宋與西夏的貿易」(『中州學刊』一九八八年一期)、及び本章注(50)、(51)、(52)の後揭諸論文參照。

(50) 宋代の榷場貿易については、井上孝範「北宋期河北路榷場貿易の一考察」(『福岡大學大學院論集』五―一 一九七三)、同「宋代の榷場貿易についての再檢討(一)(二)」(『九州共立大學紀要』二〇―一・二〇―四 一九八五・一九八八)、同「宋金榷場貿易についての一考察」(『九州共立大學紀要』一八―三 一九八四)、陳新權「宋金榷場貿易考略」(『中華文史論叢』二一 一九八二)、汪伯琴「宋代西北邊境的榷場」(『大陸雜誌』五三―六 一九七六)などを參照。

(51) 宋代の和市については、廖隆盛「北宋對西夏的和市駁邊政策」(『大陸雜誌』六二卷五期 一九八一)、畑地正憲「北宋・遼間の貿易と歲贈とについて」(『史淵』一一一 一九七四)などを參照。

(52) 宋代の走私貿易については、全漢昇「宋金間走私貿易」(『歷史語言研究所集刊』一一 一九四七)、廖隆盛「北宋與遼夏邊境的走私貿易問題(上)(下)」(『食貨月刊』一九八一年一一、一二期)などを參照。

(53) 井上孝範氏は「宋代の榷場貿易についての再檢討(一)」(『九州共立大學紀要』二〇卷一期 一九八五)で「和市とは一定

の地域居住者の生活品を相互に交換補完しあうのが主であり、榷場のような嚴しい統制もなく、商人層の積極的參畫も乏しい故に取引量も小である」とされ、また霍升平氏は「論北宋與西夏的貿易」（『中州學刊』一九八八年一期）で「比榷場低一級的貿易場所稱爲和市」とされている。

(54) 通商によるメリットが宋より西夏側に大きかったのは事實であったが、宋朝にもそれがなかったわけではない。宋人の張若谷は「若谷以謂、互市、所以利戎落而通邊情、且中國得戰馬」（『宋史』巻二九九　本傳）と言っている。

(55)『西夏書事』巻一八　慶曆七年四月と『西夏紀』巻一一　慶曆七年四月にはいずれも「通銀星和市」とあり、このとき寧星和市が開通されたと説明している。なお、兩書は共に寧星和市を銀星和市と表記するが、『西夏紀』の同所の注に「一作寧星和市」とあるように兩者は同一のものである。

(56) 後掲するI文に管勾軍馬司賈逵が「行邊」したとあるが、『西夏書事』巻一九はこれを至和二年七月の條に載せる。

(57) このように「禁地」の設定が西夏の侵耕を誘發したという見方は、當時の宋人によく認識されていたようで、歐陽修は『歐陽文忠公集』巻一一六　請耕禁地劄子で「臣昨奉使河東、相度沿邊經久利害。臣竊見河東之患、患在盡禁沿邊之地不許人耕、…其大害有四、以臣相度、今若募人耕植禁地、則去四大害、而有四大利…」と述べる。

(58) 沒藏氏については、後掲注（59）中嶋氏論文、及び同氏「李元昊と野利兄弟」（『池田末利博士古希記念東洋學論集』一九四〇、のち同氏『東洋史學論集』汲古書院　一九八八に再錄）などを參照。

(59) この問題については中嶋敏「西夏における政局の推移と文化」（『東方學報』六　東京　一九三六、のち同氏『東洋史學論集』汲古書院　一九八八）、白濱「論西夏的后族政治」（『民族研究』一九九〇年一期）などを參照。

(60) 前掲注（59）中嶋氏論文參照。

(61) 同右。

(62)『西夏書事』巻一九全體の記事を參照。

(63) 西夏における農耕の發達については、岡崎精郎「タングートの遊牧と農耕」（『江上波夫教授古希記念論集』民族・文化編　山川出版社　一九七七）を參照。

(64) 沒藏皇后の暗殺事件については『西夏書事』巻一九　嘉祐元年一〇月を參照。
(65) 同書巻一九　嘉祐元年一〇月參照。
(66) この表現は、後の元祐年間に司馬光によっても使われている。『溫國文正司馬公文集』巻五〇　論西夏箚子、及び『長編』巻三六五　元祐元年二月壬戌等參照。
(67) 注(52)廖氏前揭論文參照。
(68) 龐籍と司馬光との關係については木田知生『司馬光とその時代』(白帝社　一九九四)四二〜九六頁を參照。
(69) 注(68)木田氏前揭書九二〜九六頁を參照。
(70) 沒藏訛尨は史書に「沒藏訛龐」と記す場合もある。本文では「沒藏訛尨」に統一する。
(71) 『宋史』巻四八五　外國一　夏國上に「(河東路)安撫司遣李思道・孫兆往議疆事、而訛龐驁不聽」とあり、また『長編』巻一九三　嘉祐六年六月庚辰に「自郭恩敗、敵益侵耕河西、無所憚。李思道・孫兆相繼往議、皆不合」とあるのは、この時のことであろう。
(72) ただ、和市と私市が次々と停止される中で、最も公式的かつ大きな交易場である榷場が直接停止されたことを傳える記事は見當たらない。ただ、『西夏書事』巻二〇　嘉祐八年一一月には「(諒祚)請復榷場」という記事の後に、「自訛龐侵耕屈野河地、公私市販盡絕。諒祚移文陝西經略使請置榷場、復通互市、英宗許之」という注がみえる。これに從えば、榷場の貿易も停止されていたことになる。また、『宋史』巻四八五　夏國傳にも「治平初、求復榷場、不許」とあるから、當時榷場が取り止められていたのはやはり事實であったようであるが、ただここでは『西夏書事』とは異なって後の英宗代には榷場が「復」されなかったとある。
(73) この事件については注(59)中嶋・白兩氏前揭論文參照。
(74) 西夏における漢禮と蕃禮の問題については注(59)中嶋氏前揭論文參照。
(75) 以上の成り行きからすれば、この時には西夏が當然宋朝に貿易規制の解除を要求し、宋朝もそれに應じる狀況にあった可能性が強い。ただ、『西夏書事』巻二〇　嘉祐八年十一月の注には「自訛龐侵耕屈野河地、公私市販盡絕。諒祚移文陝西經略使請置榷場、復通互市、英宗許之」とあるから、或は貿易規制が完全に解除したのは、約二年後の嘉祐八年一一月頃のことかも知れない。ただし、『宋史』巻四八五　外國一　夏國上には「治平初、求復榷場、不許」とあり、この時榷場の再開がまだ許されていなかったという記事も見える。

(76)『長編』巻二九四　元豐元年一一月丁亥に「…豐州永安・保寧二寨地、昨與西界首領商量分定以奢俄爲界…」とあるのは、この時のことであろう。

(77) 國境條約文を載せた『長編』の記事にはさらに「夏國傳載此事甚略、但云如是安靜檄夏國、得呂寧、拽浪獠黎來合議、安靜乃築堠三十六」という注文がみえており、堠の數が三六個となっている。これは數は違うが、宋側の堠だけを指すものと思われる。なお、現行の『宋史』巻四八五　外國一　夏國上には「太原府代州兵馬鈐轄蘇安靜得夏國呂寧、拽浪獠黎來合議、乃築堠九」となっている。

(78)「奢我寨」の正確な意味は未詳であるが、前掲國境條約文の中では特に宋側より西夏或は蕃部側の堡寨を指す意味として使われているように思われる。

(79)「梢圈」はその字意から、樹木の枝葉で造った小屋と解しておく。

(80) 宋代の緣邊には國の初めから他國との間に緩衝地帶として禁地、或は兩不耕地、或は草地と呼ばれる地帶が存在し、慶曆以降にはさらに廣がりを見せる趨勢にあったが、これら三者は大體農耕の禁止の他に③のような特徵を有していたと考えられる。

第三章　綏州事件と王安石の對西夏國境策定策

はじめに

本章では、北宋の神宗の初め、西夏との間で發生した綏州事件とさらにその延長で起きた兩國の國境問題を、王安石の對西夏政策の一環として考えようとする。宋代には他國との戰爭が終わると、その國と紛争地域をめぐって國境交渉を行う傾向があったが、その現象は綏州事件という神宗初の宋夏間の軍事衝突の後にも例外なく起きていたのである。

ところで、そうした宋代の諸國境交渉の中で、この神宗初の交渉には宋代においても最も革新的な政治家といえる王安石が終始深く關與しており、そのためそこでは他の時代には見られない彼の國境に對する獨特の考え方が看取できる。すなわち、そもそも綏州事件とは宋朝が西夏の綏州を奪取したことに端を發した兩國の戰爭であるが、王安石はその戰後處理に追われた結果、西夏には和議の前提として國境交渉を呼びかけ、それで兩國の國境全體を彼の構想する一定のプランの下で全面的に整備しようとしたのである。というのも、王安石は平素より西北邊境で國初以來存在する西夏との紛争の主因がほかならぬ國境の不明さにあると判斷し、その問題にも拔本的な改革を意圖したからである。

そこで以下本章では、まず綏州事件の大要を述べ、その後、王安石が邊境に確立しようとした國境の具體像が如何なるものだったのか、並びにそのような計畫が實際には西夏との交渉の過程でどのように具現、あるいは調停・變更されていったのかを考察することにしたい。

一　綏州事件と王安石の登場

神宗が即位して間もない治平四（一〇六七　神宗即位未改元）年一〇月、宋の西北沿邊の鄜延路では、知靑澗城种諤が西夏の酋長嵬名山から投降の申請を受けて、綏州（今の陝西省綏德縣）を電撃的に接收するという事件が起きた[1]。李繼遷以來西夏の領有[2]となっていた綏州は、宋代史上「國の門戶」（『長編』巻二二九　元豐五年九月乙未）、または「鄜延の門戶」（『讀史方輿紀要』巻五七　綏德州）といわれる地域だったが[3]、一方の西夏にもこの地域は「夏人百年強盛、力足以抗中國者、其勢在山界（横山）…」（『長編』巻三二八　元豐五年七月丙申）とされる「横山」[4]の關門として對宋戰略の絕對的な重鎭である。そこでこの事件を看過できなかった西夏は、まもなく綏州を取り戻すべく軍事行動に出るようになるが、これは宋朝においても「西方の用兵は蓋し此れ自り始まる」（『宋史』巻三三六　司馬光傳）とか、「西方の兵釁、復此れより始まる」（『太平治蹟統類』巻一五　神宗經制西夏）とされる如く、まさしく神宗朝の多事多難な對西夏用兵の發端をなしたものである。

ところで奇異なことに、このような种諤の綏州奪取事件は、例えば『宋史』巻三三五　种諤傳に、

种諤奉密旨取綏（州）而獲罪…。

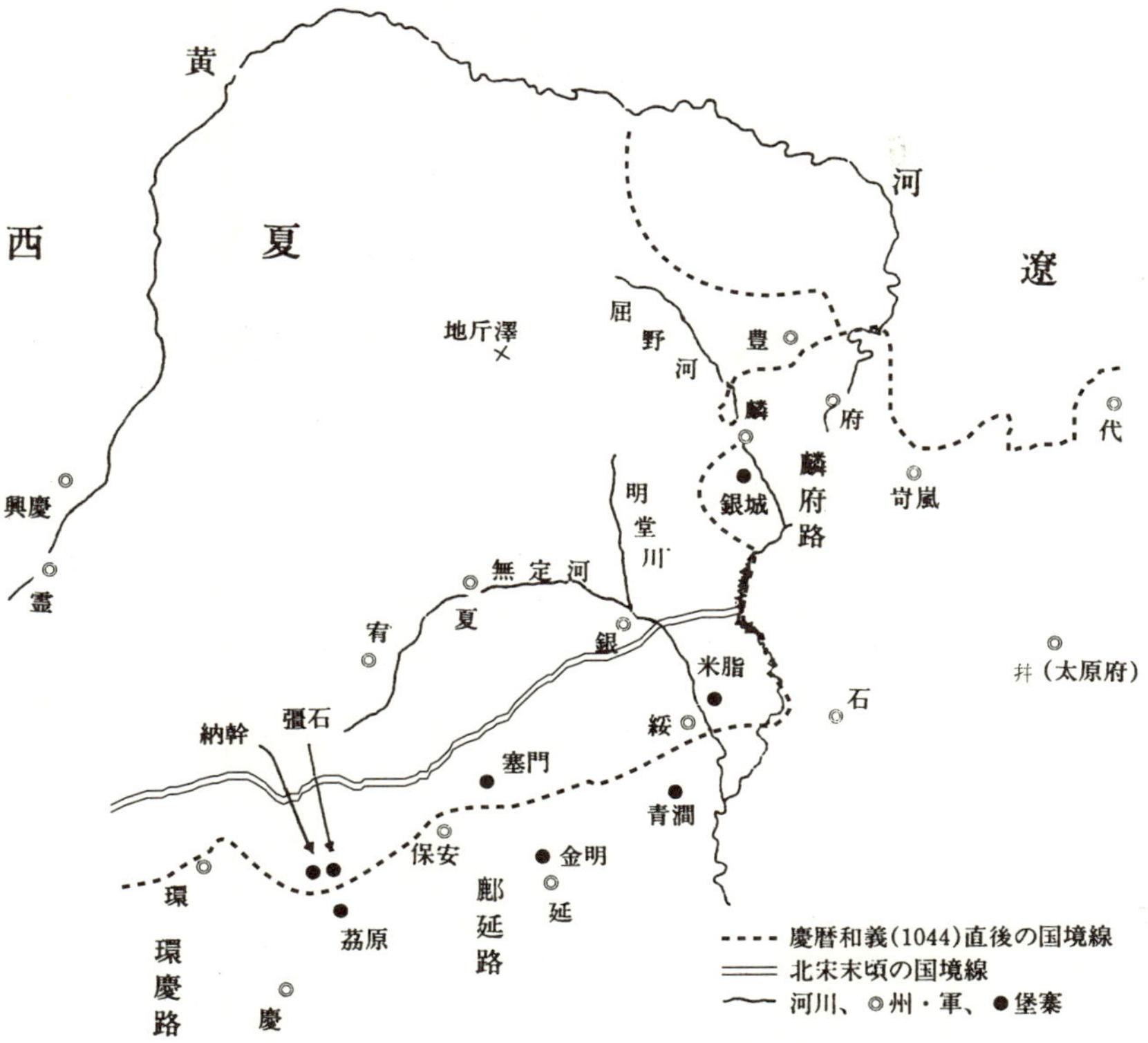

圖Ⅰ　北宋の鄜延・環慶兩路における國境線の變遷（概念圖）

とあり、また同書巻四六四　外戚中高遵裕傳にも、

　橫山豪欲向化、帝（神宗）使遵裕諭种諤圖之。諤遂取綏州、帥怒諤擅發兵、欲正軍法、諤懼、稱得密旨於遵裕…。

とあるように、實は宋朝から正式の認可を得て行われたものでなく、神宗が种諤に密旨を下してやらせたものだとされる。さらに『涑水記聞』巻一一に、

　种諤之謀取綏州、兩府皆不知之。

とあるのも、その可能性を窺わせる。(5)

　では、これはどう考えればよいのであろうか。ここでは、當時宋朝で存在していたであろう神宗と大臣らの間の西夏政策をめぐる路線對立を想定してみたい。というのも、神宗が既に東宮時代から西夏經略などに積極的であっ

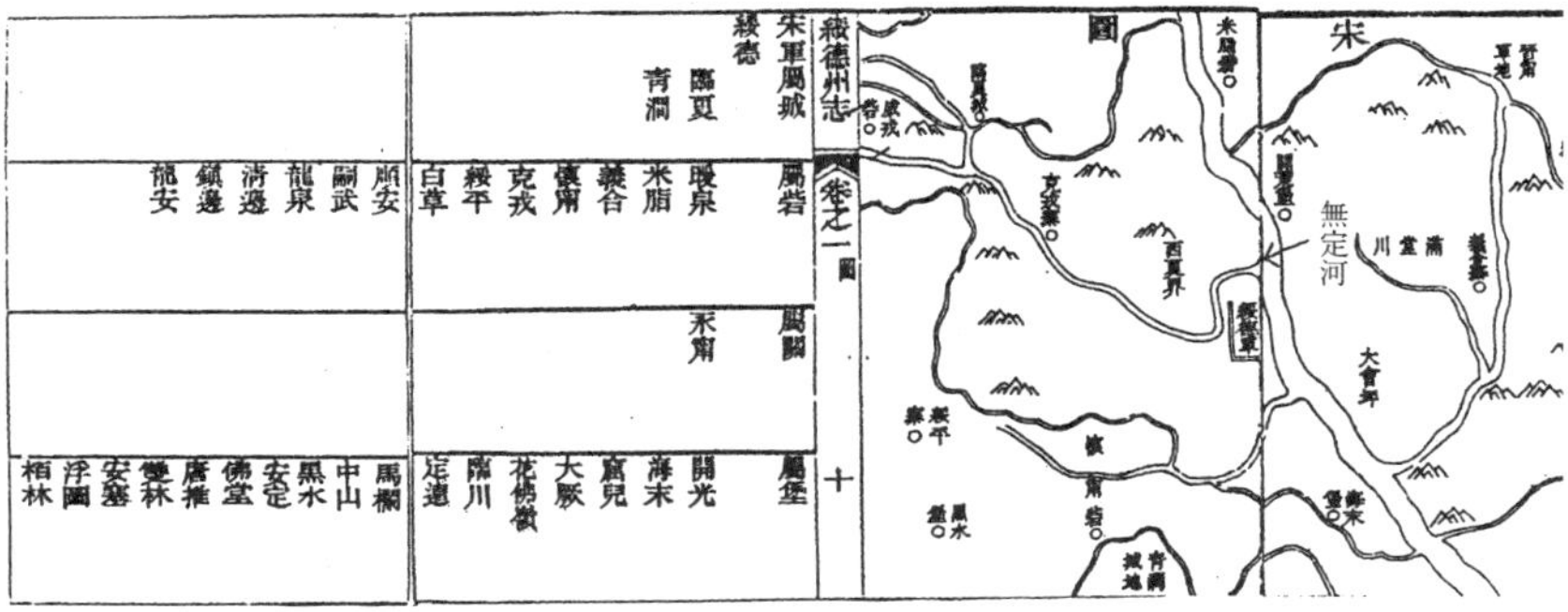

圖Ⅱ　宋代の綏州（『綏德州志』（清・光緒三一年刊本）卷一による）

たことはよく知られた話だが、(6)その神宗がそうした平素の氣持ちにも拘らず、綏州接收の意志を公式的な詔としてでなく、敢えて密旨の形によって种諤に傳達しているからである。この事實に注意すれば、この密旨下達は突然到來した綏州奪還の見逃せないチャンス(7)を目の前にした青年天子神宗が、大臣らに計ったところ、強い反對にあったため、やむなく取った非常手段であったように思われる。

さらに、そのような神宗の弱い立場が事實であったことを證明する事態がこの直後起きている。すなわち、种諤による綏州接收の事實が宋廷に傳えられると、大臣らは擧ってそれを批判した。例えば、司馬光は嵬名山の投降について、

（司馬）光上疏極論、以爲、名山之衆、未必能制諒祚、幸而勝之、滅一諒祚、生一諒祚、…陛下不見侯景之事乎。（『宋史』卷三三六　司馬光傳）

とあるように、「侯景の故事」に比喩して批判し、またこれには他の多くの臣僚も同調している。(8)そこで、神宗はやむなくまず种諤を自ら「擅興の罪」に處罰するという異常の手段を取り(9)（熙寧元年二月）、事態の鎭靜を圖ることになる。ちなみに、宋律によると「擅興の罪」は重罪に當たるが、(10)彼はまもなく復官している。(11)

ところが、これに對し、宋朝では韓琦あたりから綏州を取り敢えず確保すべきであるという意見も出たため、結局神宗の決意で綏州の無條件的返還は撤回

されることになる[12]（治平四年一二月）。ただし、それに代る形として『涑水記聞』巻一一に、

文公（文彥博）以取綏州爲無名、請以易安遠・塞門於夏國。

とあるような、文彥博の一種の折衷策が有力となり、綏州はむかし奪われた塞門寨などと交換することを西夏に提案することになった[13]（同年一二月頃）。だが、この提案は最初は西夏も贊成したが、その後は西夏が突然態度を飜したため失敗に歸すことになる。[14]そして、宋もここで綏州の返還中止とともに、綏州を綏德城と正式に州縣化することを決するに至っている[15]（熙寧二〈一〇六九〉年一〇月）。

かくして西夏は結局外交的手段では綏州を取り返すことはできなくなっている。とすれば、西夏は軍事行動に訴えざるを得なく、ここに遂に兩國間の全面衝突が開始されるようになる。すなわち、西夏は熙寧三（一〇七〇）年四月からは、問題の綏德城一帶に攻擊を行ったが、翌月からはさらに隣の慶州（今の甘肅省慶陽縣、環慶路所在）方面にも攻め始め、同年八月には三十萬の兵力で同路の大順城（今の甘肅省慶陽縣馬鋪寨）、柔遠寨（今の甘肅省華池縣）、荔原堡（甘肅省華池縣境）などに「傾國入侵」している。[16]なお、この慶州の戰いで宋朝は『西夏書事』巻二二　熙寧三年五月に、

初、慶州荔原堡納夏國叛人、侵耕生地。梁氏遣將以十萬衆築閙訛堡、距慶州界二十里、又築城十二盤、皆非漢地也。

とあるように、西夏の蕃部と土地を取っているが、これも後の爭點となる（後述）。

またこの後、事態は一段と惡化し、同年九月、宋朝では主戰派の韓絳を陝西宣撫使に派遣し、邊情を視察させることになったが、[17]彼はその視察後に「攻守二策」を獻じて、西夏への歲賜中止と、綏州より北方約百里の所に城を築造することを同時に進言している。[18]これは『長編』巻二一六　熙寧三年一〇月甲子に、

（种）諤遂與（韓）絳議、由綏德進兵羅兀城、建六寨以通麟府、包地數百里、則鄜延、河東有輔車之勢、足以制賊、上是其議。

とあるように、鄜延路と河東の麟府路をまさに「輔車の勢」で連絡しようとしたものであり[19]、神宗の賛成を得ている。そして、ここで韓絳は再び种諤を起用してその計畫の陣頭に立たせているのも注目される[20]。ところが、この目論みは熙寧四（一〇七一）年三月頃、築城途中に西夏の攻撃に遭いあっけなく坐絶し[21]、宋朝では再び种諤批判と和解への聲が高まるようになる。

ところで、王安石が神宗に注目され、初めて知江寧府から中央政界に登場したのは、治平四年九月のことである[22]。神宗のこの起用は、東宮時代から、

神宗在潁邸、（韓）維爲記室、毎講說見稱、輒曰、此非維之說、維之友王安石之說也。…帝由是想見其人（『宋史』巻三二七　王安石傳）。

とされていた結果であり、この時王安石は翰林學士を拝命している。そしてその翌月、前述の綏州事件が起こり、神宗は大臣らに抑えられ、翌熙寧元（一〇六八）年二月には种諤を處罰しているのである。ところが、まさにその直後の同年四月、王安石は初めて「越次入對」して神宗に政治の改革を進言し、やがて翌年二月には參知政事に拔擢され新法實施に踏み切っている。かくして均輸法を皮切りに保甲法に至るまでの彼の新法の大部分は、西夏との對立期間中に立案實施されている。

とすれば、こうした經緯から神宗の王安石重用が綏州事件と無關係とは言えなくなるであろう。もちろん、神宗の王安石起用の意志はその以前から存在していたものとはいえ[23]、王安石が綏州事件という突發事態の直後、神宗に期待され登場したとした時、そこに綏州事件の影響がなかったとは考えられないからである。つまり、從來神宗の王安石

起用の背景に關しては不明なところが多いが、[24]その具體的な背景の一つとして、綏州事件のような神宗初期の新舊勢力間の外交政策をめぐる過渡期的な對立において、政治基盤の脆さを痛感したはずの神宗の立場を想定して見たいのである。

二　王安石の戰後處理案をめぐって

さて、それはともかく、かくして登場した王安石が初めて神宗と一體となり、西夏問題に取り組んだのが綏州事件の戰後處理である。[25]すなわち、宋朝は『長編』巻二一七　熙寧三年一一月戊申に、

　詔來年合賜夏國銀絹、令宣撫司相度、分與（陝西）四路安撫司闕用處封樁。

とあり、[26]あるいは同書巻二二七　熙寧四年一〇月庚午に、

　手詔、近累降指揮、陝西・河東諸路止絶漢蕃民毋得與西人交市…。

とあるように、戰中に歲賜と和市をそれぞれ中斷し、いつものように難局の際は西夏に經濟封鎖策を取っていたが、西夏は多分これを再び取り戻す狙いがあって宋朝に和議を乞うことになった。その西夏の和議要請は熙寧四年五月が初めてであったが、同年九月には綏州の返還を要求しつつ再び和議を申し入れている。[27]

そこで、宋朝はこれに對し同年九月には和議に臨む基本方針をまとめるようになる。王安石はこのとき既に宰相になっており、次に示す『宋大詔令集』巻二三五　四裔六　答夏國主秉常詔（熙寧四年九月庚子）の内容は、後述するように彼の考え方と一致する點も多く、多分彼の意見を反映して作られたものと考えられる。[28]また、宋朝では『長編』巻二二八　熙寧四年一二月甲寅に、

樞密院初不欲立封溝及議差官…。

とあるから、當時西夏への答詔をめぐって樞密院などから反對があったようであるが、これもやはり王安石の強い意志により退けられたと見られる。

今（西夏）國主遣使歸款、欲繼舊好、休兵息民、甚善。綏州前已降詔、更不令夏國交割塞門安遠二寨、綏州更不給還、今復何議、止令鄜延路經略司定立綏德城界、其餘及諸路、並依見今漢蕃住坐耕牧界至、立封疆掘壍内外、各認地分樵牧耕種、貴彼此更無侵軼、俟定界畢、別進誓表、廻頒誓詔、恩賜如舊。

この詔は主として次の三點を重要な内容としている。

①綏州は塞門寨と交換しない。

②和議は畫界（境界の畫定）→誓表と誓詔の交換→歳賜の給與という手順を踏んで締結する。

③畫界は綏州を含む陝西五路（鄜延、環慶、涇原、秦鳳、熙河路）の全域を對象とし、また綏州は畫界の方法を西夏と改めて協議するが、その他の地域に對しては「現在の宋夏の人民が住坐する中間點に封堠を立てかつ壕壍を掘る」ことにする。

すなわち、これらの核心は、西夏が最も欲しがる歳賜を通和のための手續きの中でも一番最後に回し、まず畫界の先決を西夏に提案していることにある。そして、その畫界の對象地が單に當面の問題地域である綏州に限らず、西夏と境を接する陝西五路の全域となっていることが注意される。このことから、王安石にはまず西夏との和議交渉を契機に、沿邊全域の國境を全面的に整備しようとする狙いがあったことが讀み取れる。

ただし、そのような王安石の計畫には宋朝で反對者も現れており、そのため王安石は彼らとの論爭を餘儀なくされた。すなわち、同年一二月王安石は自分の計畫を具體化するために、『長編』巻二二八　熙寧四年一二月甲寅に、

詔鄜延路經略司立定綏德城界至、又遣官往諸路緣邊封土掘壕、各認地方、知澄城縣范育鄜延路、權發遣鹽鐵判官張穆之環慶路、涇州通判鄭遵度涇原路、陝西轉運司勾當公事呂大忠秦鳳路、麟州通判張宗諤麟府路。

とあるように、鄜延路經略司に問題の綏州の「界至を（西夏と）立定」させながら、さらに他の陝西五路の緣邊にも「封土掘壕、各認地方」のため、それぞれ官吏を送ることを決定している。ところが、このいわば境界整備官に選ばれた者のなかで、范育と呂大忠の二人が王安石の計畫を批判しつつ「使行」の辭任を申し出ている。范育は「其の爲すべからざるに四有り」とし、呂大忠も「臣、輒ち五不可の說有り」としているが、この兩者の批判からは當時の宋夏國境地帶のあり方、ないし王安石の國境に對する考え方などの重要な一面が看取できる。そこで、次は非常に似ている兩人の批判文のうち、便宜上范育のものだけを示して、これを中心に檢討することにしたい(29)。

育言、…臣謂溝封之制、非今日之先務、其不可爲有四。臣嘗至邊、訪所謂兩不耕地、遠者數十里、近者數里、指地爲障、華夷異居、耕桑樵牧動不相及、而爭鬪息矣。今恃封溝之限、則接壤之氓跌足相冒、變安爲危。其不可一也。臣訪聞五路舊界、自兵興以來、邊人乘利侵墾、犬牙相錯、或屬羌占田於戎境之中。今分畫、則棄之、窮邊生地非中國之土、今畫界其內、則當取之。棄舊所有、則吾人必啓離心、取舊所無、則戎人必起爭端。其不可二也。臣又聞戎狄尙詐無恥、貪利而不顧義。今聞納壤有辭、及使臨境、彼且伏而不出、及地有分爭、且置而不校、則焉從之。單車以往則無以待其變、飾兵以臨則無以崇其信、其不可三也。東起麟・豐、西止秦・渭、地廣一千五六百里、壕塹深高纔計方尺、無慮五六百工。使兩邊之民連歲大役、轉戰之苦未蘇、畚鍤之勞復起、坐困藩籬、陰資賊計。其不可四也。此特其事勢之難爲者爾、抑又有大於此者。…臣又聞周官大司徒、立封溝於邦國都鄙、至於九服、則職方氏辨之而已。行人制貢、而蕃國不與焉。蓋聖王之於夷狄、嘉善而矜不能、…今乃推溝塗經界之法而行之夷狄之邦、非先王之意也。使彼畏威承命、則猶有疑心、一有暌違、上虧國體、此其尤大不可者也。（『長編』巻二二

八熙寧四年一二月甲寅)

右文の要點は以下のような五つの點に絞られる。

①宋夏の國境地帯には既に「兩不耕地」が横たわっており、そこでは爭いも生じていない。若しここで分畫を強行すれば邊境はかえって「安を變じて危と爲す」恐れがある。

②一方、邊境では土地が西夏と「犬牙相錯」の形で入り組む處もあるが、ここでも分畫を行えば兩國は無理に相手の土地を占有したりすることになり、爭いの端となる。

③凡そ二千里にも及ぶ陝西路全域に塹壕を掘ることは現實的に不可能である。

④いま、西夏には畫界を議するほどの信義がない。

⑤『周禮』には夷狄との間に境界を造るという内容はない。

ところで、このうち、①から④までは范育などが邊防に携わる邊吏の立場から、邊境の實情を參酌して王安石の計畫の無理を批判したものに過ぎないとしても、⑤は王安石の政策の核心に迫る面、すなわちそれが『周禮』と關わりを持つということを指摘したものとして注目に値する。つまり、范育は王安石が『周禮』のいわゆる「溝塗經界の法」を西夏との間にまで擴大して適用していると批判している。范育のいう「溝塗經界の法」とは、『周禮』巻三　地官に、

大司徒之職、…制其畿疆而溝封之、設其社稷之壝而樹之田主、各以其野之所宜木…。

とあることに當たると思われ、これは鄭玄が「千里曰畿。疆猶界也。…溝、穿地爲阻固也。封、起土界也」(『周禮正義』巻一八　地官)と述べ、また孫詒讓も「制其畿疆而溝封之者、定其封疆溝洫、以正其經界也」(同)と説明するように、古代「邑制國家」において王畿＝首都の境界に樹木を植えたホリやツチガキを建設することと考えられる。し

たがって、范育はこの事實をもって「溝塗經界の法」は中國の内地に止まるべきであって、いま王安石がそれを夷狄＝西夏との間にまで廣げようとすることは『周禮』の精神から離れるものだと批判したものと解される。

しかし、王安石はこれに對して次のような二つの論點をもって反論を展開する。

王安石不以（范）育・（呂）大忠等所言爲然、白上曰、臣謂育、朝廷但遣育於延州立封溝、非遣育於夏州封溝、於周禮有何違異。又育言、周禮但立中國封溝、與夷狄接境、卽無之。臣謂育、中國是腹裏、卻立封溝、與夷狄接境、乃不立封溝、此何理…。（同上揭『長編』）

まず、それの一つは「朝廷が封溝を立てようとする地域は宋の領内の延州であって、夷狄の邦＝西夏の土地ではない」というものである。つまり王安石は自分の志す「溝塗經界の法」があくまでも中國の内に止まっており、ゆえに自分のやり方も『周禮』と相違しないと述べているのである。これこそ、彼自らが自分の政策が『周禮』に基づいていることを主張したことを意味する。[30]

もう一つの反論は、「假に『周禮』に他國との境に封溝を立てる説明がないとしても、國と國の間に境界がないことはあり得ない（＝『周禮』にその説明がないのは、それがあまりにも當然なことだからである）」というもので、これからはとりわけ彼の『周禮』に對する現實的な態度の一端を垣間見ることができよう。すなわち、それは王安石が自ら注をつけている『周官新義』巻一六　秋官三に、

道有升降、禮有損益、則王之所制、宜以時修之。

とある通り、古代の「溝塗經界の法」を、邑制國家とは違って夷狄と境を接し、さらに蕃漢が雜居するという、宋代の新しい現實に讀み替えようとする意志である。そしてそれは、恰も彼が彼の新法の殆どの淵源を『周禮』に求めつつ、宋代の實情に讀み替えている周知の事實とも相通じるものであろう。[31]

このように王安石は、彼の政治思想において最も重視していた『周禮』を單に内政の面だけでなく、外政の面においても大いに用いたのであり、またその場合においても復古主義に現實主義（實用主義）的觀念を調和させるという、彼の政治的態度を反映していたと評價される。[32] かくして以上の王安石の反論により、范育と呂大忠の二人は境界整備官から罷免され、その任は他の人に引き繼がれることとなる。[33]

次いで、王安石は樞密院官僚からの反對にも遭っている。文彦博を長官とするこの時の樞密院側の反對は、當時の新法反對の風潮とも一脈相通じる觀があるが、[34] 彼らが直接境界問題に向けて行った批判は、『長編』巻二二九　熙寧五年正月丁未に、

文彦博・吳充因言、諸路不須打量、況自來競爭亦不因地界、多緣邊吏侵彼。

というものである。文彦博らは宋夏間の傳統的な紛爭の原因を境界の問題よりも、むしろ宋朝邊吏の西夏への侵犯行爲にあると考えており、それゆえ國境整備の必要はないとしている。しかしこれにも王安石は全く相異なる認識を示して、

侵爭之端、常因地界不明。欲約束邊吏侵彼、亦須先明地界。…（同右）

と述べる。つまり、彼は文彦博らとは正反對に西夏との紛爭の原因は、いつも境界の不明（の故に宋朝邊吏の侵犯行爲があること）に原因するとし、だからこそ西夏との爭いを避けるためにはまず境界を分明にしておかねばならないと主張するのである。王安石が國境整備にとりかかったことには、このような邊境への認識があったからだと思われる。王安石はこの論爭を通しても、さらに自分の政策の正當性を強調しつつ、ついにそれを國策として定着させることに成功している。

三　和議の成立とその内容

しかしながら、彼にとって最大の障碍は宋廷でなく交渉の相手の西夏の方にあった。先述のごとく、宋朝は熙寧四年一二月緣邊に國境整備官を送り、西夏と交渉に臨もうとしたが、西夏からは翌月、宋の西夏交渉の公式窓口である延州に、

延州以夏人牒來上、牒稱、除綏州外、各有自來封堠濠塹、更無整定。（『長編』巻二二九　熙寧五年正月丁未）

という意志を傳え、畫界は當面の紛争地域である綏州に對してのみ行い、他の場所に對してはそれを認めない、としたからである。

1　畫界交渉をめぐって

さて、宋朝は西夏の右のような態度のために、最初はやむなく畫界交渉を綏州の方面から進めていたと見られる。史料にも、既に陝西五路に送られたとされる境界整備官らの西夏との接觸が殆ど見當たらない(35)ことに對し、綏州では交渉の記事が早くから見えることも如上の事實と符合する。多分五路の境界整備官らはそれぞれの現地で西夏の態度を傍觀していただけで、王安石もこれをとりあえず默認する狀態にあったと思われる。

しかも、綏州の交渉も順調ではなかった。まず、その初見の史料として、先述の呂大忠の王安石批判の中には、

（呂大忠言）無定河東滿堂、鐵笳平一帶地土、最爲膏腴、西人賴以爲國、自修綏德城、數年不敢耕鑿、極爲困撓。竊聞今來（西夏）願於綏德城北退地二十里、東必止以無定河爲界。如此則安心住坐、廢田可以盡開。彼之姦謀蓋

出於此。(『長編』巻二二八　熙寧四年一二月甲寅)

とあるから、兩國は既に熙寧四年末頃からは交渉を始め、ここでは西夏が綏州の新しい境界を、「北は綏州から二〇里の地點、東は(少なくとも)無定河」とする案を宋側に提出したと見られる。これによると、綏州を中心とする無定河下流域は農耕に適した土地が多く[36]、この一帶は以前から西夏の穀倉ともなっていたが、宋朝が綏徳城を建造してからは農耕が全く不可能な狀態となっていた。また、この他『西夏書事』巻二二　熙寧二年三月にも、

綏州去延州東路長寧砦四十里、失之則界内撫寧和市場及義合鎮茶山一帶人戸。

とあり、綏州の近所には「和市場」などがあって蕃漢の交流が行われていたことも知り窺われる。從って、これらのことからすると、呂大忠も指摘するように西夏の綏州に對する國境畫定案には、宋の勢力を無定河以西に食い止めた上で、再び安全な營農の確保と蕃漢の交流を誘致しようとする意圖があったことになる。

しかるに、さらにこれから翌月の『長編』巻二三〇　熙寧五年二月辛酉には、

詔趙卨詳夏國主秉常所奏移綏州側近本國自來寨柵置於近裏、去綏州二十里爲界。仍令知綏徳城折克雋以此事理與夏人折難商量。先是、秉常有此奏、而近羌議地界首領楊巴凌等與克雋議、乃抵以爲初未嘗約二十里、中間立堠開壕而已。…故有是命。

と見える。熙寧五(一〇七二)年となって、宋朝は多分西夏の提案を呑み[37]、さらに具體的な交渉に入ったのであるが、しかしここでは西夏が綏州から北二〇里まで退却するという先程の提案を突然撤回し、その代わりに綏州の境界をただ「現在の雙方の人民が住坐する中間點とする」と主張したため、交渉に蹉跌が生じている。西夏がなぜ急に態度を變えたのかは定かでないが、後の王安石の言には次のようにあって參考となる。

彼國主幼、用事者防將來歸責、必且爭執、至于甚不得已衆皆欲割棄、然後敢許我、所以紓將來之責、若敢旅拒、

卽恐無之、朝廷當知此意、卽不須汲々應之。（『長編』巻二三三　熙寧五年四月辛未）

これから考えると、西夏では當時幼い國主（秉常）に代わって國政を預かっている臣下ら[38]が、綏州から二〇里を退却すると、將來國主の親政の際にその責任（＝二〇里失地）が追及されるだろうと思い、それを皆が贊成するまでためらっていた可能性がある。

一方、宋朝ではこうした西夏の態度變化のため、神宗などが焦りを見せ始めていた。そこで、それに對して王安石は『長編』巻二二九　熙寧五年正月丁酉に、

…（趙）卨又乞牒宥州催打量綏德城地界。王安石請勿催。上曰、今不催、卽邊事未解嚴、又恐彼謂可便得歲賜故不急。安石曰、彼必有定計、催之不能使移易定計、徒示汲々、生其驕易、且歲賜須降誓詔、降誓詔須待地界了當、彼自當汲々、…上乃從安石言。

とあるような對應策を提示する。王安石としては、既に述べたように西夏の通和の意圖が歲賜にあることを見破っており、そのため宋朝は慌てる必要がないというのが基本的な立場である。つまり、彼は西夏が歲賜をもらうためには、必ず「畫界の完了→誓表と誓詔の交換→歲賜の給與」という手續きを踏むだろうことを宋廷に喚起し、柔軟な對應を訴えたのである。

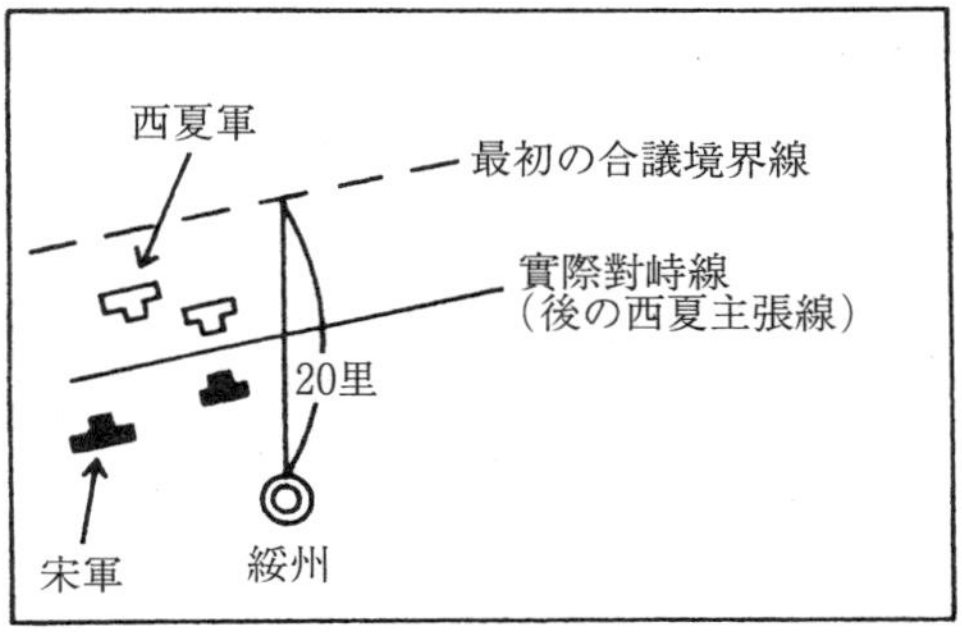

圖Ⅲ　綏州の畫界をめぐる宋夏の利害關係

2　王安石の政策修正と和議の成立

かくして宋夏の交渉は一應膠着狀態に陥っていたわけである。

ところが、まさにそうした中で、綏州の西隣の環慶路では思わぬ問題が起こ

り、それが両國の交渉に新しい局面を展開させることになる。綏州と同じく砂漠の南縁に位置する環慶路は、宋の縁邊で蕃部が多く密集しており、そのため『宋會要』（職官四八／一二四　巡檢　大中祥符七年十月）は「帝（眞宗）以慶州管熟戸尤衆」と記し、また『太平寰宇記』巻三二もこの地域の風俗を「蕃漢相雜」と説明するが、この蕃漢雜居の矛盾が慶州で兵亂を誘發したと言える。つまり、熙寧四年二月に突發して、一時「將に長安に寇せんとす」（『宋史』巻三三四　沈起傳）という勢いにあったこの兵亂について、『長編』巻二二〇　熙寧四年二月庚辰には、

慶州兵亂、…（王）文諒本夏國用事臣訛龐家奴、得罪自歸延州。…（韓）絳先遣文諒專節制蕃將趙餘慶等西討。文諒與餘慶約會於金湯川結明薩莊、不至者斬。及期文諒至金湯故寨、去結明薩莊尙二十餘里、文諒已見賊人馬卽引歸、及餘慶率兵往、不見文諒、使人候望、知文諒已歸、乃返。文諒恐餘慶發其事、遂誣餘慶失期、絳囚餘慶於獄。…絳又遣文諒出界、凡官軍斬級、多奪與蕃兵、至掘塚戮屍爲級。邠寧廣銳都虞候吳逵嘗與文諒爭買馬、文諒怨之。是役也、逵率衆力戰、用鐵連枷殺賊首領、文諒使部曲奪之、誣以夜至野牧、會與賊鬭、呼逵不至及扇搖軍士。宣撫司追逵、送慶州獄四十餘日。絳至慶州、將斬逵、部卒喧呼…、是夕遂焚北城、大譟縱掠、斬關而出、其衆二千。逵所以反、由文諒激之也…。

とあるように、宋の蕃將と漢將の間の對立に慶州の官兵約二千人が巻き込まれて起きたものであるが[39]、これも基本的には蕃漢雜居をその背景としていたと言える。

ところで、かかる兵亂から約一年の後、『長編』巻二三一　熙寧五年三月甲申にはさらに環慶路の狀況について次のAのように記している。なおこのAと同樣の內容が『西夏書事』巻二三　熙寧五年五月にも見えるが、便宜上それはBとして示しておく。

A　詔環慶經略司、如夏國差人來議界至、或修納幹堡・礓石寨、卽檢會夏國所上表章、依見今漢蕃住坐耕牧處定界至。

以前嘗誤牒宥州稱無人拘占上件田土、恐夏人固執牒語故也。（原注：日錄、王廣淵奏章威（＝臧嵬）地雖見耕牧、緣前報夏國不曾耕占此地。恐必來爭。）

B　閙訛（＝納幹）・礓石毗連。自李復圭生事後、中國蕃漢襍耕其地。梁氏屢表乞還、請于見今蕃漢住坐立界。中國初牒宥州、言無人拘占此地。既知牒誤、神宗令知慶州王廣淵給還之。

これまで『長編』は専ら綏州の問題だけを述べてきており、環慶路を對象として突然現れているこれらの記事は一見難解であるが、これは先述の蕃漢雜居の實態を背景としつつ具體的には次のような事情がその裏にあったと思われる。

①まず兩記事に共に見えている納幹（閙訛）と礓石の二寨は、『司馬光日記』の遺文[40]に「時賊又築堡於慶州荔原堡北、曰閙訛、在境外二十餘里」とあるものに當たり[41]、これらは宋夏の戰爭中であった熙寧三年、西夏が慶州進攻の橋頭堡として西夏の領内である荔原堡の北二〇里に築いたものである（先述）。

②ところが、この二寨はまもなくBに「李復圭生事云々」と見えること、すなわち『宋史』巻二九一　李復圭傳に「夏人築壘于其境、…自荔原堡夜出襲擊、敗還」とある出來事により宋軍に占領され、以來宋側の蕃漢の民がその土地を「雜耕」し始めていた（前述）。なおAの注によれば二寨を耕していた宋側の部族名の一つは臧嵬などであった[42]。

③そこでこのような事情があったからこそ、西夏は和議交渉に入って二寨の返還を宋に要求していたのであり、宋はそうした西夏の要求をAの時點になってようやく従うことにし、さらにそれに伴う同地域の境界も西夏の要求通り「蕃漢の中間點」とすることを環慶路經略使の王廣淵に指示しているのである。

ただし、この場合、AとBにはそれぞれ「以前嘗誤牒宥州稱無人拘占上件田土、恐夏人固執牒語故也」と、「中國初牒宥州、言無人拘占此地」とあり、宋朝が西夏に二寨を譲歩した理由を、この以前に「二寨はだれも住坐耕作しない土地だ」とした宋の西夏への誤報に求めているが、いかがなものであろうか。というのも、宋朝の「誤報」についてはその詳細は全く不明であるが、それと別に宋朝の二寨譲渡がなされたと見られる熙寧五年五月の前月に當たる『長編』巻二三二　熙寧五年四月辛未に、

知慶州王廣淵言、乞移浪幹・臧嵬等于近裏漢界熟戸部内買地住坐耕種、應遷徙者作三等給修造價錢、仍委經略司計口貸糧、常加存附、從之。…安石曰、…邊鄙事須計大勢、卽此尺寸地未有所計、彼豈以尺寸地便絶和好。…于是、退地與夏國、改徙臧嵬等。廣淵言慶州卒尚反側、未可用、不宜有疆事故也。

という記事が見えているからである。すなわち、これは宋朝からAの詔を受けた知慶州王廣淵が、二寨の譲渡に當たり、二寨に居住する臧嵬（＝章威）等の部族を、まずその周邊の漢界熟戸から土地を買上げそこに移住させることを建議したものであるが、さらに同文には王廣淵がその建議に先立ち、慶州での兵卒の不穩な動き、つまり兵亂を宋朝に報告しており、そのため宋朝も二寨を西夏に譲ることにしたとある。そしてその際、王安石も二寨譲歩に同意していたことが見えている。とするならば、これらの事實は前掲のAとBに見える神宗の詔が、實は兵亂を憂慮する王廣淵の建議と、それを支持する王安石の意志によって成り立ったことを推測させる。したがって、先述した慶州の反亂は、當時までなおも完全には鎭壓されずに宋朝を憂慮させていたのであろうが、多分王安石は王廣淵との平素の個人關係もあって(43)、邊防の急を告げる彼の建議を深刻に受け止め、西夏との關係改善のため二寨の譲歩に踏み切ったものと思われる。

さて、そうであるとすれば、以上のように決められた宋朝の二寨譲渡は、その意志が西夏には如何に傳えられ、また西夏はそれに如何に反應したのか。前掲の諸史料は、ただ宋朝が二寨を譲歩したという結果を記すだけであって、

西夏とどういうやり取りがあったのかについては不明である。

ところが、その状況はこの後に見える次のような王安石の言によって、その大半を推測することができる。

C　王安石白上、西人雖未降誓詔、然邊備便可弛如已降誓詔。今西人所甚惜者綏州二十里、彼今已與我、我所甚欲者環慶地、我今既已與彼、卽餘處更無所爭、何緣更肯與興兵。前一日論西事、僉以爲未降誓詔則防秋不可緩…。

（『長編』巻二三四　熙寧五年六月甲寅）

すなわち、ここには宋朝の二寨讓渡があってから僅か二ケ月も經ぬうちに、宋夏の關係が一氣に好轉し、兩國はもはや和議締結の寸前にまで至っていることが述べられている。そして王安石の言によると、その轉機は、宋の二寨讓歩に對して西夏も從來頑强に拒否してきた綏州からの二〇里退却を行ったことにあったのが分かる。つまりこのことは、王安石が先述のＢの段階で、二寨讓歩を條件に西夏には綏州の畫界解決の前提となった二〇里退却を要求し、それが西夏にも同意されたということになる。したがってこのように見てくると、王安石は結局慶州の急を告げる王廣淵の建議をきっかけに、二寨の讓歩をまさしく切り札として發動させ、長引いていた畫界交渉を終了させることを西夏と合議し、その後は迅速な和議締結を模索していたことになる。

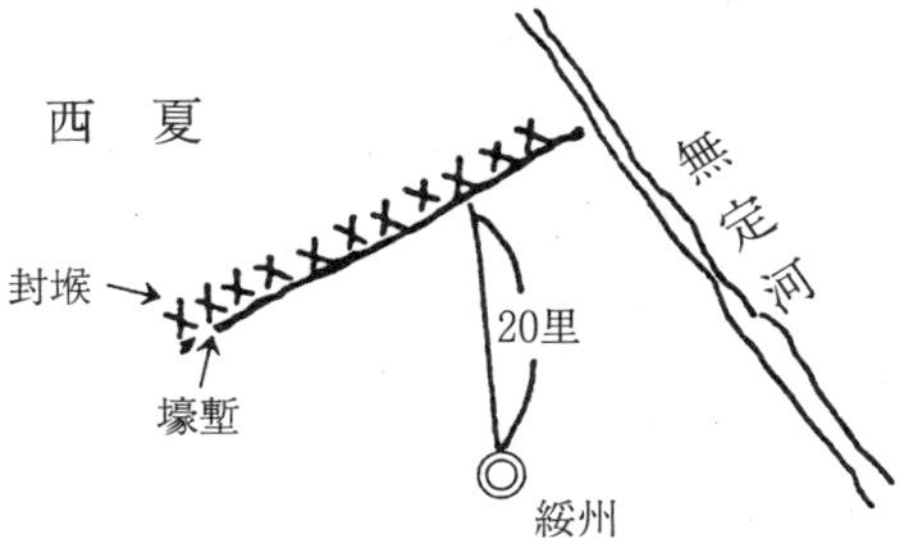

圖Ⅳ　綏州の境界妥結案概念圖

そしてその結果、兩國は西夏の綏州退却があった翌月の『長編』巻二三五　熙寧五年七月己亥に、

詔文思副使折克雋、…各賜銀絹五十、餘推恩有差。以與夏人首領商議自綏德城界二十里立封堠、修置把截堡寨畢也。

とあるように、まず綏州の新しい境界を元來の方針通り綏州から二〇里の所に畫定しあい(44)（圖Ⅳ參照）、さらにその翌月には和議を次のように締結する運びとなっている。

D　夏國進表不依舊式、但謝恩而不設誓、又不言諸路商量地界事。樞密院共以爲疑、上問如何、王安石曰、中國與夷狄要以宗祀殄滅爲誓非得已、今彼如此、但降答詔甚善。…上曰、便得誓表、如何便保彼不爲變。安石曰、誠如此。…又論地界、安石曰、臣本欲議地界者、爲環慶占夏國地。…今既以環慶地與之、則餘路更無足議、不須復問。乃降答詔。（『長編』巻二三七　熙寧五年八月壬午）

ただしこれによれば、西夏は和議締結に當たって宋朝に「誓」を提出しておらず、王安石もそれを問題としなかったため、兩國は結局誓の交換を行わぬ異例の形(45)で和議を締結しているのが注意される。これは王安石が平素から考えていた緣邊での軍縮を速やかに實施しようとする意圖の下で、西夏とはさらに新たな問題を起こしたくない思惑があったためのように思われる。というのも、王安石はつとに神宗に當時の財政逼迫の危機を、膨張した冗兵の裁減により解決するように勸めていたが(46)、その主張は、和議がほぼ決定的となった前掲のCでも再び「王安石白上、西人雖未降誓詔、然邊備便弛如降詔…」と見え、西夏との誓の交換とは關係なく早く邊備を弛めることが進言されているからである。この點で、王安石は西夏との對立の解消を迎えたいま、形式的かつ厄介な誓の交換を固執するよりも、以上のような從來の計畫を迅速に實施する現實的な面を重視したと考えられる。王安石が王廣淵の建議に從って西夏との和議に急ぐようになったことには、多分このような內政への配慮もが働いていたのではないだろうか。

そのようなわけで、彼は和議締結の際にはD文に「餘路更無足議、不須復問」とあるごとく、綏州以外の畫界問題に對してそれの撤回を公式的に宣言している。しかしそれと同時に、彼は自分の目指した畫界の本來の意圖に對しても初めて言及して、それは宋朝が慶州で西夏の土地を無理に占據したためであったとし、いまはそれが解決されたから畫界交渉が一應成功したと評價している。つまりこのことは、王安石が自ら「侵爭の端は、常に地界の不明なるに因る。…須らく先ず地界を明らかにすべし」（前掲）と述べた「地界の不明なる」地域がほかならぬ慶州であったことと、その慶州での國境の亂れが最も氣になったため畫界に着手したということになる。

おわりに

以上にみてきたことを要約すると次のごとくである。

一　宋朝では、對外强硬論者の神宗卽位の初め、邊將の种諤が西夏の酋長嵬名山からの投降の申し出があったのを契機に、綏州を奪取し、そのため西夏と軍事衝突が起きる事件があった。

二　しかしその後、神宗は西夏との關係を重視する大臣らの强い反對に遭い、結局种諤を「擅興の罪」に處罰し、西夏とは綏州を返さないことを前提に、和議交渉を行うことになった。

三　その結果、宋朝では神宗に信任され知江寧府から宰相に拔擢されていた王安石が、その和議交渉に當たることになった。その時、王安石は和議締結に先立ち、西夏に綏州を含めて二千里にも及ぶ宋夏の國境全域を全面的に再畫定することを提議した。

四　ところが彼の提議は、國境の畫定を綏州だけに限ろうとする西夏の立場と、またその時たまたま起きていた慶州の兵亂などで、最終的には頓挫せざるを得なくなった。そこで王安石は、西夏とは綏州の境界だけを定めることで和議を締結し、その後は新法推進に專念することとなった。特にその直後、彼は邊境の軍隊整備などに拍車を加えているが、これは富國强兵の實を上げ、西夏などに當たろうとしたものと見られる。

五　ところで、以上の王安石の國境策定策は、彼の新法の殆どがそうであったように、それが『周禮』の所謂「溝塗經界の法」を宋代の新しい現實に讀み替えて考えられた點で、極めて注目される。そして、その目的も中國と他民族間の國境を初めて明確にしようとすることにあった點で、宋以前には見られないものである。つまり、宋代には他國との多發する國境紛争により、國境の明確化という必要が要望される時代であったが、王安石はこの問題にも『周禮』をもって答えようとしたのである。

さて、本章を通じて明らかにされたごとく、宋代の國境問題は土地の問題だけでなく、蕃漢雜居が釀しだす民族問題によっても誘發されたことが多い。「邊事の作るは未だ熟戸に因らざる無し」（『長編』巻二七三　熙寧九年三年辛丑）という言はそれを端的に象徴している。そこで神宗朝は「蕃兵法」の創設など熟戸問題の對應にも熱が入れられた時代だが、それについては章を改めて論じることにする。

注

（1）嵬名山は他に「夏將」（『宋史』巻三三五　种諤傳、同書巻三二八　薛向傳）、「夏國酋長」（『涑水記聞』巻一一）、「夏國首領」（『東都事略』巻六二　郭逵傳）、「西戎部將」（『宋史』巻三三六　司馬光傳）、「銀州監軍」（『宋史』巻三三二　陸詵傳）、「横山豪」（『宋史』巻四六四　外戚中　高遵裕傳）、「（横山）首領」（『續資治通鑑長編拾補』巻二　治平四年一〇月）などで呼ばれていた。また、嵬名山の投降の理由については諸説紛々であるが、大きくは「諒祚累月用兵、人情離貳、嘗欲發横山族帳、盡過興州、人有懷土重遷之意矣、故首領嵬名山者、結綏銀州人數萬、共謀歸順」（『太平治蹟統類』巻一五　神宗經制西夏）という説と、「（嵬）名山本熟戸、九歲爲元昊所虜、長爲銀夏綏三州監軍、其帳在綏州之側、領小使二十餘人、牙頭吏史屈子者狡猾、爲衆貸諒祚息錢、累歲不能償、時大飢、諒祚數點兵、民疲弊苦之、屈子乃說諸小帥、密謀内附。又名山之弟夷山、前已先降爲熟戸、（种）諤因夷山以誘名山、賂以金盂、名山小吏李文喜受之、陰許納款、名山不知也」（同右書及び

『涑水記聞』巻一一）という二つの説に絞られる。なお周知のように、現行の『長編』には綏州事件の期間に當たる治平四年から熙寧三年初め頃までの記事が缺けているが、この事件を發端とする宋夏兩國間の一連の關係については、以上の他に『續資治通鑑長編紀事本末』巻八三　种諤城綏州が最も詳しい。また、關連する研究としては白濱「羅兀築城考」（『寧夏社會科學』一九八六年三期）、曹松林「熙寧初年的對西夏戰爭述評」（『中日宋史研討會中方論文選集』河北大學出版社　一九九一）、陳明猷「西夏中期同北宋的相持戰爭」（王天順主編『西夏戰史』寧夏人民出版社　一九九三）などがある。

（2）『宋史』巻四八五　外國一　夏國上に「咸平春、繼遷復表歸順、眞宗乃授夏州刺史」とあるように、綏州は「咸平」（これは至道三年の誤り）年間に李繼遷に與えられており、またその以降同州が西夏のものとなったことについては他に『宋史』巻三二五　劉平傳などでも確認できる。また、『宋會要』方域八／三〇～三一　綏徳州城も參照。

（3）宋代の綏州に關する地理及び歴史的重要性については『大清一統志』巻一九六　綏徳州、『讀史方輿紀要』巻五七　河南、陝西　綏徳州などを參照。

（4）宋夏兩國における「横山」の歴史地理的意義などについては、前田正名『陝西横山の歴史地理學的研究』（學術出版社　一九六二）、李蔚「宋夏横山之爭述論」（同『西夏史研究』寧夏人民出版社　一九八九所收）、江天健「宋夏戰爭中對於横山之爭奪」（『中國歴史學會史學集刊』第二四期　一九九二）、王天順「西夏戰爭地理概況」（王天順主編『西夏戰史』寧夏人民出版社　一九九三）などの研究がある。また、李蔚氏は前掲論文で特に西夏に對する横山の重要性を强調し、その理由として第一「宜農宜牧、不僅出産良馬、還是西夏重要糧食産地之一」、第二「出産鹽鐵」、第三「横山羌兵、勇悍善戰、爲西夏諸軍之冠」、第四「地形險要、易守難攻」の四點を擧げている。また『朱子語類』巻一三三　本朝七　夷狄に「問、本朝建國、何故不都關中。曰、…若横山之險、內山之極高處。（原注：横山皆黃石山、不生草木）本朝則自横山以北、盡爲西夏所有、山河之固、與吾共之、反據高以臨我、是以不可都也。神宗鋭意欲取横山、蓋得横山、則可據高以臨彼…（原注：…初、夏人恃横山諸險以抗中國、慶曆中、王嗣宗・范仲淹建議取之、會元昊納款而止）とあるのも横山の意義をよく説明している。

（5）ただし、『長編紀事本末』巻八三には「司馬光對延和殿言、趙諒祚稱臣奉貢、不當誘其叛臣、以興邊事。上曰、此外人妄傳耳」とも見えるから、當時种諤の綏州接收計畫はその情報が漏れていた可能性もある。ところが、これら「密旨」説に對して种諤の單獨行動說も存在し（『長編紀事本末』卷八三　种諤城綏州、及び注（1）に擧げた『宋史』の諸列傳を參照）、眞相は必ずしも定かではない。

（6）東一夫「宋神宗論」（『東京學藝大學紀要』一八　一九六六、のち同『王安石新法の研究』風間書房　一九七〇に再錄）を參照。

（7）『長編紀事本末』卷八三　种諤城綏州　熙寧元年二月には「…或以咎諤、諤曰、嵬名山擧衆約降、既聞於朝矣、若緩以待命、事機一失則數萬之衆、快於賊手、爲邊生事不細、吾寧坐死、以就國事…」という种諤の言があり、宋朝の綏州接收時における緊迫な狀況が讀み取れる。

（8）當時、宋朝で綏州の接收に反對していた主な者としては、司馬光（『宋史』卷三三六　本傳、『溫國文正司馬公文集』卷三八　橫山上殿劄子及び同書同卷　橫山劄子、『長編紀事本末』卷八三　种諤城綏州　治平四年九月）、文彥博（『涑水記聞』卷一一）、楊繪（『宋名臣奏議』卷一三七　上神宗論种諤擅入西界）、趙卨（『東都事略』卷九一、『宋史』卷三三二　本傳）、呂誨（『太平治蹟統類』卷一五　神宗經制西夏）、劉述（『宋名臣奏議』卷一三七　論种諤擅入西界奏）、賈逵（『宋史』卷三四九　本傳）などがいる。これに對して贊成者は宋廷では史料上で見出せない。ただし、いま擧げた劉述の上奏には「薛向、楊定、張穆之、高遵裕、王中正輩表裏相結、誑惑聖聰、妄興邊事、乞行根勘、以正典憲」とあり、當時种諤には薛向、楊定、張穆之、高遵裕、王中正らも加擔していたことが分かる。ちなみに、これらのうち高遵裕は神宗の外戚であり、また王中正は宦官出身であって、神宗との身近な密着ぶりが豫想される。

（9）『長編紀事本末』卷八三　种諤城綏州　熙寧元年二月に「种諤奪四官、隋州安置」とある。

（10）『宋刑統』卷一六　擅發兵には「諸擅發兵、拾人以上徒壹年、陌人徒壹年半、陌人加壹等、阡人絞」とあり、「擅發兵」の罪はその時の從えている兵士の規模により變わることになっているが、种諤が當時どのくらいの兵を擅發していたのかは未詳である。

（11）种諤は同年一二月商州都監に復官している。しかし彼は『宋史』卷三三五　本傳に「自熙寧首開綏州、後再擧西征、皆其兆謀、卒致永樂之禍。議者謂諤不死、邊事不已」とあるように、この後も引き續き行われる宋朝の西夏征討作戰において中心的な役割を擔っていく。その一部については本章で引き繼ぎ後述する。

（12）この間、宋朝では綏州放棄のムードが高まるなかで、神宗が最終的にその可否を決するべく韓琦を判永興軍兼陝府西路經略安撫使に任命して、邊情を視察させている（治平四年一一月）。ところが、これと時をほぼ同じくして、西夏は綏州喪失の報復として宋の知保安軍（鄜延路所屬）楊定などの官吏を誘い殺す事件を起こしている。そこで、韓琦はこれを強く警戒して綏州の返すべきでないことを主張する。ただし、彼は「綏州の土地の肥沃さ」、「已納其降人、而反自棄之、乃是先形自弱之勢」、「宋朝無損失、西夏有大害」の三點を擧げ綏州の價値を評價しつつも、「當此變故、尤非棄州之時、願且留數月、以觀虜情、它日再許納款、猶可爲議論之端」と述べ、將來的にはそれを返すべきとしている（『韓魏公集』卷一八、『長編紀事本末』卷八三　种諤城綏州　治平四年一一月など）。

（13）ただし、『皇宋十朝綱要』卷九　熙寧元年一二月には「秉常更遣使羅重進來言、主上方以孝治天下、奈何反教夏國之臣叛其君。朝廷乃罷分賜酋豪之議、止令歸塞門安遠二寨、還賜以綏州」とあり、當時兩國間では既に關係正常化のための接觸が行われていたが、これによれば綏州と二寨との交換提案は西夏からのこととも見られる。恐らくかかる交換協商はまず西夏が宋朝に示し、その後宋朝で文彦博がそれを主張して實現したとも考えられる。なお、同文によれば、宋朝はこの時西夏への歲賜を中斷していたようである。

（14）『皇宋十朝綱要』卷九　熙寧元年一二月に「止令歸塞門安遠二寨、還賜以綏州」とあるように、宋朝はまず西夏が「二寨を返せば、それを待って綏州を返す」との立場を取っており、これは西夏も「秉常上誓表、納塞門安遠二砦、乞綏州、詔許之」（『宋史』卷一四　神宗一　熙寧二年三月戊子）とあるように認めている。ところが、その後の熙寧二年一〇月、宋朝は突然綏州の二寨との交換を中止しており、その理由としては『宋史』卷四八六　外國二　夏國下に「夏主受册而二砦不歸、且欲先得綏州。…遂罷、詔城綏州」とある。塞門寨も戰略的には非常に重要な場所であり、西夏はそれの手渡しを惜しんでいたのである。

（15）例えば『皇宋十朝綱要』卷九　熙寧二年一〇月を參照。

（16）ただし、西夏の慶州侵攻は『宋史』卷二九一　李復圭傳に「夏人築壘于其境、不犯漢地。復圭貪邊功、遣大將李信帥兵三千、授以陳圖、使自荔原堡夜出襲撃、敗還、復圭斬信自解。又欲澡前恥、遣別將破其金湯、白豹、西和市、斬首數千級。後七日、秉常擧國入寇」とあるように、宋朝の挑發によるものであった。

(17)『長編』巻二一五　熙寧三年九月乙未を參照。なお、この條には「王安石曰、臣於邊事未嘗更歴、宜往。上亦欲用安石、乃曰、王安石未嘗行邊、今可出使也。(韓)絳以爲朝廷方賴安石、不宜往、安石曰、朝廷所賴獨韓絳爾」とあり、當時は王安石も出使を願っていた。

(18)『長編』巻二一五　熙寧三年九月甲辰、及び同書同年同月乙未を參照。

(19)羅兀城築造の目的については『宋會要』兵二八／九～一〇　備邊　熙寧四年二月五日を參照。

(20)注(19)『宋會要』記事參照。

(21)羅兀城築造の問題については、『長編紀事本末』巻八四　韓絳經營西事、『太平治蹟統類』巻一五　韓絳宣撫陝西、及び白濱「羅兀築城考」(『寧夏社會科學』一九八六―三)などを參照。

(22)これまでの王安石の事跡については『王荊公年譜考略』、『長編紀事本末』巻五九～六〇　王安石事跡上・下、『太平治蹟統類』巻一三　神宗任用安石などを參照。

(23)注(21)所引諸資料及び注(6)の東氏前揭論文など參照。

(24)これに關する從來の研究としては、中村治兵衛「王安石の登場」(『歴史學研究』一五七　一九五二)及び注(6)の東氏前揭論文などが擧げられる。

(25)王安石の綏州事件に關する考えを直接傳える記事としては、『長編紀事本末』巻八三　种諤城綏州　熙寧二年一〇月己未に「王安石曰、今既封册秉常、宜堅明約束勿令邊將生事、妄立城堡、爭小利害、自作不直、上以爲然」とあるものと、『王荊公年譜考略』巻一四　同年同月の「與趙卨書」という文中に見えるものだけであり、これらはいずれも綏州事件が一段落した後のものである。特に、後者に關しては編者蔡上翔がその末尾で「考略曰、公言兵事始此、其安邊善後、…公豈有意於黷武哉」と述べている。王安石は綏州事件のさらなる擴大より、事態の早い收拾を願っていたと思われる。そのため、彼は先述の羅兀城築城についても基本的には反對していたようである(『長編』巻二二一　熙寧四年三月戊子、同書同年同月庚寅、

同書巻二二二　同年四月庚辰などを參照）。

（26）『西夏書事』巻二二　熙寧二年四月に「梁氏請綏州不得、又絶歲賜」とあるから、宋朝の歲賜停止は熙寧二年四月以前のことであったと見られる。また『宋會要』兵二八／八　備邊二　熙寧三年四月二二日にも「詔樞密院、累降約束河東・陝西諸路經略司嚴行禁斷沿邊蕃漢人戸不得與西賊私相交易、訪聞尚不遵稟、可重立賞格告捕、自今有違、經略司幷所管官吏當劾罪重斷、幷委轉運司常切覺察」とある。

（27）『長編』巻二二六　熙寧四年九月庚子參照。

（28）この詔文は王圭『華陽集』巻一九にも「制詞賜夏國主不還綏州詔」として載っており、王圭が起草したことが分かる。また『長編』巻二二六　熙寧四年九月庚子にもほぼ同文あり。

（29）呂大忠の批判については范育のそれと同書同所を參照。

（30）王安石と『周禮』との關係については、庄司莊一「王安石「周官新義」の大宰について」（『集刊東洋學』二三　一九七〇）、土田健次郎「王安石における學の構造」（『宋代の知識人』汲古書院　一九九三）などを參照。

（31）この問題を論じたものに注（6）前掲東一夫『王安石新法の研究』の第三編「王安石の政治思想」がある。なお、參考に當時の王安石の主な新法と『周禮』との關係を示せば次のようになる。

新法名	實施年月	關連する周官の制度	典據
均輸法	熙寧二年七月		
青苗法	熙寧二年九月	泉府の制	『韓魏公集』巻一八「家傳」
農田水利法	熙寧二年一一月		
保甲法	熙寧三年一二月	卿遂の制	『皇鑑箋要』「君德門讀札記」
免役法	熙寧四年一一月	府吏胥徒の制	『臨川集』巻四一
市易法	熙寧五年三月	司市の制	『臨川集』巻四一
方田均税法	熙寧五年八月		

（32）注（31）前掲東氏論文參照。

(33) このときの人選については『長編』巻二二八　熙寧四年一二月甲寅を參照。
(34) 『長編』巻二二八　熙寧四年一二月甲寅に「安石毎疑文彦博等設意沮己云」とある。
(35) 『宋史』巻三四〇　呂大忠傳には「熙寧中、王安石議遣使諸道、立緣邊封溝、…大忠陳五不可、…(安石)罷不遣」とあり、王安石の陝西五路への官吏派遣が實現されなかったとあるが、しかし『長編』巻二三三　熙寧五年五月庚寅には「初、(張)穆之被詔與夏人於界首議事…」と見え、ここでは官吏派遣は一應實現されたものとなっている。ただ、緣邊での彼らの動靜を傳える記事はこれが唯一の例である。
(36) 『安陽集』家傳七にも「綏州川内、甚有膏腴空閑地土…」とある。
(37) 史料には綏州の東側に關する宋夏間の畫界議論は全く見えないが、最終的にそれは西夏の提案通り無定河線で定められたものと思われる。『宋史』巻八七　地理三　陝西の説明などによっても、無定河以東の地域が宋の領土となるのは元豐四年以降のことである。
(38) 當時西夏では國主の秉常が一三歳で、母の皇太后梁氏が攝政していたが、この皇太后梁氏はその弟の梁乙埋を國相とするなど一族を起用していた。このような西夏における外戚勢力の政界關與は李元昊以降目立つようになるが、それについては中嶋敏「西夏に於ける政局の推移と文化」(『東方學報』(東京)六　一九三六、のち同『東洋史學論集』汲古書院　一九八八に再錄)、白濱「論西夏的后族政治」(『民族研究』一九九〇年第一期)、顧吉辰「西夏后妃制度考述」(『寧夏社會科學』一九九三年第二期)などを參照。
(39) この兵亂については、曹松林「熙寧初年的對西夏戰爭述評」(『中日宋史研討會中方論文選集』河北大學出版社　一九九一)及び、宋代の兵亂を概觀した賈大泉「論北宋的兵變」(『宋史研究論文集』上海古籍出版社　一九八二)などの中で簡略に言及されている。特に、賈氏の論文によれば宋代における士兵及び下級軍官の反亂の原因としては、①抑壓的な宋朝統治に對する不滿、②飢民・罪人などの兵士化に對する不滿、③宋朝の「對外投降、對内鎭壓」(?)に對する不滿などが擧げられており、慶州兵亂は③の例に入る。なお、この他の宋代の兵亂及び民亂については渡邊孝「北宋の貝州王則の亂について」(『史峯』四　一九九〇)、關履權「論兩宋農民戰爭」(『歷史研究』一九六二―一二)などを參照。

(40)『長編』巻二一四　熙寧三年八月辛未注所引。

(41)『讀史方輿紀要』巻五七　慶陽府（慶州）には「鬧訛堡、在府北三百里。宋熙寧中、夏人築鬧訛堡、慶州兵擊之、敗還」とある。

(42)これは『長編』巻二三二　熙寧五年四月辛未の注文に「…鬧訛堡・礓石寨相接、或鬧訛・礓石卽是臧嵬地也」とあることからも明らかである。

(43)兩者の關係を窺わせる一例として『宋史』巻三二九　王廣淵傳に、「…其事與青苗錢法合、安石始以爲可用、召至京師。御史中丞呂公著摭其舊惡、還故官。…安石曰、廣淵力主新法而遭劾…」とある。

(44)この際に決められた綏州の國境のあり方については、『宋會要』兵二八／三三～三四　備邊二　元祐五年正月二四日と『長編』巻四三七　同年同月庚寅に、「樞密院同三省奏、昨綏德城（綏州）分界日、御前處分、須打量足二十里如約、不可令就地形任意出縮、三二里地不許。…又元約分畫疆界、以二十里爲定、卓立封堠者、爲分別漢・蕃界。至界堠內地、卽漢人所守、界堠外地、卽夏國自占。其彼此修築堡鋪、各于界內取水泉地利爲便、豈可更展遠近。所以前來綏州城外堡有十八里或只有八九里處、夏國堡鋪亦去所立封堠自便修築、旣各不侵出封堠之外、卽是並爲本界、不可別生事端、害講和之意」（『長編』による）とみえる記事からもその一端が窺われる。すなわちこれによれば、當時の國境は如何なる理由があっても必ず綏州から二〇里の處に設けるべきで、「任意の出縮」が認められなかったこと、並びに封堠の內側には兩國共に堡鋪を位置にこだわらず自由に建てることができたこと、などが分かる。また、以上のような國境の決め方はのちの元祐年間に行われた宋夏間の國境交涉にも援用されている。本書第四章を參照。

(45)宋朝が他國との和議締結の際、その國から「誓」を確保していたことはほぼ恆例的なものと言えよう。契丹との澶淵の盟の際に「錄契丹誓書、頒河北河東諸州軍」（『長編』巻五八　景德元年一二月辛丑）とあり、また本書第二章で檢討した西夏との慶曆和議の際にも「始上誓表言、…立誓自今、願藏盟府」（『宋史』巻四八五　外國一　夏國上）とあるの如くである。したがって、そうした傳統的な形を取らずに締結された熙寧期の和議は異例的なものと言えよう。

(46)王安石は例えば「帝又言節財用、安石對以減兵最急」（『宋史』巻一九二　兵六　保甲）とか、「（熙寧二年）九月、上謂陳升之王安石曰、今賦入非不多、只是用度無節、如何節用、升之安石皆言、兵及宗室之費」（『長編紀事本末』巻六七　裁定宗室授官）とあるように、軍縮と宗室費用の削減を持論としていたが、まだ西夏との畫界問題が終結していない段階でも「（安石）因爲上言、西事稍弭、邊計正當措置、天下困敝、惟兵爲患、若措置得兵、卽中國可以富彊、餘皆不足議也」（『長編』巻二三一　熙寧五年三月甲申）と述べ、軍隊整理に意欲を示している。宋代の冗兵裁減策などに對しては、鄧廣銘「王安石對北宋兵制的改革措施及設想」（『宋史研究論文集』上海古籍出版社　一九八二）、久保田和男「宋都開封と禁軍軍營の變遷」（『東洋學報』第七四巻三・四號　一九九三）などを參照。

第四章　元祐期における宋夏の畫界交渉始末

はじめに

すでに第二、第三章で檢討したように、宋夏の兩國では戰後「畫界」交渉が重要な課題となっていたが、それは神宗元豐四（一〇八二）年に起きた「靈武の役」の後も同樣であった。特に、この時は「靈武の役」の戰場がほぼ陝西路の全域にまたがるほど廣かったこと、そして「畫界」交渉の時期も新法黨執權の神宗後半から舊法黨執權期の次の哲宗代にまで長く續いていたことから、その「畫界」交渉は宋朝の數ある他國との畫界交渉の中でも、最も大掛かりに展開されていた。そして、この時代の畫界問題を通じては當時の政權の擔い手である舊法黨の對外政策はもちろん、それと反對の立場にあった新法黨との相違も觀察することができる。

本章では、このような問題點も考慮に入れつつ、元祐期における宋夏間の畫界交渉の推移を追い、合わせてその交渉の意義を論じたい。

一　畫界交涉に至るまでの經緯

1 「靈武の役」とそれ以後

元祐期の畫界問題は複雑な展開をみせるが、その端緒は前代の神宗元豐四（一〇八一）年に起きた「靈武の役」にある。靈武の役とは、同年西夏で突發した政變、すなわち外戚の梁氏一族による國主（李秉常＝惠宗）幽閉事件をきっかけとして敢行された宋朝史上最大規模の西夏征討作戰をいう。[1] この作戰は補給の問題が主因で宋の敗北に終わったが、宋軍は往年の故地靈州にまで進擊していく過程で、多數の西夏城寨を奪還した。[2] 宋軍が手にした「侵地」とは、蘭州の諸寨（質孤、勝如堡など）・定西城（今の甘肅省定西縣南）・安疆寨（甘肅省華池縣東）・塞門寨（陝西省安塞縣北）・米脂寨（陝西省米脂縣）・浮圖寨（陝西省子洲縣西北）・義合寨（陝西省義合鎭）・葭蘆寨（陝西省佳縣）・吳堡（陝西省吳堡縣）といった諸城寨である（以上の堡寨の位置については圖Ⅰを參照）。宋朝によるこうした城寨の侵占こそが、元祐期問題の發端をなすものである。[3]

また、靈武の役の翌年にも宋朝は西夏と衝突した。すなわち、宋朝は前年の敗北を挽回するため、元豐五（一〇八二）年には西夏の生命線といわれる「橫山」[4] を封鎖する狙いで、銀州の近くに永樂城を築造した。[5] しかし、宋はここでも西夏の反擊に遭って大敗を喫した。[6] その被害の內譯として「永樂城陷るるや、漢蕃官二百三十人、兵萬二千三百餘人皆沒す」（『長編』巻三二九　元豐五年九月丁酉の原注所引『神宗實錄』）とか、「是の役に、死者將校數百人、士卒・役夫二十餘萬」（『宋史』巻四八六　外國二　夏國下）とある。[7] 元祐期には、後に見られるように、ここで西夏に陷沒した人口の送還が、畫界交涉の問題の一つとなってくる。

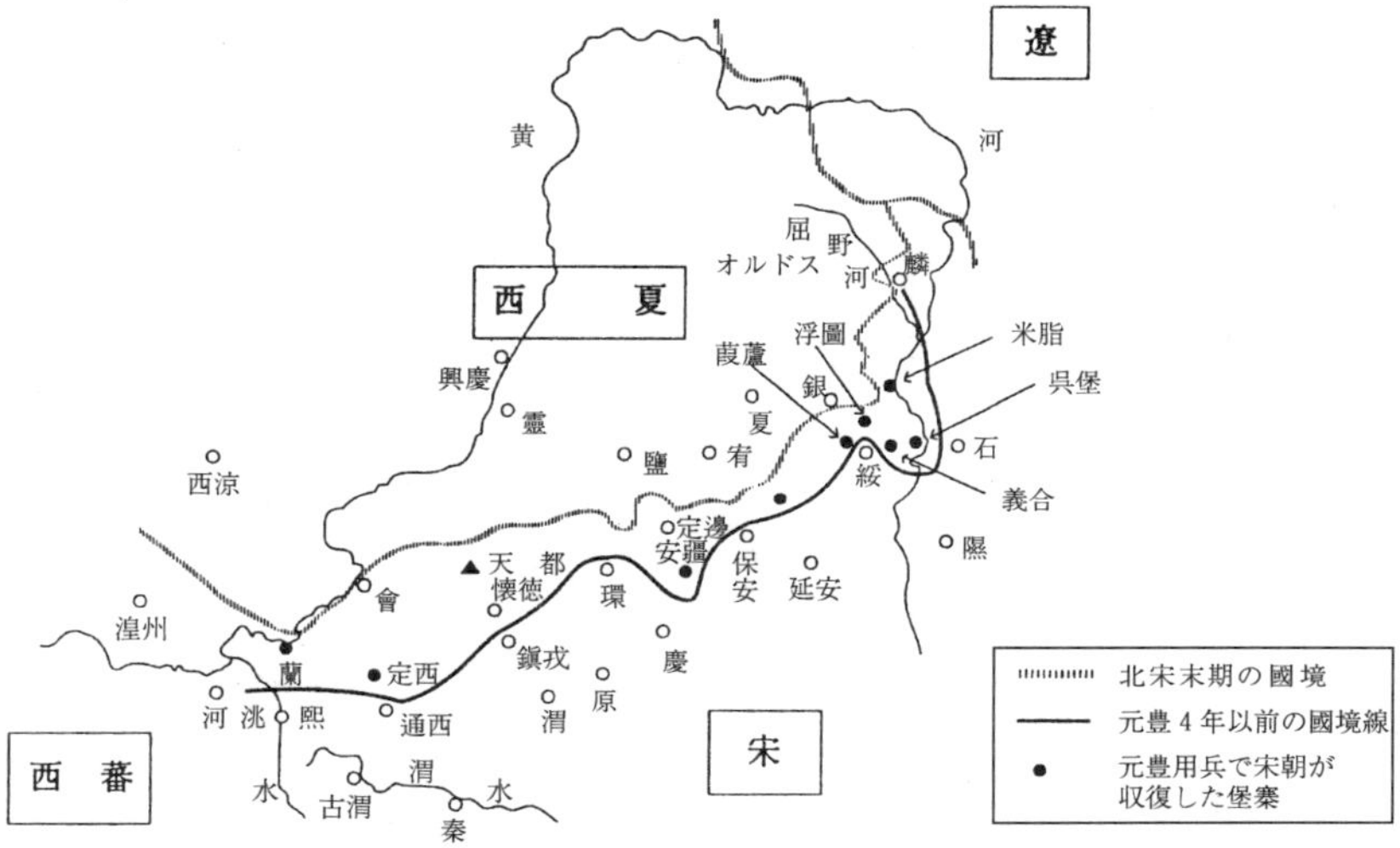

圖Ⅰ　元豐四年前後の宋朝西北邊勢圖

さて、このような連年の戰爭は、「帝（神宗）、朝に臨み痛悼し、而して夏人もまた困弊す」（『宋史』巻四八六　外國二　夏國下）とか、「是よりの後、上は始めて邊臣の信ずべからざるを知り、また兵事を厭い西伐に意無し」（『長編』巻三三〇　元豐五年一〇月乙丑）といわれるように、兩國に厭戰の氣運を漲らせた。そのため、元豐の末には、西夏に强硬的であった新法黨主導下の宋廷で、西夏の侵地返還要求に對して[8]、それを認めようとする議論すらもあったが[9]、神宗はついにこれを許さなかった。しかし、神宗はまもなく崩じ、宋朝では新法黨に代わる舊法黨の執權の中で、西夏の要求を肯定的に檢討することとなる。

2　「棄地」問題の發生

神宗朝に續く哲宗の元祐期は、舊法黨官僚の執權の中で、新法の否定と舊法への復歸が圖られた時期である[10]。この動きは外政面にも強く反映され、特に對西夏政策の大きな方向轉換がもたらされたのである。この際それを最も象徴するのが、前述した侵地を西夏に返そうという棄地論の全面浮上である。すなわちこの棄地論は、新法期の外政を批判否定する最も代表的な議論として現れ、新法排撃にもう一つの動機を付與しつつあった。そうした中、棄地論は宋朝で次第に白熱化し、哲宗嗣位わずか一年餘りで、先朝の功績を徒勞化させるような棄地決定に踏み切ったのである。本稿の注目する畫界問題は、このような棄地の決行の上で、境界の再整理という現實的必要から本格化されることになる。では、畫界交渉の前段階をなす棄地問題の性格は如何なるものであったのか。

（イ）　棄地論の性格

議論百出した棄地論の詳細は『長編』に載っているが、棄地論を批判した紹聖期の宰相章惇は、その大要をまとめて次のように言う。

（章）惇等、因りて初めに棄地を議する者、司馬光、文彥博より而下凡そ十一人を開列す。惇曰く、「棄地の議は、司馬光、文彥博之を內にて主り、趙卨、范純粹之を外にて成す。故に衆論は之を奪う莫し…」。（『長編紀事本末』巻一〇一　逐元祐黨人上　紹聖元〈一〇九四〉年五月甲寅）

これによれば、棄地を主張した者は少なくとも一一人で、[11] その議論は主として司馬光と文彥博によってリードされていた。なお、趙卨、范純粹のことについては後述する。ここでは大同小異の多くの棄地論を逐一説明する煩瑣を避け、特に司馬光の論を代表として擧げ、元祐期官僚らの間で流行した棄地論の一端を考察してみる。『東都事略』巻一二八　附錄六　西夏には、司馬光の論を要約して、

元祐の初め、…司馬光謂えらく、「此の數砦は、田は肥良に非ずして、以て耕墾す可からず、地は險要に非ずして、以て守禦す可からず、欲すらくは天子の統を繼ぐに因り、悉く皆毀撤し、其の侵地を歸さんことを」と。

と記している。まず司馬光は、侵地の非經濟性と堡寨の非戰略性を、棄地すべき理由として擧げている。[12] この二點は、當時の棄地主張者の殆どが口にする理由になっている。しかし、侵地へのこのような價値評價は、紹聖期の新法黨の評價とはまた大きな隔たりがあり、[13] 必ずしも客觀的なものとは言い切れない。

そのためか、當時の棄地論にはそのような現實的理由のほかにも、名分的理由が强調されていた。同文に「天子の統を繼ぐに因り」とあるのは、それに當たる一つで、これは哲宗の新しい卽位を契機として西夏に德を施すことを名分としている。そしてこの時、名分論的次元で棄地の當爲性を、最も强調した者が蘇轍である。彼はこのような司馬光の主張を、いわば「恩信論」でさらに敷延するほか、他方では「義理曲直論」という立場でも力說している。[14] これは、「元豐の擧兵が元々西夏の亂政を問罪することに動機があったから、西夏の内政が復元されたいまは、侵地を保ち續ける名分はない」ということである。彼がこの義理曲直論に基づいて、「之(侵地)を守れば不幸、之を棄すれば幸」と逆說的に述べたのは、[15] 名分論の斷面を示すものと言えよう。元祐期の棄地論は、このような名分論がむしろ柱となっていたと見られる。

(ロ)　棄地の決定とその内容

このような棄地の理由を背景として、宋朝は元祐元(一〇八六)年七月、三省、樞密院の二府がいよいよ棄地の斷行を議定し、[16] さらに同年一〇月にはそれを西夏に通告している。二府の議定書を節略したものと見られる西夏への通告文は、次のような内容を盛り込んでいる。

夏國に詔すらく、其の元豐四年の用兵で得る所の城寨は、元々中國及び西蕃の舊地に係るを除く外、陷沒人口の送到せられるを候ちて、當に邊臣に委ね勘會して分畫給賜せしむ。(『長編』巻三九〇　元祐元年一〇月是月)

宋朝は結局侵地の全てではなく、その一部だけを返すことや、そしてそれに一つの條件をさらに付け加えることで、棄地の方針を決めているのである。[17] その條件となった「陷沒人口」の送還とは、七月の二府議定書から、先述の永樂城戰闘で陷沒した漢人を指すのがまず分かるが、[18] ただ「中國及び西蕃の舊地に係るを除く外」の地域が、どこに當たるかは議定書でもはっきり記されていない。それが初めて明らかにされるのは、半年後の元祐二（一〇八七）年三月の記事である。すなわちこのとき、西夏は宋の提案に對し最終的に賛成の意思を示してきたが、それを受けて宋朝は次のような詔を降している。

是の月、宥州、陷蕃の人三百一十八口を送るを牒す。鄜延經略司に詔して、（陷沒人口の）到るを候ちて、其の葭蘆、米脂、浮屠（浮圖）、安疆の四城寨は、並びに特に給賜を行い、其の餘の還す可き城寨に係らざる地土は、各々官に委ねて界至を畫定し、壕堠を開立せしむ。（『長編』巻三九七、元祐二年三月辛巳）

この時、西夏は送還する人口の數を三一八と確定して報知しており、宋朝はそれに應じて返す城寨が、葭蘆、米脂、浮圖、安疆の四寨であることを初めて明らかにしている。從って、これら四寨が「中國及び西蕃の舊地に係るを除く外」の城寨であり、その他の侵地として宋朝が返さないこととした蘭州と定西城、塞門、義合、吳堡の諸寨は、もと西蕃ないし中國の舊土に屬していたことが分かる。さらに言えば、宋朝はこれら四寨だけを元來の西夏の土地と認定し、それだけを讓渡することを決定したわけである。

ちなみに、棄地がこのように四寨と限定されることについては、司馬光、呂大防などの意見が重視されたと考えられるが、[19] 最終的には「當時の大臣姑息して、遂に趙卨の計を用い、四寨を棄す」とあるから、[20] 當時鄜延路經略使であった趙卨の計を用いたことが分かる。よって、前引した『長編紀事本末』に「趙卨、范純粹之を外にて成す」とあるのは、趙卨らが棄地を四寨に限定することに役割を果したことを説明したものと解される。また、棄地決定においてもう一つの要點をなす「城寨と陷沒漢人との交換」云々は、同知樞密院の范純仁の意見を反映したことが明らかである。[21] なお、宋朝は同詔の中で、將來の問題として四寨と人口の交換が實現された後、協議すべき畫界問題にも觸れ、その對象地域を四寨を除いたそれ以外の侵地としているが、これも後の問題と關連して豫め注意しておきたい。

（八）　棄地の實施

ところで、このような內容で一應決められた棄地決定は、それが實際に實踐に移されるまでにはさらに數年の歲月が費やされることになる。その主な原因としては、西夏の宋朝に對する不滿、とりわけ蘭州と塞門寨を棄地の對象から排除した措置への不滿が作用していたと見られる。

そうした不滿表示の一端は、阿里骨の勸誘によって行われた西夏の洮州侵攻事件に象徵的に窺われる。つまり、從來臣屬を續けていた靑唐族（いわゆる唃廝囉政權）の首領阿里骨は、當時西夏と共に宋朝の西北進出に危惧を抱き、宋への挑發を圖っていたが、[22] 阿里骨はその一環として、西夏に密約を提案して「若し成功すれば熙、河、岷州は西蕃がもち、蘭州は西夏に渡す」とし、[23] その同議を受け取っている。西夏の躊躇ない提案受諾はもとより、阿理骨の密約提案の背景には、西夏における蘭州回復への強い關心があったことは疑いあるまい。

かくして元祐二（一〇八七）年五月から突然始まった兩國間の衝突は、[24] 翌年後半まで續いたのち終戰をみるが、西夏の蘭州などへの執着は戰後もなお衰えていない。[25] そうした諸樣相のなかでも、最も注目に値するのが、翌年六月になされた西夏からの「四寨を還すを以て蘭州及び塞門寨と易えんと欲す」という申し出である。[26] これを通じてみても、西夏にとって必要なのは、實は四寨でなく蘭州と塞門寨であったことが分かるのである。

ところで、西夏からのこのような執拗な要求に直面した宋朝では、それ以上の土地返還には應じようとしなかったとはいえ、[27]まもなくそれに相應するくらいの別の重大な措置を取った。

詔を夏國主に賜いて曰く、…有る所の歳賜は、前に降した詔命に據り、まさに地界の了わる日を候ちて舊に依るべくも、今は特恩を推し、有司に敕して更に地界の了當を候たずして、便ち仰せて檢會し、例により施行せしむ…。

(『長編』巻四二九　元祐四(一〇八九)年六月丁巳)

つまりこの文からは、宋朝は通例の如く、和議締結の後は、西夏に停止されていた歳賜を與えることとなっていたことが分かるが、ここでは從來は畫界問題が終了した段階を和議の成立と認め、歳賜もその時點で與えようとしていたのに對し、城寨と捕虜の交換だけの段階でそれを許そうとしているのである。四寨と陷沒人口の早期交換の意志が込められたと思われるこの讓步措置は、當時宋朝からの歳賜に大きく依存した西夏にとっては文字どおり「特恩」の措置であり、[28]西夏にも好意的に受け入れられたようである。[29]

そこで、西夏はまもなく兩者の交換を同年一一月一〇日に行うことを提議してきた。[30]多年の懸案はここで急速にその解決の絲口をつかむことになってくるのである。そしてこの後、兩國の間では、城寨と陷沒人口の交換のための準備が速いテンポで行われ、一一月には西夏の提案どおり兩者の交換が實際に行われるようになる。[31]こうして西夏への棄地は、その決定以來三年四ケ月ぶりにようやく實現をみたが、それは同時に畫界交涉の出發點ともなるのである。

二　界至畫定の方法について

では、兩國は互いに如何なる方法をもって界至を確定しようとしたのか。ここでは、棄地と人口の交換を濟ませた兩國が、さらに如何なる交涉を交わしつつその方法を見いだしていたのかを考える。

1 「二十里分畫」の原則

畫界交渉に入った兩國の初期關係については、『長編』の記事は省略する所が多いが、それを補うものとして蘇轍『龍川略志』巻六　西夏請和議定地界に次のようにみえる。

頃、朝廷は西人と地界を商議し、慶曆の舊例を用いて、漢蕃の見住する處の中に當たるを以て界と爲さんと欲す。この理最も簡直なるも、西人從わず、朝廷も亦便ち報せず。…後來、既に綏州の例を用いるを許す。

これによれば、兩國は最初畫界の方法をめぐって意見對立が存在していたが、結局は宋朝が西夏の主張に從うことで、まず一つの合議をみている。[32]それは畫界の方法を新しく作り出したわけではなく、既に兩國間で過去に利用したことのある「綏州の例」を援用することである。西夏が主張した「綏州の例」とは、神宗の熙寧年間（一〇六八～七七）鄜延路の綏州地域を對象として行われた既存の畫界妥結例を指すもので、兩國はそこで綏州の城（綏徳城）から北二〇里の地點を分界點とすることに合議を見たことがある。[33]そこで、このとき兩國はその例を再び持ち出し、當面の畫界の方法としようとしたのである。また、そもそも宋朝が主張したという「慶曆の舊例」とは、やはり仁宗の慶曆年間中（一〇四一～四八）に兩國が合議したもう一つの先例で、それは文中の説明どおり漢蕃の人口が現在居住する中間點をもって界を分ける方法であった。[34]

なお、ここではこのような合議がなされた時點にも注意を拂っておきたい。というのは、畫界交渉の出發は、既に述べた如く、一應棄地が完了した時點である元祐四（一〇八九）年一一月以降のことと考えられるが、しかし『長編』巻四三四　元祐四年一〇月には、

是の月、宥州、將に賜わざらん所の城寨を相度するに隨い、綏州の例に依り界を定めることを牒す。保安軍に綏

州に依ることを牒せしむ。

とあって、兩國による綏州例援用の合議は同年一〇月のものとなっている。このことから考えるに、兩國は城寨と人口の交換が實現される端緒が見え始めた同年八月頃からは、すでに畫界問題にも臨み始め[35]、早くも一〇月にはその一つの原則を互いに了解していたようである。

しかしながら、西夏はこれからまもなく宋に新たな要求を提起してきた。

是の月、宥州は、城を去ること十里は熟地となし、外の十里は兩不耕にして草地と作すことを牒す。(『長編』巻四三六　元祐四〈一〇八九〉年一二月甲子)

それは、城寨から二〇里の地點までをさらに二等分して、城寨から一〇里は耕作可能な「熟地」とし、外の一〇里は耕作のできない草地と作すことを提案するものである[36]。ところが、これに對し宋朝は、翌元祐五(一〇九〇)年正月、その必要性を否定する旨を明らかにしている。草地設定否定の理由は、要するに綏州の例では草地を設けたことがないということである[37]。また、このときの宋朝の言い分によれば、西夏は草地の設定とともに國境監視隊の據點である「堡鋪」の建設位置を熟地の中に限定することを要求していたが、それに對しても宋朝は綏州の例を根據にその位置を制限させる必要がないと應じている[38]。

さて、このように草地問題を未解決で殘したまま、この後兩國は後述するように蘭州問題をめぐって大きく對立することになり、交渉もいきなり險惡化してくる。しかし、やはり後述する如く、この緊張關係は西夏の積極的な交渉續行の意志によりいったん乘り越えられ、數ケ月後は草地問題解決の轉機が訪れている。

その轉機は同年七月、西夏から再び出された草地設定要求に對する宋朝の次のような反應にあった。

夏國主に詔を回賜して曰く、…今既に漢界に草地を留出せんと欲さば、卽ち蕃界にも亦當に數に依り(草地を)

對留すべし…。(『長編』巻四四五　元祐五年七月乙酉)

宋朝は、西夏にも漢界同等の草地を設けさせることを前提に、漢地での草地設定を許したのである。また、この詔には「堡鋪」の建設位置に對しても、それを「熟地の内」とすることを原則とするが、都合によっては草地にも許容するという柔軟な姿勢を取っている。(39) 一方、西夏はこうした宋朝の返事に對し、その對應に苦心したらしく、同年一〇月には、

…欲すらくは、蕃界には五里を存留し、草地と爲さしめ、夏國は存する所の五里の界内に堡鋪を修立せしめんことを…。(『長編』巻四四九　同年同月乙未)

とし、自國では草地の規模を五里に縮小し、堡鋪はその中に立てることを願い出ている。だが、これには宋朝も再び敏捷な對應を見せ、同月に再び、

…蕃界の内に五里を存留し、空けて草地と爲し、漢界の草地も亦此れに依り五里を對留して、兩不耕の地と爲すを許す。各々草地の内に堡鋪を修建するを得ず。(同右)

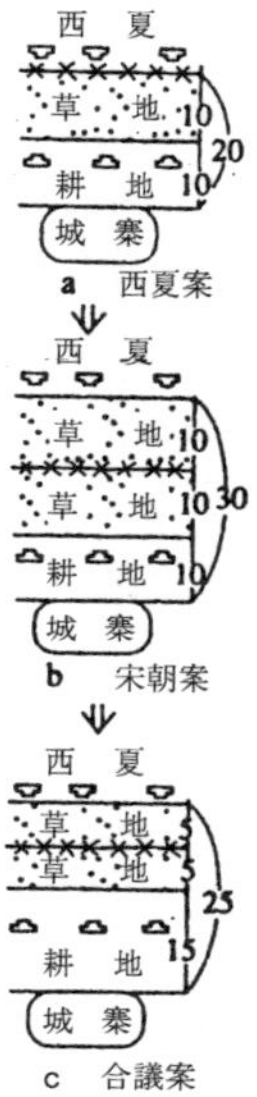

＊ ×× ＝封土堠 ＝分界線
　＝堡鋪
數字単位＝里

圖Ⅱ　草地をめぐる宋夏の協商

と述べ、漢地の草地も蕃地同様五里とし、堡鋪は草地に限定するというやり方に整理している。そして、このあと兩國の間で草地問題は姿を消すことになるが、恐らくこれは西夏が宋の要求を認めたためであり、從ってここで晝界のための一つの方法が妥結されたと考えられる。ここでこれまでの交渉の經過を圖で整理すると圖Ⅱの如くである。

2 「取直分畫」の原則

一方、宋夏の兩國は畫界の方法として二〇里分畫を協議する傍ら、それとほぼ同時にいわゆる「取直」(直線を取る)のことも檢討していた。この場合、先述の二〇里分畫が、畫界の對象となる宋の各々の城寨から北二〇里地點を境界點となす、いわば緩衝地帶を設ける畫界法であったとすれば、取直はそれらの個別的な城寨(地域)と城寨(地域)を同時に横に連結して分畫する畫界法であると言えるだろう。

その考え方は、取直關連の初見記事に見える。

宥州牒す、已に委ねる所の官に指揮して、時に臨み相近く直を取る可き處有らば、相照らして連接直を取りて分畫せしむ。(『長編』巻四三五　元祐四年一一月甲午)

西夏が自國の畫界交渉官に取直の施行を命じたこの記事は、前述の二〇里原則が棄地を行った一一月以前から既に議論されていたことと同じく、取直もやはり兩國の間で一一月以前から議論され、それの實行に對しても相互の諒解があったことを物語る。この場合、これより後の西夏主の言として「夏國は敢えて違わず、(取直を)黽勉奉行す」(『長編』巻四四五　元祐五年七月乙酉)とある。これと考え合わせれば、取直は最初宋側から提議され西夏がそれに従う形を取って成り立ったものと見られる。また、もしそうであるとすれば、先に擧げた一一月の牒文は、そうした西夏の賛成の意志を宋に傳達したものと見なされる。

さて、取直そのものの性格については、西夏がこの後再び宋に送っている次のような牒文の内容で一層明瞭である。

宥州牒すらく、塞門の屈曲分畫するを除き、其の餘の比接せる諸城は直を取りて畫定し、其の間の地土は甚だ濶遠なると雖も、亦漢に割屬せしむ。(『長編』巻四三七　元祐五年正月甲午)[40]

西夏は、この牒文で延州の塞門寨だけを地形の關係上屈曲で分畫することや、取直によってできる直線以南の地土は、すべて宋に歸屬させることを宋に傳えている。この提案は、宋朝にもすぐ受け入れられたが、宋は西夏の牒文をさらに次のように敷延して西夏に知らせている。

…塞門寨、東西北三面に各々二〇里を取りて界と爲すを除くの外、其の蘭州の界幷びに定西城の堡寨、及び本路（鄜延路）の義合と河東の吳保寨の諸城に比接せる邊面の齊截なる去處は、城外に二〇里を打量して、直に照らし界と爲し、地を擇び封堠を卓立し、堡鋪を修建せしむ…。（『長編』巻四三九　元祐五年三月癸未）

特に、この中で宋朝は二〇里と取直の兩方法を取り合わせて畫界する要領、すなわちいままで交渉されてきた二つの方法を同時に使いながら、各地を分畫する方法を總括的に説明している。それはつまり蘭州と定西城の諸城寨、並びに鄜延路の義合と河東の吳堡といった諸城寨は、各自城寨の外より二〇里の所を分界點とした後、その分界點をさらに隣接する城寨の分界點と結び付けることとなっている。そして、二〇里の地點には境界の標識として「封堠」を立てることも確認している。

當時兩國が、合議を見ていた畫界の方法は、一應このようなものであったと要約できるのである。ただ、この時點で草地問題だけが未解決であったことは、前述のとおりである。

三　交渉の終焉

ところが、交渉は思わぬところで暗礁に乗り上げた。その原因は、宋と西夏間の直接的な利害の對立よりも、宋朝の一貫しない交渉態度に歸すべきものが多いと見られる。すなわち、『欒城集』巻四四　論前後處置夏國乖方劄子

（元祐五年八月）の、

…臣竊かに見るに、先朝綏州を分畫するの日、界至の遠近は、責めて帥臣をして相度して保明し、往反審實せしめ、乃ち其の説に從う。今畫する所の界は、鄜延より首起し、環慶、涇原、熙河の四路を經渉するも、朝廷は更に逐路に委ね審覆せず、卽ち鄜延一路の見る所の便利を以て夏人に指喩す。號令一たび布れれば、復反する由無く、夏人をして執りて以て據と爲さしむに至る…[41]。

という蘇轍の説明によれば、宋朝は熙寧年間綏州で分畫を行った際は、陝西四路の意見を聞き、それに基づいて西夏と交渉していたが[42]、元祐期になっては鄜延（延安）一路の便宜だけを聞いてそれを夏人に示し、西夏もそれを了解していた[43]。

ところが、鄜延路以外の諸路とりわけ熙河路の知熙州范育が、この畫界方法は邊防の實情を無視する所が多いと抗議し、宋朝がこれを受け入れることとなる。その結果、宋朝は從前の畫界原則を覆し、それが西夏に不滿を與えたこととなるのである。交渉破綻の主因はここにあったと言えよう。要するに、畫界交渉は約定の成立→范育の反對→宋朝の約定變更→西夏の宋朝不信、というプロセスを踏みつつ破局を迎えていったと考えられるのである。では、范育はいったい何をもって宋朝が邊防の實情を無視したと言ったのだろうか。

1　爭點の所在

（イ）黄河線をめぐって

范育は、畫界交渉の最中である元祐五（一〇九〇）年正月、初めて宋朝に畫界と關連する邊防の利害を上奏し、以後さらに數回にわたって上奏を繰り返している[44]。その中で、彼が問題となした地域は凡そ三つある。

その一つとしてまず黄河問題がある。彼はそれについて最初の上奏で、

乞うらくは、蘭州は黄河の外二十里を以て界と爲し…。（『長編』巻四五二　元祐五年一二月壬辰）

と主張している。この記事だけではそれ以前に黄河邊りでは如何なる約定があったか分からないが、後の蘇轍の言には、

鄜延路は夏人の請う所に依り、…黄河に近き者は仍ち河を以て界と爲すを乞い、朝廷は一々之れを聽す…。（『欒城集』巻四四　論前後處置夏國乖方劄子〈元祐五年八月〉）

とあり、黄河をもって境としていたことが知られる。當初宋朝は西夏の要求に應じ、黄河に近い地域では黄河そのものをもって界となすことを許したのである。したがって、范育は黄河そのものからそれを渡った二〇里の地點へと、分界點を直すことを要求したことになる。この主張は、范育が黄河からわずか一里しか離れていない蘭州の防衛問題を考慮した上で出したのであろう。但し、この要求が當時の交渉に如何なる影響を與えたかについては、これ以上史料が見當たらないが、多分それは西夏の反發を買ったであろう。

（ロ）質孤、勝如兩堡の歸屬權をめぐって

次に、范育は質孤と勝如の兩堡を問題として擧げている。この兩堡は蘭州の要衝であり[45]、また「西邊第一等の膏腴地」或は西夏の「御莊」と言われた地味豊かな地域であるが故に[46]、宋夏の兩國は互いに畫界に當たり兩堡を自分の領土に組み入れる形を取ろうとしていた。ところが、このような高い價値をもつ兩堡は、當時その歸屬權が曖昧な狀態に置かれていて、問題の種をなしていた。つまり、この狀態が宋夏兩方ともが兩堡の所有權を主張する背景となっていたのである。まず、范育が擧げた兩堡を宋の所有とする所以は、兩堡一帶に宋朝の弓箭手が廣く散在しているとい

うことである。そして、彼はこれをもって二〇里はこの兩堡を起點として取るべきだと述べる[47]。

だが、この范育の主張には大きな弱點があり、西夏はそれを納得しなかったようである。終始范育の言動を批判した蘇轍の言には、

…二寨（質孤と勝如堡）既に元豐五年において廢罷するは、具に九域圖志に載る、見今使臣、兵馬の住坐する無く、而れども（范育は）妄りに夏人に舊の守把に係ると謂い、朝廷は從いて之れを助け、九域圖志を以て差訛と爲す…。（『欒城集』巻四四　論前後處置夏國乖方箚子〈元祐五年八月〉[48]）

とある。これによれば、兩堡は西夏のものとは言い切れないとはいえ、しかし西夏にとっては、少なくともそれが宋のものではないということが主張できる具體的な證據が存在したことが分かる。つまり、この兩堡は前述した靈武の役で一應宋軍に奪還された後、間もなく守把できず放棄されたが[49]、そのため宋朝はその後兩堡を地圖からも削除したことが推察される。しかも、蘇轍はさらに兩堡一帶での宋朝弓箭手の存在も否定している。

このように、特に當時の『九域圖志[50]』から兩堡が宋の版圖から外れていたという事實は、明らかに宋朝には不利な材料となっていた。また同時に、これは逆に西夏には兩堡の所有權を主張できる有力な根據を供していたはずである。西夏が二〇里の起點を兩堡からでなくその南の龕谷寨から要求したのは、このような狀況を口實としていたに相違あるまい[51]。

ところで、このような兩堡に對する所有權の曖昧さと、それによる二〇里適用の起點未定という狀況の中で、范育は元祐五年四月を前後とする時點で、問題の兩堡を武力で占據する事件を起こし、大きな波紋を惹起した。范育の突然のこの行動が、いま述べたような宋朝の兩堡に對する發言權の相對的劣勢から取られたかどうかは定かでないが、この動きが西夏との交渉に悪影響を及ぼしたことは言うまでもない。そこで、西夏も同年六月には軍事行動で宋軍に

對抗することとなる。[52] 前述した草地問題が一時中斷されたのはこの頃であった。しかしにも拘らず、まもなく七月には草地交渉が再開されたことも既に述べたとおりであるが、では、宋朝に不滿を抱いていたはずの西夏は、なぜ翌月容易に交渉の座に戻ってきたのであろうか。

そこには、實は次のような注意すべき西夏側の政情が作用していた。

> 臣訪聞すらく、夏國の柄臣梁乙逋は、内に簒國の心有り、然れども其の人爲るは狡にして算多く、寛にして衆を得る。方に内は酋豪を安んじ、外は朝廷と結び、内外患無きを竢ちて、然る後徐に之を簒取せんとす。所以に朝廷近ごろ地界を商量するに、前後の要求反覆するといえども、而れども乙逋は一々聽從す…。(『欒城集』巻四六 論西邊商量地界箚子〈元祐五年一二月〉)

西夏では李元昊以來いわゆる「后族政治」の傾向が非常に強く、この時も外戚に當たる梁氏一族の政權參與が目立っていたが、[53] 特に宰相の梁乙逋は簒奪の陰謀のために、宋朝との關係を利用していたことが分かる。この興味深い事實から、西夏の實權者梁乙逋は自己の政權欲のために六月の對立がさらに悪化することを願わず、宋朝との交渉を當分續けさせていたと言えるであろう。

(八) 定西城一帶をめぐって

一方、范育は定西城一帶に對しても問題點を指摘したが、ここでの事情は前の場合とはやや事情を異にしている。彼はこの一帶には二〇里を適用してはならないことを主張する。その理由には二つがある。一つは、この一帶における宋朝弓箭手の進出が、諸城寨から二〇里をはるかに越える所にまで進んでいたから、もしそこで一律に城寨から二〇里を取ることとなると、宋朝は廣範な失地と弓箭手の遷徙が不可避となるということである。[54] 一方、もう一つの理由は、次のようなもっと根本的問題點を突いている。

然れども熙河帥范育以爲らく、…朝廷の從う初めの文字は、但だ通遠軍の定西城已北、相照らして接連取直すると云い、未だ嘗て熨斗平、通西の楡木岔には及ず、而れども夏人は乃ち三堡を幷せ直に南北で界至を打ち、遂に將に南のかた通遠の大路に逼らんと欲す…。（『長編』巻四六二　元祐六年七月甲申）

前の「取直」の所で既に得知した如く、宋朝は畫界の對象を「不係可還城寨」と明言したことがあるが、范育はそれに基づいて定西城及びその以東の通遠軍の諸城寨では、定西城だけが畫界の對象、卽ち「不係可還城寨」に當たると解し、したがって、二〇里も定西城だけで行うべきであるとしている。そして彼は、西夏がそれにも拘らず二〇里原則を「不係可還城寨」とは關係のない通遠軍の他の諸城寨に適用しようとする意圖には、同地域一帶の界至を南北に打量させ、それで將來の通遠軍への軍事作戰を有利にさせようとするものがあったと見破っている。この二點をもって、范育は定西城の一帶では「綏州に依り難き去處有り」としているのである。

しかし、問題はその上で范育が、さらに定西城一帶の新しい畫界方法を提示し、それが宋朝に受け入れられたことである。その事情は彼自身が述べる次の記事から分かる。

夏國に詔書を回答するに及び、（朝廷は）一抹の取直を許し、うち定西城以東は、まさに秦州の隆諾特堡と一抹取直すべし…。（『長編』巻四五二　元祐五年十二月壬辰）

ここで「夏國に詔書を回答」したというのは、宋朝が草地問題のため西夏に詔を回した元祐五年七月のことであるから、[55]范育はその前、宋朝に定西城からその以東の秦州の屬寨である隆諾特堡までを一抹の線で直接結ぶ新たな方法を建議し、七月にはそれが許されたことになる。つまり宋朝は、定西とその以東の畫界方法として、近隣の城寨と城寨を繫ぎ合っていく從來の方法をやめ、定西と秦州管轄の一堡までをダイレクトに連結する「一抹取直」の方法をもっ

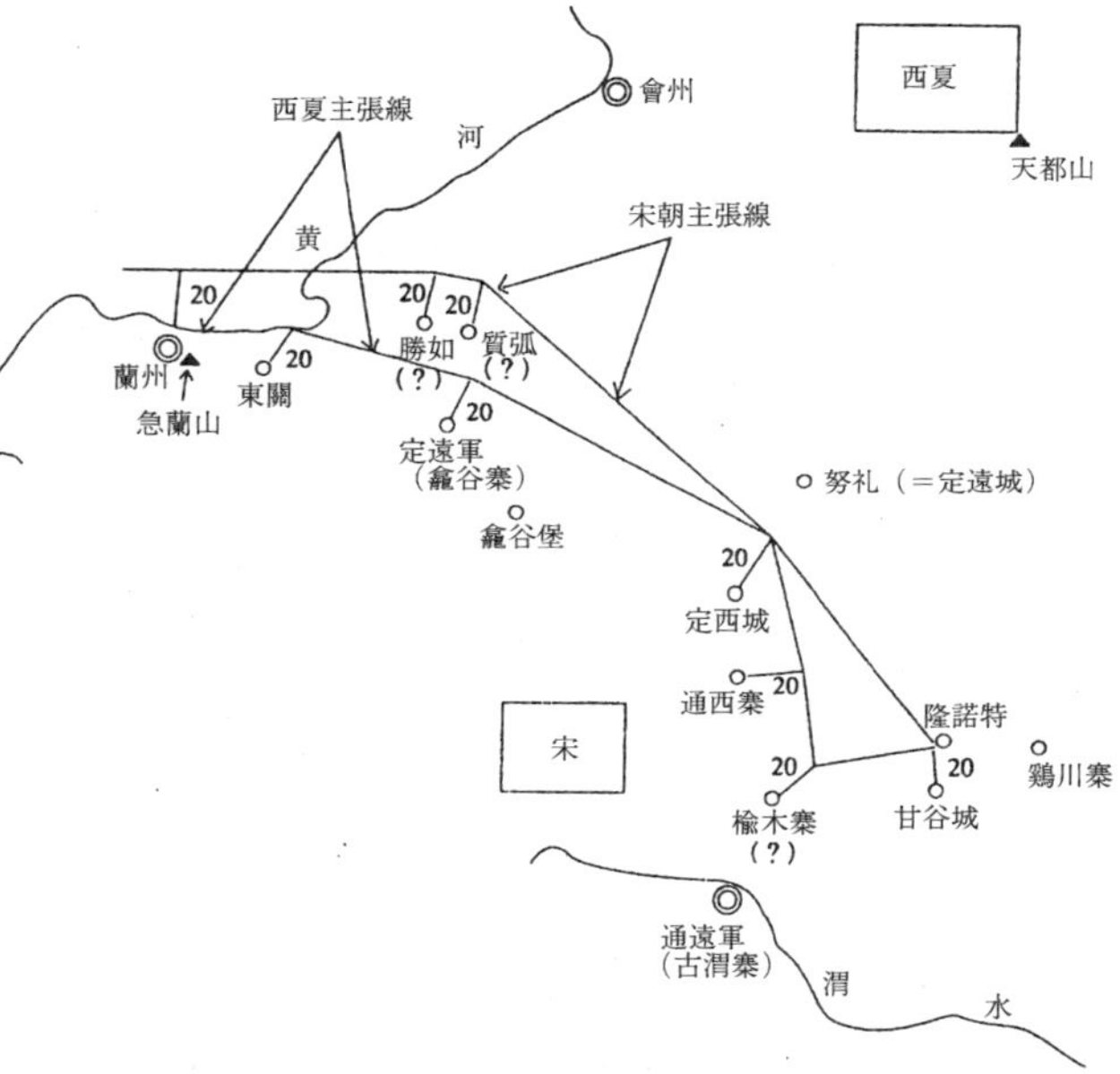

圖Ⅲ　宋夏の國界主張線（案）

て、西夏と交渉することを決めていたと考えられる。

ところが、このような宋朝の突然の提案が、宋の土地を守ることには効果的とはいえ、西夏にはその間に介在する多くの土地喪失を強要することに他ならない。[56] 蘇轍は、もしそういうふうに實行されれば失われる西夏の土地は百里餘りになると言う。[57] そこで、西夏はこのような一方的な提案に従うはずがなく、不満だけを募らせていた。西夏の宋朝に對する、

…また云えらく、如し南朝實に和に就くの意有らば、再び說きて隴諾（＝隆諾特）堡上の取直及び二堡の事に及ぶこと勿らんことを請う。

（『長編』巻四六〇　元祐六年六月丙午）

という抗議は、西夏にとって最大の不満が質孤と勝如の兩堡と隆諾特の一抹取直にあることを明らかにするものである。

このように宋朝による「一抹取直」案の提案は、兩國間の畫界交渉を決定的に悪化させたと考えられるが、西夏が交渉その自體を完全に拒否したのは、

前に見た草地問題が終わった直後の元祐五年末のことと見られる。

さて、この頃、宋廷では以上のような一連の事態を如何に受け取っていたのであろうか。この間の事情は、史料的には蘇轍の范育への批判が目立ち、その他の様子は明らかでないことが多い。しかし、既に范育の一抹取直策などを裁可した宋廷で、西夏への强硬論が有力となったことは想像に難くない。恐らく宋廷ではこの頃、蘇轍などの少數官僚だけが范育を批判し、他の多くは范育を支持する立場にあったのであろう。

2　宋朝での强硬論の臺頭と淺攻策

宋朝でそのようなことが表面化したのは、翌年の元祐六年の中頃からである。すなわち、西夏は元祐五年末から宋朝との畫界交渉を拒否し、さらに翌年初めからは、特に交渉上で爭點となった地域へ攻擊を繰り返すようになる。それに對して宋廷では、西夏攻侵の激化をめぐって同年五月から連續的に會議が開かれた。まず五月の會議では[58]、蘇轍が「西夏の意は二堡を得るに在り」とし、西夏懷柔のために問題の質孤と勝如の兩堡を渡すことを提言した。これには韓忠彥や趙卨も加勢したが、呂大防を始めとする王巖叟、劉摯などの宰執はそれに反對し、宣仁皇后も「夷狄厭無し」という見解を示している。

續けて六月にも會議があった[59]。この席上で、蘇轍は再び從來の持論を述べ、かつ西夏の用兵の動機を「此れ西人の罪に非ず、皆朝廷の直ならざる故なり」と、宋朝の「不直」なる交渉態度にあると批判した。また蘇轍は、「それでは宋朝は西夏と決戰するつもりなのか」と反問し、宋廷の態度を決めることも要求している。ところが、呂大防らはこれに對し前月の姿勢を崩さず、必要なら決戰も辭さないと應じている。

引き續き七月にも三省と樞密院の官僚らが都堂に集った[60]。この場では蘇轍の主張の全面否定と、畫界問題でこれ以上西夏に譲歩しないことを公表するという重大な結論が出された。すなわち、この時も蘇轍は繰り返し西夏の立場を理解する態度で、兩堡の西夏への棄與を要求し、さらに一方では韓忠彦の加勢を受け、定西及び通遠軍一帶における二〇里適用を認めることも主張した。ところが、他の官僚の大部分はこれに反對をした。とりわけ、蘇轍に最も反對した者は王巖叟で、彼はこの會議の直前、豫め宰臣の呂大防に根回しを行い、宋朝がこれ以上西夏の要求に従わないことを明らかにする決議を採擇させることに成功している。

このように元祐の後半には、かつての棄地論者であった多くの官僚らが、いわば守地論者へと立場を轉じつつあるなかで、畫界交渉への展望は絶望視されていた。そして、その傾向は元祐末期にはさらに加速化し、蘇轍らも從前の主張を引き下げるようになっている。(61)事態がこうなると、交渉の決裂はほぼ必至のことである。

そこで、宋朝はまず元祐六年一〇月、從來留保してきた歳賜の中斷を宣言し、それを沿邊の漢・蕃兵の功賞費用に回す措置を取っている。(62)そしてさらに同じ月に、沿邊でいわゆる「淺攻之策」を發動させている。この攻策は、

　陝西・河東の逐路經略司に詔すらく、常に切に西賊の對境二百里の内の賊兵の屯聚及び部族の所在を體探して、如し乘す可き有らば、卽ち謹重にして謀有る將佐及び勁勇なる人馬を遣わして、倏往忽歸の計を爲し討殺を痛行せしむ。及び諸路の兵馬をして更出迭歸せしめ、賊をして奔命暇あらずして、早く困弊を致さしむ…。(『長編』巻四六七　元祐六年一〇月辛酉)

とあるように、西夏の境内二百里までを攻めさせるものである。いわば國境上でのゲリラ戰法であり、これは西夏との全面戰爭を意圖したことではなかった。

しかしながら、これから間もなく、舊法黨執權の宋朝では八年間の元祐時代が終わり、新法黨が再執權する紹聖期に變わる。「神宗の聖政を紹述する」という紹聖期の外政面での變化は、熙寧以來西夏壓迫策として推進してきたい

わゆる「開邊策」[63]を再稼働させることである。つまり、この動きは前代の對西夏妥協策でもある畫界交渉を全面的に撤廢することを意味する。すなわち、宰相章惇は紹聖二（一〇九五）年八月、哲宗に建議して、

熙河等路に詔して地界を分畫するを罷め、遣わす所の疆界を議する官を止めしむ。（『皇宋十朝綱要』巻一三　同年同月庚午）

とある如く、西夏との畫界交渉を中斷することを宣言させたのである。

おわりに

以上考察してきたことから次のようなことが言えるであろう。

一　宋代には塞外諸民族との間で、戰後處理問題として境界の確定交渉が行われた。西夏とのそれは元祐以前にも既に見られたが、それは戰爭によって亂れた境界を再調停する必要から行われたものである。

二　西夏が國境上での草地設定の必要性を「以て蕃漢の出入を辨じ、交鬪の端を斷つ」とし、宋側でも熙寧期の例ではあるが、王安石が「侵爭の端は、常に地界の不明に因る」と言っていることを見ると、當時の宋夏の人々の間には、蕃漢の雜居により亂れた國境を明確にしようとする考え方が生まれていたと考えられる。

三　元祐期になって、宋夏兩國は境界確定の方法のために「二十里」と「取直」という方法を考案した。特に二〇里の中に「草地」を設定しようとしたことは注目に値する。これによって、宋夏間の境界は單なる線でなく一定の幅をもつ面だったことが分かる。それは緩衝地帯の確定を通じて紛爭の豫防を保證しようとしたものであった。

四　但し、蘭州では黃河をもって境としようとしたこと、質孤、勝如の兩堡においては二〇里の起點が未定であった

こと、定西城一帯では二〇里の適用が困難であったことなどが原因で、交渉は暗礁に乗り上げた。というのは、當初宋朝は、西夏との交渉には鄜延一路の利害だけを聞いて行っており、そのため他路の利害は無視された。そしてそのため、まもなく知熙州范育によってその不便さが指摘されるに至ったのである。彼は、既定の畫界方法を改めて蘭州では黄河の北二〇里を界となすこと、質孤、勝如の兩堡ではこの兩堡を起點として北二〇里を界となすこと、定西城一帯では定西城と秦州の隆諾特堡とを「一抹取直」でダイレクトに連結することなどを要求した。宋朝はそれを受けて態度を變え約定を變更した。これで西夏は宋に强烈な不信感をもつようになった。

五　かくして交渉は全く停止され、西夏はその不滿を軍事行動に現した。これに對し、宋は國境から二百里以内を限定的に攻める淺攻策を取った。これは舊法黨が政權を握る元祐期の宋朝が、全面戰爭を避けようとしたためであり、それゆえ交渉の撤廢は未だ公式には宣言されなかった。しかし、宋朝では間もなく新法黨が再び政權を握る紹聖期に入り、畫界交渉の撤廢も公式に宣言された。

それならば、上述の二〇里の原則とか草地設定などは、どのような背景で考え出されたのか。すなわち、當時の宋夏の接境地帯では如何なる情況が展開されていたのか。そのことについては章を改めて檢討したい。

注

(1)　西夏では李元昊以來外戚勢力の政界進出が目立つが、この時も秉常は母后梁氏とその弟梁乙埋らの攝政を受け、元豐四年には彼女たちに幽閉されることになった。この事件は自立を圖ろうとする秉常黨の動きに對し、それを阻止しようとする母后黨の反撃であった。なお、このような西夏の内訌は宋朝にも頻りに傳えられており、中には秉常の死を誤傳するものもあった。そこで、宋朝ではこれに對して兪充が「(兪)充亦知帝有用兵意、屢倡請西征。…今師出有名、天亡其國、度如破竹之易、願得乗傳入覲、面陳攻討之略」（『宋史』巻三三三　本傳）と述べたり、または种諤が「秉常遇弑、國内亂、宜興師問罪、此千載一時之會」（『宋史』巻四八六　外國二　夏國下）と述べ、神宗に用兵を勸め、それに神宗も「西夏の亂政を正す」ことを名分とし、ここに宋代未曾有の大軍が動かされることになった。なお靈武の役に關するまとまった説明として、『宋史』巻四八六　外國二　夏國下、同書巻三三五　种諤傳、『東都事略』巻一二八　附錄六　西夏、及び『太平治迹統類』巻一五　种諤建議大擧などを參照。また、この時の西夏の政局については『長編』巻三一二　元豐四年四月壬申、同書同巻同年同月丙子、並びに中嶋敏「西夏における政局の推移と文化」（『東方學報』東京六　一九三六、のち同氏『東洋史學論集』汲古書院一九八八に再錄）、白濱「論西夏的后族政治」（『民族研究』一九九〇年第一期）、顧吉辰「西夏后妃制度考述」（『寧夏社會科學』一九九三年第二期）などを參照。

（2）この時の宋軍の進擊過程及び宋夏戰爭の戰況などについては、王天順主編『西夏戰史』（寧夏人民出版社　一九九三）第五章「西夏中期同北宋的相持戰爭」などを參照。

（3）ちなみに、これらの西夏堡寨の喪失と關連して『宋文鑑』巻五五　蘇軾　因擒鬼章論西羌夏人事宜には「横山之地沿邊七八百里中、不敢耕者至二百餘里。歲賜旣罷、和市亦絶、虜中疋帛至五十餘千…」とある。

（4）横山については本書第三章一節「綏州事件と王安石の登場」を參照。

（5）永樂城築造論には徐禧の他にまた种諤が關っており、彼はその目的について「横山延袤千里、多馬宜稼、人物勁悍善戰、且有鹽鐵之利、夏人恃以爲生、其城壘皆控險、足以守禦。今以興功、當自銀州（=永樂城）始。其次遷宥州、又其次修夏州、三郡鼎峙、則横山之地已囊括其中。又其次修鹽州、則横山彊兵戰馬、山澤之利、盡歸中國。其勢居高、俯視興靈、可以直覆巣穴」（『宋史』巻三三五　本傳）と述べる。なお、永樂城に關しては戴應新「銀州城址勘測記」（『文物』一九八〇年八期總二九一期）、梁金奎「宋永樂城址考辨」（『楡林文史資料』一九八五年第三號）などを參照。

（6）永樂城の戰鬪については『宋史』巻四八六　外國二　夏國下、『東都事略』巻一二八　附錄六　西夏、『太平治迹統類』巻一五　徐禧等築永樂城、及び呂卓民「永樂築城與永樂之戰」（『寧夏社會科學』一九八九年第三期）などを參照。

（7）ちなみに『宋史』巻四八六　外國二　夏國下には「靈州、永樂之役、官軍、熟羌、義保死者六十萬人、錢、粟、銀、絹以萬數者不可勝計」とある。

(8) 西夏が侵地の返還を最初に要求したのは、『長編』巻三二九　元豐五年九月戊戌に「若還吾蘭、會、米脂、即當解去」とあるように、永樂戰鬪の最中からであり、戰後も例えば『皇宋十朝綱要』巻一〇下　元豐六年一〇月癸酉朔に「秉常上表修復朝貢、乞還所侵地。不許」とあるようにそれを繰り返している。

(9) 『長編』巻三八二　元祐元年七月癸亥に「元豐末、夏人款塞、乞還侵疆。同知樞密院安燾白神宗、以爲鄉所得地有非要害處、固宜豫以示恩、然羌情無厭、當使知吾宥過而罷兵、不應示吾厭兵之義」とある。

(10) 元祐時代の政治及び黨爭については、近藤一成「洛蜀黨議と哲宗實錄」（早大東洋史研究室編『中國正史の基礎的研究』早大出版部　一九八四）、羅家祥『北宋黨爭研究』（文津出版社　一九九三）第三章「元祐新・舊黨之爭」、平田茂樹「元祐時代の政治について」（『宋代の知識人』汲古書院　一九九三）などを參照。

(11) 『東都事略』巻一二八　附錄六　西夏傳には元祐期の棄地論を紹介しながら、その論者の氏名として孫覺、司馬光、劉摯、趙卨、呂陶、范純粹、范純仁、蘇轍、王存、王巖叟、文彥博などの一一人を擧げる。章惇が開列したという一一人は多分これらの人々と思われるが、同書には棄地論の內容が最も簡潔にまとめられているので次にその部分を引用しておく。「先是、元祐初諫議大夫孫覺議棄蘭州。其後、司馬光謂此數砦者、田非肥良、不可以耕墾、地非險要、不可以守禦、欲因天子繼統、悉皆毀撤歸其侵地。劉摯謂、供給戍守、窮竭財力、其最大者、莫如蘭州、不若損一空城與之、至於鄜延河東等路、近置堡砦深、詔大臣早有定計。趙卨欲留塞門・安遠二砦、其餘或存或廢、乞密降畫一付臣遵守。呂陶謂、實於邊防、無分毫之益。范純粹謂、收復故砦廢州、略無所利、乞令以虜陷官吏丁夫悉歸朝廷、而所削之地、並從給賜。純仁之論亦然。蘇轍謂、增置州砦、坐困中國、願決計棄之。王存謂、夏國疆地、終久難守。王巖叟謂、自有葭蘆・吳堡兩砦、守之無所得、棄之不足惜。文彥博謂、邊臣欺罔、爲國生事、第恐不能持久、却須自棄、不若推恩賜豫」。また、以上の棄地論者の議論については孫覺：『宋名臣奏議』巻一三九　邊防門　遼夏一一　孫覺　上哲宗乞棄蘭州（元祐元年）、司馬光：『溫國文正司馬公文集』巻五〇　論西夏箚子（元祐元年二月三日）、同書同巻　乞未禁私市先赦西人箚子（元祐元年二月一二日）、同書同巻　乞先赦西人第二箚子（元祐元年二月一六日）、同書巻五二　乞撫納西人箚子（元祐元年三月）、同書巻五三　論西人請地乞不拒絕箚子（元祐元年六月）、劉摯：『忠肅集』巻六　論應西夏奏（元祐元年二月）、呂陶：『宋名臣奏議』巻一三八　邊防門　遼夏一〇　呂陶　上哲宗請以蘭州二寨封其酋長奏（元祐元年閏二月）、范純粹：『宋名臣奏議』巻一三九　邊防門　遼夏一一　范純粹　上哲宗乞以棄地易被虜之人、范純仁：『范忠宣公奏議』巻下　畫夏國疆界三策（元祐元年）、同書同巻　乞早分畫西夏地界、同書同巻　奏乞棄廢寨與西夏、蘇轍：『欒城集』巻三九　論蘭州等地狀（元祐元年六月二八日）、同書同巻　再論蘭州等地狀（元祐元年七月七日）、同書同巻　論西邊警備狀（元祐元年七月一九日）、同書巻四一　論西夏狀（元祐二年八月）、同書巻四三　乞罷熙河修質孤勝如等寨劄子、同書同巻　再論熙河邊事劄子、同書同巻　三論熙河邊事劄子（元祐五年七月）、同書巻四四　三論熙河邊事劄子（元祐五年七月）、同書同巻　論前後處置夏國乖方劄子（元祐五年八月）、同書巻四六　論西邊商量地界劄子（元祐五年一二月）、王巖叟：『宋名臣奏議』巻一三九　邊防門　遼夏一一　王巖叟　上哲宗論西人請地（元祐元年七月）、『長編』巻三九七　元祐二年三月辛巳、文彦博：『文路公文集』巻二六　論西邊事奏（元祐元年六月）、同書巻三〇　奏西邊事（元祐六年八月）などの諸書に詳しく見える。なお、以上の一一人はのちの新法黨の再執權によってその全員の名前がいわゆる「元祐黨籍碑」に載せられている（陸心源『元祐黨人傳』、海瑞『元祐黨籍碑考』）が、例えば『宋史』巻三三二　趙卨傳に「紹聖四年、以卨與元祐棄地議、係其名于黨籍」とあるように、中には元祐期の棄地論がその原因となった者もいた。また元祐期にはむろん棄地に反對する者もいたが、上官均（『宋名臣奏議』巻一四〇　邊防門　遼夏一二　上官均　論棄地非便疏（元祐五年六月）、『長編』巻四四三　元祐五年六月辛丑）、梁燾（『長編』巻四二九　元祐四年六月丁未）、李周（『宋史』巻三四四　李周傳）、呂公著（『長編』巻三八二　元祐元年七月癸亥）、林旦（『長編』巻三八二　元祐七年七月甲戌）などがそれに屬する。

(12) 當時の司馬光の時局観などについては、李平「荊公溫公同異論」（『西南師範學院學報』一九八四年增刊號）を參照。

(13) 例えば『長編紀事本末』巻一〇一　逐元祐黨人上　紹聖元年五月甲寅の郭知章の言に「先皇帝（神宗）闢地、進壤扼西戎之咽喉、如安疆・葭蘆・浮圖・米脂據高臨下、宅險遏衝、元祐初、用事之臣委四寨而棄之、外示以弱、實生戎心」とある。

(14) 『欒城集』巻三九　論蘭州等地狀、同書同巻　再論蘭州等地狀、及び『長編』巻三八一　元祐元年六月甲寅、同書巻三八二　同年七月壬戌などを參照。

(15) 注(14)の史料を參照。
(16) 『長編』巻三八二　元祐元年七月癸亥に「二府既定議、許歸夏人侵地、乃降詔答之。大略曰、前後用兵以來、…朕獨以永樂之師、陷沒者衆、毎一念此、常用惻然。汝儻能盡以見存漢人送歸中國、復修貢職、事上益恭、仍戢邊酋、無犯疆塞、則朕必釋然、於尺寸之地、復何顧惜。當議特降指揮、據用兵以來所得地土、徐元係中國舊寨及順漢西蕃境土外、餘委邊臣商量、隨宜分畫給賜」とある。なお、宋朝で棄地が決定された期日については諸書に食い違いが目立つが、李燾は同條の注でその繫日についての批判を行っている。
(17) また、前掲した二府の議定書には續いて「又詔夏人、以永樂城將吏兵夫等、昨因盡忠固守、力屈就擒、衆多生齒、淪於異境、…或爲部落所匿藏、或爲主者所轉鬻、非設購募、恐有所遺。汝可探體朕意、子細訪求發遣、當據送到者、毎人別賜絹十匹、命官已上、加優賜以給所得之家」とあり、これによれば、宋は西夏が送還する陷沒人口一人當たり(西夏に)一〇匹の絹を賜うということも提示している。これも西夏に一緒にその旨が傳達されたはずである。
(18) 注(16)の史料參照。
(19) 棄地が「四寨」に絞られたことには、蘭州がもともと西夏の領土ではなかったということと、また塞門などの堡寨がもともと宋のものであったというのを指摘する司馬光などの見解が反映されたと見られる。そのような宋人の議論については『溫國文正司馬公文集』巻五〇　論西夏劄子、『長編』巻三六五　元祐元年二月壬戌、同年同月丙子、同書巻三八二　同年七月壬戌などを參照。
(20) 『長編』巻四四三　元祐五年六月辛丑注所引「上官均傳」。
(21) 『宋史』巻三一四　范純仁傳に「初、(范)純仁與議西夏、請罷兵棄地、使歸所掠漢人、執政持之未決。至是、乃申前議、又請歸一漢人豫十縑。事皆施行」とある。さらに詳しくは『長編』巻三六六　元祐元年二月乙亥、同書巻三八二　同年七月癸亥などを參照。ちなみに、前掲『東都事略』巻一二八　附錄六　西夏と、『宋名臣奏議』巻一三九　邊防門　遼夏一一　范純粹　上哲宗乞以棄地易被虜之人には、これを范純仁の弟范純粹の說としているが、誤りであろう。なお、宋は元豐年間(一〇七八～八五)にベトナムと國境交渉を行っており、ここでも宋は「ベトナムが略奪した漢人を返還すれば、侵地の一部を返す」という立場を取ったことがある。そして、ここでも趙卨が桂州經略使として宋側の畫界責任者となっていた。とすれば、元祐期における棄地決定過程ではベトナムとの交渉の經驗が參考となったとも考えられる。宋・ベトナムの國境交渉問題については、河原正博「國境問題」（山本達郎編『ベトナム中國關係史』山川出版社　一九七五、のち同氏『漢民族華南發展史研究』吉川弘文館　一九八四に再錄）を參照。

（22）當時の阿里骨政權と西夏、さらに宋朝との關係については、鈴本隆一「青唐阿里骨政權の成立と契丹公主」（『史滴』四　一九八三）、祝啓源『唃廝囉——宋代藏族政權』（青海人民出版社　一九八八）第四章「唃廝囉政權衰頽時期」を參照。

（23）『長編』巻四〇〇　元祐二年五月癸丑に「阿里骨既立、疑朝廷畏已、乃與夏國僞相（梁）乙逋通、約以熙・河・岷三州還西蕃、蘭州・定西城還夏國、鬼章又陰以印信文字結漢界屬戶爲內應。四月、遂擧兵寇洮州…」とある。

（24）西夏では元豐八（一〇八五）年、宋神宗の死と時を同じくして實權者の梁乙埋と梁太后が次々と死去し、また翌年（元祐元年）には國主秉常も死に子の乾順が嗣位したが、政權は依然として外戚の梁乙逋（梁乙埋）が握っていた。そのため、當時の宋朝でもそうした西夏の動きを「夏國久亂、新主孤幼、其輒敢犯邊及不遣使賀謝、皆緣强臣梁乙逋等擅權逆命、陰有異圖、卽非其主與國人之罪…」（『長編』巻四〇四　元祐二年八月癸巳）と論評している。

（25）そのため、この間、西夏は例えば『皇宋十朝綱要』巻一二　元祐三年四月庚子に「夏人攻塞門寨、將官米贇郝普等戰死」とあるように塞門寨などを攻擊している。

（26）『長編』巻四二九　元祐四年六月丁未注所引「穆衍傳」。

（27）ただし、『長編』巻四二九　元祐四年六月丁未には「左諫議大夫梁燾言、朝廷昨來割棄陝西・河東堡寨、已失於前、今外議又傳大臣欲以蘭州・定西一帶割賜西人」とあり、この間宋朝ではさらに西夏の主張を受け入れようとする論もあったらしい。

（28）西夏における宋朝からの歲賜問題については、日野開三郎「五代・北宋の歲幣・歲賜の推移」（『東洋史學』五　一九五二）、同「五代・北宋の歲幣・歲賜と財政」（『東洋史學』六　一九五二）、同「銀絹の需給上よりみた五代・北宋の歲幣・歲賜」（『東洋學報』第三五巻第一、二號　一九五二、以上はいずれものち『日野開三郎東洋史論集』第一〇　三一書房　一九八〇に再錄）などを參照。

（29）ただ、宋朝の讓步に對する西夏の反應は、『長編』巻四三一 元祐四年八月乙卯によれば「鄜延路經略司言、…其後（西夏）宥州牒、鳩集到永樂人口一百五十五人、管押赴界首分付、交領賞絹、所有四寨、別差官同日領受去訖。本司今定到回牒、候交割人口了當、及遷移人口、畜産、資糧盡絶、別差官約日交割施行」となっている。すなわち、西夏はなぜかこの時送還する陷沒人口の數を從來の三一八から一五五人に減らしていることや、またその人口の送還とそれに對する宋朝の「賞絹及び四寨の交割」は同日に行うべきことを主張している。そして、それに對し宋朝は「賞絹及び四寨の交割」はあくまでも「（四寨からの）人口、畜産、資糧などの「遷移」がすべて終了してから、別に日を約して交割すべき」であると主張している。なお、この時の四寨からの人口などの移動問題については、『長編』巻四三四 同年一〇月乙卯及び『宋會要』兵二八／三三 元祐四年一〇月一九日を參照。

（30）『長編』巻四三四 同年一〇月乙卯に「環慶路經略使范純粹奏、…準宥州牒、永樂等人戸、除累年死亡外、鳩集到一百五十五人、於十一月十日赴界首分付。所有四寨、亦別差官同日領受去訖」とある。

（31）『長編』巻四三五 元祐四年一一月壬辰に「詔趙卨將夏國送還永樂城陷沒人口一百五十五人、各支與盤纏及衣裝、分作三番、差使臣管押發來赴闕…」とある。なお、これによれば送還人口は西夏の主張どおり一五五人となっている（注（29）參照）。恐らくこの時は、送還人口の受け入れと同時に四寨の西夏への「交割」も行われたであろう。ただ、『宋史』巻四八六 外國二 夏國下及び同書巻一七 哲宗紀一には、以上のことが各々同年六月と同五年二月のこととなっているが、誤りであろう。

（32）いま引いた『龍川略志』に「（宋朝が）綏州の例を用いるを許す」とあること、及び後述する諸狀況から考えるに、西夏は當時「綏州の例」を主張していたらしい。

（33）本書第三章「綏州事件と王安石の對西夏國境策定策」參照。

（34）本書第二章「寶元用兵と戰後の國境問題」參照。

（35）『長編』巻四二九 元祐四年六月戊申に「樞密院言、…今擬回答詔曰、…仍將葭蘆・米脂・浮圖・安疆四寨約一日給賜、所有應合立界至去處、並依已降朝旨及自來體例…」とあることや、また同書巻四三一 元祐四年八月乙卯の注所引『政目』に「是月、宥（州）牒候還人交寨了日、指揮所委官隨宜分畫、次令保安牒、立界依慶曆誓表、依蕃漢見住中間爲定」とあることから考えると、宋朝は既に元祐四年六月から「慶曆の例」による方法で畫界を推し進める方針を決めていたらしい。

(36)『東都事略』巻一二八　附錄六　西夏には「(趙)卨又乞地界依綏州故例、於城之外取二十里、仍半以爲生地」とあって、この方法が趙卨によって出されたとしているが、誤りであろう。

(37)『宋會要』兵二八／三三　備邊二　元祐五年正月二四日、及び『長編』巻四三七　元祐五年正月己丑に「樞密院同三省奏、昨綏德城分界日、御前處分、…卽無十里外作兩不耕地、十里內修建堡鋪指揮。今若指定十里內修築堡鋪及分生熟地、卽不惟不依綏州體例。兼于已牒過西界相照接連取直爲界、事理相戾」とある。

(38)注(37)をさらに參照。

(39)『長編』巻四四五　元祐五年七月乙酉に「回賜夏國主詔曰…、仍各於草地以裏、自擇安便處修建堡鋪。如熟地內不可修建、卽於草地內修立、各不得逼近界堠…」とある。

(40)『長編』巻四四〇　元祐五年正月是月に「宥州牒、除塞門屈曲分畫、其餘比接諸城、直取畫定、其間地土雖甚濶遠、亦轄屬漢」とあって、全く同文の文があるが、李燾はこれについて「此據政目、但板數差錯、或是正月末事、當存此去彼」という注をつけている。

(41)『長編』巻四四六　元祐五年八月庚子に同文。

(42)本書第三章「綏州事件と王安石の對西夏國境策定策」を參照。

(43)『宋史』巻三三二　趙卨傳にも「夏遣使以地界爲請、朝廷許還葭蘆・米脂・浮屠・安疆四砦、以卨領分畫之議」とあり、宋朝の畫界責任者は鄜延經略使趙卨であった。

(44)范育の上奏文は『長編』巻四四四　元祐五年六月辛酉、同書巻四五二　同年一二月壬辰、同書巻四六〇　同六年六月丙午などに見える。ただこれらと上奏の時點とは必ずしも一致しない。

(45)例えば『長編』巻四五二　元祐五年一二月壬辰の范育の言に「…今按本路地形、其質孤・勝如・努扎、實爲控扼西人咽喉之地、我得之則足以制賊、彼得之則足以困我。故無質孤・勝如則蘭州必危…」とあり、また同書巻四五八　元祐六年五月己未朔の注にも「(王)巖叟進曰、…二堡利害係在熙蘭、熙蘭一路既危、關中未得安枕」とある。また、兩堡の位置について說明する史書は少ないが、『甘肅新通志』巻九　輿地志　蘭縣に「質孤堡在縣東南五十四里、…又置勝如堡在縣東南」とある。

(46) 例えば『長編』巻四四四　元祐五年六月辛酉の范育の言に「…蘭州向籍質孤・勝如川地五十餘頃、皆膏腴上田、有水泉可以灌漑、…質孤・勝如川僞號御莊」とある。

(47) 注（45）所引記事の范育の言を參照。

(48) 『長編』巻四四六　元祐五年八月庚子に同文。

(49) 『長編』巻四五八　元祐六年五月己未朔に「…獨（王）巖叟以爲質孤・勝如兩堡自元豐用兵有之、元祐講和畫界、當在我地、而西人力爭…」とあり、また同書巻四六二　元祐六年七月甲申にも「…然熙河帥范育以爲質孤・勝如二堡自用兵初得之、至今兩巡檢未嘗廢、而夏人妄以爲邊臣緣議和旋修…」とある。さらに『宋史』巻八七　地理三　陝西　蘭州に「(元豐)五年、置西關、勝如、質孤堡、六年、…廢西關、勝如、質孤堡、…元祐五年、復修勝如、質孤二堡、尋廢」とある。なお『元豐九域志』巻三　陝西路も參照。

(50) この『九域圖志』と現行の王存『元豐九域志』との關係については、日比野丈夫「元豊九域志纂修考」（『東方學』八　一九五四、のち同氏『中國歴史地理研究』同朋舍　一九七七に再録）、青山定雄『唐宋時代の交通と地誌地圖の研究』（吉川弘文館　一九六三）第四編「唐宋時代の地誌地圖」を參照。

(51) 注（45）所引記事の范育の言を參照。

(52) 『長編』巻四四四　元祐五年六月是月參照。

(53) 注（1）及び注（2）で掲げた諸氏論文參照。

(54) 注（45）所引記事の范育の言を參照。

(55) この詔書は本章の「二十里分畫の原則」で引用した『長編』巻四四五　元祐五年七月乙酉の記事を指すものと考えられる。

(56) 宋朝はこの年八月にも使者を沿邊に遣わし、范育と同問題をさらに計議させている（『長編』巻四五二　同年一二月壬辰の蘇轍の言參照）。

(57) 注（56）所引史料をさらに參照。

(58) 以下五月の會議については『長編』巻四五八　元祐六年五月己未を參照。
(59) 以下六月の會議については『長編』巻四六〇　元祐六年六月丙午を參照。
(60) 以下七月の會議については『長編』巻四六二　元祐六年七月甲申を參照。
(61) 『長編』巻四七九　元祐七年一二月丙子には「…趙卨昔在延安議疆事、欲以綏州二十里爲例、熙河指其不便、議久不決而卨死、(范) 百祿與卨姻家、故主此議。一日、呂大防先入尙書省、轍與百祿、韓忠彥、劉奉世分廳行、且告之曰、公才 (趙卨) 地界之議、欲依綏州、於延安則可、它路遠者或至七八十里、概以二十里可乎。雖然、此非獨公才之失、朝廷自不審耳。方今共論國事、親舊得失不宜置胸中也。忠彥、奉世撫掌稱善、百祿悖然不可」とあって、かつて范育を終始批判していた蘇轍がここでは彼を支持しているような發言をしている。
(62) 『長編』巻四六七　元祐六年一〇月丁卯に「是日、三省、樞密院同奏、乞將勒住夏國歲賜分給與河東・陝西經略司添助漢蕃功賞、庶可激揚士氣。太皇太后曰、甚善」とある。
(63) 紹聖以降の宋朝の開邊政策については、祝啓源『唃廝囉―宋代藏族政權』(青海人民出版社　一九八八) 第五章「唃廝囉政權崩壞時期」、王天順主編『西夏戰史』(寧夏人民出版社　一九九三) 第五章「西夏中期同北宋的相持戰爭」などを參照。

付記：筆者の不注意で本章では馬力「宋哲宗親政時對西夏的開邊和元符新疆界的確立」(『宋史研究論文集』第四　一九八九) を利用することができなかった。合わせてご參照頂きたい。

第五章　宋代における熟戸の形成とその對策

――蕃兵制研究の基礎として――

はじめに

宋朝が西夏と境を接する西北邊境一帶（今の山西省西端から陝西・甘肅省のほぼ全地域）には、蕃部と通稱された黨項や吐蕃の群小部族が廣く散在し(1)、兩國の間でその歸屬をめぐって激しい爭いが繰り廣げられていた。そのため、宋朝は彼らに對して「內屬する者之を熟戶と謂い、餘は之を生戶と謂う」（『宋史』巻四九二　外國八　吐蕃）とあるように、內屬の如何により熟戶（または屬戶）と生戶に區別していた(2)。

ところで、このように周邊の少數民族を熟戶と生戶に分けるやり方は宋以前には殆ど見られぬことで(3)、それがこの時代の史料に盛んに現れ、宋人の關心を引くようになったのは理由無しと言えない。というのは、外患に明け暮れていた宋朝では、西夏防禦のため、特にこの熟戶を用いる策が大いに取られていたからである。そうした宋朝の異民族利用の策は西南蠻を對象としても行われたが(4)、とりわけ西北地域では數十萬の熟戶が所謂蕃兵に編入され、難敵の西夏に當てられていた。「塞下の內屬する諸部落を具籍し、團結して以て藩籬の兵と爲す」（『宋史』巻一九一　兵五　鄉兵二）とあるのがそれであり、この蕃兵は禁軍、廂軍、鄉兵に並ぶ宋朝の第四の軍額として「其の實效は正兵を勝ること遠甚たり」（『宋名臣奏議』巻一二五　兵門　呂誨　上英宗請重造蕃部兵帳）と言われていた。そのため、宋朝では「因りて熟戸を募り、…悉く正兵を罷めんことを請う」（『宋史』巻一九一　兵五　郷兵二）ような極端な論者まで現れたほどである。しかし、同時に熟戸は「邊事の作るは未だ熟戸に因らざる無し」（『長編』巻二七三　熙寧九〈一〇七八〉年三月辛巳）と言われたように、絶えず西夏との間で紛争の種になっていたのも事實である。

とすれば、これほど宋朝に問題となっていた熟戸は、果たしてどのような實態を持つものだったのか。從來、宋代の西北問題への關心は少なく、熟戸に關する研究も充分にはなされていない。日本での研究は皆無の狀態に等しく、また中國では近年漸く李埏氏が專論を出されたが、熟戸の內屬の樣態などその具體的實相についてはなお考究すべき餘地があるように思われる。[5] そこで、本章では熟戸の形成過程と宋朝の對策を中心にそのあり方について私見を述べてみたい。

一　內屬の事例

では、英宗治平年間（一〇六四～六七）「（陝西）四路の管する所の熟戸、數十萬人を下らず」（『宋名臣奏議』巻一二五　兵門　呂誨　上英宗請重造蕃部兵帳）と言われた熟戸は、宋朝にどのようにして內屬したのだろうか。[6] この問題を考えるに當たり注意すべきは、例えば夏竦が、

羌戎之性、…漢强則助漢、賊盛則助賊必矣。（『文莊集』巻一四　陳邊事十策）

と述べたり、或は王安石が、

大抵蕃部之情、視西夏與中國强弱爲向背、若中國形勢强、附中國爲利…。（『宋史』巻一九一　兵五　郷兵二）

と述べるような、宋人の指摘である。これは當時の西北邊境で未だどちらの勢力にも歸屬しなかった蕃部が、周圍の力關係で頻りに去就を變えている姿を連想させてくれる。熟戸は正にこうした動きの中から派生するものであって、その動きは史料の上でも看取することができる。そこで『長編』などの諸書に見える蕃部の動きの中から、宋朝に內屬を行い熟戸となった事例を、便宜上慶曆末頃（一〇四八）までを對象に整理すると表Iのようになる。

表I　慶曆期までにおける西北諸族の歸屬例

順	時期	部族・首領名等	歸屬形態	歸屬先	宋朝の處置（授官・給田等）	出典
1	建隆三年九月	首領尚波于	獻地來降	秦州		長編三、吐蕃傳
2	開寶元年一二月	直蕩族首領啜佶	挈族來歸	府州	懷化將軍、歸德將軍	長編九、黨項傳
3	開寶二年一〇月	藏才族都首領王甲	獻地內降	豐州		長編一〇
4	興國五年二月	近界戎人二六〇餘戸	歸附	岢嵐軍		長編二一
5	興國五年二月	戎人八九戸	歸附	岢嵐軍		長編二一
6	興國五年閏三月	戎人二三四戸	歸附	三口交		長編二一
7	興國五年四月	戎人二三五戸	歸附	代州		長編二一
8	興國六年七月	戎人五三戸、三六三口	內附	嵐州		長編二二
9	雍熙二年六月	吳移、越移等四族	來降			黨項傳
10	雍熙二年六月	女乜族首領來母崖男社正等	內附	府州	遷居茗乜族中	黨項傳
11	雍熙二年一一月	兀泥三族首領佶移等族	歸化	豐州	賜敕書撫之	黨項傳
12	端拱元年三月	河西羌部直蕩族	內附	火山軍		黨項傳
13	淳化元年	大、小馬家族	獻地內附	秦州		吐蕃傳
14	淳化二年八月	戎人七三戸、四〇〇餘口	內附	幷州		長編三二
15	淳化五年四月	銀、夏州管勾生戸八千帳族	歸附	府州	錄其馬牛羊萬計	黨項傳
16	淳化五年六月	熟藏族首領乜遇	歸附		領會州刺史	黨項傳
17	淳化五年是年	兀泥族首領黃羅	內附	府州	懷化將軍、領昭州刺史	黨項傳

18	至道元年四月	勒浪族大首領馬尾、首領沒崖、副首領遇兀	內附		歸德大將軍、領恩州刺史、安化郎將、保順郎將	黨項傳
19	至道二年六月	勒浪族副首領遇兀等一九三人	歸附	府州	賜錦袍銀帶	黨項傳
20	咸平四年九月	羌族嵬逋等	徙帳來歸	環州		長編四九、黨項傳
21	咸平四年閏一二月	李繼遷蕃部阿約勒等一〇〇戶	來降	延州	給田、賜帛、常存撫之	長編五〇
22	咸平四年閏一二月	繼遷諸羌族明葉示及撲咩、訛猪等首領	率屬內附	延州	擇給善地處之、常切存撫	黨項傳、長編五〇
23	咸平四年閏一二月	涼州卑寧族首領喝鄰半祝	歸附	鎮戎軍	詔慰奬	黨項傳、長編五〇
24	咸平五年八月	河西蕃部李榮等	率屬歸順	石州等		長編五二
25	咸平五年八月	河西蕃部拽浪南山等四〇〇餘人	來歸	石州等	賜袍帶、口糧、令所在倍存恤之	長編五二
26	咸平五年一〇～一二月	河西戎人二萬戶	歸投	石州平夷等縣	署職、給閑田·逋民田	黨項傳、長編五三
27	咸平五年一二月	勒厥麻等三族一五〇〇帳	越河內屬	憲州	分處邊境	長編五三
28	咸平五年	原、渭蕃部三二族	納質來歸	原渭州		吐蕃傳
29	咸平六年二月	葉市族羅埋等一〇〇帳	率帳來歸	鄜延路	指揮使、軍使	長編五四、黨項傳
30	咸平六年三月	綏州羌部拽臼等一九五口	內屬	石隰州		黨項傳、長編五四
31	咸平六年四月	戎人	歸附	洪德寨	給內地土田、資以口粮	黨項傳
32	景德元年正月	附契丹戎人言泥族拔黃等三〇〇帳	率帳內屬	麟府路	給公田依險居之、計口賦粟	黨項傳
33	景德元年正月	隴山外王、狸、延三族	歸順	涇原路	授其首領官	吐蕃傳、長編五六
34	景德元年正月	河西諸蕃四五族首領李尚默等	率屬內附	石隰州		吐蕃傳、長編五六
35	景德元年四月	康奴族移移	率屬來歸	鎮戎軍		長編五六
36	景德元年六月	繼遷蕃部都威等	率屬內附	洪德寨		長編五六
37	景德元年六月	河西蕃部額囉愛克	率族歸順	環慶路		長編五六
38	景德元年六月	羌部羅泥天王等首領	率屬來附	洪德寨		長編五六、黨項傳
39	景德元年九月	茄羅、兀臧、成王等三族等	率族歸順	鎮戎軍		吐蕃傳、長編五七
40	景德三年五月	妙娥、延家、熟嵬等族三〇〇〇	款塞內附	渭州	順州刺史、都軍主	吐蕃傳、長編六

		餘帳、一七〇〇〇餘口				三
41	景德三年六月	葉市、潘、保、薛等四族	來投	鎭戎軍		長編六三
42	景德三年九月	移逋、擦父族	率屬來歸	鎭戎軍		長編六四、吐蕃傳
43	景德三年一一月	蘇尙娘	歸附	鎭戎軍		長編六四、黨項傳
44	景德四年六月	夏州民劉嚴等二〇〇〇餘人	來歸	延州延川縣	給曠土、隷延川縣籍、租賦止輸三之一	長編六五
45	景德四年一二月	唐龍鎭羌族來美等	款塞			長編六七、黨項傳
46	祥符五年二月	故靈州蕃部令狐謙男	來歸	環州		長編七七
47	祥符六年九月	旺家等三族	來歸	環州		長編八一、黨項傳
48	祥符七年五月	葉市族大首領艷奴等	率族歸順	環州	補侍禁、殿直。月給俸料	長編八二、黨項傳
49	祥符八年四月	西界蕃部浪梅娘等	歸順	環州		長編八四、黨項傳
50	祥符九年五月	毛尸族軍主等一一九〇口	率屬歸附	環慶路	降詔撫之	黨項傳、長編八七
51	天禧元年六月	南市都首領郭厮敦	歸順	秦州	本族巡檢	長編九〇
52	天禧元年一〇月	末星族郢城斯納等	獻地（内附）	秦州	都軍主、月給三千	長編九〇
53	天禧二年二月	樊家族九門都首領客厮鐸等	内屬	涇原路	都軍主、餘署職有差	黨項傳、長編九一
54	天禧二年四月	河州諸族	來附	秦州		長編九一、吐蕃傳
55	天禧三年三月	委乞等六九五人、骨咩、大門等族	來歸	鄜延路		黨項傳、長編九三
56	天禧三年三月	鄂伽、恭邁、德密等族千餘落	歸附	慶州		長編九三
57	天禧四年三月	蕃部阿厮鐸	納質歸順	秦州		長編九五
58	天禧四年五月	七臼族近膩	納質歸化	環州	順州刺史	黨項傳、長編九五
59	天禧四年七月	撲咩族馬訛等	率屬來附	鄜延路		黨項傳、長編九六
60	天聖元年一二月	咩迷下杏家族杏友信、吹濟鄂羅克等三九八人	納質子附	涇原路	軍主、副軍主内	長編一〇一
61	天聖三年一〇月	生戸六族首領潘征首領二〇〇〇餘帳	内附	涇原路	軍主	長編一〇三
62	天聖四年三月	蕃部首領曹守貴等一八〇〇餘戸	内附	鄜延路		長編一〇四
63	寶元二年八月	蕃部喚斯波等	内附	秦鳳路		長編一二四

64	寶元二年一〇月	生戸囉埋、日威等	來歸	環州	右班殿直、軍主	長編一二四
65	康定元年二月	西蕃首領吹同乞砂等	來降	秦州	三班奉職、三班借職	長編一二六
66	慶曆元年七月	青鷄川等處戎人	獻地內屬	涇原路	補官	長編一三二
67	慶曆二年正月	西夏蕃部鄂濟爾	內附	環慶路	懷化將軍、給供奉官巡檢俸	長編一三五
68	慶曆二年五月	西夏蕃部鬧羅	來降	環慶路	右班殿直	長編一三六
69	慶曆二年九月	西夏蕃部馬都	來降	環慶路	右班殿直	長編一三七
70	慶曆三年二月	西夏蕃部楚鼎裕勒囊、威瑪	內附		內殿崇班、三班借職	長編一三九
71	慶曆三年一〇月	生戸大王家族元寧	獻地來降	德順軍	補職官	長編一四四
72	慶曆四年一〇月	西夏努瑪族香布等一八人	內附		右千牛衛將軍、本族巡檢、右班殿直	長編一五二
73	慶曆五年四月	西夏蕃部興博等一八人	內附		率府率、三班奉職	長編一五五

（＊黨項傳→『宋史』巻四九一　外國七　黨項、吐蕃傳→『宋史』巻四九二　外國八　吐蕃）

ところで、これらの實例をもってする時、具體的に熟戶の形成には如何なる要因が働いていたと言えるだろうか。政治學などではG・マイルが指摘して以來、民族の移動の動機を論ずる際、プッシュ（Push factors＝本國などから追い出す要因）とプル（Pull factors＝移住先に引きつける要因）という二つの要因に分けているが[7]、資料で確認される限り熟戶形成の場合においても恐らくこの二つの場合が想定できる。

まず、プッシュ要因に當たるものとしては、多くの事例の中でも例えば西夏の李繼遷の戰死が好例として擧げられよう。というのも、表Ⅰをみると、宋朝では景徳元（一〇〇四）年熟戶の發生回數が八回で、他のどの年よりも多いことが分かるが、これは實は當時まで反宋活動を繰り廣げてきた李繼遷がこの年正月宋朝に敗死したことと關係があると思われる[8]。それらの事例の内、「繼遷蕃部都威等」（36）を始め「河西諸蕃四五族」（34）とか、「河西蕃部額囉愛克」（37）等は西夏側に付いていた蕃部と見られる。但し「附契丹戎人言泥族」（32）はその歸屬先から考えるに、契丹の西端に位置していた部族であって、西夏との關係はなかったと見られる。とすれば、李繼遷の戰死は彼の傘下の

表Ⅰの付表　熟戸發生の時期別件數

皇帝	太宗		太宗					真宗				仁宗			
年號	建隆	開寶	興國	雍熙	端拱	淳化	至道	咸平	景德	祥符	天禧	天聖	寶元	康定	慶曆
件數	1	2	5	3	1	5	2	12	14	5	9	3	2	1	8

凡例
・地圖は宋中期（慶曆期）頃
・○は州・軍
・圖内の數字は投降件數

表Ⅰの付圖　熟戸發生の地域別件數

部族だけでなく、周邊の他の蕃部にも影響を及ぼしたことになる。しかも（40）の例では、李繼遷死後二年半となる景德三（一〇〇六）年五月、三千帳の蕃部が宋に歸屬しているが、『西夏書事』卷八（同年同月條）はそれについて「德明（繼遷の子）孤弱たるを見、蕃書を以て鎭戎軍に移し、帳を拔き自歸せんことを請う」と述べる。これも併せて考えると、李繼遷の戰死がもつ意味はやはり大きく、よって周邊の蕃部には地域的にも時間的にも西夏より宋朝に付くのが有利という判斷が廣がっていたことが分かる。つまり李繼遷の戰死が彼らを追い出したプッシュ要因として作用したと言えよう。ちなみに、當時の國際情況と關連して藤枝晃氏は「李繼遷の興起と東西交通」[9]で、この時の西域諸國の契丹と宋への朝貢問題を考察され、李繼遷敗死後「西域諸國は今度は全て宋にばかり朝貢するようになる」とされている。この指摘も以上の蕃部の動きの要因を傍證するものであろう。

一方、プル要因としては宋側で進められていた所謂蕃部招致策を擧げねばならない。その策の要を得た説明の一つに范仲淹の次の奏議が擧げられる。

（李）元昊巢穴實在河外、河外之兵、懦而罕戰。惟橫山一帶蕃部、東至麟、府、西至原、渭二千餘里、人馬精勁、慣習戰鬪、與漢界相附、每大擧入寇、必爲前鋒。…元昊若失橫山之勢、可謂斷其右臂矣。（『范文正公政府奏議』卷下　奏陝西河北和守攻備四策）

これは宋朝が「橫山」[10]という地區を西夏の「右臂」にたとえ、それを斷つことによって、そこに居住する西夏側の蕃部を積極的に誘致しようとする提案である。宋代史上橫山は范仲淹の説明通り河東の麟、府州から陝西の原、渭州まで二千里も續くオルドス砂漠南緣の山地を指し、この地域の蕃部は宋人に「夏人百年の强盛は、…其の勢い山界に在る」（『長編』卷三二八　元豐五年七月丙申）と評價されていた。そのため、これより遙かに北の砂漠地帶に本據地を持つ西夏は、對宋用兵の際には必ず彼らを先鋒とするのが常であった。そこで、このような事情から宋朝では西夏對策としてその「右臂を斷つ」べき横山經營論が范仲淹により提唱され始め、以降种諤、沈括、李憲、童貫等によっても唱え續けられている。(11) その結果、北宋末期には新法黨による積極的な對外進出策、卽ち所謂「開邊」策が推進される中で、「横山盡く我が有と爲れば、則ち遂に沙漠を以て界と爲す」(『長編』巻五〇〇　元符元年七月甲子)という状況が作り出されている。

また、これとは別に宋朝では西夏の西南方面に當たる河湟地方を回復する議論も盛んであった。有名な王韶の平戎策(12)に代表されるこの策は、彼がその中で、

上平戎策曰、國家欲制西夏、當復河湟、河湟復則西夏有腹背之憂。…宜以時幷有之、以絶夏人之右臂。(『東都事略』巻八二　王韶傳)

と述べるように、河湟地方をもう一つの西夏の右臂に比し、それを合併することで背後から西夏を攻めようとするものである。この策は特に西夏經略に熱心な神宗に認められ、彼をして「岷、河の蕃部族帳甚だ衆し、儻し撫御してみな其の用を得れば、以て坐して西夏を制す可し」(『宋史』巻一九一　兵五　鄉兵二)と言わせている。この河湟地區にも、この後、熙河蘭會路など宋の新たな州軍が設立されている。

従って、以上の横山と河湟兩方面からの蕃部招致策が同時に實施される中で熟戸は大量に形成されていった。こうしたプル要因による熟戸發生の事例は表Iでも見ることができるが、とりわけ神宗朝に行われた先述の王韶の熙河路經略においては「今靑唐洮河幅員三千餘里、擧って戎羌の衆二十萬、其の地を獻じ、因りて熟戸と爲る」(『臨川集』巻四一　上五事劄子)という空前の成果をもたらしている。(13)

二　内屬の基本形態

それならば、熟戸は宋朝にどのような形で内屬していたのだろうか。前掲の表Ⅰをみると、内屬は他に內附、來歸、歸附、歸順、來降、來附、歸化、歸投、來投、款塞といった多樣な用語で表現されている。[14] ところが、それらは必ずしも内屬の實態を窺わせるものではなく、問題なのはそれらの前にみえる「率族」或は「獻地」などの修飾語であろう。本節ではこれを手掛かりとして熟戸の内屬のパターンについて考えることにする。[15]

1　移住型の場合

まず、表Ⅰの中には表Ⅱのように「屬＝族＝帳を率いる（或は徙す）」という語が多數みえる。これらは文字通りその部族の首領などが部族の成員を率いて宋朝に歸屬することを意味する。つまり、彼らは原住地を離れ、宋の內地にまで移動する內屬のパターンを取るものとして他から區別される。

表Ⅱ　表Ⅰに見える移住型熟戸の例（（　）は表Ⅰでの內屬順番）

挈族來歸（2）、率族歸順（37、39、48）、率屬內附（22、34、36）、率屬歸順（24）、率屬來歸（35、42）、率屬來附（38、59）、率屬歸附（50）、徙帳來歸（20）、率帳來歸（29）、率帳內屬（32）、越河內屬（27）

ところで、こうしたいわば移住型と呼ぶべき熟戸は、その移動の結果多くの場合緣邊の州縣、特に堡寨の周邊に安置されていた。表Ⅰにはそれを直接示す例は少ないが、『涑水記聞』巻一二（康定年間の條）の「降者日々至り、十八寨に分隷す」とか、或は『長編』巻二三四　熙寧五（一〇七二）年六月乙卯の「初め諸路の降羌皆城寨に分屬す」という説明はそれを裏付けている。これらの内にはさらに宋の內地にまで移される者もあったが、大部分は軍事據點たるこの堡寨で[16]食糧支給等の慰撫を受け、籍にも錄されていた。[17]そして、彼らは同時に給田の措置も受け、堡寨の周邊で集落を造るのが普通だったと思われる。というのも、史料に「歸順部落」とか「歸明部落」とか「投漢部落」なる言葉が散見されるが、[18]この部落は例えば表Ⅰの（44）について、

知延州向敏中言。先是、夏州（＝西夏）民劉嚴等二千餘人來歸、詔以延川縣曠土給之、令各有蓄積。（『長編』巻六五　景德四〈一〇〇七〉年六月庚申）

とあるように、宋朝から土地の供與を受けてできたものと考えられる。これによれば、宋朝は移住して何らの經濟力も持たない熟戶に延川縣の「曠土」[19]を與えることで「蓄積有らしめる」便宜を圖っているが、熟戶はこれを基礎に堡寨の周りに定着して集落を形成することになったはずである。[20]このような給田の事例は、表Ⅰでさらに五つ（21、22、26、31、32）が見え、そのうち（26）の例では河東の石州（今の山西省離石縣）に內屬した實に二萬戶に給田が行われたため、「今州界に曠土絕無」とまでなったとされる。

こうした盛んな給田の情況の下で緣邊では熟戶の「籬落」が廣がっていたに違いない。表Ⅰには給田額までを示した例は見當たらないが、『長編』には「詔して環慶の荔原堡、大順城の降羌は口每に地五十畝を給し、首領は加倍す」（巻二三四　熙寧五〈一〇七二〉年六月乙丑）という例がある。一人五〇畝は耕作して生活可能な規模と思われるが、もし五〇畝だとすれば、前揭の延川縣の場合では一千頃以上の土地が與えられたことになり、その集落の規模も想像できる。但し『慶元條法事類』巻七八　蠻夷門　田令などには、

諸歸明人應給田者、以堪耕種田、限半年内、給（衍字）毎麥口給壹頃。（原注：不及麥口亦給壹頃、如遇災傷、粮食不足者、不限月、依乞丐人法、計口給米豆）。

とあるような歸明人への給田規定が存在し、恐らく熟戸も普通はこれによっていたと思われる。[21][22][23] すると、環慶路の一人五〇畝の例はこれを上回る優遇措置となろう。

さらに、宋朝の熟戸への給田の目的は前掲の知延州向敏中の上言に續いて、

而所居（＝延川縣）當綏州要路、向者德明部族入寇、多爲所擒戮、實鄜延之捍蔽也。

とあるように、彼らをいわゆる宋の「捍蔽」として利用しようとした所にもあった。すなわち、これらの熟戸は先述では延川縣の曠土を受けていたが、これによればその曠土とは西夏の侵入が以前よりあった處であり、そこで彼らは既に宋を護る捍蔽としての機能を果たしていたことが分かる。宋朝は當時戰亂などで曠土や逃棄田等が多く發生している國境地域に對し[24]、熟戸への給田を通じてそれの開墾と邊防の任を同時に期待していたと言えよう。これこそ宋朝の熟戸對策の最も重要な一面を表わしたもので、當時多くの熟戸がこのような體制下に置かれていたことは「熟戸は土田を戀い、老弱・牛羊を護り、賊に遇えば力戰し、以て漢戸を藩蔽すべし」（『宋史』巻一九一　兵五　鄕兵二）という宋人の説明からも推察できる。

そこで、このような宋朝の意圖から察すると、熟戸部落は堡寨の周邊とはいえ、そこからは多少距離を置いた處に位置していたと思われる。それは『武經總要』前集一八上　邊防　陝西路　秦州に、

寧遠寨、至（秦）州一百三十里、東至來遠寨、定邊堡一十里、西至熟戸、南至馬家族二十里、北至丁家部族二十里。

とある堡寨周圍の地理を傳える記事に照らしてみても明らかである。つまり、熟戸はここで漢人部落からは獨立した部落を形成していたに違いなく、そのことは宋朝が、

如有漢戶百姓將帶妻口等投熟戶蕃族內居住者、從違制斷。（『宋會要』兵二七／二二　備邊　天聖五〈一〇二五〉年一二月）

という注意すべき禁令をしばしば出していること(25)からも確認できる。宋朝がこのように蕃と漢の接觸を禁止する措置をとったのは、事實上兩者の接觸が存在する中で多様な弊害も生じていたためである(26)。かくして後述するようにこの部落では熟戶の自治が認められていたのである。

2　獻地型の場合

次に、表Iではもう一つの內屬の形を取る熟戶がある。それは宋に地を獻じて內屬する者で、表Ⅲは移住型に對し「獻地型」と呼ぶべきそれらの事例である。

表Ⅲ　表Iに見える獻地型熟戶の例（（　）は表1での內屬順番）

獻地來降（1、71）、獻地內降（3）、獻地內附（13、52）、獻地內屬（66）

これらは土地と共に內屬する故に、土地を獻上した後、移動はせず、從前通り原住地に殘り宋に內屬するものと見なされる。そして、これに對し宋朝は例えば涇原路の水洛城の場合、『武經總要』前集一八上　邊防　陝西路　德順軍に、

慶曆中、蕃部鐸廝那等獻水洛、結公二城池《ママ》、因命版築。

とあり、またのち沿邊市易務が置かれる秦鳳路の古渭寨（今の甘肅省隴西縣）の場合にも、『長編』卷一七五　皇祐五（一〇五三）年閏七月己丑に、

（隴右蕃酋）蘭氈世居古渭州、密邇夏境。夏人牧牛羊於境上、蘭氈掠取之、夏人怒、欲攻之、蘭氈懼力不敵、因獻

其地、冀得戍兵以敵夏人。…卒城古渭、始加蘭氈以爵秩。

とあるように、その獻地した地域に堡寨を建てている。すなわち、蕃部の獻地は結局その地域の宋朝への內地化に他ならぬが、その內地化は宋朝が堡寨を建てることでその地域の領有を確認し、さらには獻地した蕃部も保護・支配することで初めて成し遂げられたと言える。但し、宋朝で國初より進んでいたこうした蕃部の獻地とそこへの堡寨の築造は、右の古渭寨の例が示すように隣近の西夏を刺激するものでもあった。そのため、宋朝はそれを配慮して一時期「陝西沿邊に詔して、生戸蕃部の獻地を誘致して以て堡寨を增置するを得ること毋れ」(『宋會要』兵二七/三九～四〇 備邊 皇祐三年一〇月)という禁令も出している。これはむしろ蕃部の獻地及びそれに對する堡寨の增築が多かったことの反證であるが、ともあれこのような過程で獻地型の熟戸も移住型同様、內屬後は堡寨の支配下に入ることになったのである。

ところが、獻地型が移住型と違う特徴は、彼らには給田の例が殆ど見られないことである。これは獻地型の獻地というのが宋朝に土地の所有權を獻上したことでなく、內屬後も依然として自己の土地を耕作し續けていたからだと思われる。因みに『宋史』巻三三〇 傅求傳には先に擧げた古渭寨で起きた土地問題について、

隴右蕃酋蘭氈獻古渭州地、秦州范祥納之、請繕城屯兵、又括熟戶田、諸羌靳之、相率叛。夏人欲得渭地久、移文來索。後帥張昇、以祥貪利生事、請棄之。詔求往視、求以爲城已訖役、且已得而棄、非所以强國威。乃詔諭羌衆、反其田。

と記す。これによれば宋朝は堡寨を築造し、また熟戸の田を「括田」しようとした所、その反發に遭い結局それを返還している。括田は隱田を檢括することで、ここでは宋朝が恐らく部族の共有地などを取り上げようとして反潑されたと考えられる。すると、これは古渭寨が內地になったものの堡寨の敷地等一部を除けば大部分の土地はその所有權

が熟戸にあったことになる。また、これに似た例として、やはり秦鳳路に屬する甘谷城の場合もその建造をめぐり次のような事情があった。

知秦州李師中言、奉詔勘會昨展置甘谷城所拘占湯谷地界、係與不係心波等三家、仍令王韶、劉希奭與蕃部首領指引標定界至聞奏。臣已令體量其間有蕃戶標撥入官地土數多、而今耕種不足者、欲却於元獻納數内給還三分之一。（『長編』巻二一二　熙寧三〈一〇七〇〉年六月壬戌）

この場合も、築城の際、蕃戸から一定の土地の獻上があり、中には土地の「入官」が多かったため自分の耕作する土地が少なくなった者もあった。しかし全體的には熟戶が從來通り土地を所有しそれを耕していたことが明らかである。特にそれは彼らが獻地の後、宋側と「界至を指引標定」して獻上した土地と自分たちの土地とを區畫している事實からも裏付けられる。これは宋朝が彼らの土地の所有權を認めたのを意味することで、こうした點から獻地型熟戶には給田の必要が殆どなかったのであろう。そしてそれゆえ、『長編』巻二三二　熙寧五年四月辛未には、

知慶州王廣淵言、乞移浪斡、臧嵬等于近裏漢界熟戶部内買地住坐耕種…。

とあるように、宋朝が獻地型の熟戶より土地を買ってそこに移住型の熟戶を安置させる例もあるのであろう。要するに、獻地型熟戶における獻地というのは、その地域の支配權ないし領有權（または宗主權）を宋朝に委ねその保護を求めようとしたものであって、土地の所有權は引き續き自分で持ち、その狀態で從前通りの生活を維持しつつ內屬するものと考えられる。

そしてその際、蕃部の土地の宋朝への領有權移讓を象徵的に反映するのが、蕃部の獻地後、宋と西夏の間でしばしば見られる境界協商である。つまり、當然のことながら蕃部の獻地はその地域の宋への領土編入を意味するものだから、宋夏の兩國では境界再畫定の問題が現實的に提起されていたということである。それは先述の古渭寨の場合にお

いても、前掲『宋史』巻三三〇　傅求傳の記事に續いて、

（求）報夏人以渭非其有、不應索。正其封疆而還、兵遂解。

とあることから證明される。これは、今まで宋夏の間で兩國からの干渉が同時にあり得た緩衝地帯的な蕃部の地域が、宋に内屬されることによって西夏勢力がもはや排除されるようになったことと、また同時にこの方面で從來相接することのなかった兩國に、國境の隣接と、それによる境界整備の必要までを齎したものと説明できる。宋代においてこれに準ずる事例は決して珍しいことではなく、その一部については筆者が既に明らかにしたことがある[27]。

表Ⅳ　陝西路における堡寨管下の熟戶（秦鳳路の場合）

堡寨名	門	大族	小族	姓	總兵馬
弓門寨	二	一七	一七	一七	一七〇四
冶坊寨	二	二	九	九	三六〇
床穰寨	二	二	一一	一一	一〇八〇
静戎寨	三	一〇	一六	六	六二五
三陽寨	一八	三四	一八〇	四三	三四六七
定西秦	四	四	二八	一六	六〇〇
伏羌寨	二	二	三三	三二	一九九二
隴城寨	五	五	三四	三四	二〇五四
安遠寨	二三	二三	一二六	一二六	五三五〇
來遠寨	八	八	一九	一九	一五七四
寧遠寨	四	四	三六	三六	七四八〇
古渭寨	一七二	一二	未詳	一七一	九一九〇

以上のように考えてくると、熟戶は結局それが移住型にしろ獻地型にしろ、全體的には宋の堡寨の支配下に置かれるようになったことになる。故に、韓琦は「緣邊例として皆城寨を以て熟戶を包衞す。…則ち以て相表裏と爲し、號して籬落の固と爲す可し」（『韓魏公集』巻一六　家傳）と述べている。また、このような堡寨と熟戶の關係は、『宋史』巻一九一　兵五　鄕兵二に載っている次のようなデータの存在によっても一層明らかになる（表Ⅳ）。このデータの中には移住型と獻地型の熟戶の數が共に收められているであろうが、彼らは何れも部族を單位として堡寨に附屬し、宋朝もその堡寨を通して彼らの部族を把握・支配している關係が讀み取れる。また、この表によれば熟戶は大體一姓一族を基本とし、さらにそれは他の族と結合して大族をなす等の關係も確認できる。これは「其の種、姓每に別に自ら部落を爲す」（『通典』巻一九〇　邊防六　黨項）という古來の傳統を引くものであり、このことから彼らが内屬後も

他の在來の習俗をなお維持していたことが推測できる。

但し、この表では個々の熟戸部族が果たしてどれくらいの規模をもっていたのかは明らかにし難い。というのも、同表には部族を構成する帳（＝戸）の數が載っていないからである。部族の帳數は、後述のように宋朝の熟戸支配において重要な意味を持つ。そこでこの點に注意して他の史料に當たると、場所は變わるが『宋史』巻一九一　兵五　郷兵二には、「(治平四年　一〇六七）閏三月、收原州九砦蕃官三百八十一人、總二百二十九族、七千七百三十六帳、蕃兵萬人、馬千匹」とみえ、涇原路の原州で帳を含む熟戸部族の蕃官（後述）、部族、兵、馬等の數が宋朝に把握されている。これによると、涇原路では一つの堡寨または部族當たりの平均値が一應表Ⅴのように計算できる。[28] この數値は他の地域と同一であるとは斷定しかねるが、熟戸部族の規模を考える上で一つの目安にはなるだろう。では、このような構圖の下で宋朝と熟戸の間には如何なる關係が存在していたのだろうか。

表Ⅴ　原州における堡寨または部族の平均規模

	蕃官	(小)族	帳	人	兵	馬
堡寨	四二・三	二五・四	八五九・五	四二七九・九	一一一一・一	一一一・一
(小)族	一・六		三三・七	一六八・五	四三・六	四・四
帳				五	一・三	〇・一

三　熟戸統治の方法

1　蕃官制の性格とその內容

熟戸はいうまでもなく言語や習慣を異にする異民族であり、そのため彼らに漢人のような方法で統治を行うことは困難である。そこで、宋朝は既に唐朝が行っていた羈縻策にならって、先述のように彼らには獨自の部落をつくらせ、首領を中心とする自治を許したのである。

ところでその際、宋朝は例えば「涇原路熟戸萬四百七十餘帳、帳の首領各々職名有り」（『宋名臣奏議』巻一二五　兵門　王堯臣　上仁宗乞用涇原路熟戶）とあるように、熟戸部族の首領にほぼ例外なく官職を與えている。[29]これが所謂蕃官であるが、[30]宋朝はそれの授與を通じて彼らを一種の官僚とし、一方では從來通りそれぞれの部族の管理を委ねていたわけである。官僚化された首領たちが特に熟戸統治の成績による考課を受けていたことは、『長編』巻一六七　皇祐元（一〇四九）年一一月丁巳に、

詔陝西路諸經略司、蕃官能統所部、自今滿七年、與轉一官。

とか、或はそれと反對に同書巻一七五　皇祐五年一一月戊寅に、

詔秦鳳經略司、本路所補蕃官七百餘人、多懦弱、不能統制部族、自今選少壯有勇力者爲之。

とある事實から窺われる。これは蕃官制に取り入れられた首領たちが、宋朝より常に自己部落の管理の責任が問われていたことを意味する。この意味で蕃官制は、王安石がそのことを「假すに勳階爵秩を以てすること王官の如くし」（『臨川集』巻九〇　彰武軍節度使贈侍中曹穆公行狀）と述べ、また宋庠も「以て王臣部曲の官に擬す」（『元憲集』巻三三　侍中曹公行狀）と説明するように、中國の官制に擬制された、いわば熟戸統治のための裝置としての性格をもつものと評價される。

ところで、その蕃官に就いた首領の中には『宋會要』兵二七／一九　備邊　天禧元（一〇一七）年六月五日に、

曹瑋上言、南市歸順蕃部都省（衍）首領郭厮敦擧家居治坊寨、勾一帶蕃部…。

とあるように、本族を離れ、宋の堡寨に居住しながら自己部族を管理する者もあったらしい。この場合の首領は多分

堡寨で宋朝と直接關係を保ちつつ宋朝に部落の事を傳えたり、或は逆に宋の意思を部落に傳達していたはずである。實際に『宋史』巻三三〇　傳求傳には、

環之定邊砦蕃官蘇恩、以小過疑懼而遁、將佐議致討、…（傳求）但遣裨將從十數卒扣其帳、開以禍福、恩感泣、還砦如初。

と、首領が堡寨と部族の間を往來することがみえる。文中の「小過」とは『長編』の對應記事[31]によれば蕃官の蘇恩が自己部族の過失を庇護したことを指し、これからも宋と部族の間に介在する首領の立場がみて取れる。さらに『長編』巻三三七　元豐六（一〇八三）年七月壬戌には、

…諸將如遇點集出入、或巡按點閱部族、所在州軍城寨議公事、集蕃官。

とあって、宋朝が部族を點檢する時などにもまず蕃官を集めている。これは宋朝が彼らに部族の出入り或は蕃兵の點

表Ⅵ　表Ⅰで熟戸に授與された蕃官の種類

A	唐以來の外族武散官…歸德（大）將軍（2、18）歸化將軍（2、17、67）安化郎將（18）保順郎將（18）
B	環衛官…右千牛衛將軍（72）率府率（73）
C	武階…刺史（16、17、18、40、58）內殿崇班（70）侍禁（48）殿直（48、64、68、69、72）三班奉職（65、73）三班借職（65、70）
D	軍官…都軍主（40、52、53）軍主（60、61、64）副軍主（60）指揮使（29）軍使（29）
E	巡檢……本族巡檢（51、72）

檢の際においても助力を得ていたことを意味することで、これも部族と宋の間で正にパイプ役を務める首領の姿を映している。このように本來部族の長だった首領たちは、蕃官を帯びることにより、宋の官僚的屬性を兼ね宋朝の熟戸支配にあって缺かせない存在となったと言えよう。では、その蕃官制は果たしてどのような内容を持っていたのだろうか。

ここで、表Ⅰで實際に宋朝が内屬した首領に直接與えた官職を整理してみると表Ⅵのようになる。卽ちそれによると、蕃官には唐以來外族を對象とした武散官（A）を始め、主に宋の宗室などに與えられた環衞官（B）、それに宋の一般官吏が有する武階（C）、軍官（D）、巡檢（E）といった多様な官が含まれることが分かる。しかしこれらの内、AとBは既に唐代より名譽的な性向が強く[32]、宋代の蕃官制施行において實質的な意味を持つのはC、D、Eである。しかもそれらは一定の原則をもって首領に與えられ、宋の中期に至っては次のような形として整ってくる[33]。

(a)其大首領爲都軍主、百帳已上爲軍主、都虞候、指揮使、副指揮使、軍使、副兵馬使。(b)以功次補者爲刺史、諸衞將軍、諸司使副使、承制、崇班、供奉官至殿侍。(c)其充本族巡檢者、俸同正員、添支錢十五千、米麪傔馬有差。(d)爲刺史、諸衞將軍請給、同蕃官例。(e)首領補軍職者、月俸錢自三千至三百、又歳給冬服綿袍凡七種・紫綾二種。

（『長編』巻一三二　慶曆元〈一〇四一〉年六月己亥）

まず(a)によれば、宋朝は蕃官の中でも最も基本的なものと見られる軍官を、部族の帳數の多少によって與えている。ただこの場合、(a)はこのままだと文意が通じないが、實はそれは(a)が原文より相當簡略化されたからであると考えられる。というのは、のち蕃兵制が整備される神宗代になると、(a)に酷似した記事として

詔、…隨本族人數及五十人置一副兵馬使、及百人置一軍使・一副兵馬使、及二百人置一軍使・三副兵馬使、及三百人置一副指揮使・二軍使・三副兵馬使、及四百人加一軍使・一副兵馬使、及五百人又加一指揮使・一副兵馬使。

（『長編』巻二七〇　熙寧八〈一〇七五〉年一一月壬午）

というものが見受けられるが、(a)とこれを比較すると、両者の間には官名の並べ方も大體一致するなど、(a)はこの文のように解釋しないと意味が通じないように思われる。つまり、(a)は元々は後者と大きく變わらなかった内容の文が、『長編』の編者李燾によって軍官授與の方法を説明する部分は省略され、ただ官名だけが羅列される形となったものと思われる。従って、結局(a)は表Ⅶのような部族の人數或は帳數に對應して與えられたと考えて初めて整合的に理解される。そして、このような軍官の序列に對應して、彼らにはさらに(e)の規定に従い三千〜三百の月俸錢等が拂われている。[34]

但し、それは漢人軍官の俸給をだいぶ下回るものである。[35] このように熟戸への軍官授與は、帳の數＝部族の規模が重要な尺度となっており、この點は漢人軍官（＝正兵）の場合とは原則を異にするものである。

人數（帳數）	軍官（數）
50（10）	副兵馬使（1）
100（20）	軍使（1） 副兵馬使（1）
200（40）	軍使（1） 副兵馬使（3）
300（60）	副指揮使（1） 軍使（2） 副兵馬使（3）
400（80）	副指揮使（1） 軍使（3） 副兵馬使（4）
500（100）	指揮使（1） 副指揮使（1） 軍使（3） 副兵馬使（5）

表Ⅶ　熟戸部族の人數と軍官數の關係

次に、(b)によると首領には環衛官や武階も與えられている。宋朝の環衛官[36]は宗室や武臣らへの贈典として與えられた職事のない官であり、武階は武臣の位階（寄祿階）を示すものであるが、熟戶の場合はそれらの官が特に「功を以て次補」されることになっている。これは、宋朝が彼らの名譽欲を刺激して邊防上の活躍を期待したものと解される。だが、(d)では「刺史、諸衛將軍の請給と爲すは、蕃官の例と同じ」とあり、この場合においてもその俸給體系は宋朝のそれと明らかな差異がある。[37]なおこれらの他に、首領には本族の巡檢を兼ねる者もあったのが(c)により分かるが、彼らは部族內の治安維持を任として割と高い添支錢をもらっている。

このように蕃官は形式的には一應宋の武臣等が帶びる殆どの官職を含むことになっている。ところが、その俸給體系でも既に明らかなように、蕃官と宋の漢官＝正官との間には明白な差異が存在していた。すなわち、蕃官は『范忠宣奏議』卷下　論蕃官久例在漢官之下に、

諸路蕃官不繫官職高卑、久例並在漢官之下、此所以遵中國而制蕃部也。

とあるように、正官との對比によりその性格が一層明らかとなる。これは蕃官がたとえ同一の官名といっても漢官とは對應關係を持たず、その高下を問わず全てが漢官より下位に位置していることを示す。從って、宋代の緣邊にはこうしたいわば二重的な官制が共存する中で、樣々な矛盾も露呈されていた。そのため、神宗朝には所謂「蕃漢官の序位問題[38]」が起きており、兩者を統合しようとする動きもあったが、しかしそれはすぐ止められ、狀況は變わることがなかったのである。

このように、蕃官制は以上のような幾つかの原則と規制を柱として成り立っており、そこに首領たちが取り入れられることによって、宋朝の熟戶統治が始めて可能となったと言えよう。

2　熟戸部落における紛争處理及び「有事」に際しての協約

(イ)　熟戸部落における紛争處理

そのようにして、宋朝では首領を仲介とする熟戸統治にある程度の成功を収めていた。例えば鄜延路の延州のある部族の場合、

臣（宋琪）頃在延州節度判官、經涉五年、雖未嘗躬造夷落、然常令蕃落將和斷公事。（『宋史』巻二六四　宋琪傳）

とあり、五年もの間、宋の官吏が立ち入ったことがなく、その部落の「公事」が「將」即ち首領によって「和斷」されていたとある。和斷とは、岡崎精郎氏が指摘されたように[39]、主として黨項などの部落内における紛争を、部族の慣習法に基づき當事者雙方の合議で處理することである。從って、延州の場合、首領は紛争を含めた部落の諸公事を在來の慣習法で處決していたことになる。これも宋朝が熟戸に自治を認めていた證左である。

しかし、だからといって熟戸に全面的な自治が許されたわけではない。熟戸が宋朝に管理される立場にある以上、當然のことながら色々な形で宋の干渉が及んでいた。そのような事例の中から、特に注目すべきことの一つは次の『宋史』巻三一四　范仲淹傳にみえる熟戸部落に起きた紛争處理の仕方である。

初元昊反、陰誘屬羌爲助、…仲淹以其反復不常也、至部、…閱其人馬、爲立條約。若讎已和斷、輒私報之及傷人者、罰羊百馬二、已殺者斬。負債爭訟、聽告官爲理。輒質縛平人者、罰羊五十馬一…。

これは、慶曆年間（一〇四一～四八）西夏の南侵により多くの熟戸部族が動搖する中で、當時延州にいた范仲淹が熟戸の部族を懷柔するため、彼らを尋ね「條約」を立てたという内容である[40]。右文はその條約の一部を示したもので、それによれば延州一帶の熟戸部落内の紛争は大凡次のように處理されていたことになる。

①熟戸部落内で起きた復讐などの紛争は、まず當事者間の話し合いによって和斷する。これは先述の延州の例に見られる通り、宋朝が熟戸の自治を極力尊重し、その秩序が守られる限り介入を避けていたことを意味する。

②しかし和斷した後、勝手に報復のため人を殺傷した場合は、宋が介入し、傷害した者には羊馬を罰納させ、人を殺した者は斬とする。熟戸に家畜を罰と科すのは、島田正郎氏等が列擧されているように(41)北方遊牧民族の間に廣くみえる紛争處理の仕方で、これは宋朝が熟戸の紛争に介入する場合も主としてそれを宋の漢法でなく、熟戸側の慣習法で處理していたことを意味する。(42)因みに、宋朝では一時期『臨川集』巻九〇　彰武軍節度使侍中曹穆公行狀に「舊、羌殺中國人、得以羊馬贖死如羌法」とあるように、(43)熟戸が漢人を殺す時においてすら羊馬を以て死を贖うことができた(44)とされる。(45)すると、范仲淹が條約の中で熟戸同士の殺人罪に對し、彼らの慣習法に從わず、「斬」としたのは何を意味するのか。實は前掲『臨川集』には續いて、「公（＝曹瑋）以謂、如此非所以尊中國而愛吾人、奏請不許其贖、…至今皆爲成法」とあり、宋朝が曹瑋の時代、卽ち范仲淹の條約以前より熟戸の殺人罪に慣習法に代わって漢法を適用するようになったらしい(46)が、范仲淹はこのような狀況の下で熟戸部落内の熟戸同士の殺人罪に對しても斬という漢法を適用したものと言える。いずれにせよ、これは熟戸部落に漢法も適用されていたことを物語る。(47)

③負債の爭いは宋の官吏に訴えることを許す。これは熟戸に必要によっては宋に直接紛争處理を依賴することが許されたことを意味する。

④しかしその際、勝手に債務者を「質縛」する者には羊馬を罰す。この場合も熟戸の慣習法が用いられていた。

ところで、宋朝が熟戸部族の紛争に關與した際、それを主として彼らの慣習法で處理したことは、以前から見えることで、例えば『宋史』巻四九一　外國七　黨項には、

（景徳四〈一〇〇七〉年、府州）唐龍鎮羌族、…其族人懐正又與璘互相讎劫、側近帳族不寧。詔遣使召而盟之、依本俗法和斷。

とある。これは部族員同士の復讐事件が部族内で解決されず、しかも隣の部族にまで影響を及ぼしたため、宋朝が介入し、それが彼らの本俗法で和斷させられた例である。また『長編』巻一二四　寶元二（一〇三九）年八月戊辰にも、

藏才凡三十八族、在黒山前後、…其部族或有過、則移報豐州、以蕃法處之。

とあり、ここで部族の（恐らく和斷により解決されなかった）「過ち」は宋朝に移報させるようになっているが、ここでもその處理は蕃法によっている。[48]とすれば、范仲淹のやり方は、宋朝が以前から行ってきた熟戶に對する紛爭處理の方法を踏襲したものであって、熟戶とそれを條約化（成文化）した所に意義があったと思われる。つまり、范仲淹は西夏の侵攻という非常事態の中で、動搖する熟戶と條約を結ぶことで、部落の秩序維持を圖り、さらに彼らが宋朝から離反することを防ごうとしたと言えよう。

（ロ）「有事」に際しての協約

一方、宋朝は熟戶と有事に際しても協約を結ぶことがあった。先述のように、宋朝は熟戶を堡寨の周邊で宋を護る籬落として利用し、有事には蕃兵を出させて共に外敵に對處したが、これにも何らかの約定がその背景にあった。というのも、まず表Ⅰには唯一の例ではあるが、（33）に、

隴山西延家族首領禿逋等、納馬立誓、乞隨王師討賊。（『宋史』巻四九二　外國八　吐蕃）

ということがみえるからである。これは熟戶が宋に内屬を行った際、誓を立て、内屬後は宋の軍事行動に加わることを誓ったもので、このようなことは他の熟戶の場合でも行われていたと思われる。

そして、先に引いた『宋史』范仲淹傳にも、范仲淹が熟戶と有事に際して協約を結んでいたことがさらに見られる。すなわち、實は范仲淹は熟戶と條約を立てた時、先述の部族内の紛爭處理についてだけでなく、他に有事に關することにも約定を結んだわけで、それは同書同所に續いて、

賊馬入界、追集、不赴隨本族、每戶罰羊二、質其首領。賊大入、老幼入保本砦、官爲給食、卽不入砦、本家罰羊二、全族不至、質其首領。

と見える。その内容を説明すると次のようになる。

①賊（＝西夏）の軍馬が界内に入った場合、宋朝は部族を召集する。そのとき、部族民が自分の屬する部族に來なければ、戶ごとに羊を罰納させ、その首領を人質とする。

②賊が大擧して侵入してきた場合、「老幼」は堡寨に入り、宋は彼らに給食をする。もし直ちに堡寨に入らぬ者があれば、その家には羊を罰納させ、また全部族民が來ない時はその首領を人質とする。

これによれば、まず平時堡寨の周りで各自牧畜と農耕を營んでいたであろう熟戶たちは、有事になると各々の部族を中心に集まって行動し、特に賊が大擧侵入すれば「老幼」は近隣の堡寨に入ることになっている。勿論この際、他の熟戶の壯丁は蕃兵として宋朝に徵集され[49]、彼らは堡寨に入った自分の「老幼」のためにも宋軍と共に賊と戰ったと思われる。しかし、一方熟戶がこのような幾つかの約定に違反した場合、彼らはここでも罰則として家畜が取られたり、或はその部族の首領が直接人質として取られたのは注目に値する。家畜の罰納は先述のように熟戶の慣習法に沿ったものであるとしても、とりわけ首領が人質とされることはその部族にとってはリーダーが無くなるという大きな打擊である。この罰則は先に述べた部族の紛爭に關する條約にはみえない事項で、西夏の侵攻を想定した宋朝の嚴しい姿勢の一面が窺われる。ちなみに、宋の緣邊には國初より『宋史』巻三二八　蔡抗傳に、

秦（州）有質院、質諸羌百餘人、自少至老、扃繫之、非死不出。

とあるように、質院[50]なる建物が多分堡寨の中に存在し、そこにはさらに「咸平初、…（秦）州嘗質羌酋支屬餘二十人」（『宋史』巻二七八　馬知節傳）とか、或は「曹瑋言、緣邊諸寨、蕃部納質者七百五十六帳」（『長編』巻九一　天禧二年〈一〇一八〉閏四月庚子）とあるように、特に首領の「支屬」[51]等が何らかの理由[52]で人質として入れられていた。とすれば、これも宋朝が從來より取っていた熟戶對策の一つであって、范仲淹はやはりそうした前例を基に熟戶の有事に際しての協約不履行に對しては、事態の重さを反映させ、部族の首領それ自身を人質と取ることにしたのであろう。なお范仲淹は、他に『范文正集』巻一三　東染院使种君墓誌銘に、

慶曆二年春、予（＝范仲淹）按巡環州、…乃召蕃官慕恩與諸族酋長僅八百人、犒于麾下、…然後諭以好惡、立約束四。

とあるように、延州の隣である環慶路の環州でも諸族の酋長約八百人と四つの「約束」を立てたことがみえる。内容の詳細は不明であるが、恐らくこの約束も彼が延州で結んだ先述の條約に似たものと見られる。[53]このように、宋朝と熟戶の間では有事に關する協約も存在しており、宋朝はその協約の下で蕃兵の助力を得ることをさらに確かめながら、西夏に對應していたのである。

おわりに

以上に檢討してきたことを要約すると次の如くである。

一　熟戶の宋朝への內屬の要因としては、當時の蕃部を取り巻く國際情況が彼らに不利と變わった（プッシュ要因）

こと、または反對に宋朝の横山もしくは熙河路經略の際その招撫を受けたこと（プル要因）が重要なものと擧げられる。

二　その内屬の結果、彼らは宋の縁邊に移住する（移住型）か、或は土地を宋に獻上したまま原住地に殘る（獻地型）ような内屬のパターンを取るものたちに分かれたが、何れも結果的には宋の堡寨の管下に置かれ、そこで從來の慣習を溫存して首領を中心とする自治が認められた。

三　その際、熟戸の首領には中國の官制に擬制された蕃官が與えられた。これは宋朝が彼らを官僚化し、それによって彼らに責任をもって部族の管理を委ね、さらに部族と宋を繫ぐパイプ役をも果たさせるためであった。形式的には宋の武臣が有する殆どの官を含むこの蕃官は、例えば軍官のランクは首領の率いる部族の人數＝帳數が尺度となっており、また環衞官や武階は主に功を立てた者に與えられるなど、それの授與は熟戸の特殊な事情を反映していた。

四　また、宋朝は熟戸に自治を認めつつ、一方では必要によって熟戸部落に直接介入することもあった。但し、それは熟戸部落内の紛爭が自律的に處理されなかった場合などに限られることが多く、またその介入の際もそれらの紛爭は殺人罪の他は、大部分宋の法ではなく家畜賠償などを主な内容とする熟戸側の慣習法に基づき處決されていた。

五　さらに、宋朝は西夏の侵入を想定して熟戸と有事の協定を結ぶこともあった。例えば范仲淹が慶曆年間、熟戸と締結したそれによると、熟戸は有事の際、敵と戰う蕃兵を除く他は堡寨に入って避難し、その協定を守らなかった場合は羊馬を罰納、或はその部族の首領が人質として取られることになっていた。宋朝は熟戸とこのような關係を結ぶことで蕃兵の助力を確認していたのである。

さて、それを制度化したのが蕃兵制であって、それについては稿を改めて論じることにしたい。

注

（1）蕃部は史料に「羌（族）」とも表現されている。しかし、この羌と黨項及び吐蕃との關係については曖昧な點が多い。その問題については、佐藤長『チベット歷史地理研究』（岩波書店　一九七八）三〇八〜三一三頁を參照されたい。また蕃部の分布狀況については、『宋史』卷四九一　外國七　黨項、同書卷四九二　外國八　吐蕃、並びに山本澄子「五代宋初の黨項民族及びその西夏建國との關係」（『東洋學報』第三三卷一號　一九五一）、吳天墀『西夏史稿』（寧夏人民出版社　一九八二）第一章「西夏王國的形成」、顧吉辰「北宋前期黨項羌族帳考」（『史學集刊』一九八五－三）、同「五代北宋初期西涼府族帳考」（『中國史研究』一九八四－四）、陳慶主主編『中國藏族部落』（中國藏學出版社　一九九〇）等を參照。

（2）この他に熟戶と生戶は『長編』卷三五　淳化五年正月癸酉の「…入州城者謂之熟戶、居深山僻遠、橫遏寇略者謂之生戶」とある說明、或は『韓魏公集』卷一六　家傳　熙寧元年條に「其間有不授補職名、且官中亦不勾點彼族兵馬者、則謂之生戶」とある說明によっても定義されている。なお熟戶の定義については、拙考「宋代西北諸族の歸屬問題」（『史滴』一四　一九九三）、及び注（5）の李埏氏論文參照。

（3）管見の限り、熟戶という言葉は宋以前には『冊府元龜』卷九九二　外臣部　備禦五　開元九年四月甲辰に「熟戶既是王人」とあり、同書卷一六七　帝王部　招懷五　後周廣順三年に「殺牛族者皆熟戶蕃人」とある二例だけである。なお宋代のこの用語は清代の熟蕃、生蕃という言葉などにも影響を及ぼしたと考えられる。張士陽「乾隆期臺灣における先住民統治政策について」（『東洋學報』七五－三、四　一九九四）を參照。

（4）西南蠻の場合も熟戶と生戶の區別が存在した。この問題については河原正博「宋代の羈縻州洞における計口給田について」（『東南アジアにおける權力構造の史的考察』竹村書店　一九六九、のち同『漢民族華南發展史研究』吉川弘文館　一九八四に再收）、岡田宏二「宋代華南における非漢民族の諸相」（『東洋研究』五五　一九七九）、同「宋代廣南西路左・右江地域の峒丁について」（『大東文化大學紀要』人文科學二八　一九九〇、のちいずれも同『中國華南民族社會史研究』汲古書院　一九九三に再收）、劉馨珺『南宋荊湖南路的變亂之研究』（臺灣大學出版會　一九九四）などを參照。

（5）李埏「北宋西北少數民族地區的生熟戸」（『思想戰線』一九九二年第二期）。なお杜建錄「宋代屬戸史論」（『寧夏社會科學』一九九二年第一期）もある。

（6）『武經總要』前集一八上　陝西によれば、慶曆年間における陝西四路の熟戸部族數などは次の通りである。

路名	部族數	人數	馬數
鄜延路	九（大）族	一二、七〇〇	一、四九〇
環慶路	二四七（小）族	四四、〇〇〇	四、三九〇
涇原路	一七七（小）族	一三、三四一	五、五〇〇
秦鳳路	一四七（小）族	三五、六〇〇	二二、四七〇

（7）舘稔『人口分析の方法』（古今書院　一九六五）、林武『發展途上國の都市化』（アジア經濟研究所　一九七六）等を參照。

（8）この時の狀況については岩崎力「西涼府潘羅支政權始末考」（『東方學』四七　一九七四）を參照。

（9）『羽田博士頌壽記念東洋史論叢』（東洋史研究會　一九五〇）所收。

（10）横山については前田正名『陝西横山の歷史地理學的研究』（教育書籍　一九六二）を參照。

（11）宋朝の横山經營問題については李蔚「宋夏横山之爭述論」（同氏『西夏史研究』寧夏人民出版社　一九八九所收）を參照。

（12）平戎策については本書第七章第一節「蕃兵制成立の時代的背景」を參照。

（13）熙河路に關しては本書第七章第一節「蕃兵制成立の時代的背景」及び第八章一節「北宋後期における蕃兵制の推移」などを參照。

（14）ここで表Ⅰに見える內屬を表す用語の頻度を示せば、內附（二〇）、來歸（一二）、歸附（一二）、歸順（八）、來降（八）、內屬（五）、來附（三）、歸化（二）、歸投（一）、來投（一）、款塞（一）となる。

（15）以下、本節で分類する熟戸の二つの類型については次に擧げる二つの史料からもヒントを得た部分がある。『朱子語類』卷一一一　朱子八　論民「歸正人、元是中原人、後陷於蕃而復歸中原、蓋自邪而歸於正也。歸明人、元不是中原人、是徭洞之人來歸中原、蓋自暗而歸於明也（原注：如西夏人歸中國、亦謂之歸明）」、『朝野類要』卷三　歸附等「歸正、謂原係本朝州軍人、因陷蕃後來歸本朝。歸順、謂峒元係西南蕃蠻溪峒頭、久納土出來本朝、補官或給田養濟。歸朝、謂元係燕山府等路州軍人歸本朝者。忠義人、謂元係諸軍人、見在本朝界内、或在蕃地、心懷忠義、一時立功者」。しかし、ここで述べられる定義がそのまま熟戸の場合に適用されるわけではない。この點についてはさらに注（22）を參照。

（16）宋代の堡寨の機能と性格については、羅球慶「宋夏戰爭中的蕃部與堡寨」（『崇基學報』六巻二期　一九六七）、戴應新「銀州城址勘測記」（『文物』一九八〇－八）、李建超「北宋西北堡寨」（『西北歷史資料』一九八三－二）、江天健「北宋陝西路沿邊堡寨」（『食貨月刊』第一五巻七、八期　一九八六）、周宏偉「北宋河湟地區城堡寨關位置通考」（『中國歷史地理論叢』二一九九二）などを參照。

（17）例えば『長編』巻一三二　慶曆元年五月甲戌に「…察其心之向漢者、給以緣邊閑田、編於屬戸、或度其後必生變者、徙之内地」とあり、また同書巻二三四　熙寧五年六月乙卯に「初、諸路降羌、…官吏拊循懷輯、幷資給廩食…」とある。また『宋史』巻四九一　外國七　黨項には「銀、夏州管勾生戸八千帳族悉來歸附、錄其馬牛羊萬計」と、歸附蕃部の家畜が籍錄されたことや、さらに『長編』巻二二二　熙寧四年四月庚申に「上批、昨宣撫司令諸路簡刺蕃捉生、乃取於系籍熟戸」と、「系籍熟戸」の言葉が見える。

（18）例えば『長編』巻三二七　元豐五年六月壬戌、同書巻四九五　元符元年三月庚申、同書巻四九八　同年五月乙丑など。

（19）ここで表Ⅰに見える給田の實態を整理しておくと次表のごとくである。

番號	投降部族	給與地の種類	所在
21	李繼遷蕃部一〇〇戸	給田	延州
22	李繼遷諸羌族	善地	延州
26	河西戎人二〇〇〇〇戸	閑田、逋民田	石州平夷縣
31	戎人	内地土田	環州洪德寨
34	附契丹戎人	公田	麟府路
44	西夏民二〇〇〇人	曠土	延州延川縣

(20) ちなみに、熟戸の農耕に關して『長編』巻二六三 熙寧八年閏四月甲辰に「熟戸は耕種を以て業と爲す」とあり、また『西夏書事』巻一六 慶暦二年七月には「西羌風俗、耕稼之事、略與漢同」とある。但し、これとは別に『宋史』巻一九一 兵五 郷兵二の王安石の言として「(蕃部)其俗又賤土貴貨」ともある。

(21) 『長編』巻三三〇 元豐五年一〇月乙丑、及び『宋會要』兵一七／二 歸明 同年同月一八日にほぼ同文が見える。これは同法令が既に北宋時代にできていたことを物語る。

(22) 注(15)で擧げた『朱子語類』及び『朝野類要』の記事によると、南宋朝では外國から歸屬する者をその人の國籍あるいは歸屬の形態により、歸明、歸正、歸順、歸朝、忠義等の用語で區別していた。熟戸は『朱子語類』の同所に「如西夏人歸中國、亦謂之歸明」とあるから、歸明の範疇に入ることになる。但し前掲の表Ⅰによると、北宋代には熟戸に對して歸明という言葉はあまり使われておらず、歸屬を現す用語の間に嚴密な區別も行われていなかったようである。以上の諸用語を包括的に比較分析した研究はないが、關連するものとしては黄寛重「略論南宋時代的歸正人」(『食貨月刊』復刊第七巻三、四期 一九七八、のち同氏『南宋史研究集』新文豐出版 一九八五に再收)、上西泰之「宋代の歸明をめぐって」(一九九五年度東洋史研究大會レジュメ)などがある。

(23) ちなみに、熟戸には納税の負擔があることを傳える史料と、それがないことを傳える二系統の史料が併存し、難解である。前掲表Ⅰの(44)文の末尾に「而嚴等亦願輸租賦、…詔從其請、租賦止輸三之一」とあるのは前者の例である。ただし、『慶元條法事類』巻七八 蠻夷門 田令には「諸歸明人、官賜田、免拾料催料、荒田倍之」ともあるから、この場合は免税期間があったとも考えられる。しかし、その一方『長編』巻二〇三 治平元年一二月丙午に「臣(=呂誨)嘗見熟戸耕佃官田、並無征徭、…茲外更無侵擾、熙熙安業」とあるものや、『宋名臣奏議』巻一二五 兵門 呂誨 上英宗請重造蕃部兵帳に「況蕃部雖居漢界、…但無徭賦、此外別不霑恩、唯首領薄有俸錢、遇戰陣、則首當前鋒、計其實效、勝正兵遠甚」とあるのは、熟戸の納税義務を否定するものと見られる。なお、以上の問題については、唐代を對象としたものではあるが、石見清裕「唐の内附異民族對象規定をめぐって」(『中國古代の國家と民衆』一九九五 汲古書院、のちに『唐の北方問題と國際秩序』一九九八 汲古書院に再收)が參考となる。

(24) このことについては島居一康「宋代における逃棄田對策の變遷過程」(『鹿兒島大學法文學部紀要』一〇　一九八〇、のち同氏『宋代税制史研究』汲古書院　一九九三に再收)を參照。

(25) 前掲『宋會要』兵二七／二二　備邊　天聖五年一二月を參照。また、例えば『隆平集』巻一〇　王博文傳に「沿邊軍民逃入蕃部、擒致者有錦袍銀帶茶綵之賞」とあり、『長編』巻八四　大中祥符八年三月乙巳に「詔緣邊諸州士卒爲蕃界所部送官者、如實投蕃、即依元敕區斷、若因緣避役、即決隸本指揮名下」とあるように、各種の理由で宋の軍民が熟戸部落へ逃亡する事件も多かった。

(26)『宋會要』兵二七／二二　備邊　天聖五年一二月には、熟戸と宋朝の間で行われていた交流の諸相とその弊害などが詳細に見えている。

(27) 本書第二、三、四章を各々參照。

(28) 任樹民氏は「北宋西北邊防軍中的一支勁旅――蕃兵」(『西北民族研究』一九九三年第二期)で、宋代蕃部の口數を一戸平均七人と考えられるが、私は一戸五人の場合も多かったと思われるので、本表ではこれに從って計算した。

(29) このために『韓魏公集』巻一六　家傳　熙寧元年條には「其間有不授補職名、且官中亦不勾點彼族兵馬者、則謂之生戸」という記事もある。

(30) 蕃官制についての研究としては、顧吉辰「宋代蕃官制度考述」(『中國史研究』一九八七年第四期)、安國樓「論宋朝對西北邊區民族的統治體制」(『民族研究』一九九六年第一期)などがある。

(31)『長編』巻一九五　嘉祐六年一一月戊午に「環州蕃官右侍禁蘇恩貸命送湖南編管。…初、渭州遣指使沿邊市羊、爲密覺族邀射、奪其所乘銀鞍、既而指使告于平遠寨官、繫其族二十餘人、蕃衆遂圍寨。(蘇)恩言其族願得放所繫人、本寨既聽還、而經略使韓絳令恩復追、恩止推其首爲過者六人至慶州、絳不許。遣部署馬懷德領兵隨恩大索、其族皆叛去、未幾復出降」とある。

(32) 例えば、池田溫「唐朝處遇外族官制略考」(唐代史研究會編『隋唐帝國と東アジア世界』汲古書院　一九七九)を參照。

(33) この原則は『臨川集』巻九〇　彰武軍節度使侍中曹瑋行狀に「又請補內附羌百族以上爲軍主、…至今皆爲成法」とあるように、曹瑋が以前に行われていたのをさらに發展、整備したものと考えられる。

（34）蕃官の給料に關する他の説明として『宋名臣奏議』巻一二五　兵門　呂誨　上英宗請重造蕃部兵帳に「況蕃族首領自來給俸至薄、軍主、都虞侯每月不過二貫文」とあり、また同書同巻　范仲淹　上仁宗乞令陝西主帥併帶押蕃部使には「臣竊見環慶路熟戶蕃部約及二萬人、內只蕃官一千餘人、各有請受、每人唯有料錢、亦無月糧」とある。但し、『長編』巻八二　祥符七年三月壬子には「上曰、向來環慶蕃部給俸料者已數百人矣、所費滋廣」とあり、それが宋朝の負擔になっていたことも事實である。

（35）宋代軍官及び兵士の俸給については、王曾瑜『宋朝兵制初探』（中華書局　一九八三）第六章「募兵制下的各項制度」などを參照。

（36）環衛官については宮崎市定「宋代官制序說」（佐伯富編『宋史職官志索引』東洋史研究會　一九六三所收、のち『同全集』一〇　岩波書店　一九九二に再收）、楊樹藩『宋代中央政治制度』（臺灣商務印書館　一九八二）第四章「侍衛機關」などを參照。

（37）環衛官以下の俸給については、注（36）宮崎前揭論文、及び梅原郁『宋代官僚制度研究』（同朋舍　一九八五）第二章「宋代の武階」などを參照。

（38）これについては『長編』巻三三七　元豐六年七月丁巳、及び『范忠宣遺文』乞令蕃官不得換授漢官差遣などを參照。

（39）同氏「タングート慣習法と西夏法典」（『田村博士頌壽東洋史論叢』一九六八、のち同氏『タングート古代史研究』東洋史研究會　一九七二に再收）。

（40）范仲淹の西北緣邊での活動を專論したものに董光濤「范仲淹戍邊事蹟考」（『花蓮師專學報』二　一九七〇）がある。また竺沙雅章『范仲淹』（白帝社　一九九五）も參照。

（41）同氏『北方ユーラシア法系の研究』（創文社　一九八一）。また仁井田陞『中國法制史研究』刑法（東洋文化研究所　一九五九）第七、八章も參照。

（42）熟戶に家畜による罰納が多かったのは、『宋會要』食貨三五／四六　景德二年五月二日に「詔陝西沿邊、蕃部罰納、獻送羊畜、悉籍入公帑、以給軍中用度」とあることからも明らかである。

(43)『宋史』巻二五八　曹瑋傳にも「羌殺邊民、入羊馬贖罪。(曹) 瑋下令曰、羌自相犯、從其俗、犯邊民者、論如律」とある。

(44) これは宋朝の屬人主義的立場を示すもので、『宋刑統』巻六　名例律にも「諸化外人、同類自相犯者、各依本俗法、異類相犯者、以法律論。(疏議曰、化外人、謂蕃夷之國、別立君長者、各有風俗、制法不同。其有同類自相犯者、須問本國之制、依其俗法斷之。異類相犯者、若高麗之與百濟相犯之類、皆以國家法律、論定刑名) とある。

(45) 但し、熟戸にとって羊馬による罰納は、むしろ錢納よりも不便であるという議論があり、そのため罰納は次第に錢納へと變わっていく趨勢にあった。卽ち『長編』巻一〇三　天聖三年九月庚辰に「范雍等還自陝西言、蕃部因罪罰羊者、舊皆輸錢五百、比責使出羊而蕃部苦之、自今請復令輸錢、其罪輕者、約以漢法贖銅、從之」とあり、また『宋會要』兵二七／二二　備邊一　天聖三年九月にも「陝府《ママ》西沿邊安撫使范雍言、沿邊州軍及總管司、毎蕃部有罪、舊例輸羊錢入官、毎口五百文。後來不以罪犯輕重、只令輸眞羊。乞自今後令依舊納錢、及量罪重輕、依約漢法定罰、免至苦虐蕃部。從之」とあることからは、熟戸社會における貨幣經濟の一面が知り窺われる。

(46)『長編』巻八三　大中祥符七年八月丙辰にも「徙涇原路鈐轄張繼能爲鄜延路鈐轄。先是、内屬戸殺漢口者、止罰孳畜、繼能則麗於常法、由是戎人畏而不敢犯」と見える。また、ちなみに『宋會要』兵二七／一〇　備邊一　景德元年八月には「請應瀘州新投降、招附生界夷人、今後如與漢人相犯、並乞依漢法施行、若是同類相犯、比附黔州見行蠻人條制、以五刑立定錢數量減數目、斷罰入官」とあり、瀘州でも同じ傾向が見える。

(47)『長編』巻一〇　開寶二年一二月乙酉に「…王彦升、…在原州凡五年、戎人有犯漢法者」とも見える。

(48)『長編』巻五一　咸平五年三月辛酉に「(環州蕃部都虞侯王) 延順頗知蕃落間事、或有訟訴、輒先詣其居、官吏多詢之、然後裁決」と見えるのも、この例と同様のものと考えられる。

(49) 宋朝の蕃兵徴集の方法については蕃兵制の研究（本書第六～第八章）で詳論するが、例えば『宋會要』兵二八／一　備邊二　治平二年五月に「詔鄜延、環慶、涇原、秦鳳路經略安撫司、速將屬戸豫先團籍定强壯人馬、及老少孳畜保聚去處、以聞。如將來夏國兵馬侵犯諸路屬戸、并涇原路壕外弓箭手、卽一面令屬戸老少入保聚處安泊、其團籍定强壯人馬及弓箭手、卽會合向前應敵、仍令逐路帥臣量事勢大小、差將官領兵策應、覔便擊…」とある。また『長編』巻三三八　元豐六年八月辛巳も參照されたい。

(50) 宋の縁邊で質院は秦州、鎮戎軍、府州、蘭州などの地域で確認される。またその内部の様子を窺わせるものとして『長編』巻四七四　元祐七年六月庚午には、蘭州のそれについて「樞密院言。近言者稱、蘭州諸族蕃官以骨肉爲質戶處之城中。自屬漢後、頗安其業、請留質院、如願歸族下者、亦聽從便。時种誼相度、若各令歸族下、緣與賊隔河、毎歳氷合、復遣入城、徒恐疑惑、乞增展質院、且令依舊。並得首領準覺斯等狀、質院各有自置舍屋、日有蕃客安泊、資以自贍、願且于質院居住…」とある。なお最近、任樹民「北宋西北邊疆質院御書院略考」（『西北民族研究』一九九七年第二期）が出たが、未見で本書では參照できなかった。

(51) 『長編』巻四七四　元祐七年六月庚午に「樞密院言。近言者稱、蘭州諸族蕃官以骨肉爲質戶處之城中」とあり、また『長編』巻四〇七　元祐二年一二月壬辰には「樞密院言。兀征聲延部族兵七百人、婦女老幼萬人渡河南、…質其首領及强梁之家近親于城中、以防奸詐」とある。

(52) 質は表Ⅰの（28）（納質内歸）、（57）（納質歸順）、（58）（納質歸化）、（60）（納質子内附）などの例で確認されるように蕃部が内屬する際に取られたことも多く、或は同表の（71）の場合「皆願納質子、求補漢官」とあって、蕃官の授與時にそれと交換の形で取られた例もみえる。

(53) 宋朝と熟戶の間に軍事的な協約が結ばれていたその他の例として、『宋史』巻一九一　兵五　郷兵二に「治平二年、…（梁）湜等至蕃部召首領。…乃約、如令下不集、押隊首領以軍法從事」とあり、ここでは約の不履行に対して宋の軍法が適用されるようになっている。

第六章　唐から宋前期までの蕃兵制

はじめに

異民族を軍隊として利用することは、中國の歴代王朝の殆どによって採擇された傳統的な政策である。いわゆる「夷を以て夷を制す」この政策は、中國王朝に少なからぬメリットを與えたはずであって、それはすでに周代よりみえ始め、以降漢代と三國魏晉南北朝に引き繼がれ、唐宋時代に盛んに利用された(1)。その中で、彼ら異民族軍隊の實體を比較的に知り得るようになるのは、それが「蕃兵」という言葉で史書に盛んに現れてくる唐宋時代であり、また事實この時代の彼らの國防上に占める比重は質・量ともに大きいものがあった。

本章では、熟戸を根幹としてなされた宋代蕃兵の實體解明と關連して、唐代から宋初にかけての蕃兵のあり方を考えることにする。というのも、私は宋代の蕃兵は大體神宗朝を境としてその前後に性格を異にしたと理解し、その實體把握を意圖しているが、神宗朝以降を取り上げるにしても、その前段階の蕃兵のあり方をも摑んでおく必要があると思うからである。つまり、宋代の蕃兵は神宗朝以降特に面貌を一新し、ここで蕃兵制も成立したと見るのである。それは多少の相違はあるものの、大きく見て唐以來の傳統は、宋の前半まで繼續しており、その傳統に對して神宗朝が改革を加えたものと思われる。

以下、まず唐代蕃兵のあり方を主に先學の研究によりつつ紹介してまとめたうえで、これを宋初の蕃兵と比較して、その異同を論じてみたい。

一　唐代蕃兵のあり方をめぐって

1　唐代の蕃將と蕃兵

いままで唐代史研究において、蕃兵だけをストレートに考察したものは見當たらなく、蕃兵は「蕃將」＝大小の部族を率いる部族の首長が唐朝と如何なる關係を持つか、の問題を扱う中で附隨的に論じたものが多い。そしてその際、大部分の論者は、蕃將に蕃兵を率いて直接戰場に赴くタイプと、宮廷で宿衛する異民族武官タイプ、の少なくとも二つがあることを認める。(2)このことを最初に指摘したのは陳寅恪氏で、陳氏はそれを「部落民を統御する酋長」と「寒族胡人」とで區別している。(3)そのあと、谷口哲也氏が「部族長タイプ」と「個人部將タイプ」という名稱を使ってまたこれを區別し、(4)さらに馬馳氏が「在蕃蕃將」と「入朝蕃將」と區別しているが、(5)これらも概ね陳氏の區分と大差ないように見られる。(6)そこで、以下は便宜上馬馳氏の表現を借りて、前者すなわち蕃兵を率いて直接戰場に赴くタイプを「在蕃蕃將」と稱し、後者すなわち宮廷で宿衛する異民族武官タイプを「入朝蕃將」と各々稱することにする。

ところで、ここで注意すべきは、このような二つのタイプの蕃將がもちろん同時に併存することもあったが、唐代を通じて見れば、蕃將の性格が「在蕃蕃將」から「入朝蕃將」へと變わっていく傾向があったということである。これは前の三人中、特に陳、谷口兩氏の主張である。ただし、二人の間には、蕃將の性格變化の原因を説明するところに根本的な認識差がある。

すなわち、まず陳氏は、「太宗朝の蕃将は部落民を統御する酋長であるのに對し、玄宗朝の蕃将は多くは寒族胡人が就官していた[7]」と指摘したうえで、その變化の主要な要因として、「府兵制の成熟によって軍事力の大部分をそれまでのように蕃部落兵に依存する必要性がなくなったこと[8]」を擧げている。

一方、これに對し谷口氏は、唐初から安史亂前後まで蕃将が起用された實例を具體的に分析して、唐初から儀鳳年間（六七六～七九）にかけては部族長タイプの起用が壓倒的であり、またそれ以降安史の亂までの時期は部族長タイプが激減する過渡期を經、安史の亂が勃發する天寶一四（七五五）年以降は殆どが個人部将タイプである、としている。谷口氏は「在蕃蕃将」から「入朝蕃将」への變化が安史の亂を境に全面的に現れたとし、かかる變化と關連して次のことに注意を向ける。すなわち、儀鳳年間以降「在蕃蕃将」（これは先述のように馬馳氏の表現である）が激減することは、決して唐軍内で蕃部落兵すなわち蕃兵の利用が減ったことを意味しない。それは、例えばこの時代の唐軍の遠征軍＝行軍兵力の中で、彼らが場合によっては四割ないし五割までを占めることからも明らかである。したがって、「在蕃蕃将」の起用が激減したことは蕃兵利用の減少ではなく、次のようなことを意味する。「すなわち、儀鳳年間以前においては、各蕃部落兵は高級指揮官たる行軍總管に任ぜられた自らの酋帥に率いられる獨立した軍團として行軍に従っていたが、この時點においては複数を一人の蕃将が率いたり、また蕃兵が漢将の指揮下で行軍に従うという形態が出現している。つまり、蕃将が漢将（または別部の蕃将）の統帥下におかれるという形で行軍に組み込まれるようになった[9]」という。結局、谷口氏は「儀鳳年間以降の行軍における蕃将激減の實體は、實は蕃将の下級指揮官化である[10]」と理解しているのである。

以上を要するに、陳氏と谷口氏は共に唐代における蕃将の性格が「在蕃」から「入朝」へと變わったことを認めるものの、陳氏はその變化を「府兵制の成熟によって軍事力の大部分をそれまでのように蕃部落兵に依存する必要性がなくなった[11]」と見る反面、谷口氏はそれが決して蕃兵の依存度の減退を意味しないと見るのである。この點について私は判斷する能力はないが、研究狀況から見ると谷口氏の見方が正しいのではないかと思う。それは、この時代の遠征軍＝行軍の中で占める兵種を調べれば明らかであり[12]、すでに菊池英夫、遜繼民兩氏も唐代の行軍において蕃兵が大きな役割を果したことを强調している[13]。

では、安史の亂以降も唐の蕃兵利用が依然として盛んであったとすれば、谷口氏のいうような蕃將の地位低下はいかにして起きたのか。谷口氏は、これを唐朝と周邊民族の力關係の逆轉と關連づけて説明する。すなわち、周知の如く唐の則天武后の儀鳳年間は、外においては塞外民族の勃興、内においては府兵制衰退による鎭戍の無力化など、それまでの都護府・都督府體制による羈縻政策を邊防主義へと轉換せざるをえなかった一大轉機であったが、「かかる狀況に對應して、唐朝の對策として、蕃部落（兵）に對する監視・統制の强化、ひいては蕃部落（兵）それ自體の解體が行われた[14]」とするのである。つまり、唐の對外政策の頭打ちは、國防政策の修正を餘儀なくされ、その中で從來活潑かつ大規模で利用してきた蕃兵に對しても、これを縮小・整理せざるをえなくなったと言えよう。谷口氏は、先述した如く「自らの蕃部落兵を率いる蕃將を、上級指揮官（漢將）の隷下に屬させたのは、まさしく蕃將獨自の指揮決定の限定・削減を目的としていた[15]」と見ている。

このように見てくると、安史亂以降、行軍總管などの高級指揮官たる酋帥が率いる獨立した軍團は、唐朝にその出現が大きく抑制され、唐朝ではタイプの違う蕃將が頭角を表わすことになる。ただし、この變化が、唐朝による蕃兵利用の減退を意味しないことは先述した通りである。つまり、從來大型蕃將によって率いられた大型の蕃兵集團は、兩者ともにその規模が縮小された形で、唐の牽制を強く受けつつも、なお有力な兵種として唐に利用されていたのである。

そうすると、次は安史の亂後の蕃兵のあり方が問題となるが、谷口氏はこの問題については、例えば安史の亂を鎭壓した蕃兵を分析して次のように説明する。すなわち、「討賊軍中の蕃兵も部族的結合を有した蕃部落兵ではなくして、雜多な蕃兵集團として、または全くの一蕃兵として統帥されて[16]」おり、「これは、儀鳳年間以降の異民族支配强化としての蕃部落の解體の結果であると考えられる[17]」と。谷口氏は、この時代になると雜多の蕃兵集團は、部族的結合を持たない蕃將（＝「入朝蕃將」、但し先述のように谷口氏は個人部將タイプの蕃將という表現を使う）によって統帥されるようになるが、これは在蕃蕃將を統帥の任に充てた場合、自らの蕃部落兵の强盛を恃んで麾下の蕃兵集團と結び叛するのを恐れたためであろう、としている[18]。

しかし、これはこの時代の蕃兵に部族的結合が全くなかったことを意味することではなかろう。蕃兵は唐代全時代を通じて部族的結合を重要な部分としていたと思われる。つまり、谷口氏の説明は、個々の蕃部落兵を合わせて指揮する段階でのことを指すのであって、その下の個々の蕃部落ではあくまでも首領を中心とする部落結合が存在したと思われる。谷口氏は、こうした個別の蕃部落の蕃兵の軍隊としてのあり方については觸れていないが、以下この點をさらに檢討して、唐代蕃兵のあり方に對する理解を廣めてみたい。

2　唐代蕃兵の軍隊としてのあり方

先述のように唐代の蕃兵を專ら論じた研究は殆どない。これは、蕃部落内にまで立ち入って狀況を述べた史料があまりない制約によるからであろう。ここでは、遜繼民氏が唐代の蕃兵の特徵として擧げている、幾つかの事項を敷衍する形で論を進める。遜氏は、唐代の行軍制度を論じた『唐代行軍制度研究』のなかで、この時代の蕃兵について次のような特徴があることを概括的に提示している。[19]

(イ)、蕃族の部落は社會・經濟・軍事的に合一した組織をもち、平時は社會を管理し生産を營む。州縣の戶籍に屬さないが、しかし唐朝を軍事的に助ける義務があり、有事は出動する（全民皆兵）。

(ロ)、蕃部落兵が行軍に參加する組織の形式は簡單で、それは元來の部落組織を保持するままである。彼らは他の同行する行軍の兵員――府兵・兵募のように、自ら營伍を立て自らの系統を成す。つまり、蕃部落兵は既存する部落組織の群體形式で行軍に直接編入する。

(ハ)、蕃部落兵は從征の時、裝備と食糧を自辨する。

遜氏は、先述した蕃將の分類などについては全く言及しておらず、したがって、ここで擧げた唐代蕃兵の諸特徴は、時期に限らぬ唐一代を通じて言えるものであろう。まず、そのうち、(イ)は蕃兵の日常的なあり方を示すものである。すなわち、彼らは平時蕃部落で生業に從事しているが、唐朝には軍事的義務があって、有事は全員が出動することとなっている。社會・經濟・軍事が合一的な形を取るのは、彼らに限らず廣く遊牧民社會に共通するものであるが、特に唐の蕃兵はこのような狀態から有事には唐のために出動する義務があったことが注目される。日野開三郎氏も蕃兵の一種である「蕃人團結兵[20]」が「平時野に在って緩急に應召し、州に統轄せられていた[21]」と説明している。團結とは、『資治通鑑』卷二二五　唐紀　大曆一二年五月辛亥に、

…差點土人、春夏歸農、秋冬追集、給身糧醬菜者、謂之團結。

とある如く、農閑期に追集され教練されることをいうから、「蕃人團結兵」はもちろん蕃部落にある蕃兵も大體これに準ずる唐朝との關係を持っていたと思われる。

それは、『唐六典』卷五　兵部郎中の注に、成・岷・渭・河・蘭に多數存在する羌族の蕃兵について、

皆令當州上佐一人專知統押、毎年兩度教練、使知部伍、如有警急、卽令赴援。[22]

と説明することからも窺われる。この地域の羌族たちも平素生業に從事しながら、漢人官吏の管轄下に年二度の教練を受けており、有事は出動するという。唐代の蕃兵はまずこのような基本型を持っていたと言えよう。

ところで、ここでいう「部伍」とはどのようなものなのか。これがもちろん軍隊の編制を指すことは違いないが、遜氏もちょうどこの史料を使って先に示した(ロ)のような説明をしている。すなわち、(ロ)では蕃兵が有事（または訓練の時）唐の正規軍に加えて行軍を組む要領を述べるが、それは蕃兵が有する元來の部落組織を保持する形式で行われたとしている。つまり、蕃兵は行軍に參加するにしても改めて部隊の組織などを變えず、平素自分の有する組織のままにそこに加擔することをいう。遜氏も述べるように「彼らは他の同行する行軍の兵員――府兵・兵募のように、自ら營伍を立て自らの系統を成した」わけである。また、その部落組織は遊牧民の首領を中心に彼らが住む「帳」の數で編成されていたに違いなかろうし、それが有事にそのまま軍隊組織として轉用されたと言えよう。唐代黨項の部落について、『通典』巻一九〇　邊防六　黨項には、

其種毎姓別自爲部落、一姓之中復分爲小部落、大者萬餘騎、小者數千騎、不相統一。

とあり、その部落が軍事的な組織と何らかの關連があることをほのめかしている。蕃部落兵はこうした既存の部落組織を利用して機動力のある「群體形式で行軍に直接編入した」と考えられる。

したがって、實際の行軍においても彼らは漢人兵士を排除した形で、部隊を構成していたはずである。宋代の『長編』巻二四五　熙寧六年六月丙子には、唐代の軍制に關連して、

上謂執政曰、…蓋李靖陳法、以漢兵爲一隊、蕃兵爲一隊、用人如此、自無紛亂。

と見える。管見する限り、唐代の史料として蕃兵の部隊組織を詳述したものは見當たらないが、後代になって宋の神

宗は、有名な唐の將軍李靖が「漢兵を以て一隊と爲し、蕃兵を一隊と爲す」ような部隊編成をしていたと、說明している。これも蕃兵が漢人軍隊とは分離され獨自で軍を編成していたことを窺わせる。

ここで、以上述べてきたことを、先述した谷口氏の說明と關連づけて考えてみると、まず唐代の蕃兵は平素は(イ)と(ロ)のようなあり方を維持していたと考えられる。そして、こうした個別の蕃兵集團すなわち蕃部落同士が互いに合體してより大規模の形を成していく場合、谷口氏はその全體のリーダーを、儀鳳年間以前ならその蕃兵集團と關連があるもので充てたが、儀鳳年間以降はその蕃兵集團とは直接關連を持たない者、或は漢人部將を充てたことになる。

最後に、遜氏は(ハ)のように蕃部落兵の從征はその裝備と食糧が自辨であると說明する。このことは、『全唐文』巻三七七　楊譚　兵部奏桂州破西原賊露布に、蕃兵に對し、

戳力同心、傾家竭產、訓勉子弟、策勵甲兵、介冑自出於私門、糧儲不損於官廩。

と、說明していることからも裏付けられる。ただ、前引した『資治通鑑』巻二二五　唐紀　大曆一二年五月辛亥には、蕃人團結兵が「秋冬に追集され、身糧と醬菜を給された」とある。從征など有事に蕃兵が必要なものを自辨する原則はあったとはいえ、彼らが訓練を始めとする各種の機會に、唐朝より全く何ももらうことがなかったとはむしろ考え難いのではなかろうか。

二　宋前半期における蕃兵のあり方

1　唐宋間における異民族政策の差異

では、これに對し宋の蕃兵はどのような狀態にあったか。先述のように、宋代の蕃兵はその前期までは唐のそれと

大きく變わる所はなかったと思われる。ところが、それはあくまで蕃兵の軍事的な面に關わる所のことであり、宋朝の異民族政策そのものは大きく變轉しているのは注目に値する。そこで、次はこの異民族に對する唐宋兩朝の基本的立場の差異をまず指摘してから、宋代の蕃兵を論じていく。

歷史的に唐宋間に大きな格差があることは改めていうまでもない。それには多數の觀點があるが、最近、傅樂成氏は、これと關連して唐型文化と宋型文化という枠組みを提示し、前者の特徵としては老莊思想・佛教・胡人習俗を、後者の特徵としては民族意識・儒教意識・科擧制度を、それぞれ擧げている。(23) そしてその後、妹尾達彦氏はこの傅氏の說明に關心を示したうえで、示唆に富む自說をさらに次のように述べられる。(24)

唐型文化と宋型文化の類別を生み出す最大の原因は、①統治空間の大小と、②漢人か非漢人かという統治者の差異である。唐型文化の統治者が、非漢人の遊牧民ないし狩獵民の血統を繼ぎ、内中國 Inner China（ないし中國本土 China Proper）と外中國 Outer China（ないし中國外部 Outside of China Proper）を合わせて内包する大きな統治空間を有するのに對し、宋型文化の統治者は漢人であり、農耕地帶の内中國のみを統治空間として外中國の非漢人と對立した。この統治空間と統治者の差異を背景に、二つの文化類型の間には、對外關係・行政組織・體制イデオロギー等の諸點で、對照的な關係が見られる。すなわち、圖式的・抽象的な表現になるが、唐型文化の唐・元・清が、外中國の非漢人居住地と内中國の漢人居住地の兩者を支配空間として包含するために、形式的・複合的行政組織、中華思想・普遍主義的イデオロギーを有するのに對し、宋型文化の宋・明は、内中國の漢人居住地に統治空間が限られる漢人政權のために、機能的・中央集權的行政組織、華夷思想・漢人中心主義の特徵を有している。

これら傅・妹尾兩氏の論說の中から對外的な側面のキーワードを擧げると、唐は「大きな統治空間」、「國際主義」、

「中華思想・普遍的イデオロギー」、これに對し宋は「(相對的に)小さな統治空間」、「内向き」、「華夷思想・漢人中心主義」などになろう。これが、唐宋兩朝における對外的立場を示す、最大公約數的要素であることにはほぼ異論はないだろう。

そうすると、このような對外的立場の差が、唐宋兩朝の異民族政策の各々にも相異なる方向性を與えたことが考えられる。まず、唐朝の蕃將政策はまさにそのような側面で理解される。すなわち、先述した如く、唐は在蕃蕃將のほかに入朝蕃將が存在し、それらの多くが唐の中央政府で時には要職を占めるなど、唐代史に一つの異彩を放っている。(25) 彼らは、谷口氏の説明で見たように、蕃兵の最高級指揮官に任じられることもあったが、傘下の蕃兵と部族的繫がりはあまりない。また、その多くは唐の中央で宿衞するのが普通で、この場合には兵を率いない者が一般的であった。さらに、この宿衞に似たものとして「入質子」も外國から來て仕官していたが、これらはその國を牽制するための王子・王弟が多く、唐に仕官して本國に歸るのもあった。(26) このように、唐の入朝蕃將は必ずしも軍事的な側面のみに限らない多様な面貌を持っているようである。言ってみれば、それはむしろいわゆる大唐世界帝國の下で現れたまさに國際主義の發露とも見られるし、また唐朝の中華思想・普遍的イデオロギーの中で理解され得るものであろう。

これに對し、唐朝に實際の武力を提供したのは在蕃蕃將である。唐中期以降、入朝蕃將の起用のため相對的に低い立場に立たされてはいるものの、實際に蕃兵を率いて唐朝に奉仕したのは、これらの大小の在蕃蕃將であった。したがって、以上のことから、唐の入朝蕃將の存在は、この王朝の國際主義——ある意味では國威を誇示する側面をもつ——を浮き彫りさせるいわば裝飾的意味さえあった(27)とすれば、一方の在蕃蕃將は、邊境や羈縻州などの在地にあってその下の蕃兵を伴いながら唐朝の軍事力を實質的に補うものであったと言えよう。

ところが、宋代になると、このような二系列の蕃將體制はほぼなくなる。それは他ならぬ宋朝の對外的立場が、唐とは正反對に變轉したことによる。先に擧げた宋朝の對外的な側面を説明した、「(相對的に)小さな統治空間」、「内向き」、「華夷思想・漢人中心主義」などの部分が、特に宋朝に入朝蕃將のような國際主義的性向をもつ蕃將の存在を無くしつつあったと思われる。單純に考えても、かかる宋の立場が入朝蕃將の存在を難しくさせたのは首肯できるし、それは宋代の史料上でも反映されている。唐代に多く見當たる「蕃將」というタームが、宋代の史料には殆ど檢出されなくなるのである。[28] 特に、入朝蕃將の場合がそうであって、宋代には唐朝のような入朝蕃將の實體そのものが、殆ど無くなったと考えられる。すなわち、宋の中央には宿衞する外國人とか「入質子」などは目立たなく、その代わり海外から中國の文物を學ぶわりと純粹な留學生などが多く來ている。[29]『宋史』巻四八五　外國一　夏國上の序文に、宋の異民族に對する態度を「來れば則ち拒まず、去れば則ち追わず」と説明しているのは、唐の積極的な對外異民族の懷柔とは違う、宋の立場を示すように思われる。入朝蕃將の存在有無も、そのような唐宋兩朝間の國柄の性格差と深く關係するのではなかろうか。

ただし、宋代には在蕃蕃將のような存在が唐より一層クロズアップされるようになる。これは宋朝の蕃兵の實質を重んじる傾向を反映することで、先述した宋の内向き的な立場の結果であったとみてよかろう。すなわち、唐朝と打って變わる嚴しい國際環境に立たされた宋朝では、唐のような入朝蕃將を中央に布置する餘力はなく、實際に軍事的に自分を助ける緣邊などの蕃部落に關心が向けられたのはむしろ自然なことであったと言えよう。この宋の立場は、例えば「唃廝囉の援を期するよりも屬戶を招撫せよ、廝囉の國既に分裂して夏國を攻めるの力なし、故に廝囉の援のみを期するは、屬戶近戍の功を捨てて西蕃遠望の言を信じるものにして至計に非ず[30]」という、宋人田況の主張からも窺われる。つまり、これこそ宋朝が遠夷を懷柔することより身近な所の在蕃蕃將に注目するのが卽效的かつ切實であるという、宋人の考えを表している。なお、先述のごとく、唐代には異民族に對する「充質」または「納質」が、外國の王子などが中央に送られる形を取っていることに對して、宋代の中央ではそれがあまり見當たらぬ代わり、緣邊の酋長の親族がその緣邊の州治などに送られる例が少なくない。(31) これも宋朝の在蕃蕃將への關心とその管理の重要性を反映するかのようである。このように、宋代の蕃將は規模的にはあまり大型のものはなく、また中央にも進出しなかったためその存在感も目立たなかったが、「在蕃」すなわち部族を離脱しない所で宋朝の國防に奉仕していた。

一方、宋朝の在蕃蕃將への關心は、この王朝が採擇した募兵制とも無關係ではなさそうである。というのも、募兵制の實施は早くから宋朝の期待を裏切り、冗兵と財政壓迫の問題を日增しに增大させていったが、その打開策の一つとして登場したのが在蕃蕃將への關心だったからである。先に指摘したごとく、陳寅恪氏は唐朝が「府兵制の成熟によって、…蕃部落兵に依存する必要性がなくなった」としたが、しかし唐代には蕃兵の役割が決して小さくなかったといえる。とすれば、募兵の數を減らしていく趨勢にあり、しかも一方で蕃兵の使用を積極的に進めよとの聲も高まっていた宋朝では、蕃兵の國防上での比重が唐より大きかったはずである。この蕃兵が在蕃のものであったのはもちろんである。

以上、唐宋間における異民族に對する態度に大きな差異があることを指摘した。では、蕃兵への關心がより強くなった宋代では、蕃兵はどのように存在していたのか。唐宋間の異民族に對する立場の差異は主として蕃將に對するものであって、私は蕃兵の軍隊としての姿は、冒頭で斷わったように宋になっても當分は大きく變わることがなかったと見ている。次はまずこの點から分析してみたい。

2　宋前期における蕃兵の軍隊としてのあり方

宋代の蕃兵制が神宗朝を最大の畫期として、その前後の性格を異にしていたことについては既に言及した。とはいえ、宋朝は國初から神宗代に至る百餘年の間、既に蕃兵を戰闘などで盛んに利用する經驗を持っており、この間においても蕃兵制は幾度か變化或は發展する契機ないし段階があった。つまり、宋代蕃兵制の發達史を通觀する場合、それは神宗期をもって一番大きく變るが、その前後もさらに幾つかの分岐が存在すると考えられる。本書の第七章と第八章は神宗朝以後の蕃兵制の展開を検討したものであるが、私はかつて神宗朝以前における蕃兵制の大雜把な趨移についても考えを示したことがある[32]。その時の要點を整理した表を次に再び擧げておく。

段階	原初期	整備期	完成（成立）期
時期	～仁宗中期	～英宗代	～神宗代
條件	宋夏對立以前	宋夏抗爭期	宋朝の西方進出

ところで、最近中國の安國樓氏は『宋代周邊民族政策研究』を公刊され[33]、その書の第四章「民族軍隊的組織與作用」は宋代蕃兵制度に充てられているが、これを讀むと安氏の考えも以上に示した私の考えと大體一致しているように思われる。すなわち、安氏は「蕃兵の軍事編制が、宋朝の建國と同時に出現したのではなく、それは比較的長い期間を通じて發展し完成した[34]」という前提から、神宗以前の蕃兵制を「蕃兵的組建（組織・編成）」段階と、それ以降を「蕃兵的發展」の段階とそれぞれ呼び、そのうち前者の「蕃兵的組建」がさらに幾つかの段階に分けられる[35]としている。安氏はそれに關する表などを提示してはいないが、整理すればほぼ次のようになろう。

第一段階：太祖－太宗

第二段階：眞宗－仁宗中期（寶元用兵）

第三段階：仁宗中期－英宗

以下では、これら私の表と安氏の説明で示された蕃兵制の二、三の段階に對して、それぞれの內容と特徵を檢討することによって、神宗朝以前における蕃兵の狀態を述べてみたい。

まず、私は宋の初めから仁宗中期までを蕃兵制の「原初期」としたが、これはちょうど安氏の第一と第二段階を合わせた期間に相當する。私は仁宗中期までを大きく一つに區切ったが、これを安氏のようにさらに二つに分けることも可能であろう。すなわち、第一段階の太祖・太宗時期は、宋朝が國內を統一することなどで餘念がなく、蕃兵を組織のある軍隊として利用する體制もまだ整っていない狀況であった。しかし、この時期、西北邊では李繼遷の反宋鬪爭が激化しており、これに對して宋朝は內屬した「蕃部」を利用する策を既に講じていた。これはもちろん前代からの傳統である。ただし、その蕃兵の宋朝のための軍事行動は、例えば『宋史』卷四九一　外國七　黨項に、

（雍熙二年五月）麟州及三族砦羌人二千餘戶皆降、酋長折御乜等六十四人、…遂與部下兵入濁輪川、斬賊首五十級…。

とあり、また同書同所にも、

（淳化二年一一月）繼遷寇熟倉族、刺史咩嵬率來離諸族擊退之。

とあることから察せられるように、宋朝の作戰系統とはほぼ無關係にその酋長を中心とした蕃兵たちによって單獨で遂行されている。つまり、この時期の西北緣邊には、宋朝に附屬して邊防を擔う蕃將や蕃兵があったが、彼らに宋朝からの具體的な干涉の手はまだ伸びていなかった。

かかる狀態が變わり始めたのが眞宗朝以降のことである。そして、そのことは宋初西北邊防の最大功勞者の一人であった曹瑋の業績に關るものが多かった。すなわち、四〇年近く西北邊に滯在し「尤も西方において功有る」[36]と言われた彼は、蕃部管理にも精力を傾注して、やがて各蕃部の首領を中心に、彼らが率いる「族帳」の數に基づいて「蕃

官」を與える原則を初めて確立した。大中祥符七（一〇一四）年、彼が務めた涇原路を中心に體系的に實施されたこの方法は、宋朝が内屬した蕃部に對して初めてコントロールを圖ったところに意味がある。そしてこれ以降、この方式が仁宗の慶曆年間初め頃、西北全域に普及されるようになり、神宗朝にも基本的に受け繼がれていくことになる。[37] これらに關する具體的な内容は、本書の第五章〜第八章で述べてあるので、ここでは省く。

ところで、ここで注意すべきは、蕃部に與えられた官職が主として各部族の首領を對象とするもので、一般の蕃兵に對するものではなかったということである。その故に、私はこれを宋朝の蕃部支配政策の一つとして行われた、その首長への懷柔のための「蕃官制度」の整備と見るのであって、蕃兵そのものを對象とした制度の整備とは見ていない。安國樓氏も、これらの蕃官を受けた人々を「所管族帳の行政首領であり、同時にまた所管族帳中の軍員（＝蕃兵）の將領である」[38]と説明する。つまり、軍職＝蕃官を帶びた首領たちは民政官と軍政官を兼ねたもので、平時は宋朝に權威づけられた蕃官でその蕃官に見合う數だけの族帳を管理し、一方の有事の時にはその族帳を率いて戰場に出ると理解される。

したがって、蕃官の下にある一般蕃兵は、多分「帳」を中心とする蕃部固有の方法で部隊を成していたはずで、まだ宋の部隊編制に準じる形は取られていなかったであろう。そのため、安氏もこの時代を「既に蕃兵は出現したが、但し彼らは各々の蕃將の下に分屬していて、統一的な組織と編成はなく、まだ宋政府が直接これを利用することはできなかった」[39]と説明する。とすると、この頃、宋朝を助けて共同作戰に加擔していた蕃兵たちは、部隊編制が異なるだけでなく、漢人將領（漢將）ではない夫々の蕃將に率いられていたことが推測される。

かかるあり方を基本とした蕃兵たちは、その後、すなわち仁宗中期から英宗期にかけてもう一度の變化を迎えることになる。この時期を私は便宜上「整備期」と呼んだが、安國樓氏も新たなもう一度の段階（第三段階）として設定している。

蕃官制度の基礎が成り立った直後に當たる慶暦元（一〇四一）年以降、西夏から宋朝への大攻勢があり、それで宋に內屬した熟戶蕃部は多大な被害を被った。この李元昊の南侵によって宋朝では建國以來最大の戰禍が生じたが、その中で從來西北緣邊でいわば防波堤の役割を演じていた、いわゆる「熟戶藩籬」は倒壞し、それの五割程度が「陷沒」したという。[40] これは蕃兵の總崩れを意味するものにほかならぬ。そのため、この後の宋朝では「熟戶藩籬」再建が當面の課題となり、その結果仁宗から英宗朝にかけて蕃部に對する招撫が集中的に行われ、熟戶の復歸が實現した。[41] そして、同時に宋朝の蕃兵管理に對する關心も高まり、神宗朝の直前すなわち英宗末頃には蕃兵が部族の大小によって「隊伍を分け、旗幟を給し、各々營壘を繕じ、人に器甲置かしめる」[42] 狀況も徐々に現れた。ただし、ここでの隊伍などが神宗以降のものと性格を異にするのは後述する如くである。

以上をまとめれば、神宗朝以前の宋朝では、眞宗以降仁宗代にかけて宋朝の蕃官任命方式が確立することで、蕃部及び蕃兵に干涉しうる初步的な契機が形成されたが、さらに仁宗後半以降から熟戶藩籬の崩壞を契機に一段と蕃兵への關心が高まりつつ神宗朝に向かったことになる。

ところが、全體的な傾向として神宗朝以前の蕃兵には、安國樓氏が指摘する次のような特徵があったことを看過してはいけない。すなわち、安氏は、

この時期における蕃兵組織の特徵は、軍と政の區分がなく、蕃將の任命とその職位の高低が所管する族帳の多少によって決められ、蕃兵の人數とは直接關係がないことである。蕃將たちは所屬する兵員の將領であり、また管轄する族帳民戶の首領である。また、指摘すべきは、この時期のいわゆる「蕃兵」は、大部分本來の部族または地區を離脫しない熟戶の壯丁で組織された軍隊である。

と、述べている。[43] 蕃將が蕃兵の人數と直接關係のない形で任命されたという安氏の指摘の裏面には、軍隊は兵士の數で組織されるのが普通かつ基本であり、したがってそうでなかったこの時代の蕃兵たちはまだ體系的な軍隊の形を持っていなかったことを反映する、という意味があるように見られる。また、蕃兵の大部分が自己の部族を離脱しない熟戶壯丁で組織された軍隊であったことは、漢人兵士との關係に關わる部分を説明しているものと理解される。つまり、これは既に強調したように蕃兵が漢人部隊とは離れた處で、しかも獨自の方法で部隊を維持していたことを指摘した部分であり、同じ宋軍でありながら兩者の間に合體し得ない根本的な差異があることを意味する。

なお、このように見てくると、以上のような宋前期中の蕃兵の存在形態は、基本的には唐代蕃兵のそれとさほど差異がないように見受けられる。そのために、私は冒頭で唐代から宋前期までの蕃兵の間には根本的な差異はなく、それに初めて重大な變化が起きるのを神宗朝以降と見たわけである。そしてこの理由で、本論では神宗朝を「蕃兵制の成立」と見たが、ちなみに安國樓氏が先述のように神宗朝以降を「蕃兵的發展」と呼んでいることも以上の認識と全く無關係なことではあるまい。

おわりに

以上、本章では唐から宋前期までの蕃兵が基本的には同じ性格であるという前提の下で、宋の神宗朝に成立する蕃兵制の前段階のあり方について論じてみた。冒頭で斷わったごとく、そもそもこの章を立てた動機には、神宗朝以降の問題との關連のために、という點があったが、このような消極的姿勢のほかに史料不足などの狀況もあって、本章では唐代蕃兵のあり方を本格的に追及することができなかった。また、本章では五代の蕃兵についても筆者の力量不足で一切割愛せざるをえない形となってしまった。ただし、本章の中で明らかにしたように、唐代の蕃兵は平素各自の部落で生業に携わりながら有事はじめて出動して唐朝を助けており、またその際の部隊編成は唐の正規軍とは違う獨自の形を取っていたことは、五代を經て宋の前期まで基本的には共通するものであろうと思われる。そして、これらの點に質的變化が現れたのが宋の神宗朝であると思う。また、かかる神宗期の蕃兵に對する改革の時代的背景には、外患に一層苦しめられるようになった宋朝の、以前の王朝に勝る「在蕃蕃將」への關心があったと見られる。

注

(1) 唐宋以前の中國王朝の異民族利用策に關する沿革については、孫繼民『唐代行軍制度研究』(文津出版社　一九九五)第四章「唐代行軍的兵員構成」及び、洪廷彦「兩漢三國的夷兵」(『文史哲』一九五八―三)など參照。

(2) この問題に關する先學の研究は、石見清裕「唐代外國貿易・在留外國人をめぐる諸問題」(『魏晉南北朝隋唐時代史の基本問題』一九九七　汲古書院)に整理されている。

(3) 同「論唐代之蕃將與府兵」(『中山大學學報』一(社會科學)一九五七、のち『陳寅恪先生文史論集』文文出版社　一九七三に再收)

(4) 同「唐代前半期の蕃將」(『史明』九　一九七八)。谷口氏は前者を「部族長=酋長として自己の部族を率いて唐に仕えているタイプ」と、後者を「蕃將個人の軍事的才能によって拔擢起用されたタイプ」と、各々說明している。

(5) 同『唐代蕃將』(三秦出版社　一九九〇)。馬馳氏は前者を「本蕃(所屬する部族)を離れずに邊州の都督・都護府、或は節度使の押領を受ける羈縻府州で唐朝の官封を世襲する蕃人君長」と、後者を「基本的に本蕃から離れ、內地で任職され、直接朝廷の命に從う蕃人將領」と各々說明する。

(6) 以上の陳・谷口・馬三氏の區分が概ね似ていることは、石見前掲論文の說明によっても裏付けられる。またこの他、章羣氏も『唐代蕃將研究』(聯經出版事業公司　一九八六)及び同書『續編』(同　一九九〇)で蕃將のタイプを細かく七つに分けているが、石見前掲論文の整理によると、それは⑴參與戰爭者、⑵軍中押立或藩鎭世襲、⑶羈縻州府刺史・都督、⑷國王或首領來朝・來降、⑸入爲宿衞者、⑹放還蕃者、⑺その他、などである。

(7) 陳寅恪前掲論文。

(8) 同右。陳氏はこの變化のもう一つの原因として、「突厥默啜可汗の支配體制の崩壞によって民族混合の小部落が唐北邊に雜居したこと」も擧げている。

(9) 谷口前掲論文第一章「安史の亂以前の蕃將」。

(10) 同右。

(11) 陳寅恪前掲論文。

(12) 谷口前掲論文第二節「行軍と蕃將」を參照。

(13) 菊池英夫「節度使制確立以前における「軍」制度の展開」(『東洋學報』四四－二・四五－一、一九六一・一九六二)、孫繼民前掲書第四章「唐代行軍的兵員構成」などを參照。

(14) 谷口前掲論文第三節「蕃部落支配の强化」。

(15) 同右。

(16) 谷口前掲論文第三章「結語」。

(17) 同右。

(18) なお谷口氏は、唐末からはこのような雜多な蕃兵集團において、擬制的部族制とも稱すべき結合關係が出現して、再び强力な結束を求める動きが生じたが、これは唐末五代に盛んになった假父子制と何らかの關係があると、展望している。

(19) 同氏前掲書第四章「唐代行軍的兵員構成」。

(20) 孫氏は前掲書第四章「唐代行軍的兵員構成」で「蕃兵には二種類があって、蕃兵募が一つであり、蕃部落兵が一つである」としているが、この中で普通の蕃兵は後者であり、前者は漢兵募のように個人身分として兵士に應募するものと思われる。

(21) 同「唐府兵制時代の團結兵について」(『法制史研究』五　一九五四、のち同『日野開三郎東洋史學論集』一　三一書房一九八〇に再收)。

(22)『全唐文』巻二一　玄宗　移蔚州横野軍於代郡制にも、「有事應須討逐探候、量宜追集、無事並放在部落營生」とある。

(23)同「唐型文化與宋型文化」(『唐代研究論集』第一輯　新文豐出版公司　一九九二)。

(24)同「都市の生活と文化」(『魏晉南北朝隋唐時代史の基本問題』汲古書院　一九九七)。

(25)池田溫「唐朝處遇外族官制略考」(『隋唐帝國と東アジア世界』汲古書院　一九七九)參照。

(26)以上については謝海平『唐代留華外國人生活考述』(臺灣商務印書館　一九七八)、及び前の馬馳・章羣・石見前掲諸論文の該當部分を參照。

(27)例えば池田溫氏は、唐朝の異民族への授官の理由に、「彼らの名譽心を滿足させるねらい」、または「外族に對する武功の優越を内外に誇示し得る」ことなどがあると指摘している(同氏前掲論文)。

(28)例えば『宋史』では管見の限り七つの例が見當たるが、その半分ほどが敵軍、または契丹などの蕃將を指しており(巻二五三　孫行友傳、巻二五七　李處耘傳、巻二六四　宋琪傳、巻三二五　任福傳)、他はすべて宋の縁邊に居住する唐代式でいえば「在蕃蕃將」の類になる(巻一九一　兵五　蕃兵、巻三一四　范仲淹傳、巻四五二　景思立傳)。

(29)變わったこの時代の國際環境については、例えば西嶋定生「東アジア世界の形成I・形成」(『世界歴史』四　古代四　岩波書店　一九七〇)、Morris Rossabi ed., *China among Equals: The Middles Kingdom and Its Neighbors, 10th-14th Centuries*, Berkeley and LosAngeles: University of California Press, 1983. などを參照。

(30)『長編』巻一三二　慶曆元年六月甲戌。

(31)本書第五章「宋代における熟戸の形成とその對策」を參照。

(32)拙稿「北宋時代における熟戸の形成とその對策(修士論文概要)」(『早稲田大學文學研究科紀要(哲學・史學編)』第三九輯　一九九三)。

(33)一九九七年八月　文津出版社。

(34)安氏前掲書六八頁。

(35) 安氏前掲書六八—七一頁。
(36)『五朝名臣言行錄』巻三　曹瑋。
(37)『東都事略』巻二七　曹瑋傳に「其所措置如此、後皆爲法云」とあり、『隆平集』巻九　同傳にも「瑋所措置、至今不能改」とある。
(38) 安氏前掲書六九頁。
(39) 安氏前掲書六九頁。
(40)『宋名臣奏議』巻一二五　呂誨　上英宗請重蕃部兵帳。
(41) 前掲拙稿參照。
(42)『宋史』巻一九一　兵五　蕃兵。
(43) 安氏前掲書七〇頁。

第七章　宋代における蕃兵制の成立

はじめに

前章では、宋朝の一軍額たる蕃兵の重要性に注目し、その解明のための基礎として熟戸問題を取り上げた。對西夏戰などで大きな活躍[1]を見せた蕃兵は、「塞下の内屬する諸部落を具籍し、團結して以て藩籬の兵と爲す」(『宋史』卷一九一　兵五　鄉兵二)とあるように、他の漢人兵種とは別に、宋の邊境に内屬して熟戸と呼ばれていた異民族を母體とする軍隊である。本章ではその蕃兵がどのようにして宋朝の正式の軍額の一つ、すなわち蕃兵制として成立していくのかを檢討する。

ところで、かかる宋朝による蕃兵利用は、『宋史』卷一八七　兵一　禁軍上に「又蕃兵有り、其の法、國初より始まる、…其の後、隊伍を分け、旗幟を給し、堡を繕營し、器械を備う」とあるように、國初以來のものであったが、その蕃兵に整った形態の兵制が成り立つようになるのはやや後代のことと見られる。そして、ここで「その後」とある時點は、諸種の状況から考え、特に神宗朝のことを指すものと思われる。[2]例えば、『宋史』卷一九〇　兵四　鄉兵一に「(神宗)熙寧以來、則ち尤も蕃兵・保甲の法を重んじ、餘は多く舊制を承く」とあり、或は神宗朝のことを記したと思われる『玉海』巻一三九　兵制四の「兵額に四有り、曰く禁兵、廂兵、郷兵、蕃兵」とある説明[3]などから、蕃兵制が神宗の熙寧期以降何らかの理由で宋朝に重視されつつ、制度的にも整備を成し遂げていたことが推察される。神宗朝は新法政治が實施される中で「神宗嗣位して軍政に更革する所多し」（『宋史』巻一九六　兵一〇　屯戍之制）とあるように、軍政面でも數々の改革策が行われており、蕃兵制の整備もこのような軍政改革の一環と看なすことができる。

然るに、從來の宋朝の兵制に關する研究において、蕃兵の存在はあまり評價されていなかったし、それの宋朝兵制史上での理解も殆どなされていないように思われる。例えば、日野開三郎氏は宋の兵制を概觀しつつ、「宋代の兵制には禁軍と廂軍と郷兵との三要素があった[4]」と述べ、蕃兵のことには全く觸れておられず、また最近の安俊光・任樹民氏などの場合は[5]、蕃兵のことを専論しながらも、蕃兵自體の整備過程、ないしそれの宋朝兵制上での位置付けについては殆ど説明がなされていないなど、殘された問題はなお多い。

そこで本論では、以上のことから、神宗朝を蕃兵制が成立する畫期として捉え、特にそれを可能ならしめた神宗朝の時代的背景と、並びにそれが宋朝で一連の議論を經て、やがて宋の第四の兵額として定着する過程を中心に考察したい。

一　蕃兵制成立の時代的背景

1　王韶の熙河路經略

周知のように、神宗が卽位すると、宋朝の對外政策は消極策から積極策へと大きく轉回していった。それを象徴する事件の一つが、宋朝史上最大の軍事的成果と評價される王韶の熙河路經略である。この經略は熙寧元（一〇六七）

年耀州司戶參軍であった王韶が、『東都事略』巻八二　王韶傳に、

上平戎策曰、國家欲制西夏、當復河湟、河湟復則西夏有腹背之憂。自唐乾元以後、吐蕃陷河隴、至今董氈不能制諸羌、而人自爲部、莫相統一。宜以時幷有之、以絶夏人之右臂。凡數千言、神宗覽而奇之。

とあるような平戎策を、即位したばかりの神宗に薦めたのを契機としている。

唐代の隴右道一帶に當たる所謂「河湟の地」（現在の甘肅省西部から靑海省東部に至る地域）は、中唐の際に吐蕃に占領され、やがてその勢力も分裂したが、宋の初め頃には靑唐族の唃廝囉によって統一されていた。[6] そしてこの唃廝囉政權は、前田正名氏や岩崎力氏などが述べられるように、當時西夏によって東西交通を妨げられていた宋朝にとっては、交通路の面からも或は西夏との對抗の面においても重要な意味を持ち、そのため宋朝では唃廝囉の羈縻が西北邊防上で極めて重大な課題となっていた。[7] だが、その唃廝囉政權は宋の前期中、一族の不和などで再び分裂し（圖Ⅰの附表參照）、それによって宋の唃廝囉への羈縻政策にも支障の兆しが生じてきた。しかも、かかる靑唐族の分裂の隙を突いて西夏は勿論、遠方の契丹からも南下を畫策する氣配が宋朝に探知され、[8] 宋朝の警戒が強まっていたのも事實である。そこで、このような河湟地方を取り卷く情勢から、王韶は先手を打って直接河湟地方を先に併合することを進言し、[9] それが時に西夏打倒に燃えている神宗に[10]「奇策」として受け入れられることとなって、熙河路經略の體制が整えられたのである。

ところで、この場合、王韶の建言が神宗に重視された背景には、以上のような河湟地方の戰略的價値に加え、さらにもう一の理由があったように思われる。それは同地域に廣がる數多い吐蕃などの異民族の群小部族たちを、熟戶化して蕃兵としようとするものである。宋朝が熟戶の軍事的價値に注意を拂っていたのは既に國初以來の傳統を持つものと言えるが、[11] そのような宋朝の關心は、神宗朝になって俄にその重要性が生じてきた河湟地方を對象として一段と

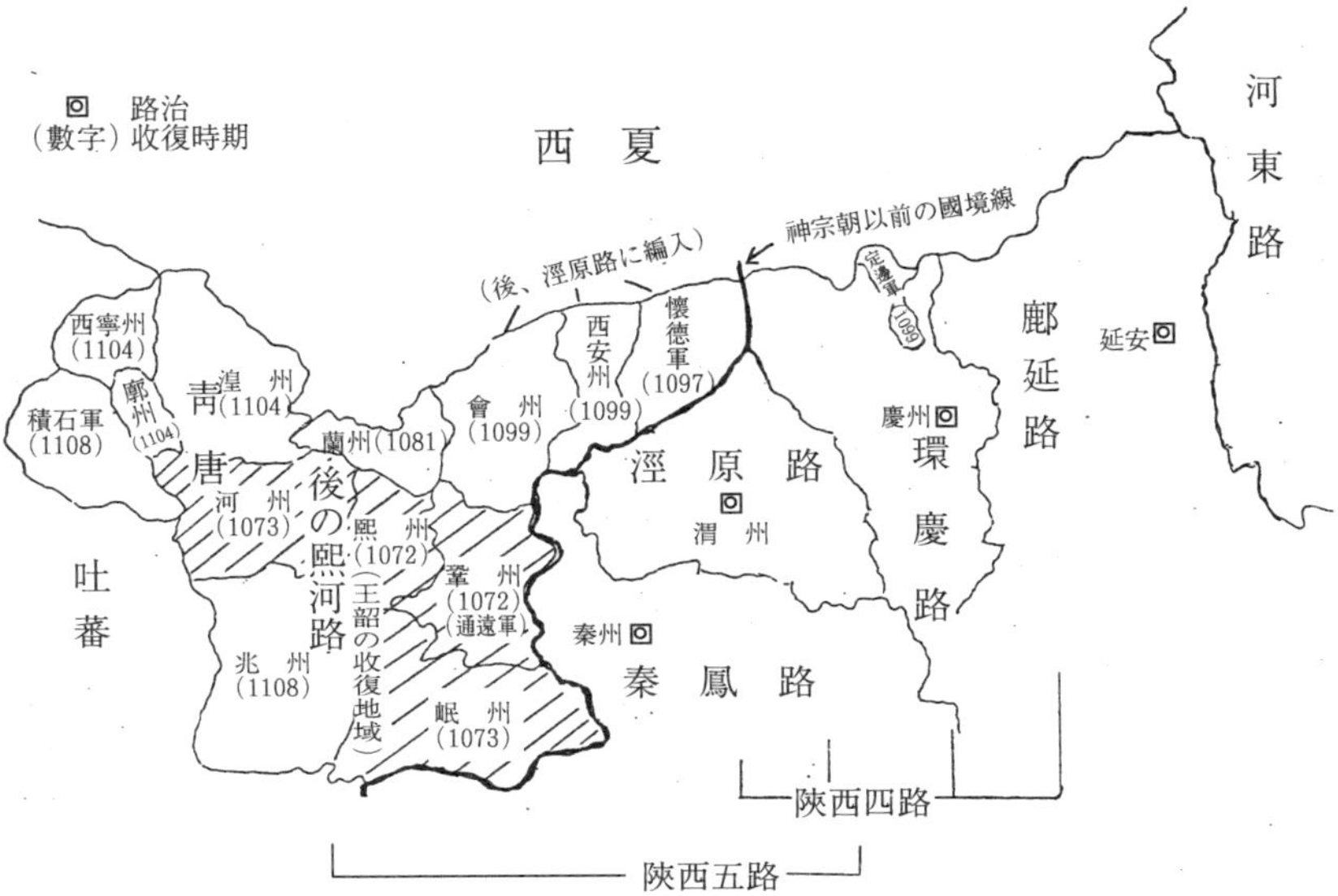

圖Ⅰ　北宋後期の西北疆域

唃廝囉（997～1065）	第1子　瞎氈（？～1058）	木征（？～1077）	本據地は河、洮、岷等の州
	第2子　磨氈角（？～1058）		（董氈勢力に統合される）
	第3子　董氈（1032～1083）	阿里骨（1040～1096）	西寧（青唐）、湟（邈川）、廓州等
兪龍珂			鞏、熙、岷三州交界地

付表：神宗朝直前における河湟地方の割據狀態

強まり、それで熙河路經略はますます重要視されていたと言える。

そのことを示すものの一つが、王韶が平戎策と同時に朝廷に奉った「和戎六事」である。この「和戎六事」[12]の内容は、宋朝が熙河路を經略した後、同地域を如何に經營すべきかを、王韶が豫め箇條書きで示したもので[13]、その全文が『宋名臣奏議』卷一四一　邊防門（文彥博　上神宗論進築河州の注）に載っている。その中で王韶は特に蕃兵のことに注目して、

臣竊見鄜延、環慶兩路蕃兵自來各有成法、使之戰鬬及守境、皆與漢兵無異、往往禦敵殺將立功塞外、此兩路藩籬所以益固也。今四路蕃兵幷是羌夷舊種、雖有吐渾、黨項及吐蕃之別、然其種姓實皆出于西戎而已、何獨在鄜延、環慶則可用、在涇原、秦鳳則不可用、…臣愚以爲陛下宜擇朝臣有文武材略者、往涇原、秦鳳擇蕃兵可教者教之、固其部族、合其心力、使勸勉奮勵、樂爲吾用、則十萬餘蕃兵不費官中粒食、而可以爲心腹之用矣。


と述べている。

ここで王韶が强調しているのは、陝西路の蕃部が黨項であれ或は吐蕃であれ、宋朝はその種類や地域に關係なく彼らを積極的に利用すべきである、ということである。これを具體的に言えば、宋朝は從來主として黨項が密集する鄜延や環慶路の地域を對象に、蕃兵を利用する策を展開してきたが[14]、それをさらに吐蕃などが集中する涇原や秦鳳路にも廣げていくべきである、という意味である。但し、ここでいう涇原や秦鳳兩路は、當時はまだ熙河路の概念がなかったために、河湟地方をも含む意味として使われていたと見なければならない。例えば、『涑水記聞』卷一一（慶曆三年一二月八日の條）にも、

涇原・秦鳳兩路、除熟戶外、其生戶有蹉鶻谷、…洮・河・蘭州・疊・宕州、連宗哥・靑唐城一帶、種類莫知其數、然族帳分散、不相君長。

とある如く、宋朝では熙河路ができる前までは、洮・河・蘭州などの諸地域を、それと隣接している涇原や秦鳳路で表現し、そこに散在する異民族の「族帳」は內地の熟戶に對し生戶と呼んでいたのである。この例からも明らかなように、王韶は河湟の地を經略した後は、そこに廣がる蕃部（生戶）たちを、從來の鄜延や環慶路のように熟戶化して蕃兵にすることを訴えたわけである。そしてそうするために、彼はそれらの地域には「文武材略」ある者を遣わして、蕃兵に武藝などを習得させるべきであり、そうすれば「十萬餘の蕃兵が官中の粒食を費やさずに心腹の用と爲る」と見込んでいる。

さらに、このような王韶の考えは王安石にも存在していた。王安石は王韶の最大の後援者であり[15]、そのため熙河路經營策においても王韶と共通する所が多かったが[16]、それは例えば『宋史』巻一九一　兵五　鄉兵二に、

（熙寧六年）安石奏曰、今以三十萬之衆、漸推文法、當卽變其夷俗。…蕃漢爲一、其勢易以調御。請、令韶如諸路以錢借助收息、又捐百餘萬緡養馬於蕃部、且什伍其人、獎勸以武藝、使其人民富足、士馬强盛、奮而使之、則所嚮可以有功。今蕃部初附、如洪荒之人、唯我所御而已。

とある記事からも讀み取ることができる。すなわち、王安石は熙河路經略が一通り終結した熙寧六（一〇七二）年、宋朝の經略を受けて「初めて附するに洪荒の人の如し」である三〇萬の蕃部に對し「養馬」を依賴する[17]一方、王韶の主張のように、蕃部を「什伍」すなわち軍隊（蕃兵）として組織し、かつ武藝を教えることを主張している。彼もこうすることによって蕃部の用を大いに引き出すことができると信じていたのである。なお、王安石はここで「（熙河路蕃部の）夷俗を（漢側の法規をもって）變えるべき」ということも合わせて述べているが、この點は後述するように、彼の蕃兵利用策を含む熙河路經營策の基本理念を示すものとして注目される。

このように宋朝では河湟地方の蕃部を高く評價する見方が、熙河路經略を前後にして明らかに存在し、これがある

意味では熙河路經略の推進力の一つともなったと考えられる。そしてそうであればこそ、宋朝ではこの後、熙河路經略の成果を特に熟戶の獲得という點に關連づけて述べる論評が目立つ。すなわち、以上のような背景で着手された熙河路經略は、既に榎一雄氏が詳述されている複雜な戰史[18]を經た後、一定の成果を擧げ（表Ⅰ參照）、熙寧六年に一應の幕を降ろしたが、宋朝ではそれに對し例えば『臨川文集』卷四一　上五事箚子に、

今青唐、洮河幅員三千餘里、擧戎羌之衆二十萬獻其地、因爲熟戶。

とあり、また『宋史』卷一九一　兵五　鄉兵二に、

（熙寧）六年、…帝（神宗）曰、岷、河蕃部族帳甚衆、儻撫御咸得其用、可以坐制西夏、亦所謂以蠻夷攻蠻夷者也。

とあり、さらに『長編』卷二四七　熙寧六年一〇月辛卯に、

王安石曰、羌夷之性雖不可猝化、若撫勸得術、其用之也、猶可勝中國之人。

表Ⅰ　熙河路經略大事年表略

年月	事項
熙寧元（一〇六八）年二月	王韶平戎策を奉り、管幹秦鳳路經略司機宜文字となる。
二～三年	提擧蕃部兼營田市易公事となり、秦州及び古渭寨等の蕃部招撫に務む。
四年	青唐族大首領俞龍珂、全族一二萬戶を率いて歸付す。
五年五～一〇月	五月　古渭寨を通遠軍とし、この時王韶は熙河一帶で「招撫三十餘萬口、拓地千二百里」と言う。 一〇月　武勝軍を收復して熙州となす。
六年二～一〇月	二月　河州を收復す。六月　香子城を收復す。八月　王安石百官を率い稱賀す。九月　岷州を收復す。一〇月　神宗、王安石に玉帶を賜い開拓の功を表す。

とあるような評價を下している。これらの論評から、宋朝の蕃部に對する期待感の一端が看取できる。従って、宋朝の熙河路經略は、後に舊法黨の人々が「無用の地」とまで言っていた[19]「河湟の地」を、ただ占有することだけに目的があったのではなく、その地の蕃部たちを手にして蕃兵に組織することに初めて意義があったと言えよう。神宗朝に蕃兵制が成立する一つの背景はここにあったと思われる。

2 更戍法から將兵制へ

一方、神宗朝は以上のような對外遠征の中で、對内的にも各種の軍政改革が行われた時代である。[20]これも當時の積極的な强兵策を反映する動きであり、中でも特にそれを代表するのが『建炎以來朝野雜記』巻一八 御前諸軍條に、

熙寧間内外禁旅合五十九萬人、神宗將有事於四夷、乃置百三十將、其法甚備。

とある如く、全國に「將」を設けて禁軍の拔本的な體質改革を目指した、いわゆる「將兵制」の實施である。この將兵制についてはは從來まだ專論はないが[21]、それの實施經緯や内容を纏めて説明したものとして『宋史』巻一八八 兵二 禁軍下には、

將兵者、熙寧之更制也。先是、太祖懲藩鎭之弊、分遣禁旅戍守邊城、立更戍法、使往來道路、以習勤苦、均勞逸。故將不得專其兵、兵不至於驕墮。淳化・至道以來、持循益謹、雖無復難制之患、而更戍交錯、旁午道路。議者以爲徒使兵不知將、將不知兵、緩急恐不可恃。神宗卽位、乃部分諸路將兵、總隸禁旅、使兵知其將、將練其士、平居知有訓厲、而無番戍之勞、有事而後遣焉、庶不爲無用矣。…凡諸路將各置副一人、東南兵三千人以下唯置單將、凡將副皆選内殿崇班以上、嘗歷戰陣、親民者充、且詔監司奏擧、又各以所將兵多寡、置部將、隊將、押隊使臣各有差。又置訓練官次諸將佐、春秋都試、擇武力士、凡千人選十人、皆以名聞、而待旨解發、其願留鄉里者勿彊遣、

此將兵之法也。

とある。

周知のように、唐末以來の長期間の藩鎭體制に漸く終止符を打って建國した宋朝は、藩鎭の復活を最も恐れ、できるだけ武臣の軍權を制限し、また同時に軍隊は「强幹弱枝策」の下で、地方よりも中央に集中させることに努めていた。[22]そのため、これを反映する形として宋の邊防體制も國初以來いわゆる更戍法なる方式が取られていた。その更戍法とは、『建炎以來朝野雜記』巻一八　御前諸軍條に「祖宗以來、…禁軍皆隷三衙而更戍於外」[23]とあるように、中央の三衙所屬の禁軍兵士が全國の邊防を要する諸處に送られ、そこで一定期間（半年〜三年）服務すれば（上番）、その後は京師からの新たな部隊と交替して元の部隊（京師）に再び引き揚げる（下番）やり方である（圖Ⅱ－ⅰを參照）。これは、何よりも邊境の武將たちが「其の兵を專らにすること」すなわち兵士を私兵化することを防ぎ、軍事の中央集權體制も固めることが目的であった。

とはいえ、このようなやり方に問題がないわけではなかった。というのは、軍隊を特定の場所に常駐させないため、部隊の移動を頻繁に行ったり、しかも元々互いに所屬を異にする兵士たちが邊境で常に入れ代わる狀況では、軍隊が土地の事情に暗く、作戰などにおいても能率が落ちるのはほぼ必至のことと言えるからである。故に、論者の間では更戍法を「徒に兵は將を知らず、將は兵を知らず」という弊害をもたらすものとして、或は軍隊を「緩急に恃むべからざる」ものとさせていたと酷評している。そして、このような更戍法の短所は神宗朝に近づくにつれ一層きわだってきていた。

そこで、神宗は邊防體制の手直しのため、煕寧五（一〇七二）年頃から樞密副使蔡挺などを中心に新たなやり方を講究させ、[24]その結果同七年からは將兵制が全國規模で實施されることになった。その將兵制の基本的な内容は、問題

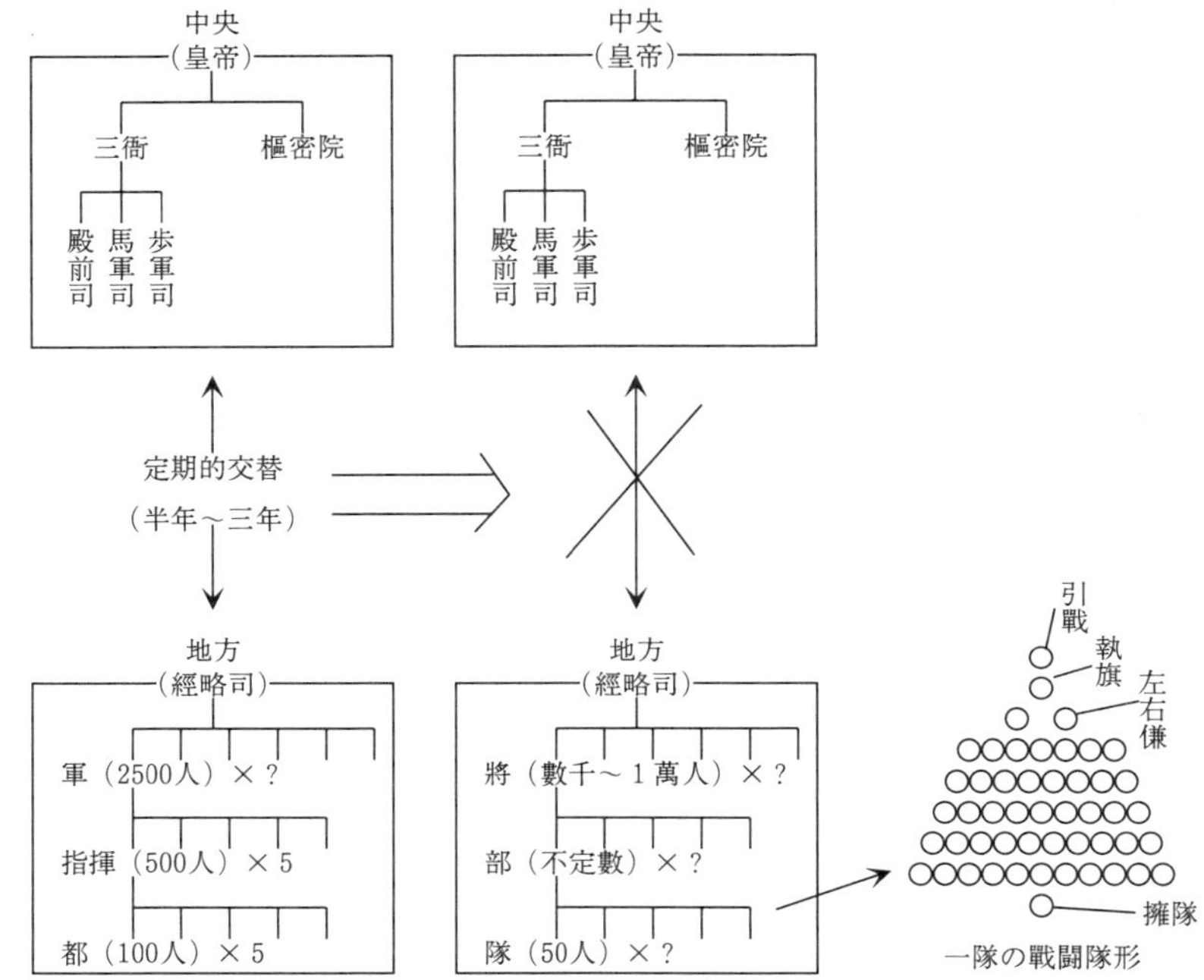

圖Ⅱ－ⅰ　更戍法時代における宋軍の基本的軍編成法

圖Ⅱ－ⅱ　將兵制時代における宋軍の基本的軍編成法

圖Ⅱ　更戍法から將兵制へ（概念圖）〔王曾瑜『宋朝兵制初探』（中華書局　一九八三）、孫繼民『唐代行軍制度研究』（文津出版社　一九九五）等を參考に作る〕

となっている兵士の中央からの「番戍」を取り止め、その代わり地域ごとに數千から一萬程度の兵力を「將」という部隊單位で編成し、要地に定着させ、統帥の强固と訓練に重點を置くものと要約されよう。つまり例えば、後に見るように、陝西路の環慶路では將兵制の實施により、同路の全體兵力が八つの「將」に分れるようになり、これらの個々の「將」がいわば獨立した軍區として兵士の訓練や各地域の防衛などを行っている。こうすれば、更戍法でのような弊害を防ぎ、「兵知其將、將練其士、平居知有訓厲、而無番戍之勞」（前揭『宋史』）とすることができるというのである。なお、かかる將兵法の實施は宋軍の部隊編成法にも變化をもたらすことになったが、その内容を圖

（一）擁護京畿之兵凡三十七將（熙寧七年置）
- 河北四路……自第一將以下共十七將
- 府畿……自第十八將以下共七將
- 京東……自第二十五將以下共九將
- 京西……自第三十四將以下共四將

（二）西北邊防之兵凡四十二將（熙寧七年置）
- 鄜延……九將
- 涇原……十一將
- 環慶……八將
- 秦鳳……五將
- 熙河……九將

（三）分戍東南之兵凡十三將（元豐四年置）
- 淮南
  - 東路……第一將
  - 西路……第二將
- 兩浙
  - 西路……第三將
  - 東路……第四將
- 江南
  - 東路……第五將
  - 西路……第六將
- 荊湖
  - 北路……第七將
  - 南路
    - 潭州……第八將
    - 全邵永州……第九將
- 福建路……第十將
- 廣南
  - 東路……第十一將
  - 西路
    - 桂州……第十二將
    - 邕州……第十三將

表Ⅱ　神宗朝における將兵制の實施狀況〔梁啓超『王荊公』（中華書局　一九五六）第十一章「荊公之政術」（軍政）より〕

示すれば大體圖Ⅱの如くなるだろう。かくして宋朝では以上のような將兵制が、表Ⅱのように熙寧七年中央の開封府界などを皮切りに、以降全國に逐次實施され、元豐年間には合わせて百以上の[25]「將」が設けられている。なお、表Ⅱは梁啓超がそのような將兵制の實施過程を恐らく『宋史』（巻一八八　兵二　禁軍下）によって作製されたものであるが、この表に内容的に多少問題があるのは後述の如くである。

さてところで、將兵制が全國に行われる中で、もちろん陝西路でも表Ⅱに見る如く開封府界に次いで熙寧八年から本格的に實施されるようになった。しかしながら、注目しなければならないのは、この陝西路では例えば『九朝編年備要』巻一九　熙寧七年九月に、

　鄜延（等）五路、又有蕃漢弓箭手亦各附諸將焉。

とあるように、蕃兵が禁軍や鄉兵などの漢人兵

士と共に將兵制の中に組み入れられていることである。そうすると、このことは様々な面で異質な要素を有する蕃兵たちが、果たして「將」の中で漢人兵士と如何に調和し、なおかつ部隊を作るべきかの問題などが當然起こってくる。特に、數多い蕃兵を抱えている陝西路では、他の路[26]とは違ってこの問題が存在し、それがこの地域の將兵制の形態を左右する重要な要素となるのである。

そこで、當然こうした問題をめぐっては宋朝でも問題となり、それに對してまさに問題提起的意義を與える契機となったのが、『長編』巻二四五　熙寧六年六月丙子に、

> 上謂執政曰、昨洮西香子城之戰、聞官軍貪功、有斬巴氈角部蕃兵以效級者、人極嗟憤、此爲害不細、不可不察。蓋李靖陣法、以漢兵爲一隊、蕃兵爲一隊、用人如此、自無紛亂。可令王韶詳度、具條約以聞。王安石曰、武王用庸、蜀、微、盧、彭、濮人、但爲一法、今欲用夏變夷、則宜令蕃兵稍與漢同、與蕃賊異。

と見える神宗と王安石の間の議論である。この議論は、神宗による從來の宋朝の蕃兵利用に對する批判から出發している。卽ち、まず神宗の言によれば、宋朝は熙河路經略の一部をなす香子城の戰い（表I參照）において、從來のように蕃兵を利用していたが、神宗はそれに對して問題點が多いとの認識を示している。正兵が蕃兵の首級を取って戰功を僞ることができた實態[27]を批判した神宗の指摘からは、今まで蕃兵に宋の軍隊たることを知らせる標識さえなかったことを始めとして、さらに隊伍の整備においても、或は正軍[28]（＝禁軍）との作戰面においても、十分な協力體制が整っていなかったことが推察される。

そのため、神宗はかかる現状の改善を意圖し、まずその方法としては唐の李靖が用いたとされる「漢兵を以て一隊と爲し、蕃兵を一隊と爲す」部隊編成法を取り入れる考えを示している。[29]李靖は唐太宗の下で度重なる戰功を立てる一方、兵法にも名を馳せた者であったが、その兵法の一部が『通典』に見えるだけで、[30]蕃兵に對する所傳は見當たら

ない。だが、いずれにせよ、神宗は圖Ⅱ－ⅱに示してあるように、將兵制で最も基本的な部隊單位となる「隊」の結成を、蕃兵は蕃兵だけで、また漢兵は漢兵だけで行うことで蕃漢の兵を分離し、よって（隊伍の）「紛亂」など豫想される各種の弊害を無くそうとしていたと解される。なお、神宗は當時帝王の理想型を武業で名高い太宗に求めていたとされるが[31]、彼が李靖に牽かれたのも恐らくこの點と關係があるように思われる。

しかしながら、これに對して王安石は全く異なる見解を示している。まず彼は、神宗が關心を寄せる蕃漢分離の結隊法に對し、周の武王の故事[32]を引いて蕃兵を漢兵と同一にすること、卽ち同じ隊の中に蕃と漢の兩兵士を同時に入れるいわば蕃漢合一の結隊法を主張している。既に述べた如く王安石は熙河路經營策の中で、「その夷俗を變える」とか「蕃漢が一つと爲る」という考えを標榜していたが、ここで主張する蕃漢合一の結隊法もそのような彼の考えと一貫するもので、王安石の異民族對策の理念の一端をよく表すものと言えよう。またその際、そうした彼の一連の考えの底邊に周代の政治（『周禮』）があることも見逃せない。王安石の政治思想の原點に周代の政治があることは周知の事實であり[33]、またその傾向は彼の外交政策上でも看取できることを本書の第三章でも指摘した如くであるが、そうした彼の思想的片鱗は、以上の蕃兵の軍編成をめぐる議論でも再び現れていたのである。從って、このように神宗と王安石は、將兵制の中で蕃兵をどのように位置付けるべきかをめぐって意見差を見せていたが、この差異はそのまま彼らの各々が追求する理想の相違を反映するものとも見受けられる。

それでは、このように宋朝で神宗と王安石の間で認識の差が存在する中で、問題の場となっていた陝西路では、果たして如何なる形態の將兵制が行われることとなるのであろうか。王安石はこれから間もなく中央政府を去り（熙寧七年二月頃）[34]、彼の蕃兵に對する發言も全く見當たらなくなるが、この議論はその後も宋の朝廷だけでなく、さらに邊境までを巻き込みながら一層發展していく。

二　陝西路の將兵制と蕃兵制

1　陝西路の將兵制

さて、陝西路の將兵制の實施狀況を考えるため、ここでもう一度梁啓超の作った前掲表Ⅱに目を轉じてみたい。すると、同表には陝西路を構成している五つの地域、すなわち陝西五路（鄜延、環慶、涇原、秦鳳、熙河）では將兵制が全て熙寧八（一〇七四）年に行われ始め、しかもこの一年中に全てが完結されているようになっている。しかしながら、これは事實とは違う。というのも、陝西路の將兵制は、その實施經過が『長編』に最も詳しく見えており、それらを分析してみると結局表Ⅱとは異なる事實が判明するからである。すなわち、次の表Ⅲⅰ・ⅱ（及び付圖）は、私が『長編』などの關連記事を中心に陝西路の將兵制の實施過程を整理し直してみたものである。

まずこの表から讀み取るべき事實は、他の路とは違って陝西路だけで將兵制が熙寧年間に一度行われた後（表Ⅳ－ⅰと付圖）、元豐年間になってもう一度行われている（表Ⅲ－ⅱと付圖）こと、つまり將兵制が二度にわたって行われていることである。その際、表Ⅲ－ⅱ（元豐期）には表Ⅲ－ⅰ（熙寧期）より「將」の數が増える傾向が見られるから、これをただ單なる「將の增置」として見る説明も可能かも知れない。しかしそれにしても、その「將の增置」は陝西五路の一部に限らぬ全ての地域で次から次へ繼起する現象であり、この點はその背後に將兵制を改めなければならぬ何らかの根本的な理由があったことを強く感じさせる。つまり、宋朝では元豐期になって、既に熙寧期に實施をみた陝西路の將兵制の內容を否定し、それを見直すべき必要が生じていたと思われるのである。[35]

またこれに加え、もう一つ表Ⅲを通じて判明する事實は、表Ⅱに見えている陝西路の將兵制の內容が實は熙寧年間のこと（Ⅲ－ⅰ）ではなく、それより後の元豐年間に入ってのこと（Ⅲ－ⅱ）だということである。すると、このことからは、結局表Ⅱは元よりそれの來源史料となっている『宋史』の記事が、陝西路の將兵制の最終的な結果（元豐年間の結果）だけを、しかもその年次を誤って記し、それに至るまでの過程や經緯については、一切それを省いていたことになる。[36] それならば、なぜ陝西路だけが將兵制の實施に、このように紆餘曲折を經ていたのだろうか。

この問題は、換言すれば、なぜ元豐期になって陝西路の將兵制が改められなければならなかったのか、ということである。そこで、しばらく元豐期の史料に注意してみると、そこにはやはり幾つかの氣になる宋朝の動きを捉えることができる。まずその一つとして、將兵制が陝西五路のうち最も早く見直されていた鄜延路では、『長編』巻二八八元豐元年二月乙卯に、

鄜延路經略使呂惠卿言、近以軍馬分定九將、已具條約奏、乞早賜指揮。詔、惠卿審度事機、以團定將兵當取裁事、逐急從宜施行、務在詳審。

とあるような、鄜延路經略使呂惠卿の言動が目を引く。つまり、先述のように、陝西路では將兵制が既に熙寧年間に一通り行われたはずなのに、ここではそれから約三年後となる元豐元（一〇七七）年鄜延路經略使の呂惠卿が同路の軍馬を改めて九つの將に分けたことを宋朝に報告している。そして、それと同時に、呂惠卿は何らかの「條約」を具しつつ「指揮」を願っている。とすると、この呂惠卿の行動から判斷するに、宋朝ではこの直前に呂惠卿との間で將兵制の改編をめぐる議論が存在し、その結果、鄜延路でその改革案がまず實現を見ることになったことになる。

また、かかる宋朝の動きから數ヶ月が經過した『長編』巻二九〇　元豐元年七月辛卯には、

又詔、昨呂惠卿重分畫鄜延將兵條約等並已施行、今差徐禧往環慶路分畫將兵、令與逐路經略司依詳鄜延路所定條約措置、如内有事理不同及別與惠卿計議事件卽具奏聞…。

表Ⅲ－ⅰ　熙寧期、陝西五路における將兵制の實施狀況

實施順	時期	地域	將數	兵種	兵數	關係者
①	熙寧７年12月	環慶路	8	正軍、强人、蕃漢弓箭手		范純仁、劉奉世
②	８年正月頃	鄜延路	５以上			
③	８年３月	熙河路	4	正兵、弓箭手、寨戶、蕃兵	正兵33,000	劉奉世
④	８年閏４月	秦鳳路	4	正兵、弓箭手、寨戶、蕃兵	正兵20,200餘 他24,000餘	張銑
⑤	８年５月	環慶路	4		兵52,069	
⑥	８年７月	涇原路	5	正兵、弓箭手、蕃兵	兵70,000餘	王廣淵

出典：①『長編』二五八、『宋會要』兵五／八　②『宋會要』禮六二／四七　③『長編』二六一
④『長編』二六三　⑤『長編』二六四　⑥『長編』二六六、『宋史』兵四

付圖

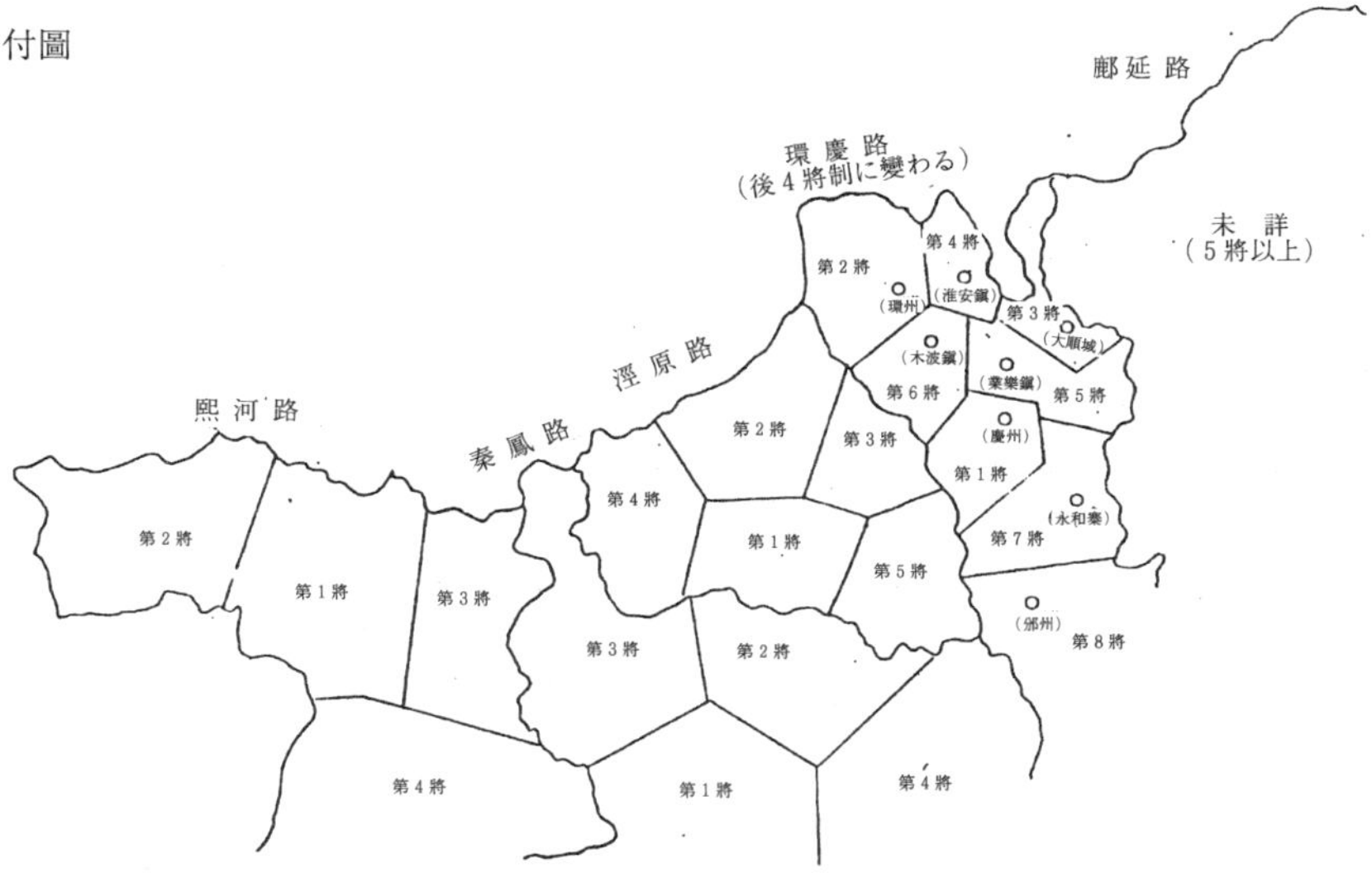

表Ⅲ－ii　元豊期、陝西五路における將兵制の實施狀況

實施順	時期	地域	將數	兵種	兵數	關係者
①	元豊1年2月	鄜延路	9			呂惠卿
②	2年2月	環慶路	8			徐禧
③	2年8月	涇原路	11	正兵、强人、蕃漢弓箭手		徐禧
④	3年4月	熙河路	9			呂惠卿など
⑤	4年8月前	秦鳳路	5			

出典：①『長編』二八八　②『長編』二九六、『宋會要』兵五／八　③『長編』二九九、『宋會要』兵四／九、『宋史』兵四　④『長編』三〇三　⑤『長編』三一五

付圖

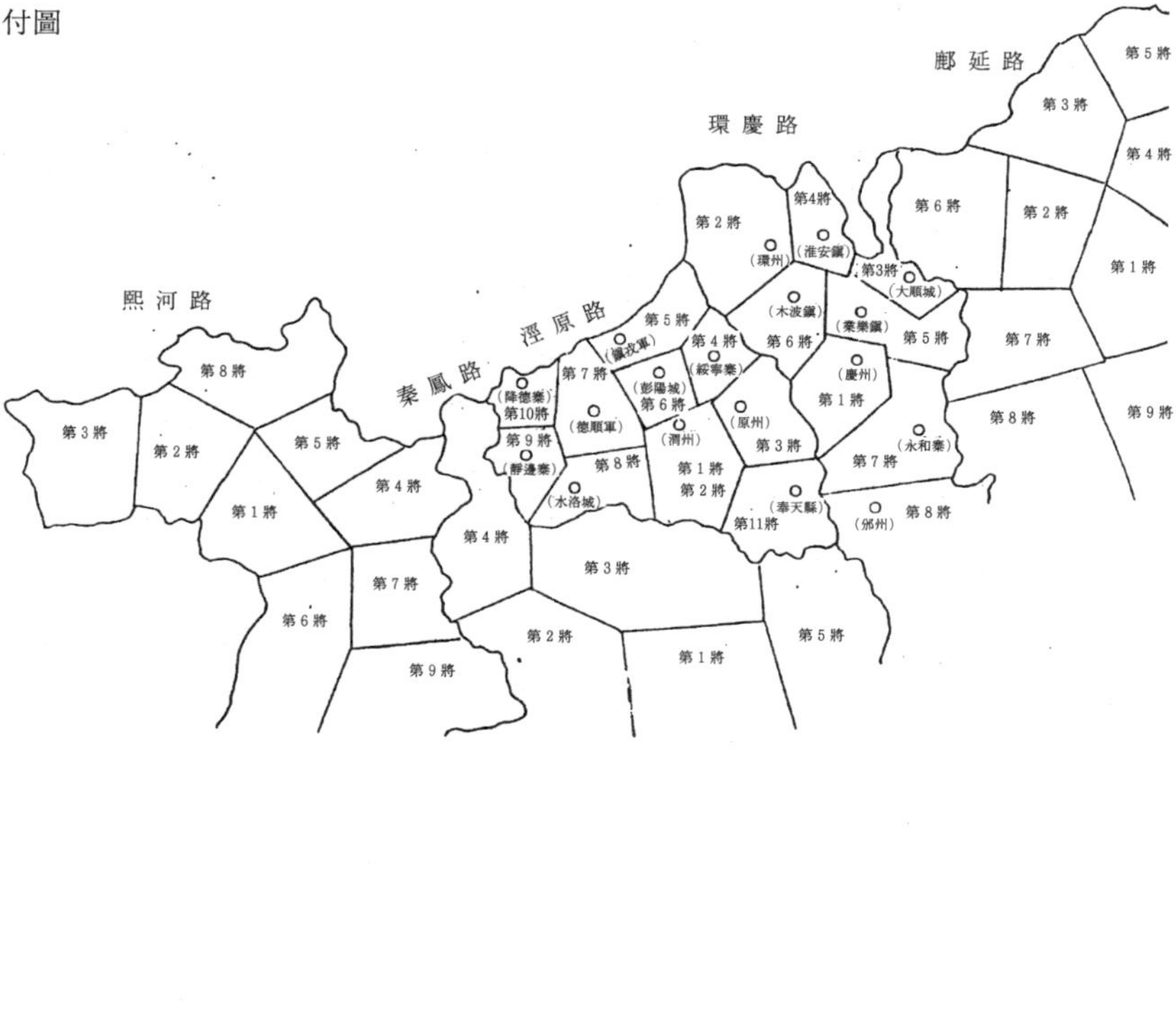

とあって、状況がさらに一歩進んでいることが分かる。宋朝は鄜延路の將兵制を改めた後、次は徐禧なる者を間もなく環慶路に送り出し、同路の將兵制に對してもさらに「再分畫」を目指している。そしてその際、宋朝は、徐禧に他の陝西路經略司らとも鄜延路の呂惠卿が定めた「條約」の內容について議論させ、もし異論があればそれを「奏聞」させる措置も取っている。なお、徐禧はこの後、實際に環慶路の將兵制の「再分畫」を行っているが、それについて『長編』巻二九六　元豐二年二月庚戌には、

計議措置邊防公事所言、以環慶路正兵、漢蕃弓箭手、强人、聯爲八將、…從之。

とあって、その時陝西路に「計議措置邊防公事所」[37]が設けられている事實が確認される。これはもちろん陝西路の將兵制再編を專ら擔當するための臨時機關であったと思われる。とすれば、これらの一連の動きからも、宋朝で元豐期になって陝西路全域の將兵制を改編しようとする意圖が明らかに存在していたことは元より、その場合、そのきっかけをなし、さらに將兵制改編の具體的な指針までを提示したのは、鄜延路經略使呂惠卿の「條約」であったことが明らかとなる。

では、呂惠卿はなぜ改革を進言し、その改革の內容となった條約はどのようなものであり、一方の宋朝はそれを具體的にどのように受けとめていたのか。

2　陝西路の番兵制

呂惠卿が改革を進言した裏には、蕃兵の問題が絡んでいたのであり、この點は極めて注目に値する。そのことは、『東都事略』巻八六　徐禧傳の史料を分析することによって初めて明らかとなる。そこで、次にその徐禧傳の關連記事を便宜上幾つかの段落で分けて示し、これを逐一檢討しつつ、陝西路の將兵制改革の背景と、並びに神宗朝の蕃兵

制の核心にも迫ってみたい。

初、陜西緣邊兵馬蕃弓箭手與漢兵各自爲軍、毎陳多以蕃部爲前鋒、而漢兵守城、伺便利然後出、不分戰守、毎一路以數將通領之。（A）呂惠卿帥鄜延、以爲調發不能速集、始變舊法、雜漢蕃兵團結、分守戰、毎五千人隨屯駐將、具條約以上、（B）邊人及議者多言其不便。神宗欲推其法於諸路、遣禧往。（C）禧先具環慶法上之、遣官措置涇原、而渭帥蔡延慶以爲不可、朝廷亦是之、幷難禧環慶法。禧歴疏涇原法疎略、且言環慶法不可改。神宗以禧爲右正言直龍圖閣帥涇原。

（イ）蕃兵制改造の背景──（A）について──

まず右文のうち、最も注意を要すべきは、何と言っても呂惠卿が宋朝に具した「條約」の内容が初めて確認できる（A）文である。なおこの（A）は、呂惠卿が鄜延路經略使に赴任したのが熙寧一〇（一〇七七）年正月のことであり、[38]また彼が宋朝に「條約」を具したのは先述のように元豐元（一〇七八）年二月のことであったから、時期的にはこの間のことになる。

ところでその間、呂惠卿は鄜延路にいながら、まずそれまで行われてきた宋朝の蕃兵に對する使い方、とりわけ蕃兵の「調發」が迅速に行われていないと判斷し、その方法を變えようとしている。その際、（A）ではその從來のやり方を特に「舊法」と稱しているが、この「舊法」は元豐以前、すなわち熙寧年間における宋朝の蕃兵の利用に關するものであって、その大雜把な内容は（A）の前文で窺うことができる。それによれば、熙寧期の蕃兵は一應正兵（＝禁軍などの漢人兵士）と同じく「將」の内に編入されてはいたが、しかし彼らと部隊を一緒に構成したわけではなく、蕃兵はあくまでも蕃兵だけで部隊を爲していたのが分かる。そして、彼らはこの「蕃漢分離」體制の下で、戰爭などが起きると、多くの場合全員が正兵の先鋒に立ち、しかも「戰う者と守る者」を分けていなかったとある。このように蕃兵が正兵の先鋒として使われていたのは、例えば『宋名臣奏議』巻一二五　兵門　呂誨　上英宗請重造蕃部兵帳に「遇戰陣則首當前鋒、計其實效、勝正兵遠甚」とあるように、神宗朝以前からのことであったが、この狀態は神宗の熙寧年間、蕃兵が「將」に編入された後も尙も續いていたのである。[39] さらに、熙寧年間における蕃兵の實態を示す史料として、『長編』巻二六一　熙寧八年三月癸巳朔に、

詔、…其（＝熙河路）下蕃軍馬隨地遠近分隸諸將、令本將選官訓練、經略司度無邊事、即令正副將每季互往下番州軍提擧教閱。

と見える。これによると、蕃兵たちは普段はその母體をなす熟戶部族の中に居ながら、「地理の遠近に從い」それぞれの近い「將」に配屬されており、その上で有事の時、その部族から初めて各將に召集されていたと推定される。[40] そしてそうした中、「邊事が無ければ」、「本將」は官吏を選んで部族を直接尋ね蕃兵を訓練させたり、或は蕃兵の教閱を行っていたと見られる。將兵制が實施された直後に當たる熙寧年間の蕃兵は、大體このような狀況下にあったと思われる。

そこで呂惠卿は、このように有事の時はじめて召集する從來のやり方は、「速集」に適していないと看做し、「舊法」に代わる積極的な方法を實施しようとしたわけである。すなわち（A）によれば、彼は從來のやり方から、蕃兵と漢兵を初めて雜ぜ合わせる方式で部隊を編成し直し、かつ「戰う者と守る者」も分け、五千人で一つの「將」をなす方法を考案し、それの實施を宋朝に建議している。蕃兵が部族から離れ正軍と共に「屯に隨い將に駐する」このやり方は、もちろん熙寧期の方式とは全く趣旨を異にするものであり、これはとりわけ呂惠卿が問題としていた蕃兵の召集の迅速さを圖るには效果的なものだったと言えよう。呂惠卿は常に準戰時體制が續く緣邊で、彼らを最初から（多分

一定期間の間）漢兵の中に入れ、なおかつ兩者を雜ぜて部隊を編成することで、急戰に卽應し得る態勢を張っておこうとしたと解される。(41) このように呂惠卿が宋朝に具申したという「條約」は、當時としては畫期的な内容を持つものであり、これが宋朝に提案されることで元豐期の將兵制改革の端緒が生まれたのである。

（ロ）蕃漢合一的蕃兵制と神宗の立場――（B）について――

しかしながら、呂惠卿の目論みはそれが畫期的な側面を有するだけに、宋朝で當初は贊成よりも反對の聲が强かったらしい。次の（B）文に「邊人及議者多言其不便」とあるように、呂惠卿の條約が出された直後、宋朝では邊臣と朝廷の兩方面からかえってそれを「不便」と批判する論者が多かったのが知られる。また、『宋史』巻四七一　姦臣一　呂惠卿傳にも「(鄜延) 路都監高永亨、老將也、爭之力」とあり、この時呂惠卿が部下の幕僚からも直接反對されているのが見えている。

ところが、そうした反對論の中で、注目すべきは、ほかならぬ神宗が呂惠卿のやり方に大きな關心を示していたことである。しかも、神宗はそれを鄜延路に止まらず、陝西の他路にまで擴大していこうとする意向を持ち、そのために徐禧を陝西路に派遣している。ここで神宗が果たして呂惠卿とどのようなやりとりを交わし、また反對論に對しては如何なる態度を示したのかは明らかにし難いが、とにかく呂惠卿は「條約」上申後まもなく、神宗という强力な後援者を引き付けることで、自分の考えを實現するにおいて有利な地歩を築いていたのである。これらの新事實によると、先述で元豐元年七月のこととした宋朝の徐禧派遣は、その背景に一應呂惠卿の改革案をめぐる贊否兩論の對立があったものの、特にそれを實現しようとする神宗の意志が强く反映された措置であったことになる。

但し、ここで必ず想定されねばならないのは、當時の神宗の立場がその前とは變わっていた可能性が大きいことである。というのも、既に検討したかつての熙寧期における神宗と王安石の議論からすれば、呂惠卿はどちらかと言えば王安石の考え（＝蕃漢合一）に近い立場におり、それに對し神宗は元々それとは反對の立場（＝蕃漢分離）にいたわけであるが、それがここでは一轉して「蕃漢合一」を主張する呂惠卿を支持しているからである。とするならば、これは神宗が後になって態度を變えていたことを強く示唆し、すると、その背景には恐らく呂惠卿などからの働きかけも想像されることになる。

（八）蕃漢合一的蕃兵制の成立――（C）について――

さて、徐禧が以上のような背景をもって陝西路に送られたとすれば、彼には當然神宗の意志を體現すべきいわば使命意識らしきものがあっただろう。その様子は（C）に述べられている彼の一連の行動から讀み取ることができる。それによれば、まず陝西路に着いた徐禧の最初の仕事は、「環慶法」なるものを作成してそれを宋朝に報告することであった。先述によれば徐禧は、將兵制の改編を環慶路から着手するよう命じられていたから、環慶法は彼がその環慶路の將兵制改編のために、多分呂惠卿のやり方を基礎に、さらに同路の實情も考慮して作ったものと思われる。また、徐禧のかかる動きには、もちろん環慶路經略司の贊成があったと思われるし、そのため同路ではやはり先述した如く、この後まもなく「將」が八つに再編されることになる。[42]

だが、環慶路でこのように順調なスタートを切った徐禧は、その後の涇原路では障害に遭遇している。徐禧が引き續き涇原路にも將兵制に「措置」（＝調整）を加えようとしたところ、そこではその經略使蔡延慶が環慶法（＝呂惠卿のやり方）による將兵制の改編に正面から異議を唱え、またこれを機に宋朝でも再び環慶法＝呂惠卿のやり方を批判する議論が再現したのである。なお（C）によれば、その際蔡延慶は「環慶法」に反對しながら、自ら「涇原法」[43]なるるものを作り、それを宋朝に訴えていたようであるが、涇原法は蔡延慶が徐禧と對立していることから考え、内容的には熙寧年間の將兵制に準ずるものと見られる。つまり、これで宋朝では呂惠卿の方式を推し進めようとする呂惠卿派（神宗と徐禧）と、それに對し熙寧年間の方式を維持しようとする呂惠卿反對派との間で、再び對立の樣子を呈するかにみえたのである。

ところが、まさにそのようなところで、注目すべきは徐禧が何度も上奏を繰り返し、「蔡延慶の涇原法の疏略」たることを反撃し、同時に環慶法（呂惠卿のやり方）の貫徹を神宗に強烈に訴えたため、それが功を奏する形で、神宗が涇原路經略使の蔡延慶を更迭し、それに徐禧を直接任用する人事措置を斷行していることである(44)。この思い切った神宗の措置は、神宗の呂惠卿のやり方（環慶法）に對する支持を決定的かつ最終的に示したものであって、それが持つより具體的な意味については『長編』巻二九七　元豐二年三月丙戌に、

上與惠卿詔曰、徐禧論措置析將事惻怛慷慨、謀國不顧、已令代延慶帥涇原、卿宜勉終之、異日爲一代良臣矣。

とあることから一層明らかである。これによって當時の徐禧には、何故か環慶法（呂惠卿のやり方）を推進することに非常に強烈な意志が存在していたことと、神宗もそれを「國を謀りて（己を）顧みず(45)」と高く評價し、その結果「徐禧の仕事」に障害となっていた蔡延慶を解任し、彼を直接涇原路經略使とすることで、環慶法（呂惠卿のやり方）の實施を君主の權威で全面的に保證していることが分かる。かくして宋朝では、陝西路の將兵制のあり方をめぐる議論に終止符が打たれ、「蕃漢合一」方式による將兵制の實施という方向性が最終的に打ち出されたのである。

その際、ここで看過できないのは、かかる神宗の決定過程において呂惠卿などの影がその裏に見えると思われることである。先程引用した『長編』によってみても、神宗は自分の決定を下すにおいて、それをわざわざ詔で呂惠卿に知らせており、その間に兩者で何らかのやりとりがあったのを強く思わせる。蔡延慶によって環慶法（呂惠卿のやり

方）の推進に歯止めがかかっている状況で、呂惠卿が彼なりに神宗を説得していたのは當然な動きであったと言えよう。しかもさらに興味を引くのは、呂惠卿と徐禧の間に見える非常に親密な人間關係である。すなわち、例えば『宋人軼事彙編』巻一一　第五六　徐禧に「（徐禧）幼子俯、…迎娶呂惠卿女、蓋呂吉甫（呂惠卿）與禧厚善也」とあるように、兩者の間には姻戚關係が存在し、さらにそのためか『長編紀事本末』巻六一　呂惠卿姦邪　熙寧九年六月辛卯には「王安石曰、徐禧本惠卿所薦、自布衣不旋踵爲美官」とあり、また『長編』巻二七五　熙寧九年五月己巳にも「又御史中丞鄧綰言、…今聞呂惠卿黨人徐禧云々」とあるなど、徐禧は呂惠卿の黨人とも言われていた[46]。

とするならば、この大變親しい二人の關係から推察するに、宋朝で呂惠卿と蔡延慶が對立する局面において、徐禧が呂惠卿を最後まで極力辨護する行動を見せたのは極めて自然なことになる。むしろ、徐禧は最初から呂惠卿を支持する心を持っていたはずであろうし、神宗も恐らく最初からこうした二人の關係を熟知した上で、徐禧を派遣して陝西路の意見を有利に調整し、呂惠卿のやり方の貫徹に便宜を圖ろうとしていたかも知れない[47]。また、ちなみに呂惠卿と徐禧は黨派的には新法黨の範疇に入る者と言えるが、この點に着目して以上の諸事實を考え合わせると、そこからは彼らと新法黨の領袖たる王安石との間で何らの接點が浮上するのも考えられなくはないだろう。つまり、これまで檢討してきたことの前後關係からすると、以上の呂惠卿と徐禧の動きは、かつて熙寧期に王安石が提出して未だ實現しなかった先驅的な提案を、結果的に彼らが受け繼いで[48]、しかも神宗を動かして實現したような觀があるのである。

いずれにせよ、このように元豊期には主に新法黨人事の思惑や彼らの運動によって、陝西路の將兵制が「蕃漢分離」から「蕃漢合一」へとその形態を轉回させていったことになる。そして、ここで確立した新しい體制は、それ以降いまだそれの實施をみていない陝西の他の路、すなわち一時問題となっていた涇原路を始めとする熙河路や秦鳳路に對しても無理なく逐一普及され（前掲表Ⅲ－ⅱ參照）[49]、その結果いよいよ元豊四年頃、陝西五路の全域には蕃漢合一の將兵制體制が定着するようになったのである。[50]

（二）蕃兵制成立の意味

さて、以上『東都事略』徐禧傳の記事を（A）、（B）、（C）と分けて考察を加えた結果、陝西路における將兵制再實施の原因には、蕃兵を「將」内にどのように位置付けるかというこの地域固有の問題が深く絡んでおり、またそれが何らかの形でも解決したことによって將兵制も初めて決着をみた、ということが分かった。ところで、そうであるとすれば、これを逆に蕃兵の問題を中心に置き換えて考えると、陝西路の將兵制の確立過程はとりもなおさず蕃兵が宋朝兵制の上で自己位置を確認するか、或は制度としても大きな枠組みを見出す過程を同時に意味するものと理解することができよう。

すなわち、既に述べた如く、蕃兵は宋朝によって國初より盛んに利用されていたが、それはだいたい神宗朝を境とする以前までは、一貫して正軍から完全に分離される形で行われたものであった。そして、兩者の間でかかる一線が畫された状況であったために、蕃兵は宋の軍制が導入される契機が少なく、[51] あってもそれは一定の制限を持つものであった。それ故、彼らは多分固有の部族的原理に基づく戰闘態勢を溫存する形で宋軍を助けており、だからこそ時には宋朝に敵軍と見間違えられることさえあったのである。從って、これを嚴密に言えば、これらの蕃兵は宋朝兵制の枠内に位置付けられた軍隊というより、あくまでもその外から宋の戰力を補足する意味が強く、同時にその價値評價にも自ずから限界があったと考えられる。

ところが、そうした蕃兵が、神宗朝には漢人兵士と一緒に「將」に取り入れられるのを契機に、本格的に漢人兵士と接觸を持つ端緒をまず見出し、さらに元豐年間には一緒に部隊をなす所まで發展することで、兩者はやがて軍制上一體となったと言える。そして、ここでできた新體制がこの後多少の改變はあったとはいえ、基本的に北宋の末まで大きな變動を受けることなく續くのである。

とすれば、こうした神宗朝のできことが、そのまま蕃兵自體の體質變化はもちろん、宋の兵制上でもその地位までを以前と著しく異ならしめる結果へと繋がったことは殆ど疑いの餘地がない。まず蕃兵の體質轉換は、彼らが「將」を媒介に宋の軍制に急速に接近した結果であり、このことは特に元豐期に顯著であったはずである。むろん、熙寧年間にも蕃兵の「將」内編入に伴う、蕃兵の整備が模索される動きが看取されるが、[52] 將兵制が「蕃漢合一」の形で決定された元豐期には、その状況にふさわしいより根本的な變化が當然隨伴されていたに間違いなかろう。つまり、それは蕃兵が「並びに正兵と部隊に錯雜し、…陣隊の間に存在する」(『長編』巻三七五　元祐元年四月己亥)という空前の事態に卽應して、從來の部隊編成から訓練や作戰などに至るまでの多くの軍事的要素を、宋軍の方式に合わせることを餘儀なくされたことを意味する。蕃兵はここで舊來の姿から全く面貌を一新したと考えられるし、既に「はじめに」で擧げた史料の中に「(神宗)熙寧以來、則ち尤も蕃兵・保甲の法を重んじ、餘は多く舊制を承く」などの説明は、まさにかかる神宗朝の動向を反映した記述と解される。

また、同時にこのような蕃兵制の飛躍的な體制整備は、宋朝の兵制上にも反映され、蕃兵の地位も大きく向上したと推測できる。例えば、『玉海』巻一三九　兵制四所引「神宗史志」に、

羌戎附屬、分隸邊將、爲蕃兵。皆以名數置籍、而頒行其禁令。

とあるのは、多分その意味において述べられているように思われる。ここでは熟戶が邊境の「將」に配屬されるようになったことを特に「蕃兵」となったとするが、この説明は蕃兵制の整備においてやはり將兵制の實施が持つ意味が大きかったことと、またそれによって蕃兵の重要性が宋朝に一段と認められ、宋の重要な軍額の一つとして取扱われ

地位を獲得し、宋の邊防の一翼をなすことになったと評價できよう。

るようになったものと見られる。つまり、蕃兵はここで禁軍、廂軍、郷兵などの兵種に並んで、宋の兵制上で一定の

おわりに

以上に検討してきたことを要約すると、

一　宋代の四つの軍額の一つたる蕃兵は、神宗朝にその面貌を一新し、制度としての形を大いに整えることになった。

二　この變化を齎した背景には、熙寧初に行われた熙河路經略の結果、熟戸が大量に發生したことと、熙寧後半禁軍改革を目的として進められた將兵制の實施が擧げられる。

三　ところで、特に全國規模で行われた將兵制は、熙寧八年頃からは陝西路でも實施されるようになったが、ここでは禁軍のみならず熙河路を含む陝西五路全域の蕃兵が將兵制に組み入れられることになり、そのため蕃兵と漢兵をどう調和させ、また部隊を作るかというこの地域特殊の問題が起きるようになった。

四　そこで、朝廷でも當然これが問題となり、中でもまさに問題提起的な意味を與えたのが神宗と王安石の間の議論であった。この議論で、神宗は部隊の結成をめぐって蕃漢を分離する考えを示し、それに對し王安石は蕃漢を一緒にすることを主張して對立した。

五　とすれば、陝西路では實際には如何なる將兵制が行われたのかが問題であるが、かつて梁啓超は陝西路では將兵制が一應熙寧年間に完結されたものと見ている。ところが、實は『長編』などによると、陝西路では將兵制が熙寧期に一度行われた後、元豐期にもう一度行われていたことと、またその再實施は鄜延路經略使呂惠卿の朝廷への

「條約」上申と、それに神宗が特使の徐禧を陝西路に派遣したことが契機となっていたのが確認される。

六　では、これら元豐期の動きは何故起こったのか。ここにこそ蕃兵の問題が絡んでおり、それは『東都事略』の徐禧傳を通じて初めて分かる。卽ち、それを分析すると、（イ）熙寧期には蕃漢分離の形で將兵制が行われていたが、元豐期になって呂惠卿がそれを便ならずとして、それに代わって蕃漢合一の將兵制を朝廷に建議した、（ロ）神宗はそれに關心を示し、しかもそれを陝西路全域に推進させるため徐禧を陝西路に派遣した、（ハ）その結果、これには朝議で反對者も現れたが、しかし呂惠卿と神宗等は遂にそれを乘り越え、陝西路の全ての將兵制を熙寧年間の蕃漢分離から蕃漢合一體制へと切り替えることができた、（二）なお、この體制が實現を見る裏には呂惠卿の他に徐禧の役割が大きかったと思われ、しかもこの二人は互いに親密な新法黨系の人物として、かつて王安石が出した先驅的な提案を受け繼いで實現したような節がある。

七　ところで、このように元豐期の將兵制再實施には蕃兵の問題がその根底にあったわけであるが、このことは同時に蕃兵を制度として大きく發展させる契機をなす過程でもあった。つまり、蕃兵は神宗期に漢人兵士と共に將内で部隊を構成することによって、宋朝の軍制下に入り、やがて宋の第四の兵種としても認められ、以降この體制が基本的に北宋の末まで續くことになる。

のごとくである。

注

（1）例えば『宋名臣奏議』巻一二五　兵門　呂誨　上英宗請重造蕃部兵帳に「…遇戰陣則首當前鋒、計其實效、勝正兵遠甚」とあり、また『溫國文正司馬公文集』巻三二　西邊劄子にも「其（西夏）所以誘脅熟戶、迫逐弓箭手者、其意以爲東方客軍

皆不足畏、惟熟戶、弓箭手生長極邊、勇悍善鬪。若先事剪去、則邊人失其所恃、入寇之時可以通行無礙也」とある。

（2）但し『宋史』巻一九一　兵五　鄉兵に「治平二年、…計族望大小、分隊伍、給旗幟」という宋朝の動きが見えており、この點から「その後」は正確には英宗の治平二年を指すとも考えられる。ところが、同書同所には續いて「…自治平四年以後、蕃部族帳益多、而撫御團結之制益密」とある如く、蕃兵の「團結」が本格的に行われたのは、やはり神宗が卽位した治平四年（正月卽位、未改元）以降のことである。なお、英宗末年、宋朝で蕃兵の整備が行われたことには、慶曆年間（一〇四一～四八）の宋・西夏の戰爭で離散した熟戶部族の立て直しがその背景にあった（本書第六章參照）が、神宗朝にはこの背景も含めてさらに本論で述べる幾つかの理由をもって本格的な蕃兵整備が行われたと考えられる。神宗以前の蕃兵の狀態については注（51）を參照。

（3）管見の限りでは、蕃兵が宋の軍額として初めて擧げられるのは『文獻通考』巻一五二　兵四　兵制所引神宗朝編纂『兩朝（仁宗・英宗）國史志』の「制兵之額有四、曰禁兵、曰廂兵、曰鄉兵、曰藩（蕃）兵」からである。ところが、これに對し宋祁『宋景文集』巻四五　慶曆兵錄序には「凡軍有四、一曰禁兵…、二曰廂兵…、三曰役兵…、四曰民兵、…此國家制軍、大抵如此」とあって、仁宗期には蕃兵が宋の軍額には擧げられておらず、またこれと關連して王曾瑜氏は『宋朝兵制初探』（中華書局　一九八三）第三章「廂兵等軍種」で、「當時（慶曆年間）盡管已設置蕃兵、却尚未作爲一個重要軍種、眞正將蕃兵與禁兵、廂兵、鄉兵幷例、還是後來的事」と說明される。なお、さらに『宋史』巻一九一　兵五　鄉兵二には「慶曆二年、…言者因請募熟戶、給以禁軍廩賜使戍邊、悉罷正兵。下（陝西）四路安撫使議、環慶路范仲淹言、熟戶、…不可倚爲正兵」とある范仲淹の言からも、私は蕃兵が宋朝の兵制上で重視され正式の地位を獲得するのは、神宗朝以降のことと考える。

（4）同氏「宋代史槪說」（『東洋中世史』平凡社　一九三四、のち同氏『日野開三郎東洋史學論集（第二十巻）』三一書房　一九九五）二六五頁。

（5）安俊光「北宋의蕃兵에대하여」（『慶北史學』一五　韓國大邱　一九九二）、任樹民「北宋西北邊防軍中的一支勁兵──蕃兵──」（『西北民族研究』一九九三年二期）。この他に、專論ではないが蕃兵に關するものとして、王曾瑜『宋朝兵制初探』（中華書局　一九八三）第三章「廂軍等軍種」、杜建錄「宋代屬戶史論」（『寧夏社會科學』一九九二年一期）などがある。な

お宋以前、特に唐王朝のものではあるが、陳寅恪「論唐代之蕃將與府兵」（『中山大學學報』一（社會科學）一九五七、のち『陳寅恪先生文史論集』文文出版社　一九七三に再錄）、章羣『唐代蕃將研究』（聯經出版事業公司　一九八六）、張國剛「唐代的蕃部與蕃兵」（同氏『唐代政治制研究論集』所收　文津出版社　一九九四）なども參照。

（6）唃廝囉政權の成立期を前後とする河湟地方の情勢については、前田正名『河西の歴史地理學的研究』（吉川弘文館　一九六四）第四章「八世紀後半期及び九世紀の河西」、第五章「十世紀及び十一世紀初頭の河西」、第六章「十一世紀の河西」、岩崎力「西涼府政權の滅亡と宗哥族の發展」（『鈴木俊先生古稀記念東洋史論叢』山川出版社　一九七五）、同「宗哥城唃廝囉政權の性格と企圖」（『中央大學アジア史研究』二　一九七八）、同「西夏建國と宗哥族の動向」（『中村治兵衛先生古稀記念東洋史論叢』刀水書房　一九八六）、及び祝啓源『唃廝囉——宋代藏族政權』（青海人民出版社　一九八八）第一章「唃廝囉政權建立前河隴地區的吐蕃」と第二章「唃廝囉政權的興起」などを參照。

（7）注（6）岩崎前掲論文、及び廖隆盛「北宋對吐蕃的政策」（『國立臺灣師範大學歷史學報』四　一九七六）、李蔚「唃廝囉政權興起的原因及其歷史作用」（『西夏史研究』寧夏人民出版社　一九八九）などを參照。

（8）例えば、西夏の進出に關しては『宋史』巻三二八　王韶傳に「夏人（西夏）比年攻青唐、不能克、萬一克之、必併兵南向、大掠秦・渭之間、牧馬于蘭・會、斷古渭境、盡服南山生羌、西築武勝、遣兵時掠洮・河、則隴・蜀諸郡當盡驚擾」とある。なお、唃廝囉以降の青唐族と西夏及び契丹との關係については、注（6）祝啓源前掲書第三章第四節「董氈執政及其與宋・夏的關係」等を參照。

（9）河湟收復論は實は王韶以前にも存在しており、そのため後の舊法黨の間では王韶の平戎策を剽竊と批判する者もいた。これについては注（18）後掲榎氏論文九九〜一〇〇頁參照。

（10）神宗の「四夷經略」の意志は、例えば『宋名臣奏議』巻一三八　邊防門　呂陶　上哲宗請以蘭州二寨封其酋長に「…恭惟神宗皇帝堅智高廣、有削平夷狄之志」とある説明、または『長編』巻二三六　熙寧五年閏七月己巳に「上（神宗）曰、若能兼制夏國、則契丹必自震恐、豈非大願」とある説明などからよく窺われる。また趙翼『廿二史劄記』巻二六　王安石之得君、東一夫「宋神宗論」（『東京學藝大學紀要』一八（第三部門）一九六六、のち同氏『王安石新法の研究』風間書房　一九七〇に再收）などを參照。

（11）　既述したように『宋史』巻一八七　兵一　禁軍上に「又蕃兵有り、其の法、國初より始まる」とある。また注（1）も參照。

（12）　和戎策と平戎策の關係については、注（6）祝啓源前掲書第三章第四節を參照。

（13）「和戎六事」はかなり長文であるので、ここでその要點だけを述べると、①唃廝囉以後、河湟地方は諸勢力に分裂されている。朝廷は人を遣わしてそれらを招撫すべきである、②蕃部には人を遣わし漢法による統治を勸め、その風俗を漢族と同じくさせる、③從來の例に倣って蕃兵には武藝を教え、その用を得る、④蕃部は蕃官にその管理を委ねるが、全體的な統轄は漢官が行う、⑤蕃部には「貴貨賤土」の習性があるから、これを利用してその土地を積極的に買取る、⑥土地の肥沃な地域を開墾する、の如くなろう。

（14）　王韶は宋朝が從來鄜延と環慶兩路でだけ蕃兵を利用したかの如く述べているが、しかし宋朝が涇原と秦鳳路などでも國初より蕃兵を用いてきたのは、例えば『武經總要』前集一八上　邊防　涇原等路の條に「又領熟戶蕃兵百七十七族」とか、同書同所秦鳳等路の條にも「又領熟戶兵馬百四十七族」とあることから明らかである。なお、陝西路における民族の分布については、『宋史』巻四九一　外國七　黨項、同書巻四九二　外國八　吐蕃、並びに山本澄子「五代宋初の黨項民族及びその西夏建國との關係」（『東洋學報』第三三巻一號　一九五一）、顧吉辰「北宋前期黨項羌族帳考」（『史學集刊』一九八五－三）、陳慶主主編『中國藏族部落』（中國藏學出版社　一九九〇）等を參照。

（15）　王安石が王韶を後援していたのは、例えば『邵氏聞見錄』巻一三に「熙寧初、王荊公執政、始有開邊之議。王韶、…遂上開熙河之策、荊公以爲奇謀、乃有熙河之役」とあることからも知られる。

（16）　この點は注（13）に要約してある「和戎六事」の内容と、本文に擧げた『宋史』巻一九一　兵五　鄉兵二（熙寧六年の）王安石の上奏文とを比較しても一目瞭然である。なお、王安石は『臨川文集』巻四一　上五事劄子で「陛下（神宗）即位五年、…其議論最多者五事也。一曰和戎、二曰青苗、三曰免役、四曰保甲、五曰市易」と述べ、王韶が言う「和戎」を當時の最も重要な懸案の一つとして考えている。

(17)『長編』巻二四七　熙寧六年一〇月庚寅に、「安石曰、洮・河異時可以牧馬、若團結訓練、鼓舞蕃部爲用、卽不患無精騎可使」という王安石の言葉も見える。またちなみに、中嶋敏氏は「西羌族をめぐる宋夏の抗争」（『歴史學研究』一一六　一九三四、のち同氏『東洋史學論集』汲古書院　一九八八に再收）で「北宋の西北經營が然りし如く、熙河經營も亦、買馬路保全なる馬政上の目的をも有することは言う迄もない」と述べられ、また東一夫氏も「（王安石の熙河路經略への支持は）これも子細に檢討すれば邊地開拓卽ち植民政策と、買馬路の確保という馬政的見地からの支持という性格が強いようである」（注（10）同氏前掲書一〇七頁）と述べられる。

(18) 榎一雄「王韶の熙河路經略について」（『蒙古學報』一　一九四〇、のち同氏『榎一雄著作集』七　汲古書院　一九九四に再收）。

(19) 例えば『宋名臣奏議』巻一三八　邊防門　呂陶　上哲宗請以蘭州二寨封其酋長に「所謂蘭州・定西城・龕谷寨者、久在封域之外、一旦取而有之、地不可耕而食、…儻得無用之地、終則捨之」とあり、また同書巻一四一　邊防門　任伯雨　上徽宗論湟・鄯にも「今湟州雖存、勢又孤絶、荒山窮谷、地不可耕、道路險厄、又難饋運、得之無用、徒耗中國」とある。

(20) 神宗朝の强兵策については、梁啓超『王荊公』（中華書局　一九五六）第一一章「荊公之政術（軍政）」、鄧廣銘「王安石對北宋兵制的改革措施及設想」（『宋史研究論文集』上海古籍出版社　一九八二）などを參照。なお當時の强兵策の内容については、次の『宋史紀事本末』巻二一　契丹盟好に見える韓琦の言からその一端を窺うことができる。「（熙寧七年二月）琦奏言、…（遼）造爲釁端、所以致疑、其事有七。高麗臣屬北方、久絶朝貢、乃因商舶誘之使來、契丹知之、必謂將以圖我、一也。强取吐蕃之地、以建熙河、契丹聞之、必謂行將及我、二也。偏植楡柳於西山、冀其成長、以制番《ママ》騎、三也。刱團保甲、四也。河北諸州築城鑿池、五也。置都作院、頒弓刀新式、大作戰車、六也。置河北三十七將、七也」。

(21) 將兵制について觸れた主なものに注（20）梁啓超前掲書、羅球慶「北宋兵制研究」（『新亞學報』第三卷第一期　一九五七）、漆俠『王安石變法』（上海人民出版社　一九五九）、小笠原正治「宋代弓箭手の研究（前篇）」（『東洋史學論集』二　一九六〇）、王曾瑜『宋朝兵制初探』（中華書局　一九八三）第四章「北宋後期兵制」、林瑞翰『宋代政治史』（正中書局　一九八九）第七章「置軍」等がある。

（22）宋初の軍政については、堀敏一「五代宋初における禁軍の發展」（『東洋文化研究所紀要』四　一九五三）、及び注（21）前掲羅球慶、王曾瑜、林瑞翰諸氏などの論文を參照。

（23）『宋史』巻一九六　兵一〇　屯戍之制に「凡戍更有程、京東西、河北、河東、陝西、江、淮、兩浙、荊湖、川峽、廣南東路三年、廣南西路二年、陝西城砦巡檢幷將領下兵半年」とあり、また『文獻通考』巻一五三　兵考五には「分遣禁旅戍守邊地、率一二年而更」とある。

（24）將兵制の起源は慶暦年間まで遡るとされるが、直接的な契機は蔡挺が考案した改革案を神宗が受け入れたことにある。詳細は注（21）王氏前掲書第四章「北宋後期兵制」を參照。

（25）全國に設けられた「將」の總數については、諸書に「總天下爲九二將」、「置百三十將」、「國家諸路爲將一百三十有一」などとあって、食い違いをみせる。詳細は注（21）王・林兩氏前掲書參照。

（26）蕃兵は陝西路の他に唯一河東路に存在し、彼らも將兵制に編入されていた。

（27）こうした例は『宋會要』兵一八／二　景德三年八月二七日に「詔自今沿邊斬獲蕃寇首級、須辨問得寔、當於殺戮者、許依前詔給賞、如其非禮、卽以軍法論」とあるように宋の初めから見えており、『長編』巻二四六　熙寧六年七月丁巳には「詔、殺熟戸以邀賞者斬、訖奏仍許人告、毎名遷一資、賞錢百千、無資可遷、加五十千、如因軍人告而事干本營者、送別指揮。先是、卒多殺熟戸、以其首級冒賞、而吏或不能察、故有是詔」という禁令も出ている。

（28）史料に「正軍」（＝「正兵」）は、蕃兵と區別する意味として漢人兵士全體を指す場合と、單に禁軍だけを指す場合とがある。

（29）當時、宋朝では將兵制で最も基本的な部隊單位となる「隊」を、李靖の兵法に倣って「小隊（三人）、中隊（九人＝三小隊）、大隊（五〇人＝五中隊＋將校五人）」という形で決め、これを「新定結隊法」と呼んだ。これは特に神宗の見解を反映したものであり、王安石などはこれに反對していた。『宋史』巻一九五　兵九　陣法、『玉海』巻一四三　兵制熙寧議隊法、『群書考索』巻四七　兵門など參照。

（30）李靖の兵法については、菊池英夫「節度使制確立以前における「軍」制度の展開」（『東洋學報』四四－一、四五－一　一九六一～一九六二)、孫繼民『唐代行軍制度研究』(文津出版社　一九九五)第八章「唐代行軍的兵種及其構成」、第十章「唐代行軍的一些戰術規定」などを參照。なお、宋代の陣法についての研究は管見の限り見當たらないが、史料としては『武經總要』前集七　制度七に纏まった記事が載ってある。

(31) 注(10)東氏前揭論文參照。

(32) 詳細は未詳であるが、『史記』巻四　周本紀四には周の武王が殷王紂を征伐する際、「(武王二年)二月、…武王曰、嗟、我有國冢君、司徒、司馬、司空、亞旅、師氏、千夫長、百夫長、及庸、蜀、羌、髳、微、纑、彭、濮人、稱爾戈、比爾干、立爾矛、予其誓」と語る文が見え、『集解』はこれを「孔安國曰、八國皆蠻夷戎狄。羌在西。蜀・叟・髳・微在巴蜀。纑、彭在西北。庸、濮在江漢之南。馬融曰、武王所率、將來伐紂也」と說明している。

(33) 王安石の政治思想と『周禮』との關係については、庄司格一「王安石「周官新義」の大宰について」(『集刊東洋學』二三一九七〇)、土田健次郎「王安石における學の構造」(『宋代の知識人』汲古書院　一九九三)などを參照。

(34) 但し、王安石は翌年二月再び同中書門下平章事に復歸した後、その翌年一〇月に再び中央政界から引退している。

(35) 表Ⅲ－ⅰによると、陝西路では環慶路だけで熙寧七年一二月に將兵制が行われた後、翌年五月に再び行われている。理由は不明であるが、後述するような元豐期の將兵制再實施のような性格のものではないと思われる。また、『長編』には同表の鄜延路の將兵制についてその實施經緯が見當たらなく、ただ『宋會要』禮六二／四七　熙寧八年正月一八日に「鄜延路經略司言、第二、第四、第五將出塞討賊獲級。詔、禁軍、兵民、蕃兵並與特支錢」と見える。從って、鄜延路では五將以上があり、その設置時期も或は環慶路より以前であったかも知れない。なお、以上のことから、陝西路で將兵制の實施が始まったのは、熙寧八年からではなく熙寧七年末頃からと言える。

(36) 注(21)に擧げた梁啓超以外諸氏の研究でも、熙寧から元豐期への變化を單なる將數の變化とみるか、或は殆ど說明がなされていない。

(37) 『長編』巻二九〇　元豐元年六月丙寅に「命太子中允、祕閣校理、同知諫院徐禧計議環慶等路措置邊防事」とあり、徐禧が「計議環慶等路措置邊防事」に任じられたのは元豐元年六月のことと言える。

(38)　呉廷燮『北宋經撫年表』巻三による。

(39)　まだ將兵制が實施されていなかった『長編』巻二二九　煕寧五年正月丁未にも「(呉)充曰、如慶州事、令屬戶(熟戶)在前、募兵在後、當矢石者屬戶也…」とある。

(40)　ちなみに、蕃兵の徵集方法と關連して、『宋會要』兵二八／一　備邊二　治平二年五月に「詔鄜延、環慶、涇原、秦鳳路經略安撫司、速將屬戶豫先團籍定强壯人馬、及老少孳畜保聚去處、以聞。如將來夏國兵馬侵犯諸路屬戶、幷涇原路壕外弓箭手、卽一面令屬戶老小入保聚處安泊、其團籍定强壯人馬及弓箭手、卽會合向前應敵、仍令逐路帥臣量事勢大小、差將官領兵策應、覓便擊…」とある。なお本書第五章第三節「熟戶統治の方法」も參照。

(41)　ただ、この後呂惠卿の「蕃漢合一」的將兵制が採用されることになる元祐年間の涇原路では、『長編』巻三七五　元祐元年四月己亥に「臣僚劄子奏、竊見涇原路蕃兵人馬分隸諸將、每遇點集、緩急應敵、並與正兵錯雜部隊、一處使喚、…存在陣隊之間…」とあるように、蕃兵が「點集や緩急應敵」など非常時に正兵と部隊を組むことになっている。これは、これ以降各地に擴大されていくことになる呂惠卿の改革案が、「蕃漢合一」の大原則には一致するものの、具體的な面では地域の間で差を見せていたことを意味する。

(42)　先述によれば、これは元豐二年二月頃のことである。

(43)　『宋史』巻二八六　蔡延慶傳には「嘗得安南行軍法讀之、倣其制、部分正兵弓箭手人馬團爲九將、合百隊、分左右前後四部。隊有駐戰、拓戰之別、歩騎器械、每將皆同。以蕃兵人馬爲別隊、各隨所近分隸焉。諸將之數、不及正兵之半、乃所以制之。處老弱於城砦、較其遠近而爲區別。使蕃漢無得相雜、以防其變。具爲書上之。時鄜延呂惠卿亦分畫兵、延慶條其不便」と見える。蔡延慶の涇原法は、彼が「安南行軍法」なるものを讀んでそれに倣い作ったものであるが、その場合の安南行軍法は『宋史』巻三三二　趙卨傳に「交阯叛、詔爲安南行營經略招討使、總九將軍討之」とあるように、煕寧九（一〇七六）年頃に實際にあった、宋朝のベトナム遠征で行われていた宋軍の戰闘體制などを記錄したものと見られる。從って、涇原法には多少蔡延慶の獨創的部分もあっただろうが、そこには實戰で使われた煕寧年間の將兵制の實態が少からず反映されたはずである。卽ち、その涇原法によれば、まず正軍（禁軍）は九將に分けられた後、一將＝四部＝百隊、從って一部＝二五隊をなし、さらに隊には各々「駐戰と拓戰の區分」がなされている。これは、先述した將兵制の一般原則に沿ったものと言える。ところが、それに對し蕃兵の場合は「蕃漢を相雜ぜない」ようにし、かつ離反を防ぐため、隊を正兵とは別に、しかもその兵數は正兵の半分以下に作られている。蕃兵がベトナム遠征に實際に參加したのは、例えば『長編』卷二八〇 熙寧一〇年二月壬寅に「詔鄜延路蕃漢弓箭手及募兵自安南回者、並許引見推恩」とか、また『長編』卷二八一 熙寧一〇年三月辛亥朔にも「上批、安南行營、鄜延路應募非食祿蕃兵及首領去家萬里、以瘴死者、情尤可愍、加賜絹有差」とあることから明らかであるが、もし涇原法が安南行軍法をそのまま倣ったものだとすれば、蕃兵たちはベトナムの戰闘で以上のような形で臨戰していたことになる。但し、既に檢討した（A）文などには、「蕃兵の數を正兵の半」とすることは見當たらないから、この點は恐らく涇原法固有のものである可能性も排除できない。いずれにせよ、このように蔡延慶は安南法を踏襲するか、或はそれに若干手を加えて作られた涇原法で、呂惠卿の「雜漢蕃兵團結、分守戰」に眞っこうから對立したのである。

（44）實は、注（43）前掲『宋史』卷二八六 蔡延慶傳の記事には續いて「神宗善其議」とあり、またこの間のことについて『長編』卷二九七 元豐二年三月癸未李燾の注には「神宗初以延慶分晝兵將爲是、後乃有詔褒奬徐禧、且命禧代延慶、則以禧爲是也。延慶傳云、上以禧爲不然。當考」とある。神宗が蔡延慶を支持したのは李燾も疑っているように事實に反するものであろうが、これは恐らく新舊法黨の政治的立場が史書編纂過程で反映された結果であったと考えられる。なお前掲『宋史』卷四七一 姦臣一 呂惠卿傳の「（鄜延）路都監高永亨、老將也、爭之力」の文にも續いて「奏斥之」とあり、これに從えば呂惠卿の改革案は退けられたことになるが、これも前例と同樣潤色が加えられた可能性が濃い。

（45）この部分は上海古籍出版社本と中華書局標點本の『長編』に共に「謀國不顧、已令代延慶帥涇原」となっているが、「已」は「已」の誤字とも考えられる。

（46）『長編』卷三三〇 元豐五年一〇月乙丑には「（徐）禧、…尤喜言兵、以爲西北唾掌可取、但將帥怯懦耳。呂惠卿以此力引之於上、故不次驟用。先是、惠卿在延州、首以邊事迎合朝廷」とある。

（47）徐禧は『長編紀事本末』卷八七 討交趾 熙寧一〇年四月甲辰に「已差徐禧會計安南興師費用聞」とあるように、「將兵を措置する前」に既に神宗に特使として使われた經歷があり、また『長編』卷三三〇 元豐五年一〇月乙丑の注には「上曰、徐禧天下奇才也。頃在涇原營畫邊事、有足稱者…」という神宗の彼に對する評價の言葉が見える。

(48)　もちろん周知のように王安石と呂惠卿の關係は、王安石の「復相」(熙寧八年二月)を境にして険悪化している。従って、このことから呂惠卿らが王安石の考えを意識的に受け繼いだと見るのは難しい面がある。特に、「得勢」のために新法政治を利用していた呂惠卿は、王安石の過去の主張を有利に利用して實績を擧げることで手柄を立てようとしていたかも知れない。王安石と呂惠卿との關係については、羅家符『北宋黨爭研究』(文津出版社　一九九三)第二章第四節「變法派内部的矛盾衝突」などを參照。

(49)　表Ⅲ－iiの内、秦鳳路の將兵制再實施の正確な時期は不明であるが、ただ『長編』巻三一五　元豐四年八月己未には「秦鳳路經略使曾孝寛言、本路止有五將…」とある。また、涇原路の場合は「計議措置邊防事所言、以涇原路正兵・漢蕃弓箭手爲十一將…」(『長編』巻二九九　元豐二年八月辛丑)とあり、熙河路の場合も「鄜延路經略使・兼措置陝西緣邊四路邊防呂惠卿等言、分定熙河路戰守兵馬九將…」(『長編』巻三〇三　元豐三年四月丙申)とあるから、この時の將兵制改編の擔い手は呂惠卿と「計議措置邊防事所」が中心であった。

(50)　この時、陝西路の將兵制は呂惠卿の主張通り全體的に「蕃漢合一」的體制となり、この點は後の將兵制の樣態を知らせる史料によっても證明可能である。但し、注(41)でも指摘した如く、例えば元祐年間の涇原路では『長編』巻三七五　元祐元年四月己亥に「臣僚箚子奏、竊見涇原路蕃兵人馬分隸諸將、毎遇點集、緩急應敵、並與正兵錯雜部隊、一處使喚、…存在陣隊之間…」とあって、蕃兵が「點集や緩急應敵」など非常時に初めて正兵(漢兵)と部隊を組むことになっている。したがって、この後「蕃漢合一」という大原則では陝西路で一致を見るが、路によっては蕃兵が初めから正兵と一緒にいなかった處もあったと考えられる。

(51)　熙寧以前、宋朝が蕃兵に對し整備を圖ろうとした機會は二度あった。最初は、慶曆年間(一〇四一～四八)所謂蕃官制度を整備した際であり、この時熟戸には宋の軍官が與えられていた。しかし、それは本書第五章三節「熟戸統治の方法」でも述べたように、宋の軍制によったものではなく熟戸の部族原理によるものであった。またもう一回は、注(2)で述べたように『宋史』巻一九一　兵五　鄕兵に「治平二年、…計族望大小、分隊伍、給旗幟」とある動きであり、これは慶曆年間の宋・西夏の戰爭で離散した熟戶部族の立て直しがその背景にあったものである。ところが、やはり既に述べたように、蕃兵は熙寧期になっても軍隊としての體制を整えていない所が多かったから、この時の整備には一定の限界があったと考えられる。

（52）『宋史』巻一九一　兵五　郷兵二に「(熙寧）八年五月、詔李承之參定蕃兵法」とあるように、熙寧八年頃蕃兵法なるものができているが、これは主に熟戶部族から一戶（＝帳）當たり差發する壯丁の數などを定めたものであり、やはり蕃兵が「將」に編入され始めたのと時點を同じくしているのが注意される。蕃兵はこのような熙寧期の動きから始まって、元豐年間の「蕃漢合一」の確定によってその體制が大いに整うようになったと見られるが、それらの具體的な内容の分析は次の章で考える。

第八章　北宋後期の蕃兵制

はじめに

前章では、蕃兵が神宗の元豐期になって漢人兵士と「將」の中に編入され、共に部隊を結成する將兵制の實施を契機に、蕃兵制自體の制度的基礎が確立されたことを論じた。確かに、蕃兵はこのとき宋朝史上初めて「蕃漢合一」的な體制を見出し、これが以降最も基本的な蕃兵制の形態として維持されたと言える。

ところが、ここでそのような蕃兵制に唯一例外であったのが熙河路である。熙河路ではその經略安撫使李憲が、神宗朝も終りに近い元豐六（一〇八三）年頃、成立したばかりの「蕃漢合一」の將兵制を批判し、その代わりに彼自身がまとめた新しい方法にもとづく「蕃漢分離」の蕃兵制の實施を建議し、納れられている。熙河路は王韶の經略によって獲得されたばかりの「新附の地」であり、他の陝西路と事情が異なるという背景があったと考えられる。

また、このような熙河路の改革があってから、まもなく舊法黨が執權する哲宗朝となり、これも宋朝が蕃兵制のあり方を再論するもう一つの原因となった。それは舊法黨の中で、將兵制そのものとそれに連動していた「蕃漢合一」の蕃兵制を新法の一つとして排撃し、さらにその代案として李憲のやり方を熙河路以外の他の陝西路にも擴大する要求が興ったからである。つまり、宋朝では神宗の末年から哲宗期にかけて、李憲のやり方をどこまで擴大するかをめぐって、新舊兩黨が争う中で、蕃兵制がもう一度大きく搖れ動いた。

では、以上のような新たな事態を生みだすきっかけとなった李憲のやり方とはどういうものであったのか。史料中「三門法」と呼ばれたものこそそれであり、これは神宗朝以降の蕃兵制の内容が最も詳しく窺える絶好の資料でもある。すなわち、三門法はその内容が『長編』に詳しく見えており、それによれば三門法は職分門、蒐閲門、雜條門という三つの「門」からなるゆえの呼稱であり、それらの各門にはその名稱通り、蕃兵の統轄關係、組織、訓練など蕃兵に關連する諸般の事項が述べられている。また、三門法は李憲の創作というより、多分當時まで行われていた宋朝の蕃兵の使い方などを參照して整理したものと見られ、その意味でそれは熙河路のみならず、他の地域の蕃兵の實態をも反映していると言えよう。

そこで、以上のことから、本章では前章に引き續き、まず宋朝での議論を中心に蕃兵制の推移を追跡し、その後その議論の核心となった三門法の内容を直接分析することで、北宋後期蕃兵制の實態を明らかにしてみたい。

一　北宋後期における蕃兵制の推移

1　元豐末、熙河路における蕃兵制の變化

（イ）熙河蘭會路の成立

では、李憲が改革を提唱した當時、熙河路はどのような状況にあったのか。これを少し時代を遡って唐代の状況からみると、この地域は『讀史方輿紀要』巻六〇　陝西九　臨洮府に、

唐拒吐蕃、臨州其控扼之道也。臨州不守、而隴右遂成荒外矣。宋承五季之轍、王官所涖、不越秦・成、熙寧以後、邊功漸啓。

とあるように、長期間吐蕃占領下にあった。[1]すなわち、のち宋の熙州となる唐の臨州は吐蕃を「控扼」する要地であったが、それが維持できず寶應初（七六二）年に吐蕃に占領されると、[2]唐の隴右道一帯は全て「荒外」の地となっている。そして、この状態が中唐以來五代を經て北宋の熙寧期まで續いていたのだから、いわゆる河湟地域は三百年間も「荒外」に置かれ、中國王朝の影響が及ばぬ狀態にあったことになる。この間、中國王朝でも失地を取り戻そうとする動きがなかったわけではないが、しかしそれは例えば『新唐書』巻五一　食貨一に、

河、湟六鎭旣陷、歲發防秋兵三萬戍京西、資糧百五十餘萬緡。而中官魚朝恩方恃恩擅權、代宗與宰相元載日夜圖之。及朝恩誅、帝復與載貳、君臣猜間不協、邊計兵食、置而不議者幾十年。而諸鎭擅地、結爲表裏、日治兵繕壘、天子不能繩以法、顓留意祠禱、焚幣玉、寫浮屠書、度支稟賜僧巫、歲以鉅萬計。

とあるように、決して簡單なものではなかった。これによれば、唐朝では「河湟」の陷沒直後、それを回復する努力が一應あったものの、間もなく君臣が互いに協力せず、「邊計」を議論することさえなかったため、代宗がそれを「僧巫」の力に賴ろうと「鉅萬」を使うありさまであった。これは中國王朝による失地奪還の難しさの一端を示すものである。

したがって、こうした狀況にあった河湟地域が宋朝に收復されたのは、宋朝にとってはまさに「國朝の美事」[3]であり、また同時に中國王朝にとってもこの地域に久しぶりに州縣が復置される契機でもあったのである。それが熙河路の成立である。

ところで、かくして誕生した宋代の熙河路は、次のような二點で注意を要する。まず一つは、この地域が熙河路設

置以降も、しばらく續く神宗朝の開邊策の成果によって範圍がさらに擴大していったことである。『宋史』卷八七地理三　陝西　熙州に、

本武勝軍（臨州）。熙寧五年收復、始改焉、尋爲州。初置熙河路經略・安撫使、熙州・河州・洮州・岷州・通遠軍五州屬焉。後得蘭州、因加蘭會字。

とある説明がそれである。前章で述べたように、宋朝は王韶の經略で河湟地域を奪還した後、熙寧六年ここに熙河路を置き、幾つかの州軍を屬州としている。ただし、『宋史』はその州軍として熙州・河州・洮州・岷州・通遠軍の五つを擧げているが、このうち洮州は同じ『宋史』（同卷同所）に「時（熙寧五年）未得洮州、元符二（一〇九九）年得之」とあるように、まだ宋のものではなかったから[4]、熙河路は正確には熙州・河州・岷州・通遠軍の四州軍を領していたことになる[5]。

だが、そのような熙河路はさらに『宋史』に「後、蘭州を得、因りて蘭會の字を加う」と續くように、その後宋朝が蘭州を獲得することで、その管轄地域が擴大され、同時に路名も「熙河蘭會路」に變わっている。この宋朝による蘭州獲得は、本書の第四章で述べたように、元豐四（一〇八一）年宋朝が西夏の内亂に乘じて西夏征討軍を起こした「靈武の役」での成果である。ちなみにこの時の宋軍の總司令官は、當時神宗の信任を受けていた宦官出身の李憲で[6]あって、彼は熙河路よりさらに北にあって東西交通の要路である「靈武」（＝宋初の靈州）まで進擊して一氣に西夏を討とうとしたが、結局は目的を果たさず敗退している。だがいずれにせよ、ここで宋朝は西夏の重鎭蘭州を奪い取り熙河路の管域に收めることで、同路は元豐五（一〇八二）年「熙河蘭會路」に擴大・發展したわけである。ただ、この場合も宋朝は「會州」を取っていなかったにもかかわらず、路名に「會」の字を付けており[7]、したがって熙河蘭會路の實際の管轄州軍は、熙州・河州・岷州・通遠軍・蘭州の五つであったことになる[8]（圖Iと付表參照）。

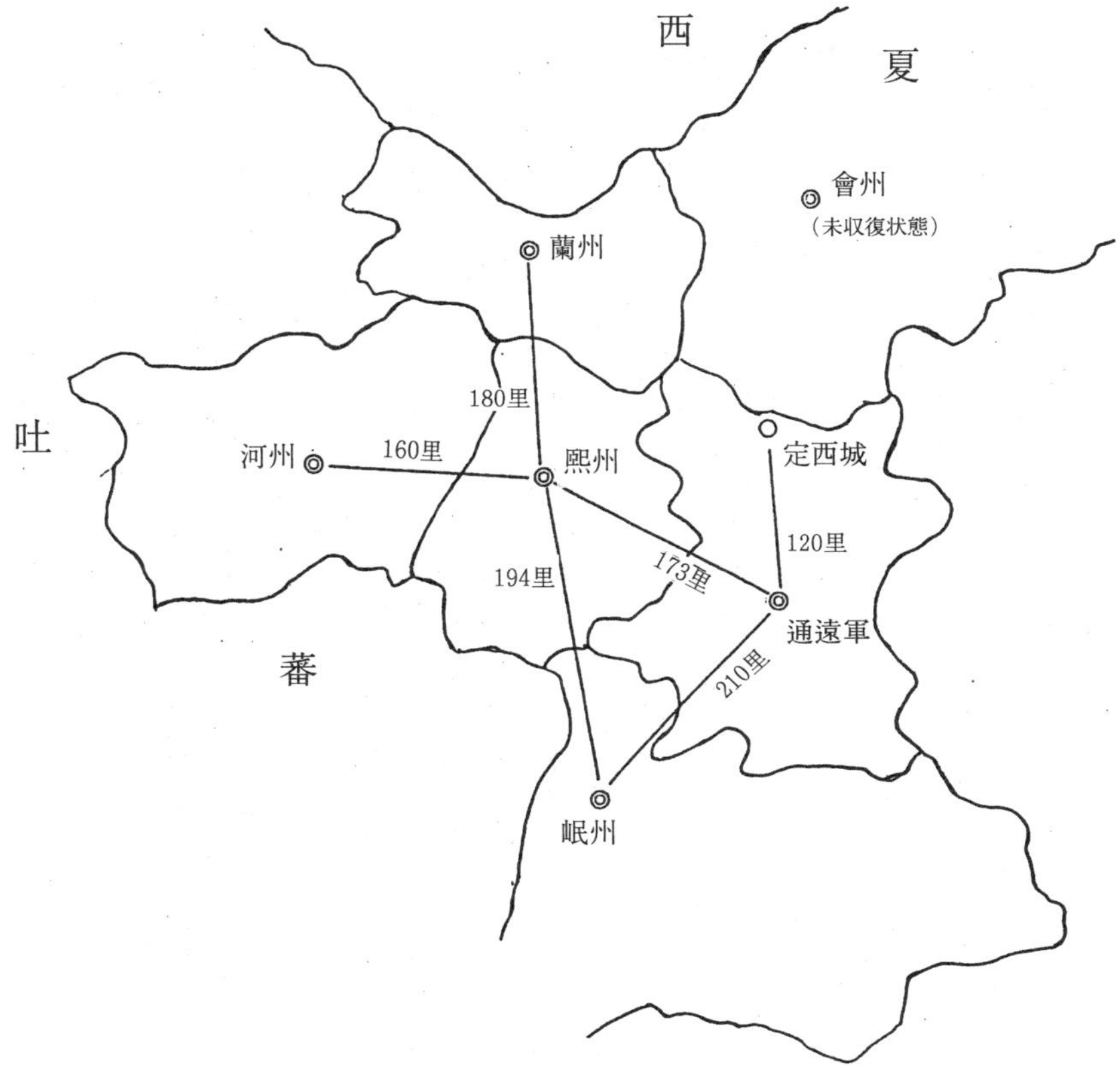

圖Ⅰ　宋代の熙河蘭會路（元豐六年頃）〔『中國歷史地圖集・宋遼金時期』（譚其驤編　一九八二）、『元豐九域志』三　陝西路による〕

付表　元豐6年頃の熙河蘭會路の構成

州軍名	建置年	縣數	監數	鎮數	城數	關數	寨數	堡數
通遠軍	熙寧5			1	1		6	1
熙州	5	1					1	8
岷州	6	2	1				5	3
河州	6				1	1	2	2
蘭州	元豐4						1	4

〔『元豐九城志』巻三　陝西路による〕

ところで、このように擴大された熙河路は、その地域の大部分が先述したように「久しく封域の外に在った[9]」ため、當然のことながら、諸種の面で内地と状況を異にしていたのは注意を要する。つまり、この地域は「新附」・「新復」・「新造」などの言葉が表すように、宋朝の經營の手がいままさについたばかりの状況にあったのである。

そうした熙河蘭會路の現状は、まず『宋會要』食貨二／五　元豐五年六月四日に、

熙河經略安撫司言、蘭州、…今新造之區居民、未集耕墾人牛之具。

とある熙河經略安撫司の指摘から窺うことができる。これは、蘭州というまさに「新造」地域に、その經營に必要な「人牛」などの勞働力と農具がまだ充分に投與されていなかったため、開發が進んでいなかったことを示している。熙河路は「只是れ廣漠の郷[10]」と言われたように砂漠の地が多く、この點から考えると、特にオアシス經營すなわち灌漑水路などが整備されていなかったことを指すものと思われる。松田壽男氏はオアシスを自然的なものではなく、人工的な産物であると述べ、かつその屬性について「その民が水利に努力するかぎり繁榮し、かつ地方によっては耕地面積の擴大も可能であった[11]」とされている。そして、そのような状況であったため、熙河路では當時こうしたオアシス經營がうまく捗っていなかったと思われる。そして、そのような状況であったため、熙河路（＝熙河蘭會路）ではさらに『宋會要』食貨二／六　大觀三年二月二一日に、

詔、熙・河・洮・岷前後收復歳月深久、得其地而未得其利、有其民而未得其用。

とあるような問題も續いていた。これは北宋の末に近い徽宗大觀三（一一〇九）年頃になっても、同路の土地が充分に經營されておらず、そのため「其の地の利」が回收されていなかったのはもちろん、既に内屬した[12]「其の民（蕃部）の用」もうまく活用することができなかった状況を説明するように思われる。

また、熙河路ではこのような土地開發が振るわぬ中で、一方では『長編』巻二五九　熙寧八年正月壬子に、

收復洮隴、開斥土地、尙未墾闢、設官置吏、以至招納蕃夷、屯聚軍馬、支費甚廣。

とあるように、「官吏の設置」から「蕃部の招納」及び「軍馬の屯聚」に至るまでの問題も同時に提起され、それにも多大な費用が必要となっていた[13]。これも「新造地」としての熙河路が解決しなければならぬ問題であり、その費用の多くは當然內地から供給されるものであった。ところが、その內地からの供給は、例えば『宋會要』兵二八／二九元豐七年三月二〇日に、

詔、熙河一路開創未久、凡百用度未易供億。

とあるように、「未だ供億に易からざる」狀況にあったし、そのためにこの地域では『長編』卷三四五　元豐七年五月丙寅で李憲が、

熙河蘭會路經略安撫制置使李憲奏、勘會熙・河・岷・通遠四州軍百物踊貴…。

と述べるように、「百物が踊貴する」ことも起きていた。

さらに、かかる熙河路の內部事情に加え、ここでは外からその失地を取り戻そうとする西夏や靑唐族などの入寇がしばしばあり、その中でそれに熟戶が「脅從」する事態も起きていた。例えば『長編』卷二五一　熙寧七年三月戊申に、

手詔、河・洮・岷州爲寇蕃部、多是脅從、若更討蕩、是驅使附賊。本路兵力適足備內患、不復能及外寇。今王韶已到熙州、大兵聚集、蕃部必各懷恐懼、令韶乘此氣勢、招撫蒐擇强壯、濟其糧食、授以方略、責令討賊自效。若有功卽厚酬賞、貴全兵力、兼收蕃部爲用。

とあるごとくであり、これは宋朝が外の蕃部に「脅從」する熟戶を討とうとすれば、かえって彼らを「賊」に走らせる恐れがあったことを述べている。この時宋朝は何とか「內患」に備える力があるだけで、「外寇」に對應する兵力

は足りぬ狀態であったが、これも基本的には安定していなかった熙河路の情勢と關係があると思われる。そこで、宋朝は熟戸に「大兵」を集め示威する一方、「糧食」を配ることでその動搖を鎭めている。また、『長編』巻二八三　熙寧一〇年七月丙子には、

詔、熙河路經略司指使左侍禁張守榮、右班殿直張德、三班借職劉吉各降兩官衝替。坐不察熟戸常尊所總蕃兵叛、與鬼章兵殺害官軍也。

とあって、宋の蕃兵が青唐族の鬼章[14]に內應して宋の「官軍」を殺害した例もある。これも宋朝が熟戸管理に氣を拔くと、いつでもその反亂が有り得たことを示す[15]。

以上の諸事例から元豐年間の熙河蘭會路は、その經營體制が整っておらず、全體的にまだ不安定な要素を少なからず抱いている狀態にあったと言えよう。

（ロ）李憲の三門法提言

こうした中で元豐六（一〇八三）年熙河蘭會路經略安撫使李憲は、從來の熙河路の蕃兵制に對して批判を行い、かつ代案を提出、納れられている。『宋史』巻一八八　兵二　禁軍下に、

熙河路經略制置李憲言、本路雖有九將之名、其實數目多闕、緩急不給驅使。又蕃漢雜爲一軍、嗜好言語不同、部分居止悉皆不便、今未出戰、其害已多、非李靖所謂蕃漢自爲一法之意。若將本路九將併爲五軍、各定立五軍將・副、及都同總領蕃兵將、使正兵合漢弓箭手自爲一軍、其蕃兵亦各自爲一軍、臨敵之際、首用蕃兵、繼以漢兵、必有成效。…詔從之。

とあるのがそれである。

李憲はこれを通じて、熙河路では、①當時まで九つの將があっても、實際の（兵士の）「數目」が足りていなかったこと、②蕃漢の兵士が一緒に軍（＝將）をなしていたため、兩者の間で嗜好や言語など不便な點が多かったこと、そして③「蕃漢合一」の部隊編成が李靖のやり方とは趣旨を異にすることも併せて指摘し、熙河路における從來の將兵制の在り方を批判している。とりわけ、前章で述べたごとく、神宗は將兵制實施の當初は、まず李靖の兵法に倣って「蕃漢を分離」しようとしたものの、その後は立場を變えたため、陝西路の將兵制が結局「蕃漢合一」の形に決まった事情があったが、李憲は恐らくその經緯を念頭におき、神宗にその初志を喚起させようとした意圖もあったかも知れない。[16]

ただし、ここで擧げられた諸事項の中で、李憲の將兵制批判の核心をなす「蕃漢合一」は、前章で檢討したとおり熙河蘭會路に限らぬ他の陝西路でも共通する問題である。とすると、ここでは何故「蕃漢合一」が他の路では問題とならず、熙河蘭會路でだけ問題視されていたのか、という疑問が浮かんでくる。そしてそうであるとすれば、そこにこそ先述したような熙河蘭會路の固有の事情が問題となっていた可能性が考えられる。

すなわち、まず熙河路が當時「其の民有るも未だ其の用を得ず」という狀況にあったという點からは、この地域の蕃兵が、まだ他路の蕃兵ほど漢人兵士と部隊をなしうる狀態にまで達していなかったことが想定される。つまり、熙河蘭會路は他の陝西四路より內地化が進んでおらず、それゆえ「蕃漢合一」の部隊編成もまだ時期尙早であった狀況にあったと言える。また、熙河路では「財用の不足」も大きな問題となっていたが、この問題も結局、「衣甲」などを同じくする必要のある「蕃漢合一」の導入を難しくさせる要因として作用しただろう。ちなみに、熙寧年間、宋朝で神宗と王安石が將兵制を「蕃漢合一」とするか、それとも「蕃漢分離」にするかの議論があった際、神宗は「蕃漢合一」を主張する王安石に、

上（神宗）疑別給衣費用、安石曰、…豈可惜費。（『長編』巻二四五　熙寧六年六月丙子）

という態度を示したことがある。當時、「財用の節制」を財政再建策の一つにしていた神宗に、「蕃漢合一」は經費がかかるものと認識されていたのである。(17)

熙河蘭會路では以上のような諸種の理由が共に作用する中で、再び將兵制が「蕃漢分離」の形に戻されたのではなかろうか。

ところで、李憲がこのように從來の「蕃漢合一」を否定し、代案として出したものはこれまでなかった新しい方法として注目される。すなわち、この點については後で節を變え詳しく検討するが、前掲『宋史』（巻一八八　兵二　禁軍下）によれば、李憲は從來名目上九つに分けられていた熙河蘭會路の「將」を五つの軍＝將に再編成し、それらの各將には從前の「將と副」を置くほか、さらにこれまでなかった「都同總領蕃兵將」なる官を新設することを提案している。李憲は蕃兵を漢兵から分離した上で、「自ら各々一軍（＝將）を爲す」とあるように、漢兵は從來漢と蕃兵を共に總領していた「將と副」で專ら總領し、一方の蕃兵は新設の「都同總領蕃兵將」で專ら總領することにしたのである。したがって、このことから、李憲が熙河路の「九將を併せて五軍となした」ということは、王曾瑜氏も指摘するように、(18)結局漢人兵士だけでなる五つの將（以下これを漢兵將と稱す）と、それに蕃兵だけでなる五つの將（後掲『長編』巻三三七參照、以下これを蕃兵將と稱す）が別に存在する、合わせて一〇の將に編成し直したことになる。

また、これらの各「將」が置かれた場所については、『長編』巻三三七　元豐六年七月壬戌に、

熙河蘭會經略安撫制置使李憲奏。臣昨奏熙、蘭、岷、通遠四州軍蕃兵、地理相遠、當逐處各爲一軍、庶就近易於團結、仍得蕃情安便。兼蘭州及定西管下新歸順蕃部數內、强壯人馬甚衆、亦當團結、與四州軍蕃兵通作五軍、庶緩急之際、各有漢蕃兩軍相參爲用。乞且於熙河蘭會一路條畫以聞、先次推行、已蒙依奏。臣今具條畫、以謂蕃兵

置將、事貴簡而易行、法貴詳而難犯。臣今斟酌蕃情、擬定條畫事法凡三門。…並從之。

とある、李憲の説明で確認することができる。これは李憲が後に詳論する三門法を上奏した時の説明であり、これによれば、彼は既にこの前に將兵制の改革を進言しており、その際、蕃兵將が置かれる地域として熙州、蘭州、岷州、通遠軍の四州軍と、それに當時蕃部からの歸順者が多かった蘭州の一部及び定西城[19]（通遠軍所屬）を一つにした地區を擧げている。熙河蘭會路ではこれらの五つの地域にそれぞれまず漢兵將があり、また一方ではそれと別に蕃兵の總領を專擔する蕃兵將が置かれることになったのである[20]。この兩者の關係については次節に示す圖Ⅲのごとくであるが、要するにこれらの五つの地域では、漢兵將と蕃兵將をトップとする二系列の統轄官があり、これらの官がその管下の漢兵と蕃兵を各々統轄していたのである。

このように李憲のやり方は一應蕃漢を分離しながらも、蕃兵には「蕃兵將」を設けるという、從來のやり方とは趣旨を異にするものであった。そして、これによって結局神宗末期の陝西五路の將兵制は、いわば「四蕃漢合一」（鄜延、環慶、涇原、秦鳳）と「一蕃漢分離」（熙河蘭會）の體制に變わったと言えよう。

2　元祐期の蕃兵制

ところが、この後も宋朝では、以上の體制に對し異論がなかったわけではない。熙河路の改革から間もなく、宋朝では政權の擔い手が舊法黨に變わる哲宗朝になり、その政局の變動が再び蕃兵制の問題に火をつけることとなった。すなわち、前代の新法政治の大部分が批判・否定される元祐期（一〇八六～九三）にあって、將兵制は祖宗以來の兵制を亂したという最大の批判の的とされている。特に、これを最も痛烈に批判したのは司馬光で、彼は神宗死後間もない元豐八（一〇八五）年四月から將兵制の廢止を訴えながら、例えば『溫國文正司馬公文集』巻四六　乞去新法之病

民傷國者疏では、

…然尚有病民傷國、有害無益者、如保甲、免役錢、將官三事、皆當今之急務、釐革所宜先者…。

と述べ、「將官」すなわち將兵制を保甲や免役法と共に、「民を病め國を傷つける」ものとしてまで批判している。[21] また、かかる司馬光の批判には、この他に孫覺と蘇轍なども加擔しており、[22] かつて羅球慶氏は將兵制を概説される中で、彼らの將兵制廢止の具體的理由を、次の四點に整理されている。[23]

①置將使兵卒疲於訓練、緩急時不能得其死力。

②置將養成士卒驕惰、本意想訓練武藝、而結果竟孱弱不知戰。

③將官侵害地方權力、州縣長吏及總管等、對所部士卒、不相統攝、往々不得差使、有事時地方反無武備。

④置將使官吏重設、虚破廩祿。

しかしながら、こうした一連の將兵制廢止論が、宋朝で實際に檢討された痕跡は見當たらない。批判の内容にどれくらいの說得力があったのか問題であるが、いくら政權が變わったといっても、先代の兵政を一朝に全面否定するのはやはり無理なところがあったはずであろう。そのためか宋朝では將兵制の廢止を主張する急激な議論とは別に、一應將兵制を存續させながら問題となっていた陝西路の將兵制の內容を變えようとする議論が臺頭している。そして、その議論が司馬光などによる極端な反對より、現實的なものとして宋朝にも檢討されたと見られる。

それを表す動きとして『長編』巻三七五　元祐元年四月己亥に、

臣僚劄子奏、竊見涇原路蕃兵人馬分隸諸將、每遇點集、緩急應敵、並與正兵錯雜部隊、一處使喚。竊緣蕃兵本外夷之族、素性反覆、存在陣隊之間、有似未便。兼又自來不經訓練、或臨寇敵、多是不明號令。又慮紛亂行伍、因致誤事。欲乞今後凡遇點集、驅使之事、委是將、副臨時分那一員、專切總領、別作頭項。若遇畸零緩急使喚、即委所隷將官選差深曉蕃情部隊將、使臣、亦分別頭項管押。遇敵、使令在前、首當賊寇、師退、使令居後、用防追襲。如此則無紛亂之慮。詔令涇原、環慶、鄜延、秦鳳路經略都總管司相度聞奏。

と見える。この臣僚の劄子（樞密院邊りから出されたものか）によっても、例えば涇原路では、元豐以來蕃兵が「並びに正兵と部隊を錯雜」する「蕃漢合一」の將兵制が續いてきていたことが分かる。ところが、これを元祐期の臣僚たちは、蕃兵に「反覆」の素地があること、或は訓練などの不足で有事にうまく「號令」できず、よって「行伍を紛亂し「事を誤らせる」恐れがあることを理由に、やはり「便ならず」ものと認識し、改革を要求している。そしてその結果、ここで出された代案は、おおむね李憲（＝熙河路）のやり方に準ずるものと理解される。すなわち、先述した李憲の改革案は、「蕃兵將」（と「蕃兵使臣」（後述））の設置を根幹とするものであったが、この時の代案にも臨時ではあるが（正兵將の）「將・副」一員を分けて蕃兵を總領し、またそれに蕃情に曉る部隊將と使臣なども選抜して蕃兵を「管押」させるなどの内容が盛り込まれている。この提案は、基本的に後述する三門法の内容に似ていると言えるし、熙河路のやり方の影響が感じられる。

そこで、このように陝西路の將兵制に對する改革の氣運が再び高まるなかで、以上の改革案はいったん宋朝に受け入れられ、そのあと涇原路を始めとする環慶、鄜延、秦鳳路の諸路にも送付され、邊臣の具體的意見が徵されている。なお、ここで熙河路を除く陝西諸路に同時に諮問が求められたのは、これらの地域で當時まで「蕃漢合一」の將兵制が續いていたことや、そのためこの時それらに對する改革が涇原路と一緒に檢討されていたことを説明するものであろう。

とすれば、このあとは以上のような宋朝の措置に應じて、陝西の諸路から當然回答があったはずである。しかしそのうち、唯一回答が史料に確認できるのは環慶路からのものだけであり、その内容が前掲『長編』の記事に續いて、

環慶范純粹言、相度得蕃漢兵馬、委是不可雜用、須合別行更制。雖然、若依臣僚所奏、須遇點集驅使、臨時分那將、副、選差使臣管押、卽恐人情素不相諳、緩急遇敵之際、不相爲用。宜于逐將下選擇廉勇、有心膽、曉蕃情使臣一二員、專充蕃兵部將、使于平日鈐束訓練。凡有出入、便令部領外、仍輪那將、副一員、統領使喚。…如此施行、頗得允便。

とのごとく見える。これによれば、環慶路經略使范純粹(24)も元豐以來の「蕃漢合一」に反對し、それを基本的には先程の「臣僚の案」に沿って變えることに贊成している。ただし、彼は（正兵將の）將・副を臨時に分けたり、或は「使臣」も臨時に「選差」するのは問題があるとし、そのため特に使臣一、二員を專ら「蕃兵部將」に充て蕃兵の訓練などを掌り、もし有事になれば、（正兵將の）將・副一員が全體を統領させるようなやり方を提案している。范純粹も李憲の三門法こそ口にしていないものの、その主張する內容は一應三門法の範疇に入るものと言ってよかろう。

このように元祐期には元豐期の「蕃漢合一」を否定し、それを李憲のやり方に準じて變えようとする議論が有力視されていた。ただし、以上の議論が果たして實際に實現したがどうかはまだ確定できない點がある。というのも、史料にはさきの范純粹の建言がいったい宋朝に納れられたのか、どうだったのかが明記されておらず、その上あいにくそれ以降の蕃兵制の推移を窺わせる史料が長期間に亙って見えなくなっているからである。なお、元祐期におけるこのような史料の殘り方は、いわゆる西北の「邊事」が比較的に落ち着いていたこの時代の時代的雰圍氣とも關係があろう。

ところが、范純粹の建言から凡そ一三年も後になる、『長編』卷五〇七　元符二（一〇九九）年三月壬子にはようやく、

涇原路經略司奏、乞將東西路蕃兵將廢罷、仍將蕃兵依舊各於順便城寨隸屬逐將統領、與漢兵相兼差使。從之。秦

鳳路依此。

とある、注意すべき記事がみえてくる。これによれば、涇原路と秦鳳路ではこれ以前ある時期から元符二年まで、「東西路蕃兵將」なるものが存在し、それがこの時になって廢止されたというのである。とすると、この「東西路蕃兵將」を先程検討した宋の「臣僚」または范純粋の主張が、宋朝に受け入れられ實現をみたものとして理解してもよいのであろうか。どうもそうではなさそうである。なぜなら、實はいま引用した『長編』の記事には幸い詳細な注がついており、それによると「東西路蕃兵將」の内容はもとより元祐以來途絶えていた將兵制の情報も見え、その推移についてある程度推測を行うことが可能であるからである。そこで、次は多少長文であるが、その重要な部分を幾つかの段落に分けて示し、それらを検討して元祐以降を中心にその前の蕃兵制についても検討してみたい。

3　元祐以降における涇原・秦鳳二路の蕃兵制

Ａ（ａ）元符二年三月九日、涇原路經略司奏、準元符元年六月十一日樞密院劄子、臣僚劄子奏。訪聞得涇原路蕃兵自來以住坐近便、分隷在逐將下所管、凡有出入、本將全籍引路、探望、伏截、捉人、使喚、易爲得集、蕃兵亦無枉有糜費盤纏。（ｂ）昨來自團結爲東・西路蕃兵將校、毎有勾集、在邊住坐、卻來近裏將下赴點差使、不下一二百里、往來甚有費用、未知出入之處已有數百里之勞、人馬疲困、漢蕃皆言未便人情、與熙河路事體不同、其五州軍相去不及二百里、至界首不滿百里、逐州從初各置蕃兵將分、勾集百里之地、無虚勞擾。（ｃ）欲望聖慈詳察蕃情、下經略司更切體量、具利害聞奏。臣伏覩鄜延、環慶路蕃兵最多、見分在逐將下管幹、極甚安便。欲乞早降處分。貼黄稱、臣近過秦鳳沿邊城寨、亦見蕃漢人言所置蕃兵將卽非便利、人情未安、亦乞下本路具利害聞奏。

Ｂ　旨令、涇原、秦鳳路經略安撫司詳上件事理、子細依公體問、相度昨所措置有無不便事理、如委是未便、今來合如何措置施行、具經久可行的確利害、結攬保明事狀聞奏。

C（a）勘會本路蕃兵自來以住坐地理遠近、順便城寨分隷在逐將、每遇出入、與漢兵相參使喚、別無闕誤、兼逐將又得蕃兵選委引路探事之類。（b）昨自紹聖三年內、因鍾傳奏請、以熙河有專置蕃兵將、本路彭陽城駐劄第六將減罷、改置東路蕃兵將、如綏寧・靖安・乾興・天聖寨係各有邊面去處、水洛城駐劄第十二將減罷、改置西路蕃兵將、如靜邊・隆德・得勝・治平寨亦係各有邊面去處。每遇勾集、其緣邊住坐蕃兵、卻來近裏將下應點差使、其間有一二百里、往來極甚勞費、委是未便。兼與熙河事宜不同。（c）…本司今相度、若將東・西路蕃兵將廢罷、卻將蕃兵人馬依舊各於順便城寨隷屬逐將統領、與漢兵相兼差使、委是經久利便…。

D　樞密院批狀、…兼亦曾行下秦鳳路相度奏到、「本路東西蕃兵兩將委是順便、只合依舊。」致朝廷難議別降指揮…。

四月二十七日送涇原路經略安撫司照會。

ここで便宜上、右文全體の構成を豫めことわっておくと、Aは、涇原路經略使章楶が從來の涇原路と秦鳳路に存在する東西路蕃兵將の廢止を建議したもの、Bは、それに對し宋朝が、その廢止の利害を涇原路と秦鳳路の經略安撫使に各々檢討させたもの、Cは、その命令に從って涇原路の章楶が、再び東西路蕃兵將の廢止を強調した二度目の上奏文、そして最後のDはその後の宋朝の措置を記したものになる。

さて、これらの内、まずいずれも章楶[25]の上奏文であるAとCを總合すると、宋朝で東西路蕃兵將が設置されるようになった事情と、それの性格などが明らかとなる。すなわち、まずAaとCaによると、涇原路の蕃兵は「自來」という時點より、近隣の堡寨で「逐將」の管轄を受けながら、引路、探望、伏截、捉人、使喚といった各種の仕事[26]に差發されたり、或は「出入り」がある時は蕃部から漢兵と「相參えて」各「將」に「使喚」されていた。內容と狀況から考え、ここでいう「自來」は、多分「蕃漢合一」の將兵制が行われ始めた元豐年間以來のことを指し、章楶はまさにこうした從來のやり方には全く問題がなく、蕃兵にとっても「差使」の際、移動の苦勞とそれに伴う費用の負擔も少なかったものと評價している。

ところが、引き續きAbと特にCbによると、章楶はかかる「自來」のやり方が紹聖三（一〇九六）年になって、鍾傳なる者の奏請で「東西路蕃兵將」が置かれることによって、とり止められるようになったと述べる。そして章楶は、その鍾傳の「東西路蕃兵將」制を、熙河路（＝熙河蘭會路）の「蕃兵將」體制に倣っているものと位置付けている。鍾傳は『宋史』巻三四八　本傳に、

鍾傳字弱翁、饒州樂平人。本書生、用李憲薦、爲蘭州推官。

とあって、李憲に「推官」された經歷があり、兩者の間に一定の人間關係が形成されていたのが窺われる。すると、鍾傳が宋朝に「東西路蕃兵將」の設置を建議した背景には、このような李憲との關係が作用していた可能性もあったと考えられる。[27] ただし、章楶の説明によれば、熙河路では既述のごとく各州軍に蕃兵將が置かれていたのに對し、涇原路では「東西路蕃兵將」という名稱が示すように路全體を二つのブロックに分け、各地域にそれぞれ一人の蕃兵將を置くだけになっている。つまり、涇原路はこれ以前まで「一二の將」が置かれていたが、[28] 紹聖三年になって鍾傳がそのうち彭陽城に駐屯する第六將を「東路蕃兵將」に改め、それを通じて同路の蕃兵の約半分を統領させており、一方もともと水洛城に駐屯していた第一二將は「西路蕃兵將」に改め、それでその他の蕃兵を統領させることにしたわけである。このことから、鍾傳が李憲のやり方をそのまま繼承したとは言えないが、しかしこれで涇原路でも各「將」が將內の正

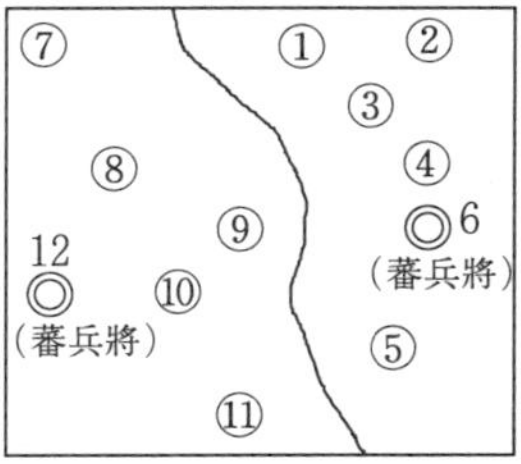

圖Ⅱ　涇原路（紹聖三～元符二年）の將兵制、概念圖

兵と蕃兵を共に統轄していた體制から、一應專任の「蕃兵將」が獨立して蕃兵を管轄する體制へと變わっていたのは明らかである。なお、かかる涇原路の「東西路蕃兵將」はこのとき秦鳳路にも同時に設置されていたようである。

したがって、ここで一先ず以上の事實をもって考えると、前述でその結果が不明のままだった范純粹ら元祐期臣僚たちの主張は、多分何らかの事情で實行には移されなかった可能性が浮上する。そして、そうした狀況が續いたあと、紹聖三年に鍾傳によって元祐期の代案とはやや異なる形で「東西路蕃兵將」が實現したが、ただそれは上述のごとく涇原と秦鳳の兩路に限られたものであり、他の鄜延・環慶兩路では「東西路蕃兵將」は置かれず、恐らく元豐年間の體制が變えられずに紹聖期以降まで續いてきたと思われる。Ａｃの所に「臣（章楶）伏して覩るに、鄜延、環慶路の蕃兵最も多く、いま分けて逐將下の管幹にあり、極めて甚だ安便たり」とある章楶の指摘もそのことを考えさせる[29]。

つまり以上をまとめると、陝西五路では熙河路で元豐末期「蕃兵將」が新設された後、他の四路でも元祐期に入って熙河路の例に倣おうとする動きがあったものの結局は實現せず、それらの地域では紹聖三年まで、一應元豐以來の體制が引き續き持續し、このとき初めて涇原・秦鳳兩路のみにおいて「東西路蕃兵將」が置かれたことになる。

しかしながら、こうやって置かれた涇原・秦鳳兩路の蕃兵將も、存續した期間はわずか三年くらいに過ぎなかったし、その理由には熙河路と涇原路の間の「事體の同じからざる」地域的差が擧げられている。すなわち、ＡｂとＣｂの章楶の指摘によれば、まずそもそも熙河路では各州軍の「界首」の間の距離が百里（約五五㎞）にもならず[30]、そのうえその州軍には最初からそれぞれ蕃兵將が置かれていたため、蕃兵將が百里間の地域を動いて蕃兵を「勾集」することに大した苦勞はなかったとされる。ところが、それが涇原路の場合になると、蕃兵將は蕃兵の「勾集」のために、各「將の下」にまで一、二百里を動き回らなければならなく、さらにその範圍が廣かったため、蕃兵將及び蕃兵人馬の「疲困」と往來の苦勞が多かったとされる。章楶はまさにこうした兩路間の「事體の同じからざる」ことを最大の理由として擧げ、涇原路では蕃兵將がふさわしくなく、よってその以前の體制に取り戻すことを訴えたわけである。

そしてその結果、宋朝はこれを受けて、章楶の主張する所をBのように問題の涇原と秦鳳路の經略安撫司に各々知らせ、その實施の當否を檢討・「聞奏」させたところ、まず涇原路經略安撫使の章楶が再び上述通りの見解をCのように繰返し「聞奏」したのである。しかし、これに對し秦鳳路からの「聞奏」そのものは前掲『長編』には載っていない。だが、Dの樞密院の「批狀」によると、秦鳳路からも一應樞密院に報告が出されていたことが確認され、その內容は涇原路とは正反對に「本路（秦鳳路）の東西蕃兵兩將はまことに順便である」から、そのまま存續させても支

表Ⅰ　神宗朝以降陝西路における蕃兵制の變遷表（×＝蕃兵將無し、○＝蕃兵將有り）

時期		鄜延路	環慶路	涇原路	秦鳳路	熙河路
神宗	熙寧年間	蕃漢分離(×)	蕃漢分離(×)	蕃漢分離(×)	蕃漢分離(×)	蕃漢分離(×)
	元豐年間	蕃漢合一(×)	蕃漢合一(×)	蕃漢合一(×)	蕃漢合一(×)	蕃漢合一(×)
	6年	—	—	—	—	蕃漢分離(○)
哲宗	元祐年間	—	—	—	—	—
	紹聖年間	—	—	蕃漢分離(○)	蕃漢分離(○)	—
	3年	—	—	—	—	—
	元符年間	—	—	—	—	—
	2年	—	—	蕃漢合一(×)	蕃漢合一(×)	—
以降		—	—	—	—	—

障がないというものになっている。とすれば、秦鳳路ではまた涇原路とも事情が異なっていたことになるが、いずれにせよかかる秦鳳路の反應は、當時の宋朝で必ずしも章楶の主張のみが存在してはいなかったことを意味し、そのため宋朝でもこの相異なる反應がある中で、當分措置を講ずるのが難しかったことがDによって窺われる。とはいえ、最終的には章楶の主張が受け入れられ、涇原路はもちろん秦鳳路の東西蕃兵將も共に廢止されたのだから、この兩路では再び元豐年間の「蕃漢合一」的將兵制に復歸したことになる。そして、その結果元符二年三月頃、陝西五路では元豐末期の狀態、すなわち「四路蕃漢合一」（熙河蘭會路以外）と「一路蕃漢分離」（熙河蘭會路）の將兵制が再現したわけである。これ以降も以上の體制が維持されていったと考えられる。(31)

二　「三門法」に見る蕃兵制の實態

それでは、李憲の三門法はそもそもどのような内容を持つものであったのか。先述のごとく、『長編』卷三三七元豐六年七月壬戌にはそれに關する詳しい記事が載っている。そこで、以下では分析の便を圖るために、その全文を次のように適宜番號をふって表に整理して示し、それぞれの「門」について検討を行っていくことにしたい。

表Ⅱ　李憲の三門法

	Ⅰ **職分門**
1	應五州軍各置都同總領蕃兵將二員、並本州軍駐劄、總領本州軍管内諸部族出戰蕃兵並供贍人馬。仍各置管押蕃兵使臣十員、内四員委本將選擇、從經略使司審察奏差、餘六員許本將所在駐劄州軍、於經略・總管・緣邊安撫司準備差使指揮、及管下城・寨・關・堡使臣内選擇兼充。平居不妨本職、遇有事宜出入、將下一面勾抽

2	總領將凡遇邊警、稟帥司不及、卽與所駐劄州軍守臣・正兵將副及管勾緣邊安撫司官共審度、如可禦敵、卽遣漢蕃兩將人馬共力枝梧、若輒分彼我、致有誤事、卽依節制法均責、仍一面具事宜申經略司。
3	諸將各於所管蕃部內、籍善探事人姓名、以備遣使。所探到事、除申經略司外、仍與駐劄州軍正兵將副互相關報。
4	蕃部公事干本將、卽許都同總領將施行、餘依舊。
5	經略・經制・緣邊安撫司所屬州軍行遣總領將、係知州軍兼領而應巡按蒐閱者、許權交割州軍事與通判輸出。
6	諸將下管勾部族近上蕃官、遇點集出入、與管押蕃兵使臣參領所管本族兵馬。
7	諸將駐劄州軍及轄下關・城・堡・寨、如於本將職事不協力、沮害事法、內城寨官許同總領將奏劾施行、州軍當職官卽具事狀聞奏。
8	出戰蕃兵自備人馬衣甲・器械數目、令將官置籍、因巡按蒐閱點檢出戰衣甲・器械、令將官豫修備。除逐族蕃兵有自備外、其所闕及合用旂號、申經略司計置、仍置庫拘收、遇點集、據闕給借。
9	蕃兵自來輸差在緣邊巡綽・坐團・卓望者、聽依舊例差撥。出戰蕃兵凡以事故出外、令關白本族蕃官、仍不得出本州軍界。
10	其蕃兵下供贍人數內、有壯勇堪充出戰者、許臨時揀選、抵替不得力蕃兵。
11	諸將遇出兵、許選勁騎充踏白馬官。
12	押蕃使臣・蕃官諸司副使以上、不以親手斬獲首級數計功、依正兵隊獲首級分數論賞。
13	五州軍出戰蕃兵人馬自爲一將、遇出戰卽以正兵繼蕃兵、其旗幟與本州軍正兵旗身同色、旗腳以間色爲別。

Ⅱ　蒐閲門

1	出戰蕃兵分爲四等。以膽勇・武藝卓然者爲奇兵、以有戰功・武藝精熟者爲第一等、以未嘗立功而武藝精熟者爲第二等、以武藝生疎者爲第三等。
2	委逐族蕃官首領依格推排、總領將別置籍、依等第單名拘管、遇有增減、於簿內開收。
3	諸將出戰蕃兵、分爲左右前後四部。遇點集出入、逐族各隨所屬蕃官、每部差管押蕃兵使臣二人、毋得將一族人馬分入兩部。
4	總領每季分詣逐族就近點閱、止隨蕃兵所習按試。如第一等內武藝卓然者、別爲一等、充奇兵、每將以二百人爲額、第二等內出衆者、陞爲第一等、每將以三百人爲額、第三等內出衆者、陞爲第二等、每將以五百人爲額。
5	候點閱訖、等第支賞幷酒食犒設、奇兵支銀椀、第一等・第二等支銀楪有差、選充奇兵及第一等・第二等者、并支顏色戰衣袍并絲勒巾、以鼓激衆心。
6	蕃兵就委本族蕃官首領教閱、遇將官巡按、如武藝精熟、人馬驍銳出衆、卽令將官保明、申經略司旌賞。
7	總領將并管押使臣、如能說蕃官首領糾出未充蕃丁之家、及招募人馬有增數者、理爲勞績、歲終委經略司據所增申奏。以千人

爲率、每一馬仍當一人。每增及二百人已上、總領將減磨勘三年、使臣減磨勘二年、若有逃亡虧數、每一百人、將官展磨勘三年、使臣展磨勘二年。

8 諸族都管蕃官如於本族根括及招募到人馬、歲終委將官具所增數申經略司酬賞。

9 出戰部落子人馬不結入四部、於蕃兵籍内別拘收、遇出戰卽別爲一隊、所有教閲將官巡按・陞進等第・特支管犒之類、並如蕃兵法。

10 諸州軍出戰部落子人馬、在熙・蘭・岷・通遠四州軍住坐者、並隸逐州軍、總領將就便巡按蒐閲。其河州雖有管押部落子將、亦合隸總領將。

11 因巡按點閲蕃兵、内有年老或病患不堪征役之人、令本家少壯人丁承替者、卽時於籍内改正姓名、每季分詣點閲畢、具所管部族有無增減人馬數、申經略司考較聞奏。

Ⅲ 雜條門

1 蕃官首領根括募到族下人馬、每季及歲會具所增數目、及教習族下人馬精鋭合係經略司支賞者、本司豫具數乞支降、委官置庫主管、如別利用、以違制論。

2 係籍出戰蕃兵、通所管部落子一千人以上、不滿二千人、每年支公使錢一千貫、二千人以上、不滿三千人、支二千貫、三千人以上、支三千貫止。以係省錢充。仍分上下半年、各並委總領將從宜支使。

3 諸將合用酒、許於駐劄州軍寄造。諸將公使庫錢物、許駐劄州軍正兵將下選差員寮十將等給役使、仍於本將差押蕃兵使臣主管公使庫。

4 諸將如遇點集出入、或巡按點閲部族、所在州軍城寨議公事、集蕃官、及犒設蕃部、並許支破酒食。以公使錢非理費用、及別有饋送、論如監主自盜法。

5 總領將遇軍行、於駐劄州軍將下出戰士兵或漢弓箭手内、差馬軍二隊充帶器械馬隨行。

6 蕃兵將各置行遣吏人等取受財、並依河倉法。

7 諸將許於諸軍内差譯語官十人、仍於漢弓箭手内更差十人。諸將許差醫人醫獸。如遇軍行、差都教頭・壕寨擊金鼓人・執門角旗人數有差。

8 諸將籍定出戰蕃兵、除緩急事宜及逐季點閲外、並不得別差使、如違以違制論。不以赦降原免。

9 諸將並管押使臣、如因巡教點集、受蕃官已下獻送、論如監主自盜法。

1　職分門について

職分門では、主に蕃兵の統轄官の仕組みと、その統轄官の仕事の内容及び正兵との關係などが述べられている。ただし、これらの事項については次の「蒐閲門」と「雜條門」にも散見している。

（イ）蕃兵統轄官の仕組み

まず職分門によれば、先述の熙河蘭會路の五つの州軍などには、それぞれ「都同總領蕃兵將」（以下蕃兵將と略稱）二員と、「管押蕃兵使臣」（以下蕃兵使臣と略稱）一〇員が置かれ、これらが最も重要な蕃兵の統轄官となっている。中でも、蕃兵將は「管內諸部族の出戰蕃兵並びに供贍人馬（いずれも後述）を總領する」（I－1）とあるように、蕃兵に對する最高の責任者であり、その職務は後述のごとく蕃兵に對するほぼ全般の事務に關わっている。また、この蕃兵將には、正兵將が「將と副」が一人ずつあるのに對し、「將」だけが二人あって「副」は置かないことになっている。これからは蕃兵將の仕事と役割が分擔されていたことも推測される。なお『宋史』卷一八八　兵二　禁軍下には、

凡將副選內殿崇班以上。

とあって、正兵將の將副は內殿崇班（從八品）以上で充てられる規定が見える。蕃兵將もこのくらいの位階を持つ武臣が充てられたと考えられるが、ただ次いで述べる蕃兵使臣との比較からするとこれより若干位階が上がる可能性もある。(32)

次に、蕃兵將の下には蕃兵使臣が一〇員置かれ(33)、蕃兵將を助けていた。そして、この蕃兵使臣は一〇員のうち四員が蕃兵將に直接選擇される（ただし、經略使司の審察奏差を經る）他、殘り六員は管下の城・寨・關・堡といった堡寨の

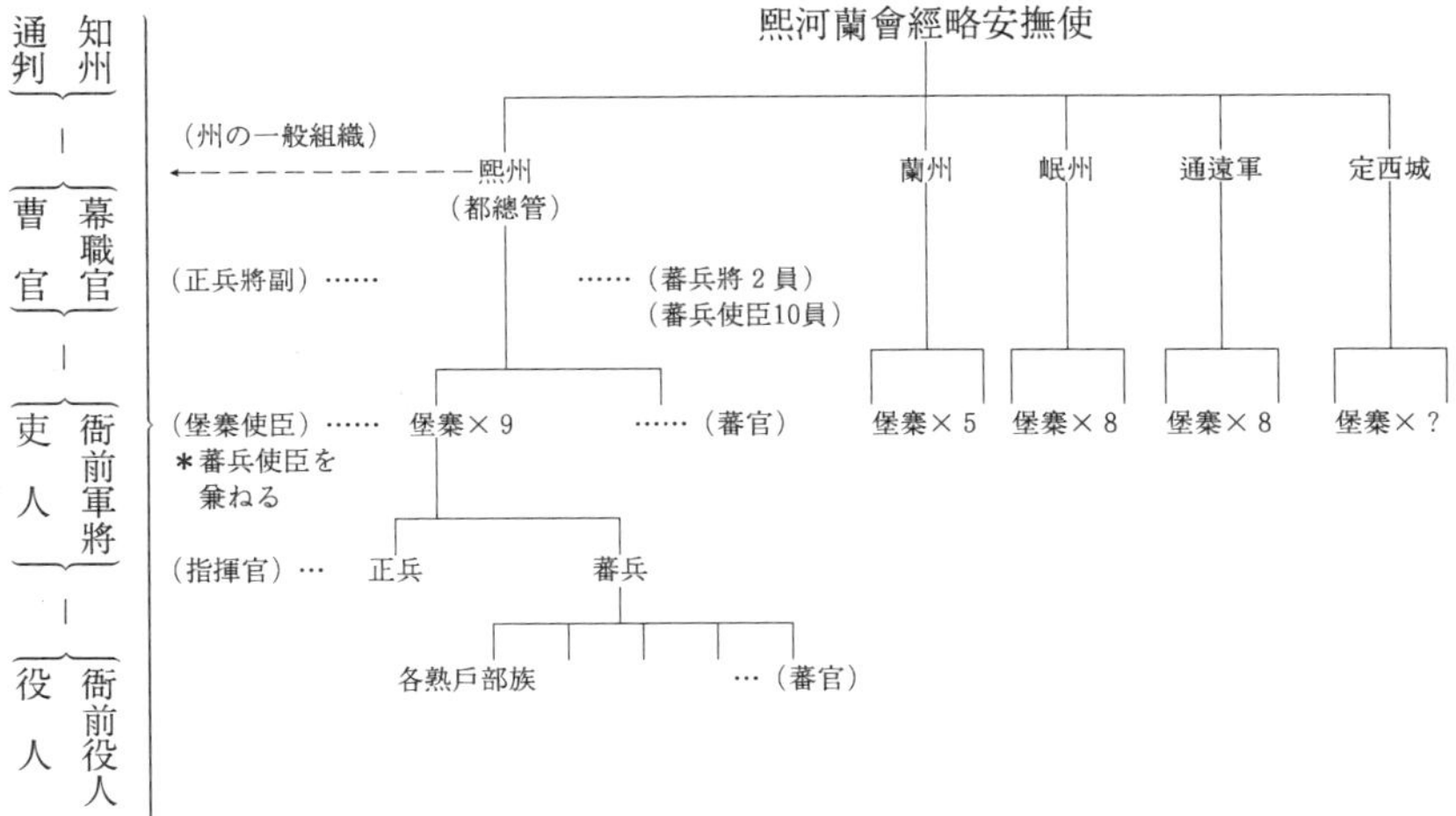

圖Ⅲ　熙河蘭會路の統兵體系試案[37]（概念圖）

使臣が兼充される（ただし、縁邊安撫司の準備差使[34]の指揮による）ことになっている（I－1）。特に、宋代の縁邊の各州軍には、その下に縣とほぼ同レベルの行政區域として堡寨[35]が多く置かれており（本章の圖I及び圖Ⅲ參照）、この堡寨には例えば『宋會要』方域一九／四三～四四　紹聖四年四月二一日に、

沿邊安撫司公事章楶言、…石門城寨官八員、知城一員、以大使臣充、都監・監押共三員、以大小使臣互充、巡檢四員以小使臣互充。

とあるように、知城（寨の場合は寨主）、都監、監押、巡檢といった官員が小使臣から大使臣、つまり「三班使臣」（正八品以下[36]）クラスの武官で充てられ、これらがいわゆる堡寨使臣と呼ばれていた。したがって、蕃兵使臣はこのくらいの位階を持ちながら、だいたい蕃兵將より低い堡寨官員が兼ねていたわけである。つまり、堡寨使臣は普通堡寨に關する本職に務める一方で、必要によってはその堡寨に屬する熟戶部族を直接尋ね、蕃兵の統轄に關わる蕃兵使臣も兼ねていたのである。職分門によれば、特に彼らはそのような仕事の中でも、有事の際、部族に出入りして「將下」に組織されている蕃兵をくまなく召集することが重要なものとなっている。

さらに、三門法全體から見ると、以上の蕃兵統轄官の下には事實上もう一つの蕃兵統轄官として蕃官があって、彼らの役割が重要であったことが散見される。蕃部の首領などからなる蕃官は、本書の第五章で指摘したごとく、宋朝と熟戸との間でパイプ的役割を演じていたが、例えばⅠ－６では蕃兵を「參領」する例があるなど、蕃兵に關連する各種の仕事にも蕃兵統轄官と共に立ち會って彼らを助けていたのである。

このように蕃兵統轄官には「蕃兵將－蕃兵使臣－蕃官」などが重要なものとなっており、ここで彼らの熙河蘭會路における位置付けを試みると一應圖Ⅲのようになる。

では、このような關係の中で、彼らはさらに具體的にどのような任務を持ち、また正兵との間では如何なる關係が保たれていたのか。

（ロ）蕃兵統轄官の任務

蕃兵統轄官の仕事の具體的な内容については、蒐閱門と雜條門にもさらに踏み込んだ記事があるが、職分門からその主要なものを擧げれば次のごとくである。

ａ　巡按と蒐閱（Ⅰ－５）・・蕃兵將は「每季」[38]管内部族に對して巡按と蒐閱を行う。巡按は部族の動靜を視察するものであり、蒐閱は後述するごとく蕃兵の訓練などを審査するものである。また、蕃兵將が知州軍を兼任する時は「州軍事」を通判に委任することになっている。[39]

ｂ　探事（Ⅰ－３）・・蕃部より探事人を選定して必要に備える。探事は間諜のことであり、[40]宋朝が熟戶を利用して西夏關連の情報を得ていたのは、例えば『宋大詔令集』卷二一三　政事六六　賜李憲詔に、

近麟府、鄜延、環慶、涇原路探事人言、西夏已點集河南…。

とあり、『長編』巻四七三　元祐七年五月戊申にも、

有探事蕃部斯多、因譯人告知麟州孫咸寧具言賊在海波流、欲擧國入塞。

とあるように、その例が多い。熟戸は現地の事情に明るく、言語や風習も西夏人と似ており、宋もその點を積極的に利用したのであろうが、三門法ではそうした探事の要員が蕃兵將などによって常に管理されていた。

c　兵馬の「參領」（I－6）：先述のように、蕃兵使臣は有事に蕃官に助けられ蕃部の兵馬を召集する（詳細は後述）。この任務は蕃兵統轄官の最も重要な仕事の一つであり、ここで集められた兵馬は後述するように宋の正兵らと同じ方法で軍隊に組織される。

d　戰具等の管理と把握（I－8）：出戰蕃兵の自備する衣甲や器械などの數を帳簿に記入・把握し、これらを巡按・蒐閲の時、點檢かつ修理する。またその際、蕃兵の私有物の他に缺けているもの、及び用いるべき旂號などは、經略司に上申して「計置」し、それを恐らく各部族の倉庫に保管して「點集」の際に貸す。ちなみに、I－13によれば蕃兵の「旗幟」はその「旗身」が正兵と同色であり、また「旗脚」は正兵のそれと「間色」（中間色）を使って區別することになっている。また、I－8によって蕃兵の衣甲や器械などが蕃兵の自辨であったことが分かるが、これは後述する西夏の軍隊と似ている。

e　巡綽・坐團・卓望などの仕事に蕃兵を「差撥」（I－9）：巡綽・坐團・卓望はいずれも「斥候」や「警戒」のことで、蕃兵は從來より緣邊でこれらの仕事に「輸差」されていたが[41]、それを蕃兵將が「舊例」によって引き續き行う。『長編』巻四八〇　元祐八年正月乙巳に、

戸部言。麟・府・豐州管下堡寨・烽臺・口鋪、並差禁軍或弓箭手・蕃兵守坐、欲依例給錢米有差。從之。

とあり、また『長編』巻二八五　元祐元年八月丁酉に、

三省・樞密院言、…其蕃軍遇上番、…隨正兵出入差使、至下番日、各歸逐堡寨地分本家耕作。

とあることによると、蕃兵は上番（＝「輪差」）に遭えば、正兵に從って部族を出入りし、各州軍管下の堡寨・烽臺・口鋪などで禁軍や弓箭手などと一緒にこれを「守坐」し、その仕事が終われば各々「逐堡の地分の本家」に歸って再び耕作に營んでいたのが分かる。これらの仕事も蕃兵將が管轄していたのである。

f　蕃兵の揀選と交替（Ⅰ―10）‥蕃兵は後述のように身體や武藝の能力程度によって、幾つかの等級に分けられていたが、蕃兵將はその仕事にも關わりを持つものと見られる（詳細は後述）。

g　出兵時に先鋒部隊を選拔‥出兵時、勁騎を選んで先鋒部隊の「踏白」の馬官に充てる（Ⅰ―11）。

以上のように蕃兵將など蕃兵統轄官の仕事は多岐に亙っており、蕃兵のことほぼ全てを總領していたことになる。

（八）蕃兵統轄官の正兵との關係

一方、蕃兵の統轄官は、當然のことながら、正兵と常に緊密な關係が維持されることが望まれていた。蕃兵が正兵と呼吸が合わなかったりすることがあれば、それは宋朝の邊防上で大きな問題に發展する素地があり、したがって職分門にもそれに關する幾つかの規定が見えている。これも主要なものをまとめると次のごとくである。

a　蕃兵將は「邊警」の際、それを「帥司」（經略安撫司）に報告する‥ただ、この報告が間に合わなかった場合、蕃兵將は各州軍の「守臣」及び正兵將・副らと協力して對處する。またこの時、彼此を分けて事を誤ることがあれば、兩者は「均責」される（Ⅰ―2）。

b　「探事」した内容を正兵將にも報告する‥蕃兵將が蕃兵を使って得た探事の内容は、當然正兵將にも傳えられ、その情報が共有されるべきであった（Ⅰ―3）。

c　蕃部の「公事」が「本將」に關わる場合は、蕃兵將がそれを處理する：本書の第五章で述べたごとく、熟戶部族は原則的に蕃官による自治が認められていたが、事柄が時より「本將」（正將か）に關わったりして問題が起きた場合は、それを蕃兵將が處理するものと思われる（Ⅰ－4）。とすれば、Ⅰ－4に「餘は舊に依る」とある記事は、「その他のことは蕃官に處理させる」という意味ではなかろうか。

d　諸將が駐屯する州軍、またはその管下の堡寨が、「本將」の職事であるにも拘らず蕃兵將に協力せず、しかも事を妨げた場合：城寨官の場合はそれを蕃兵將が直接「奏劾施行」し、當該州軍の當職官はその「事狀」を聞奏する（Ⅰ－7）。

2　蒐閲門について

次に、職分門の後には蒐閲門が立てられ、蕃兵の軍隊としての實態を窺わせる諸規定、すなわち蕃兵將などによる蕃兵の徵集方法、及びその徵發された蕃兵を部隊に編成する方法などが述べられている。

（イ）蕃兵の徵集

便宜上蕃兵の徵集問題から檢討すると、まずそれに關する重要な手掛かりがⅡ－7に、

總領將幷管押使臣、如能說蕃官首領糾出未充蕃丁之家、及招募人馬有增數者、理爲勞績、歲終委經略司據所增申奏。以千人爲率、每一馬仍當一人。每增及二百人已上、總領將減磨勘三年、使臣減磨勘二年、若有逃亡虧數、每一百人、將官展磨勘三年、使臣展磨勘二年。

と見える。これを通じて見ると、蕃兵將と蕃兵使臣は平素蕃官と熟戶首領に助けられ、各戶より蕃丁や馬の「糾出ま

たは招募」（後述）に努めており、その成果が「勞績」（手柄）として毎年經略司に報告され、勤務評價にも反映されている。そしてその評價の規定は、（一定部隊の定員の數とも思われる）「千人」を基準として、人と馬を合わせた數が二〇〇人を增える每に蕃兵將は磨勘三年を、蕃兵使臣は磨勘二年を夫々減らし、それと反對に人と馬の數が減る場合は、一〇〇人每に蕃兵將は磨勘三年を、蕃兵使臣は磨勘二年を夫々展ばすことになっている。宋代の武職は「五年一遷」（轉官）を原則とし、磨勘はその轉官の考課と關わる審査であるから、[42]例えば蕃兵將が四〇〇の人馬を「糾出」または招募すれば、五年を待たずに「轉官」することができたわけである。しかし同時に、蕃兵が何らかの理由で二〇〇人が逃亡したりすると、蕃兵將には直ちに「降官」の條件が成り立ってくる。蕃丁の招致に對する優遇より逃亡などに對する罰に、より重點をおいているこの規定からも、宋朝の蕃兵に對する管理の態度の一面が窺い知ることができる。なおⅡ－8によれば、こうした蕃兵將などの實績評價時には、蕃官の實績も蕃兵將などを通じて經略司に報告され、合わせて「酬賞」されることになっている。

さらに、Ⅱ－7で注意すべきは、「未だ蕃丁を充てざるの家を糾出する」とあることである。これは裏を返せば、蕃戶が戶每に充てるべき蕃兵の數が定められていた可能性を想起させる。つまり、蕃戶には宋朝に戶籍が登錄され、[43]一定の數の蕃兵を出すことが義務づけられたものがあり、蕃兵將などは彼らを一定の原則によって「糾出」（調べて捜し出す）していたと思われる。そして、これに對しⅡ－7に共に見えている「招募」は、これらの蕃戶の中でも出すべき定員の數以外の壯丁、或はもともと壯丁を出さなくてもよい蕃戶などがあって、それらから蕃丁を自由に應募させたものと見られる。そうすると、問題となるのは、そうした蕃丁を「糾出」する基準がどのようなものなのかであるが、それは『皇宋十朝綱要』卷一〇上　熙寧八年一一月壬午に、

立陝西蕃丁法。

とあり、またこれが『長編』巻二七〇　同年同月同日に、

詔、陝西諸路緣邊團蕃兵、並選年二十以上、本戸九丁以上取五丁、六丁取四丁、四丁取三丁、三丁取二丁、二丁取一丁、並刺手背、人數雖多、毋過五丁、…陝西舊有蕃兵頗可扞邊、然取丁不均、且無部分。至是、始立法而降是詔。

と、詳述されている規定と關連があると考えられる。すなわち、陝西路では熙寧八（一〇七五）年末頃まで、熟戸に對する宋朝の「取丁」が均しからぬ狀態が續いていたが、それが熙寧末頃一定の基準をもって整備されることになり（表Ⅲ參照）、三門法でも一應これを原則としていたと思われる。熙寧八年という時點は前章で述べたとおり宋朝で蕃兵制が整備されている頃であり、かかる「取丁」の整備もその動きと關係があるであろう。

表Ⅲ　一戸當たりの徵發蕃丁數

一戸の丁數	2	3	4～5	6～8	9以上
徵發蕃丁數	1	2	3	4	5

ところで、このように理解してくると、問題となるのは、熟戸の戸内にそもそも四、五人も超える多數の壯丁が果たして現實に存在したかどうかということと、さらにここで出された蕃丁のすべてが軍隊に組織されていたのかどうかである。まず前者は、表Ⅲの規定を實際の現實に對應したものとする場合、漢人には普通思えないことであるから、やはり遊牧民族の特殊な家族形態を對象としたものとするしか考えられない。[44]

ただし、このような「取丁」の原則は『宋會要』方域一九／一　大中祥符二年一二月八日に、

今召得寨戸三百餘戸、戸三丁計九百餘人、分住小洛門諸寨防邊。

とあり、さらに『文獻通考』巻一五六　兵考八　鄉兵　河北河東强壯にも、

咸平三年、詔河北家二丁、三丁籍一、四丁、五丁籍二、六丁、七丁籍三、八丁以上籍四、爲強壯。

とあるように、實は宋の緣邊の鄕兵に對しても存在している。とすれば、以上の熙寧期における蕃兵に對する「取丁」原則の確立は、かかる既存の一般鄕兵に對する「取丁」原則から影響を受けた可能性もある。もちろんこの鄕兵の「取丁」原則も決して一般の家族形態[45]ではなく、それを實際のことであったとすれば、邊境の防衛などと關係する特殊なものとしか見ざるをえない。つまり、以上のような蕃丁に對する「取丁」原則は、遊牧民族の特殊な事情を反映したものか、それともそれが現實に對應したかどうかは定かでないが、一應宋代の緣邊で既に鄕兵を對象に存在していたやり方を受け繼いだものと見られる。[46]

ただし、それにしても表Ⅲによる限り、蕃戶の取丁率は非常に高くなっており、ここで出された蕃丁はすべてが蕃兵に組織されたのであろうか。有事の際、部族の壯丁全體が戰うのが原則であった遊牧民族においても、普段は軍隊としての數は決まっていたはずであろうが、そういう點は以下の檢討によれば宋代の熟戶の場合も同じであったようである。

（ロ）編成と「點閱」など

すなわち、蒐閱門のⅡ－1、3、9と、それに職分門のⅠ－1、10などの一連の條文を通じて考えると、蕃丁には少なくとも「出戰蕃兵」、「四部に入らぬ者」、「供贍人」の三つの部類があり、これらはその役割と宋朝からの待遇などにおいても互いに差があったと見られる。[47]

。「出戰蕃兵」

まず、それらのうち、「出戰蕃兵」には恐らく身體や武藝などが最も優れた者たちが選ばれ、普通「蕃兵」と言えばこれらを指すものと思われる。ただ、Ⅱ－1、2などによれば、「出戰蕃兵」はさらに「逐族の蕃官首領」たちによって、武藝の程度などで奇兵（膽勇かつ武藝の卓然なる者）[48]・第一等（戰功有り、武藝の情熟なる者）・第二等（未だ戰功はないが武藝の情熟な者）・第三等（武藝が生疎な者）の四等級に分けられ[49]、その籍が蕃兵將に管理されながらその入隊や除隊、或は「等第」の變動による數の增減も細かく把握されている。特に「等第の變動」は、蕃兵將が「出戰蕃兵」に對し「毎季」各部族を直接たずね「點閲」を行っていることに對應したもので、その關係をまとめると表Ⅳのごとくなる。

表Ⅳ　出戰蕃兵の等級と點閲時の諸規定

等級	武藝の程度	點閲後の支賞	點閲時の一将當たり昇級人員上限數（賞與）
奇兵	胆勇・武藝卓然	銀椀	
一等	戰功有り・武藝精熟	銀楪（有差）	二〇〇（顔色戰衣袍、絲勒巾）
二等	未嘗立功・武藝精熟	銀楪（有差）	三〇〇（顔色戰衣袍、絲勒巾）
三等	武藝生疎		五〇〇（顔色戰衣袍、絲勒巾）

＊この他、點閲後に全ての蕃兵に「酒食を犒設して衆心を鼓激し」（Ⅱ－5）、また部族が「武藝精熟・人馬驍鋭出衆」する場合は経略司に申して旌賞を薦める（Ⅱ－6）、の項目がある。

すなわち、蕃兵將は點閲の際、もし該當者があれば蕃兵の昇級の調整や、それに對する「支賞」を實施し、「以て衆心を鼓激」している（Ⅱ－4、5）。この場合、昇級者の數が決められているのは、その數こそ特定できないが、「出戰蕃兵」の各等級にもそれぞれ定員があったことを思わせる。[50] また、昇級した蕃兵に銀椀や銀楪[51]などを「支賞」していることは、例えば『長編』巻二九三　元豐元年一〇月庚戌に、

詔、在京校試諸軍武藝、馬歩軍弓弩以加斗石爲三等、…賞銀椀楪有差。槍刀・摽排手以勝人多少爲三等、賞銀楪

有差。

とあるように、宋の在京禁軍などの武藝の「校試」の際にもその例が見えている。恐らく三門法ではその「支賞」される品物だけでなく、蕃兵に對する「點閱」のやり方も正兵の例に倣っていたかも知れない。また、そのような「點閱」は、Ⅱ－4に「蕃兵の習う所に隨って按試」されたとあるから、これからは蕃兵が平素部族の首領、或は恐らく宋朝から派遣された訓練官によっても訓練されていたことが考えられる。[52][53][54]

一方、このような出戰蕃兵が、さらにどのような部隊を作っていたかとすると、まずⅡ－3にはその部隊單位の一つとして「部」があって、彼らが大きく左・右・前・後という四つの部に編成されていた。前章で檢討したとおり將兵制は「將－部－隊」の部隊編制を基本としていたが、三門法でも蕃兵はまずかかる原則に沿って部隊を作っていたことになる。ただし、各部族の蕃兵たちは「部」を構成するとき、必ず自分の所屬する蕃官の引導を受けて部族を出入りし、さらにその蕃兵全員が皆同じ「部」の中にのみ入れられることになっている（Ⅱ－3）。これは部隊成員間の調和と圓滑な協力體制を圖るための配慮であったと言える。また、これらの各「部」には蕃兵使臣が二人ずつ配置されている點も注意される。

次にこのような四「部」は、さらに幾つかの「隊」に分けられていたと見られる。三門法には「隊」に關する説明こそなされていないが、『宋史』卷一九〇　兵四　河東陝西弓箭手には、

凡弓箭手兵騎各以五十人爲隊、置引戰、旗頭、左右傔旗、及以本屬酋首將校爲擁隊、並如正軍法。

とあり、蕃兵も正兵のやり方にしたがって「五〇人一隊」となっており、各隊の隊長＝擁隊には本族の酋長等が務めていたことが知られる。三門法でも一應このようなやり方が守られていたと思われる。したがって、全體的に言えば、出戰蕃兵は部族員同士でまず「隊」をなし、その後その隊を幾つか合わせ「部」をなし、さらにその部が四になって[55]

「將」をなしていたことになる。そして、このように結成された蕃兵だけの將が「蕃兵將」であり、熙河蘭會路ではそれが五つの州軍などに一つずつ置かれていて、出戰の際はⅠ－13の説明のように、正兵と同色の軍旗を立て正兵より先鋒に出て敵と戰ったのである。

。「四部に入らぬ者」

一方、蒐閲門には、以上の出戰蕃兵とは別に「四部に入らぬ者」という部類があり、Ⅱ－9には彼らに對して、

出戰部落子人馬の四部に結入せざるは、蕃兵の籍の内に別に拘收し、出戰に遇えば卽ち別に一隊と爲す、有る所の教閲・將官の巡按・陞進の等第・特支・管犒の類は、並びに蕃兵法の如くす。

と説明している。これは蕃丁のうち「四部に入る者」すなわち出戰蕃兵に定員が決まっており、そのためそこに入らず殘った者に對する規定であると思われる。また、さきに檢討したように、出戰蕃兵には「奇兵」から「第三等」までの等級があったが、この「四部に入らぬ者」は一應この「第三等」よりも低級のものであったかも知れない。とはいえ、これらの「四部に入らぬ者」も出戰蕃兵と同じく蕃兵の籍の内に管理されており、有事の際は別に一隊をなして戰い、さらに「教閲・巡按・昇進・支賞など」の面においても宋朝から蕃兵とほぼ同様に處遇されることになっている。

。「供贍人」

さらに、蕃丁にはもう一つの部類として「供贍人」に務める者の存在も確認できる（Ⅰ－1、10）。供贍人はその名稱から戰闘のための正式の兵士ではなく、恐らく「輜重」に近いもののように思われる。この「供贍人」はその實態が三門法には窺えず、名前が見えるだけであるが、それと似たようなものが西夏の軍制を記した『隆平集』巻二〇夷狄に、

其部族一家號一帳、男年十五以上爲丁、有二字（ママ）丁者、取正軍一人、負擔一人、爲一抄。負擔者、隨軍雜使也。四丁爲兩抄。餘號空丁、願隷正軍者、得射它丁爲負擔、無則許射正軍之疲弱者爲之。故壯者皆戰鬪、而得軍爲多、…皆自備介冑弓矢以行。

と見えている。これを西夏軍隊制度について一連の研究を發表されている陳炳應氏の最近の論文(56)を參照しながら、要約すると、次のように理解される。

一、西夏の一五歳以上の壯丁は徵兵された後、身體檢査によって正軍、負擔、空丁の三つの部類に分けられる。

二、徵兵の際、一戶二丁の場合は二人共に徵集され、一人が正式の戰士＝「正軍」となり、他のもう一人は「隨軍雜使」を任とする「負擔」となり、この一組を「一抄」と呼ぶ、

三、したがって、一戶四丁の場合は二抄となるが、ただ一戶三丁或は五丁などの場合は、そのうち一人が「空丁」となる。これらは家に殘り機會を見て正軍または負擔に代わることができる。

四、西夏の軍隊では廩給がなく、衣食と武器・甲冑なども自辨であったのが一般的であった。

ところで、供贍人を含めて三門法に見える蕃丁の構成は、この西夏の軍制と似ている點が指摘できないであろうか。まず三門法の出戰蕃兵と供贍人は、その名稱と多分機能の面において、西夏の正軍と負擔に類似するように思われる。特に西夏では正軍と負擔がペアとなっているが、供贍人も出戰蕃兵と一組をなしていた可能性もある。また、西夏の「空丁」も三門法にはそれに相當する名稱こそ見當たらないが、Ⅱ－11には宋の蕃戶の中にもまだ徵集されていない壯丁があって、狀況によっては彼らが出戰蕃兵などに代わることになっている。

このように三門法では、蕃丁の實態が西夏のそれと似ている所があるように思われる。そしてこのことは宋の軍制には存在しないものである。とすれば、これらのことからは、その多くが西夏と同種であった熟戶蕃部たちが、その

軍事的面においても西夏に近い固有のやり方を有しており、宋朝もそれをあえて改めることなく、そのまま利用しようとしていたと理解することができる。以上によると、宋朝に徵發された蕃丁は少なくとも「出戰蕃兵」・「四部に入らぬ者」・「供贍人」などに區分され、實際に蕃兵となった者はややその數が限定されていたことになる。

3　雜條門について

最後に三門法には雜條門があって、蕃兵を「犒設」するための公使錢の支給規定と、蕃兵統轄官に對する幾つかの禁令などが述べられている。

（イ）公使錢の規定

さて、蕃兵は普通正兵と共に宋の邊防に務めながら（I－7）、宋から多少の報酬などを受けていた。例えば、本書の第五章で檢討した「月俸錢」はその一つである。しかし、それは『宋名臣奏議』卷一二五　兵門　呂誨　上英宗請重造蕃部兵帳に、

況蕃族首領自來給俸至薄、軍主、都虞侯每月不過二貫文。

とあるように、指揮官の場合も二貫文を過ぎぬものであり、これだけでは生活が充分でなかったはずである。そこで、事實上これを補うものとして、蕃兵には各種の機會を通じて「賜與」が行われ、そこに財源として「公使錢」などが使われたと考えられる。宋代の公使錢については佐伯富氏の研究があり、(57)それによれば特に邊境の大部分の州軍には公使錢などの錢物が公使庫に確保されており、主として官吏や軍隊の勞いなどに使われていた。ところで、その場合の軍隊が單に正兵だけでなく、蕃兵もその對象になっていたのは、雜條門を通じても明らかである。

すなわちそれによれば、まず經略司は蒐閲門に述べられている、「族下の人馬」を「根括」したような蕃官や首領、及び點閲時の蕃兵に對する「支賞」のために、「庫」＝公使庫を設け（Ⅲ－1）、そこに各州軍の出戰蕃兵を含む「部落子」の數に比例する公使錢を「係省錢」[58]で確保することになっている（Ⅲ－2）。その公使錢の全體額、及び蕃兵一人當たりの平均値を示したのが表Ⅴである。また、かかる公使庫の錢物は蕃兵使臣によって主管され（Ⅲ－3）、「蕃兵將」がそれを年二回に分けて「從宜支使」することが決まりであり（Ⅲ－2）、その時は蕃兵に各州軍に委託して造った「酒」も配られていた。

表Ⅴ　蕃兵への公使錢支給額（年間）

蕃兵及び部落子數	全體公使錢	一人當たりの公使錢
一〇〇〇～一九九九	一〇〇〇貫	〇・六七貫（一五〇〇人と見た場合）
二〇〇〇～二九九九	二〇〇〇貫	〇・八貫（二五〇〇人と見た場合）
三〇〇〇以上	三〇〇〇貫	一貫（三〇〇〇人と見た場合）

ところで、以上のような雜條門における公使錢の支給規定は、とりわけ「人馬の根括」や點閲の時に限られている。そして、その支給額もそれが年間の總額である點を勘案すると、高いものとは言えなくなる。兵卒一人一月生活全般の費用が四～八・三貫も要るとされる[59]禁軍に比べると、蕃兵がもらう錢額はまだ少ないように思われる。すると、蕃兵にはこれ以外の所でもさらに宋朝から公使錢が拂われた可能性があるが、それを裏付けるものとして『長編』巻二九一　元豐元年八月己酉には、

經制熙河路邊防財用司言、被旨均定熙・河・岷州・通遠軍公使錢、…今定熙州四萬五千緡、專犒設蕃部、河・岷

二州及通遠軍各萬二千緡、内二千緡專犒設蕃部。從之。

とある。熙河路（熙河蘭會路）では各州軍に一年の公使錢額と、そのうち蕃部の「犒設」に使うべき額がそれぞれ決まっているが、(60) 他の州軍が蕃部の「犒設」に六分の一を割り當てているのに對し、熙州では四萬五千緡もある公使錢の全額が專ら蕃部の「犒設」に使われることになっている。では、他の州軍はともかく、熙州では雜條門に決められた公使錢の額が、結局全體の中では大したウエートを占めていないことになるが、そうするとその他の大部分は蕃部のどのような所に使用されたのであろうか。

熙州は經略安撫司が置かれた熙河蘭會路の中心であり、ここでは恐らく蕃部に對する各種の「犒設」が集中的に行われたと思われる。そして、その中で重要な事項の一つが職分門Ｉ－12に、

押蕃使臣・蕃官諸司副使以上、不以親手斬獲首級數計功、依正兵隊獲首級分數論賞。

とあるような、蕃兵の軍功に對する「支賞」であったと見られる。これは蕃兵の中でも、押蕃使臣（蕃兵使臣か）または蕃官の諸司副使（從七品）以上の比較的品階の高い指揮官に對する規定であって、彼らの場合は戰功が自分で「斬獲」した「首級」に依らず、正兵全體が獲った「首級の分數」によって評價されることになっている。ここでいう「首級の分數云々」は、恐らく李憲の三門法が實施される直前の『宋會要』兵一八／七～八　軍賞　元豐四年一一月九日に、

逐軍將副通計所部之兵、除亡失外、以所獲分五等。即斬級計分及一千以上、仍毎百級加賜、銀絹五十匹兩、（原注：官各轉銀絹共賜）、九分以上第一等五官、七分以上第二等四官、五分以上第三等三官、三分以上第四等兩官、一分以上第五等一官、七釐以上減四年磨勘、五釐以上減三年磨勘、三釐以上減二年磨勘、一釐以上減一年磨勘、不及釐支賜絹十匹。

と制定されている方法を意味するように見える。すなわちこれによれば、宋代の軍隊の將と副などに對する戰功の評價は、「亡失した」者を除いた我軍兵士の數を、獲得した敵の首級の數で割った比率で測定され、さらにそれが表VIに示すように五等級に分けられていたことになる。[61] 一定位階以上の蕃官及び蕃兵指揮官は、その戰功が正兵の將副のように「正兵隊の獲る首級の分數に依りて論賞」されたのであろう。

さらに、前掲『宋會要』には、

部隊將・押隊諸色人應手下有漢蕃兵馬、計分推賞・加賜准將副例、惟賜不共。賊中任事首首《ママ》聽裁、大首領四官賜絹五十疋、次首領三官賜絹三十匹、小首領兩官賜絹二十匹、蕃丁一級轉一資賜絹二十匹。

と續いており、一般蕃兵の場合はこの規定によっていたようである。ここでは漢兵はもちろん一般蕃兵の場合（將副以下の各級部隊の部隊將や押隊諸色人を含めてのことなのか?）は、さきの將副などの戰功評價方法に對し、「計分推賞や加賜」は一應將副の例に從われているが、その他に彼らには彼らが直接獲った敵の首級の數と種類によって別の「轉官または轉資」と「賜與」があったことが確認できる。

したがって、このように見てくると、蕃兵は戰爭などが起きた後は、戰功を立てる限り宋朝より少なからぬ「支賞」

表VI－i　元豐四年制定の賞功格（將副などの場合）

我軍数／敵首級	九分以上	七分以上	五分以上	三分以上	一分以上	七釐以上	五釐以上	三釐以上	一釐以上	一釐以上
等級	一等	二等	三等	四等	五等					
轉官又は減磨勘年數等	轉五官	轉四官	轉三官	轉二官	轉一官	磨勘四年	磨勘三年	磨勘二年	磨勘一年	賜絹一〇匹

＊但し、首級が千匹以上の場合、百級毎に銀絹五〇匹兩を加賜

表VI−ii　元豊四年制定の賞功格（一般兵士の場合）

首級の種類	大首領	次首領	小首領	蕃丁（一人當）
轉官又は轉資	四官	三官	兩官	一資
賜與絹數	五〇匹	三〇匹	二〇匹	二〇匹

があったと推察される。そしてその「支賞」には公使銭が使われていた。なおこの他に、蕃兵には勞働などの報酬で「特支錢」というのが拂われていた例もある。(62)

このように公使銭は、雜條門に見える規定以外の機會を通じても多くが蕃兵の手に流れ込んでいたと考えられるし、それで蕃兵の收入も増えていたであろう。この點、王堯臣が『宋名臣奏議』巻一二五　兵門　上仁宗乞用涇原路熟戸で、

蕃族之情最重酬賽、因此、釁隙激怒之、可復得其用。

と指摘するように、まさに蕃兵の傭兵的な屬性を窺わせており、(63) 宋朝もこれを利用しようとした思惑があったと考えられる。

（ロ）幾つかの禁令など

一方、「雜條門」には蕃兵統轄官に對する幾つかの禁令が述べられている。それは、

a　諸將の公使銭に對する「非理費用」、及び（蕃部より）「饋送」があった場合は、これを「監主自盜法(64)」で處罰する（Ⅲ－4）。

b　蕃兵將の下の「吏人」などが部族より「受財」する場合は、これを「河倉法(65)」で處罰する（Ⅲ－6）。

c、出戰蕃兵を「緩急事宜、及び逐季の點閱」の他のことで「差使」する場合は、これを「違制」で論じ、「赦降」

があっても赦免しない（Ⅲ－8）。

d、「巡教點集」の際、蕃官などから「獻送」を受ける場合は、これを「監主自盜法」で處罰する（Ⅲ－9）。

などである。これは實際において、宋朝官吏による熟戶蕃部への各種の侵害行爲があったことを反映するものであろう。

おわりに

以上、檢討してきたことを要約すると次のごとくである。

一　宋朝では蕃漢合一の將兵制の原則が確立してから間もない元豐六年頃、熙河路經略安撫使李憲の反對で同路の將兵制が再び熙寧年間の「蕃漢分離」の體制に戻ることになった。李憲は蕃漢の兵士を雜ぜる部隊編制が兩者にとって言語や嗜好の面で互いに不便であることを理由と擧げたが、この他に熙河路では「新附の地」が抱えていた樣々な問題があり、この狀況が更なる原因となっていたと思われる。

二　そこで、このことから熙河路では李憲のいわゆる三門法を根幹として、熙州・河州・岷州・蘭州・通遠軍などの五つの州軍などに蕃兵將という新しい統轄官がおかれ、これに蕃兵が專ら管轄されることになった。そして同時に、これで熙河路の將兵制は結局漢人兵士（＝正兵）だけでなる五つの將（＝漢兵將）と、それに別に蕃兵だけでなる五つの將（＝蕃兵將）が共に存在する、合わせて一〇の將が置かれる體制に再編成された。

三　ところで、かかる熙河路の變革があってからすぐ宋朝では舊法黨が執權する元祐期となり、これがさらに蕃兵制のあり方を再論させる契機となった。舊法黨の間では將兵制を新法の一環と見なしそのものの廢止を求める聲もあったが、實際に宋朝の検討の對象となったのは一應將兵制を存續させた上で陝西諸路の蕃兵制の內容を變更しようとするものであった。そして、ここで圖られた蕃兵制の變革は基本的には李憲の三門法に従おうとするものであった。つまり、元祐期には三門法の根幹となる蕃兵將を熙河路以外の陝西諸路にも擴大設置し、蕃兵を漢兵から分離しようとする議論が實施に向けて愼重に検討されていた。

四　ところが、實は以上の議論は結局元祐期には實現しなかったように見られる。というのも、史料には元祐期に蕃兵將が熙河路以外の地域におかれた事實を傳えるものはなく、それが初めて確認できるのは紹聖三（一〇九六）年に「東西路蕃兵將」なるものが鍾傳の建議で涇原・秦鳳兩路に設置されたという記事である。ただし、この「東西路蕃兵將」も存續した期間はわずか元符二（一〇九九）年までの三年間くらいに過ぎなかったし、その理由は涇原路經略安撫使章楶が涇原路などと熙河路の間には「事體の同じからざる」地域の差異があるとし、涇原・秦鳳兩路の「東西路蕃兵將」の廢止を主張したことにあった。つまり、熙河路の蕃兵將は五つの州軍などにそれが一つずつ置かれていたことに對し、鍾傳の建議した「東西路蕃兵將」はその名稱どおり一つの路に蕃兵將が二つしかなくこれで一路の蕃兵全體を管轄していたため、不便な問題が生じていたのである。したがって、以上の事實に卽して考えると、陝西路では元祐以降熙河路以外地域でも李憲の三門法に準ずる改革を圖ろうとする動きがあったものの、紹聖三年までは結局實現せず、この時ようやく涇原・秦鳳兩路にだけそれが一時實現したが、しかしこれも長續きせず、元符二年以降は元豐末期の狀態すなわちいわば「一路蕃漢分離、四路蕃漢合一」の將兵制に復歸したことになる。

五　ところで、以上のような北宋後期蕃兵制に新たな變化をもたらす契機となった李憲の三門法は、職分門、蒐閱門、雜條門という三つの門からなるゆえそう稱し、その各門にはそれに相當する蕃兵關係の貴重な記事が載っている。

六　まず職分門では、蕃兵の統轄官に蕃兵將が二員、蕃兵使臣が一〇員あって、その仕事が熟戶部族への巡按と蒐閱、探事要員の確保、兵馬の參領、戰具などの管理と把握、各種の仕事に蕃兵を差發、蕃兵の揀選と交替など、蕃兵のほぼ全てのことと關わっていたこと、並びに彼らには常に正兵とも緊密な連絡體制が維持されるべきであったことも述べられている。

七　次に蒐閲門では、蕃兵の軍隊の實態に關する諸規定が述べられている。まず、熟戶蕃部は毎戶に出すべき壯丁の數が決まっており、蕃兵將などはこれに準じて蕃丁を徵集し、その徵集の成果が毎年經略使に報告され、勤務評價にも反映されていた。ただ、取丁率が高いものとなっている蕃丁たちは、宋朝に徵集された後その全てが蕃兵に組織されたわけではなかった。すなわち、蕃丁は少なくとも「出戰蕃兵」、「四部に入らぬ者」、「供贍人」の三つに分けられていた。このうち「出戰蕃兵」だけが普通の戰闘要員であって、彼らはさらに武藝の程度などで四等級に分けられ、有事には「將―部―隊」という將兵制の一般的な部隊編成法にしたがって部隊を作っていた。また、この他に「四部に入らぬ者」は一應定員が決まっている「出戰蕃兵」の枠以外の者たちで構成されたいわば豫備的な軍隊として考えられ、さらに「供贍人」は「輜重」に近いものであったと思われる。

八　最後に、雜條門には蕃兵を「犒設」するための公使錢の支給規定と、蕃兵統轄官に對する幾つかの禁令などが述べられている。蕃兵には多少の月俸錢が支拂われていたが、これだけでは充分でなかったため宋朝はこれを補う意味もあって各種の機會を通じて彼らに公使錢を支給していた。とくに、宋朝は公使錢を蕃兵の數などに比例して各州軍に確保しておき、「點閲」の際支給することになっている。ただし、熙河路の各州軍に決まっている蕃部「犒設」のための公使錢の定額に比べれば、「點閲」の際支給された額はそんなに多いものではなく、このことから公使錢の一部は例えば戰功を立てた蕃兵への褒美などにも拂われていたと見られる。また、雜條門には蕃兵將などによる公使錢の流用、或は熟戶部族からの「受財」ないし「獻上」を受けた場合、さらには特定の目的以外による蕃兵の差出などに對する處罰の規定が定められている。

注

（1）唐代以前の熙河路地域の狀況については、『元和郡縣志』巻三九　隴右道上と『讀史方輿紀要』巻五九　陝西八、巻六〇　陝西九などを參照。特に、後者によればこの地域の大部分は、「禹貢雍州地、↓春秋戰國以來の西羌所居の地、↓秦漢時代には隴西または金城郡の地、↓唐代の寶應から乾元の間に吐蕃に陷沒」という共通の前史を持つ。

（2）注（1）の『元和郡縣志』と『讀史方輿紀要』をさらに參照。

（3）『長編』巻二七六　熙寧九年六月是夏に「臣（富弼）又竊聞秦・隴之外、數年用兵、克取熙河等五州、別立一路、闢地進境、開拓故疆、誠爲國朝美事…」とある。

（4）洮州の具體的な沿革については、『宋史』巻八七　地理三　陝西に、「洮州、唐末陷于吐蕃、號臨洮城。熙寧五年、詔以熙・河・洮・岷・通遠軍爲一路、時未得洮州。元符二年得之、尋棄不守。大觀二年收復、改臨洮城仍舊爲洮州」とある。

（5）この四州軍の建置年度については本章の圖Ⅰの付表參照。ただ、このうち熙州、河州、岷州は「收復」と「建置」の時期がほぼ同一であるが、通遠軍は元々は英宗期に收復された古渭寨がこの時昇格されたものである。宋朝による古渭寨の收復經緯については本書第五章「宋代における熟戸の形成とその對策」を參照。

（6）李憲は『宋史』巻四六七　本傳に「神宗卽位、（李憲）歷永興・太原府路走馬承受、數論邊事合旨」とあるように、神宗に信任され大事な「邊事」を任されたことが何回もあり、そのため神宗は臣僚に諫められることがあった。李憲の活動については『宋史』本傳をさらに參照。また宋代の宦官については、柴德賡「宋宦官參預軍事考」（『輔仁學誌』第一・二合期　一九四二）を參照。

（7）會州については『宋史』巻八七　地理三　陝西に、「會州、元豐五年、熙河路加蘭會二字、時未得會州。元符二年、始進築、割安西城以北六砦隷州。崇寧三年、…又以會州隷涇原路」とある。また、宋以前及びその以降の會州の沿革については、章巽「夏國諸州考」（『開封師範學院學報』一九六三年第一期、のち白濱編『西夏史論文集』寧夏人民出版社　一九八四に再収）を參照。

（8）熙河路は熙寧五年の成立以降、各時期の状況に應じて熙河蘭會路（元豐五年）、熙河蘭岷路（元祐四年）、熙河蘭會路（元符元年）、熙河蘭湟路（崇寧四年）、熙河蘭廓路（宣和二年）などへと路名がしきりに變わっていく。これは神宗朝以降の宋朝の「開邊策」の推移と關係がある。

（9）『宋名臣奏議』卷一三八　邊防門　呂陶　上哲宗請以蘭州二寨封其酋長に「所謂蘭州・定西城・龕谷寨者、久在封域之外、一旦取而有之、地不可耕而食、人不可收而使」とある。

（10）『長編』卷三五二　元豐八年三月甲午朔の注所引『編年』に「熙河本鎭洮軍、因復其地、改爲熙州、只是廣漠鄉…」とある。

（11）松田壽男「オアシス」（『アジア歴史辭典』平凡社　一九五九）。また同氏『砂漠の文化』（『松田壽男著作集』一　六興出版　一九八六、のち同氏『砂漠の文化』（岩波書店同時代ライブラリー　一九九四）で再出版）第一章「中央アジアの砂漠にて」も參照。

（12）『宋會要』方域六／二　政和七年三月二三日には、「詔、熙・河・鄯・湟日開拓已來、疆土雖廣而地利悉歸屬羌…」とある。

（13）宋朝の熙河路開拓及び維持のための財政問題については、榎一雄「王韶の熙河路經略について」（『蒙古學報』一　一九四〇、のち『榎一雄著作集』七（中國史）　汲古書院　一九九四に再收）を參照。また「蕃部の招納」にかかる費用問題については、本章第二節「三門法に見る蕃兵制の實態」で後述する。

（14）鬼章は唃廝囉の子の董氈の部將で、當時宋朝に抵抗していた青唐族の實力者。祝啓源『唃廝囉——宋代藏族政權』（青海人民出版社　一九八八）第八章「唃廝囉的政治與文化」を參照。

（15）『長編』卷二五一　熙寧七年三月壬寅には「吳充建議乞棄岷州」とあって、神宗在位期間中に既に「棄地論」が臺頭していたこともあったが、これは恐らく以上のような熙河路の現狀と無關係ではなかったと思われる。

（16）本書の第七章第二節「陝西路の將兵制と蕃兵制」を參照。

（17）この議論で王珪も「蕃漢合一」を主張する王安石の主張に對し、「王珪言當別給衣爲號」（『長編』卷二四五　熙寧六年六月丙子）と言っている。

（18）王曾瑜『宋朝兵制初探』（中華書局　一九八三）第四章「北宋后期兵制」を參照。

（19）定西城は『宋史』巻八七　地理三　陝西　蘭州に「定西城、元豐四年、以蘭州西使城爲定西城。五年、改定西城爲通遠軍（？）、以汝遮堡爲定西城、屬通遠軍」という沿革をもつ。なお、これと全く同文が同書同所鞏州の項にも見える。

（20）ただし、熙河蘭會路にはもう一つの州として河州があるが、李憲の説明によれば、この河州には一應蕃兵將が置かれないことになっているようである。しかし、後掲する注（32）の表によって、元豐八年頃に「河州蕃兵將」があったことが確認されるから、例え何らかの理由で當初河州には蕃兵將が置かれていなかったとしても、少なくとも三門法が出來てから約二年後には河州にもそれが設置されたことになる。また、後述する三門法のⅡ－10條には「其河州雖有管押部落子將、亦合隷總領將」とある。これをどう解釋すべきか確言はできないが、三門法では一應河州には蕃兵將の代わりに「管押部落子將」なるものをおき、その近隣（例えば熙州）の蕃兵將（總領將）で同地域の蕃兵を總領させていたとも考えられる。

（21）司馬光の將兵制批判については、他に『溫國文正司馬公文集』巻四七　乞罷將官狀、及び同書巻五二　請罷將官劄子などを參照。

（22）孫覺の批判については『長編』巻三七九　元祐元年六月庚子を、蘇轍の批判については『欒城集』巻三八　乞禁軍日一教狀などを各々參照。

（23）羅球慶「北宋兵制研究」（『新亞學報』第三巻第一期　一九五七）。

（24）范純粹はその兄、范純仁とともに神宗朝の諸熟戸政策を最も批判した者の一人である。例えば『宋名臣奏議』巻一二五　兵門　范純粹　上哲宗乞不許蕃官自改漢姓、及び同書同所　范純粹　上徽宗乞令蕃官不得換授漢官差遣などを參照。また本書第五章も參照。

（25）章楶は哲宗期における代表的な「開邊論者」の一人である。『宋史』巻三二八　本傳には「哲宗訪以邊事、（章楶）對合旨、命知渭州。…楶在涇原四年、凡創州一、城砦九、…楶立邊功、爲西方最。時章惇用事、楶與惇同宗、其得興事、頗爲世所疑」とある。なお吳廷燮『北宋經撫年表』巻三によれば、章楶は環慶路で元祐六年二月から同七年末まで約二年間、そしてその後涇原路では紹聖三年七月以降から元符三年中まで約四年餘間、それぞれ經略安撫使を務めていた。

（26）引路は道案内、探望は敵の様子を窺うこと、伏截は潛伏のこと（？）、捉人は敵を捉えること、使喚は使うまたは遣わす、の意味として解される。以上と關連しては『武經總要』前集三　捉生、同書前集五　斥候、聽望、探旗、探馬、遞鋪、烽火などを參照。また本章第二節「三門法に見る蕃兵制の實態」も參照。

(27)　鍾傳は『宋史』巻三四八　本傳に「夏人陷金明、渭帥毛漸出兵攻其沒煙砦、（鍾）傳合擊破之。…章楶帥渭、命傳所置將苗履統衆會涇原之靈平…」とあることから、主として涇原路で活躍し、しかも一時期はその經略安撫使章楶の部將であったことが確認される。とすれば、この事實に加えさらに後述する章楶の「東西路蕃兵將」設置に對する反對の事實、及び注(25)で確認した章楶の涇原路での在任期間などを考え合わせると、鍾傳は多分紹聖三年七月以前、章楶より以前の涇原路經略安撫使である毛漸の下で「東西路蕃兵將」の設置を宋朝に建議し、從われたことが有力視される。そして、まさにその期間に當たる『宋會要』兵四／一六　紹聖三年五月四日には「樞密院言、涇原、秦鳳、熙河路弓箭手、蕃兵已專委鍾傳往逐路團結及因便犒賞、按逐路正兵、昨等第給賜。陝西、河東路經略司度牒回易、專備探事及激賞漢蕃將。今來遇有出入、或因鍾傳犒賞、經略司亦合相度、隨宜於回易錢內給賞。詔熙蘭岷路、涇原、秦鳳路經略司隨宜於回易息錢犒賞、務要漢蕃士卒例霑勞賜、激勵士氣、幷下鄜延、環慶、河東路」と見え、鍾傳が涇原、秦鳳、熙河路の蕃兵をそれぞれ「團結」したとあるが、彼のこの活動がとりもなおさず「東西路蕃兵將」の設置と關係があるように思われる。

(28)　本書第七章「宋代における蕃兵制の成立」での檢討によれば、涇原路では元豐年間一一の將があったが、Ｃｂには一二將が見えているから、元豐以降涇原路ではもう一つの將が增えていたことになる。また、さらにＤの最後の省略部分には「其本路近創置第十三將、應漢蕃兵馬已令幷隸本將管轄訓練去訖」という記事があるが、これからすると同路では再びもう一つの將が增え一三將になっていたことになる。

(29)　これは注（27）『宋會要』の記事からも裏付けられよう。

(30)　本章の圖Ⅰ參照。

(31)　ただし、東西路蕃兵將が廢止された直後の『長編』巻五〇九　元符二年四月丁酉（『宋會要』方域八／二七　元符　二年四月二五日に同文）には、「環慶路經略安撫司言、新築定邊城、日有西夏來投蕃部、緣本城所據、川原廣闊。…本路舊蕃弓箭手、散居諸寨、隨地分隸諸將。今除舊人並依舊外、將定邊新城已後歸順之人、就本城管下給田、更不敢行分隸。乞置總領蕃兵及

同總領各一員、揀選暗熟蕃部事體、深曉邊情、能弓馬之人充。從之」とあり、環慶路の定邊城に蕃兵を總領する專任官がまた置かれている。これは西夏からの來投蕃部が多かったことへの臨時的な措置と見られ、全體的な陝西路の體制には一應變動はなかったと考えられる。

（32）ここで史料から集めた正兵の將・副、及び蕃兵將に就任した者たちの例をいくつか示せば次表のごとくである。

正兵の將、副に就任した者の差遣及び位階例

将の場合	名前	差遣／武階	出典（『長編』）	副将の場合	名前	差遣／武階	出典（『長編』）
熙河路第一将	王君萬	都鈐轄	261熙寧八年三月	熙河路第一副将	王崇拯	都監	261熙寧八年三月
熙河路第四将	劉惟吉	鈐轄	同右	熙河路第三副将	王湛	都巡檢	同右
秦鳳路第一将	燕達	副都總管	263熙寧八年閏四月	秦鳳路第一副将	康從	鈐轄	263熙寧八年閏四月
環慶路第四将	李孝孫	都監	264熙寧八年五月	環慶路中軍副将	梁從吉	都鈐轄	264熙寧八年五月
涇原路第一将	苗授	副總管	266熙寧八年七月	環慶路第三副将	竇瓊	知大順城	同右
鄜延路第九将	郝貴	皇城使	401元祐二年五月	涇原路第四副将	孫咸寧	內殿承制	266熙寧八年七月
熙河路第五将	康謂	知通遠軍	507元符二年三月	熙河路第二副将	秦世	文思副使	507元符二年三月
熙河路第一将	姚師閔	左騏驥使	同右	熙河路第三副将	張論	莊宅使	同右
熙河路第五将	辛叔獻	崇儀使	同右	熙河路第五副将	董隱	西作坊使	同右

蕃兵將に就任した者の差遣及び位階例

所在地	名前	差遣又は武階	出典（『長編』）
同總領熙州蕃兵将	王贍	皇城使、開州團練使	335元豐六年六月、406元祐二年一〇月
蘭州蕃兵将	韓緒	西京左藏庫副使	334元豐六年四月、401元祐二年五月
河州蕃兵将	李忠傑	皇城使、雄州坊禦使	351元豐八年二月
蘭州蕃兵将	李中	都總管、禮賓使	507元符二年三月
河州蕃兵将	劉戒	都總管、皇城使	同右

（33）『長編』巻四七二　元祐七年四月丁巳に「熙河蘭岷路經略司言、邊事未寧、乞蕃兵五將各添差管押蕃兵使臣二員。依條令、本將選擇暗曉蕃情使臣、申本司審察奏差、候邊事息日減罷。從之」とあって、熙河路（この時は熙河蘭岷路）では蕃兵使臣がさらに二員増置される時もあったが、これはあくまでも臨時の措置であった。

（34）「準備差使」は『宋史』巻一六七　職官七に「經略安撫司。經略安撫使一人、以直祕閣以上充、掌一路兵民之事、…帥臣任河東、陝西、嶺南路、職在綏御戎夷、則爲經略安撫使兼都總管以統制軍旅、…其屬有幹當公事、主管機宜文字、準備將領、準備差使」とのごとく經略安撫司の屬官の一つとなっている。

（35）行政區域として堡寨の性格については、畑地正憲「宋代行政機關としての軍について」（『史淵』一一二　一九七五）を參照。また、羅球慶「宋夏戰爭中的蕃部與堡寨」（『崇基學報』六巻二期　一九六七）、李建超「北宋西北堡寨」（『西北歷史資料』一九八三－二）、江天健「北宋陝西路沿邊堡寨」（『食貨月刊』第一五巻七、八期　一九八六）なども參照。

（36）梅原郁『宋代官僚制度研究』（同朋舍　一九八五）第二章「宋代の武階」による。

（37）この表の一部は宮崎市定「宋代州縣制度の由來とその特色」（『史林』第三六巻第二號　一九五三、のち同氏『アジア史研究』第四　東洋史研究會　一九六四、のち『宮崎市定全集』一〇（宋）　岩波書店　一九九二に再收）を參照した。また、經略安撫使と都總管などの關係について、例えば宮崎市定氏は「（經略安撫使は）帥司とよばれ、一路の兵權を掌る。但しこの職務は實は一路の中の最も重要な州の知州の兼職であり、その知州が武臣である時は單に都總管を兼ねるが、文臣なる時は經略安撫使と都總管とを兼ねる。…文臣の知州は、都總管を兼ねても武事については殆ど無能なので、別に武官の副總管をおき、鈐轄及び路分都監が更にこれを助けたのである」（同氏「宋代官制序説」（佐伯富編『宋史職官志索引』東洋史研究會　一九六三、のち『宮崎市定全集』一〇（宋）　岩波書店　一九九二に再收））と説明されている。

（38）「毎季」の「季」は一應季節の「季」と理解したい。

（39）それともⅠ－5は「蕃兵將が巡按と蒐閲を行う時、各州軍は「巡按・蒐閲すべき者」を出して共に熟戸部族を回ることになったが、その場合その「巡按・蒐閲すべき者」が知州を兼任する時は「州軍事」を通判に委任する」のようにも解釋されるのであろうか。

(40) 宋代の間諜については『武經總要』前集一五　間諜を參照。また中嶋敏「李元昊と野利兄弟」(『池田末利博士古稀記念東洋學論集』一九八〇、のち同氏『東洋史學論集』汲古書院　一九八八に再收)も參照。
(41) そのような蕃兵の仕事の内容については注(26)も合わせて參照。
(42) 梅原郁前掲書第一章「宋代の文階」參照。
(43) 史料に「係籍熟戶」とあるのはこれらの蕃戶を指すものと思われる。「係籍熟戶」については本書第五章を參照。
(44) 例えば、蒙古やトルコ民族の間では、帳幕を意味するゲルが一團となってアイルを形成し(これは遼代にも見えるとされる)、これが家長を中心とした經濟生活の單位となっていた(B. Vladimirtsov Obshchestvennuij Stroi Mongolov 1934=外務省調査部譯『蒙古社會制度史』一九三六、田山茂「アイル」(『アジア歴史辭典』平凡社　一九五九)など)。もし宋代の熟戶がこのような社會組織を少しでも維持していたと假定するならば、表Ⅲの規定はかかる「アイル」的なものを一戶として數えた上でのものということができる。
(45) 歴代中國王朝における家族の人數は五人前後が普通であった。例えば牧野巽「中國家族制度概說」(『支那問題辭典』所收　中央公論社　一九四二、のち『牧野巽著作集』一(中國家族研究上)お茶の水書房　一九七九に再收)を參照。
(46) ちなみに、本書第五章での檢討によると熟戶は一戶平均五~七人であった。
(47) ところで、以下蕃兵の軍隊編制を檢討する前にここで注意しておきたいのは、實は蕃兵の取丁法を記した前掲『長編』の省略部分に、「毎丁十人置一十將。隨本族人數及五十人置一副兵馬使、及百人置一軍使、一副兵馬使、及二百人置一軍使、三副兵馬使、及三百人置一副指揮使、二軍使、三副兵馬使、及四百人加一軍使、一副兵馬使、及五百人又加一指揮使、一副兵馬使。毋(ママ)過五百人、毎百人加一軍使、一副兵馬使。卽一族不及五十人者、三十人以上亦置一副兵馬使、不及二十人止置十將」とあって、後述する蕃兵の部隊編制とは全く異なる系列のもう一つの編制が見えることである。すると、これが後述する將兵制の編制に基づく蕃兵の部隊編制とどのような關係があったのかが問題であるが、この記事は本書第五章「宋代における熟戶の形成とその對策」でも引用・檢討したように、宋の中期頃から出來上がっていた宋朝の熟戶支配のための編制であって、それが熙寧八年の取丁法と共にさらに整備されていたものと考えられる。つまり、これは文中に「本族の人數に隨い云々」とあり、また本書第五章で述べたとおり、宋朝が熟戶の各部族の首領に部族の人數に對應する軍官を與えて部族の統治を委ねた仕組みを記したものであり、したがってここでその長の官名の殆どが軍官にはなっているものの、彼らが管理する對象は兵士だけでなく男女老少にわたるまさに「本族の人數（＝帳數）」全てであるから、むしろ民政官的性格を持つものと思われる。要するに、熟戶部族は平時はこのような社會組織をもって宋の統治を受けており、そこから有事に蕃丁が徵集され後述するような組織で軍隊をなしていたと考えられる。

（48）奇兵はもともと突擊部隊の意味である。『武經總要』前集四　奇兵、並びに孫繼民『唐代行軍制度研究』（文津出版社　一九九五）第八章「唐代行軍的兵種及其構成」などを參照。

（49）Ⅱ－2には逐族の蕃官首領が「格に依り推排する」とある。「格」は辭書に「格鬪」の意味もあるが、恐らく「法式・標準・規格」の意味であろうし、また「推排」は「排列」の意味が妥當であろうと思われる（以上は『漢語大詞典』（漢語大詞典出版社　上海　一九九〇）。つまり、逐族の蕃官首領は「出戰蕃兵」を所定の基準で等級を付けていたが、一例として『宋史』卷一九四　兵八　揀選之制には「天聖間、嘗詔樞密院次禁軍選補法。凡入上四軍者、捧日・天武弓以九斗、龍衞・神衞弓以七斗、天武弩以二石七斗、神衞弩以二石三斗爲中格」とある禁軍の例が見える。ここに見える數値は後の注（52）で述べるごとく「弓を挽く力量」を指すものであろうし、したがってここでは、その力量が禁軍の等級を決める一つの「格」となっているが、蕃兵にもこのようなやり方などで等級が測定されていたと思われる。

（50）本書第七章で述べたように、將兵制における「將」は漠然ではあるが數千人を一應定員としている。蕃兵も恐らく原則的にはこれに從っていたはずであろう。

（51）前掲『漢語大詞典』によれば「銀椀」の「椀」は「食物或は飲料を盛る器皿」、「銀楪」の「楪」は「器皿の名。底が平淺にして多く食物を盛るに用いる」と說明されている。ちなみに、後掲陳炳應『貞觀玉鏡將研究』第三章「西夏の軍律」によると、西夏では軍隊への賜與品として「銀椀」を始めとする各種の銀製品があった。なお、表Ⅳの中に共に見えている「袍」は「長衣として上衣と下裳がつながっている着物」（前掲『漢語大詞典』）であり、「絲勒巾」は未詳だが頭巾の一種と思われる。

(52) 前掲『漢語大詞典』には「斗力」を「挽弓的力量」と説明する。

(53) 禁軍の校試については『宋史』巻一九五　兵九　訓練之制を參照。

(54) 先述したごとく蕃兵は堡寨周邊の各「地分」で日頃農耕や牧畜などに從事しており、Ⅲ－8に「緩急事宜及び逐季の點閲を除く外は、並びに別に差使するを得ず」とあるように、「有事の際」及び「各季節の點閲」（この他輪番に差使される各種の仕事有り）などに「差使」されていたと思われる。ただ、「點閲」は軍事査閲の意味であろうから、蕃兵は普通訓練などを受けていたことになる。Ⅱ－6に「蕃兵は本族の蕃官首領に就委して教閲す」とあるのは、蕃兵の訓練が部族を單位に本族の蕃官や首領によって行われていたことを意味し、また『長編』巻二六一　熙寧八年三月癸巳朔に「其（熙河路）下蕃軍馬隨地遠近分隷諸將、令本將選官訓練」とあるものは、蕃兵にまだ獨立した將ができる前のことであるが、ここでは所屬の將より蕃兵の訓練のための武官が選ばれていた。

(55) 「隊」の構成については本書第七章を參照。

(56) 陳炳應「黨項人的軍事組織述論」（『民族研究』一九八六年五期）、同「西夏軍隊的徵選・廩給制度」（『西北史地』一九八七年一期）、同『貞觀玉鏡將研究』（寧夏人民出版社　一九九五）など。

(57) 佐伯富「宋代の公使錢について」（『東洋學報』四七－一、二　一九六四、同「宋代の公使庫について」『史林』五三－一　一九七〇、のちいずれも同氏『中國史研究』一、二　東洋史研究會　一九七一に再收）。

(58) 星斌夫『中國社會經濟史語彙』（續編）（光文堂書店　一九七五）は係省錢について「宋代、地方財政を中央政府へ繰り入れることを係省といい、その錢を係省錢という」と説明する。

(59) 衣川强「官僚と俸給」（『東方學報』四二　一九七一）、王曾瑜『宋朝兵制初探』（中華書局　一九八三）第六章「募兵制下的各項制度」など參照。

(60) ここで佐伯氏の示した資料（前掲同氏「宋代の公使錢について」所收）によって、熙・豐年間、熙河路における公使錢額の變遷過程を表にしておくと次のようになる。

州・軍＼時期	熙寧五年一〇月	熙寧六年九月	元豊元年八月	元豊六年二月
熙州			四五、〇〇〇	四八、〇〇〇
河州	三、〇〇〇		一二、〇〇〇	
岷州		一、五〇〇	一二、〇〇〇	
通遠軍			一二、〇〇〇	一四、〇〇〇

(61) 陳炳應氏は宋朝の「賞賜律」を「三陣」によって測定するものと、「三獲」によって測定する二つの方法があったとされる。そして「三陣」については「卽、以小擊多爲上陣、數量相當爲中陣、以多擊小爲下陣」とし、「三獲」については「卽、據敵數十分率之、殺獲四分以上、輸不及一分、爲上獲、（殺獲）二分以上、輸少獲多、爲中獲、（殺獲）一分以上、輸獲相當、爲下獲」と説明される（同氏前掲書第三章「西夏的軍律」による）。なお、宋代の軍賞については『武經總要』前集一四　賞格及び『宋會要』兵一八／七、八　軍賞などに説明が見える。

(62) 例えば『長編』巻五〇三　元符元年一〇月丙子に「詔、諸路新附蕃官、逐月各特支與月糧」とあるのは、蕃部の招納に特支銭が拂われた例であり、また『長編』巻二五三　熙寧七年五月戊戌朔に「本路（熙河路）馬步軍幷今年二月已後運糧草・材木修築堡寨等廂軍・義勇・弓箭手・蕃兵・寨戶・彊人、…竝與特支錢…」とあることは、蕃兵が各種の勞働にも動員され特支銭をもらっていた例である。

(63) 『宋會要』刑法七／二〇　元豊六年六月一四日には「彭孫言、涇原路蕃兵皆富有、出入止差雇人僕從軍」とある例も見える。正確にこれがどういう事情を反映したことかは不明であるが、これを傭兵的な富みを蓄積した蕃兵の例として見ることはできないだろうか。

(64) 「監主自盜法」の具體的な内容は未詳であるが、『長編』巻三八五　元祐元年八月丁酉には「右司諫王覿言、…今天下命官、監主自盜、計贓一疋以上、卽至除名而不用赦原」という例が見える。

(65) 河倉法については、宮崎市定「王安石の吏士合一策」（『桑原博士還暦記念東洋史論叢』弘文堂　一九三〇、のち同『アジア史研究』第一巻　東洋史研究會　一九六三、そののち『宮崎市定全集』一〇（宋）岩波書店　一九九二に再録）を參照。

結語

以上、本論を通じて検討してきた内容の大要をまとめると次のごとくである。

第一章「宋代國境問題の基本性格と國境の諸相」では、本書の第二章～第四章で述べる國境交渉史に關連する前提として、宋代に起きた國境問題の基本性格と國境の基本形態を明らかにした。宋代では外國と和議關係を取り結ぶ事例が多く、その和議の內容としては、國境問題が重要なものの一つであった。契丹との場合は、澶淵の盟以降、兩國の關係が基本的に安定し、それにしたがって國境も安定していた。ただ、兩國間には「侵耕」という局地的な問題が起きることが多く、その解決過程で國境明確化の傾向が認められる。これに對し西夏との場合は、頻發する戰争などで外交關係とともに國境線も不安定であった。しかし、その紛争處理の過程で和議の再締結が繰り返され、その中において對西夏方面の國境もしだいに明確化していく傾向が讀み取れる。そうした宋代國境の姿を分析すれば、まず西夏と接境する陝西路地帶には塹壕が發達したものと見なされる邊壕が、契丹を主としてその一部がさらに西夏とも接する河東路一帶では禁地が、そして專ら契丹との境をなす河北路一帶では界河が、それぞれ最も有力な國境の形態をなしていた。

第二章「寶元用兵と戰後の國境問題」では、寶元用兵の後、慶曆和議で提起された宋代史上初めての西夏との國境交渉がどのように展開し、並びにそこから現れた國境の形や性格などがどのようなものであったのかを中心に検討した。

宋夏の間で起きた寶元用兵は、慶曆四年宋の敗北に終わり、兩國の間で慶曆和議が結ばれるようになった。その和議協商の過程で、兩國は和議の前提として所謂「十一事」を議論し、その中には和議成立後に國境交渉を行う約定もなされていた。交渉の對象地域としては、戰場となっていた鄜延路の四寨（柽梐・鎌刀・南安・承平）と麟府路の屈野河流域が擧げられ、またそれらの地域には「宋夏兩國の人民が現在住居する中間點を境界とする」畫界法が用いられることになった。

ところが、曲折を經て成立した和議の後、鄜延路の延州と麟府路の麟州兩地域で同時に着手された國境交渉は、西夏の突然の交渉拒否で膠着狀態に陷った。この事態は、宋朝が屈野河に對する畫界法をいきなり變えようとしたことに對する西夏の不滿が背景にあった。というのも、當時の西夏は、屈野河一帶で以前の「舊境」をかなり越境したまま「侵耕」を盛んに敢行していたが、宋朝はかかる狀態でその畫界を元來の約定どおり「現在の中間點」とすると、土地喪失が多いことを恐れたからである。そこで宋朝は、屈野河の畫界を「舊境のごとくする」と立場を覆し、その「舊境」すなわち屈野河から西方五〇里の線を國境とすることを西夏に要求したが、これに西夏が反對し交渉も膠着狀態となった。

しかし、事態が反轉し、畫界交渉に解決の端緒が訪れたのは、宋朝が西夏に寧星和市の開通を許したことによる。西夏は從來、制限された幾つかの榷場などを通じてしか宋朝と貿易を行うことができず、機會があれば交易の窓口を增やそうとしていたが、宋朝はそうした西夏に寧星和市の開通を條件に畫界の妥結を提案し、それに西夏も同意したのである。その結果、麟州では宋朝の主張通り屈野河以西五〇里が、また延州の四寨は從來通り「蕃漢の中間點」が各々の境界となった。

しかし、慶曆以降、西夏は屈野河に對する侵耕を再開した。これはクーデターで政權を掌握した西夏の外戚沒藏訛尨の反宋政策によるものである。宋朝はこれに對し西夏に侵耕中止を要求したが、效果はなかったし、そのため嘉祐元年から同二年までの間にかけて、前に許した寧星和市を含む、陝西路と河東路での西夏との交易を次々と停止していった。これによって西夏の經濟に大きな打撃が生じ、西夏國内でも沒藏訛尨への批判が昂まった。

だが、西夏が宋朝に屈伏した直接の理由は、西夏で突發した政變にあった。政情の不安が續く西夏では、沒藏訛尨がこれまで彼の攝政を受けていた國主李諒祚に暗殺されたが、これを契機に親宋政策が取られ、畫界問題も解決されるようになった。特にこの時、兩國の間で結ばれた國境條約は大きな意義をもつ。それによれば兩國の國境は、慶曆末に妥結された從前の線が再び認められたが、そこには「禁地」が設けられた上で、①西夏と宋の人民は、共に「堠より東」或は「河の西側」での農耕を禁止する、②兩國の人民は禁地の中で簡單な「樵牧」活動は許されるが、「庵屋」などを建ててはいけない、③これらを違反する場合、違反者は官に押送され、和市も假に停止される、④禁地の内には宋と西夏が共に「巡捉」する人員を出す、などのような協定が了承されていた。

第三章「綏州事件と王安石の對西夏國境策定策」では、いわゆる「綏州事件」後に起きた綏州を中心とした宋夏の國境問題を檢討し、さらにそれを通じて宋人特に王安石の國境政策や國境に對する考え方の一端を窺おうとした。

神宗卽位後間もなく、宋の邊將种諤が西夏の「降將」嵬名山からの投降の申し出を受け、西夏の綏州を奪取することに端を發した宋夏の對立は、熙寧四年ようやく終戰を迎え、和議交渉に入ることになった。そしてその交渉で、宋の宰相王安石は、和議の前提として綏州を含む二千里にも及ぶ兩國の國境全域を、再整備することを西夏に提案した。しかしこれは、綏州の境界畫定のみを固執する西夏の立場と、またその時たまたま起きていた慶州の兵亂によって結局實現せず、兩國は綏州の境界だけを綏州の州城（綏德城）より北方二〇里のところに畫定し、その後和議を締結することになった。かくして王安石の計畫は頓挫し、彼はこの後新法推進に專念することとなった。

ところで、以上のような王安石の國境策定策は、その目的が西夏との紛爭を最小限に抑止しようとした點、そしてその方法が『周禮』のいわゆる「溝塗經界法」を宋代の新しい現實に讀み替えて考えられた點などで、極めて注目される。つまり、王安石が「侵爭の端は常に地界の不明に因る、…須らく先ず地界を明らかにすべし」と自ら指摘したように、宋代には國境の不明が他國との紛爭の主因をなしつつ、それの明確化が要望されていたわけであるが、王安石はそうした時代の要請にも、彼の新法と同樣に『周禮』をもって答えようとしたものと考えられる。

第四章「元祐期における宋夏の畫界交涉始末」では、神宗朝後半、宋夏の間で起きた「靈武の役」の後に、その戰後處理問題として提起された元祐期の畫界問題を、新舊法黨の外交政策の相異點も對比しつつ、その推移と意義について論じた。

神宗の元豐年間、西夏の內亂に乘じて興った宋の西夏討伐軍は、結局西夏打倒には失敗したものの、西夏から蘭州を始めとする多數の堡寨を奪い取った。そしてそのため、哲宗の元祐期には、和議交涉に前後して舊法黨の要求で「侵地」の一部が西夏に返される中、殘った堡寨や地域で例のごとく畫界問題が提起されるようになった。そして、兩國が畫界法として利用したのが「二十里分畫」と「取直分畫」の原則であった。前者は宋の緣邊の堡寨から北方二〇里までを「草地」と設定し、これを緩衝地帶となして雙方間の紛爭を豫防しようとしたものであった。これは本書第二章で既にみた、麟府路に設定された「禁地」を導入しようとしたものに他ならず、またこれで宋夏の國境地帶には禁地が廣がりを見せる趨勢にあった。一方、これに對し後者は、文字どおり緣邊の堡寨と堡寨の間を直線に連結して畫界する方法であり、この時初めて用いられた方法であった。

しかしながら、かかる畫界法の合議にもかかわらず、兩國の各地域をめぐる具體的協商はついに妥協をみることができなかった。蘭州では西夏が黃河をもって境としようとしたこと、質孤、勝如の兩堡においては二〇里の起點が未定であったこと、定西城一帯では宋朝にとって二〇里の適用が國防上困難であったこと、などが原因であった。また宋朝では、西夏との交渉が鄜延一路の利害だけを聞いて行われ、他路の利害が無視されていたのも問題となっていた。そのため特に知熙州范育は、既定の畫界方法を改めて蘭州では黄河の北二〇里を界となし、また質孤、勝如の兩堡ではこの兩堡を起點として北二〇里を界となすことを宋朝に要求し、宋朝もそれを受け入れ、西夏との以前の約定を變更するに至った。

これで西夏は宋に强烈な不信感を抱き、交渉の停止は勿論、軍事行動に出ることになった。そして宋は、國境から二百里以内を限定的に攻める淺攻策を取ったが、ただこれは、舊法黨が政權を握る元祐期の宋朝が全面戰爭を避けようとしたためであり、ゆえに交渉の撤廢は未だ公式には宣言されなかった。しかし、宋朝では間もなく新法黨が再執權する紹聖期に入り、畫界交渉の撤廢も公式に宣言された。

第五章「宋代における熟戸の形成とその對策」では、國境問題と關連して宋に内屬して熟戸と呼ばれた異民族の内屬のあり方と、それの宋朝との關係を檢討した。

熟戸の宋朝への内屬の要因としては、當時の蕃部を取り巻く國際情況が彼らに不利と變わった（プッシュ要因）こと、或は宋朝の横山もしくは熙河路經略の際にその招撫を受けたこと（プル要因）が重要なものとして擧げられる。そしてその内屬の結果、彼らは宋の緣邊に移住する（移住型）か、土地を宋に獻上したまま原住地に殘る（獻地型）ような内屬のパターンを取るものに分かれたが、何れも結果的には宋の堡寨の管下で、從來の慣習を溫存して首領を中心とする自治が認められた。

その際、熟戸の首領には中國の官制に擬制された蕃官が與えられた。これは宋朝が彼らを官僚化し、それによって彼らに責任をもって部族の管理を委ね、部族と宋を繫ぐパイプ役をも果たさせるためであった。形式的には宋の武臣が有する殆どの官を含むこの蕃官は、例えば軍官のランクは首領の率いる部族の人數が尺度となっており、また環衞官や武階は主に功を立てた者に與えられるなど、その授與は熟戶の特殊な事情を反映していた。また、宋朝は熟戶に自治を認めつつ、必要によって熟戶部落に直接介入することもあった。但しそれは、熟戶部落内の紛爭が自律的に處理されなかった場合に限られることが多く、またその介入の際も、それらの紛爭は殺人罪の他は、大部分が宋の法ではなく、家畜賠償を主な内容とする熟戶側の慣習法に基づき裁定されていた。さらに、宋朝は西夏の侵入を想定して熟戶と有事の協定を結ぶこともあった。范仲淹が慶曆年間に熟戶と締結したそれによると、熟戶は有事の際、敵と戰う蕃兵を除く他は堡寨に入って避難し、その協定を守らなかった場合は羊馬を罰納、或はその部族の首領が人質として取られることになっていた。宋朝は熟戶とこのような關係を結ぶことで蕃兵の助力を確認していた。

第六章「唐から宋前期までの蕃兵制」は、唐から宋前期までの蕃兵制が基本的に同じ性格のものであるという前提の下で、宋神宗朝以後に成立する蕃兵制の前段階の性格を究明したものである。換言すれば、蕃兵は神宗朝以降その面貌を一新して制度として定着したが、それは大きく見て唐以來の傳統を持つ傾向が宋前期まで續いたことに對する改革の結果であった。先學の指摘するごとく、唐代の蕃兵は平素各自の部落で生業に從事しつつ、有事に出動して唐朝を助け、またその際の部隊編成は唐の正規軍とは違う獨自の方式を取ったが、そのような形態は基本的には宋の神宗以前まで續く。但し、唐朝と宋朝の間には異民族政策に對する態度に違いがあり、それは王朝の性格とも深く關係があるが、外敵に苦しめられた宋の場合は唐より「在蕃蕃將」への關心が強く、その結果、特に神宗朝に蕃兵に對する改革が論議されるようになった。

その神宗朝の一連の動向を檢討したものが第七章「宋代における蕃兵制の成立」である。すなわち、宋の重要軍額の一つたる蕃兵は、神宗朝に制度としての形を整えるようになったが、かかる事情の背景には、熙寧初の熙河路經略の結果熟戸が大量に發生したこと、及び熙寧後半禁軍改革を目的とした將兵制の實施があった。

ところで、將兵制は熙寧八年から陝西路でも實施されたが、この地域では禁軍のみならず陝西五路全域の蕃兵が將兵制に組み入れられることになり、そのため蕃兵と漢兵をどう調和させ部隊を作るか、というこの地域特殊の問題が起きるようになった。そして、この問題をめぐって宋朝では、神宗が蕃漢の兵士を分離する考えを示したのに對し、王安石はそれを一緒にすることを主張して對立した。

ところで、梁啓超はこの陝西路の將兵制が熙寧年間に實施され、かつ完結されたものと見ている。だが『長編』によると、陝西路では將兵制が熙寧期に一度行われた後、元豐期にもう一度行われたこと、並びにその再實施は鄜延路經略使呂惠卿の朝廷への「條約」上申と、それを受けた神宗が特使の徐禧を陝西路に派遣したことが契機となっていたことが確認できる。

とすれば、これら元豐期の動きが何を意味するかが問題だが、それには實は蕃兵の問題が絡んでおり、そのことは『東都事略』の徐禧傳を通じて初めて分かる。すなわち、それを分析して見ると、（イ）熙寧期には蕃漢分離の形で將兵制が行われたが、元豐期になって呂惠卿がそれを不便とし、宋廷に「蕃漢合一」の將兵制の實施を建議した、（ロ）神宗はそれに關心を示し、なおかつそれを陝西全域に推進させるために徐禧を陝西路に派遣した、（ハ）かかる措置に對し朝議で反對者も現れたが、呂惠卿と神宗等はそれを乘り越え、陝西路全ての將兵制を熙寧年間の蕃漢分離から蕃漢合一體制へと切り替えることができた、（ニ）なお、この體制が實現する裏には呂惠卿の他に徐禧の役割が大きかったし、この二人は共に新法黨系の人物として、かつて王安石が出した先驅的な提案を受け繼いで實現した節がある。

ところで、このような元豐期の將兵制再實施は、同時に蕃兵を制度として大きく發展させる契機をなす過程でもあった。つまりこの時、蕃兵は漢人兵士と共に將内で部隊を構成することで、宋の軍制下に急速に取り込まれ、やがて宋の第四の兵種としても認められ、その體制が以降基本的に北宋の末まで續くことになる。

ただ、かくして成立した蕃兵制は以降多少變動することになり、それを究明したのが第八章「北宋後期の蕃兵制」である。すなわち、宋朝では「蕃漢合一」の原則が確立してから間もない元豐六年頃、熙河路經略安撫使李憲の反對で、同路の將兵制が再び熙寧年間の「蕃漢分離」の體制に戻ることになった。熙河路は王韶の經略によって獲得されたばかりの「新附の地」であり、他の陝西路と事情を異にするところがあった。その結果、熙河路では李憲が作った所謂三門法を根幹に、熙州・河州・岷州・蘭州・通遠軍などの五つの州軍などに蕃兵將という新しい統兵官が置かれ、これに蕃兵が專ら管轄されることになった。これで熙河路の將兵制は、漢人兵士だけでなる五つの將（＝漢兵將）と、それとは別に蕃兵だけでなる五つの將（＝蕃兵將）が共に存在する、合わせて一〇將の體制に再編された。

ところで、その後舊法黨の元祐期になると、宋朝では將兵制を新法の一環と見なしてその廢止を求める意見もあったが、實際に宋朝が檢討したのは將兵制を存續させつつ、陝西諸路の蕃兵制の内容に修正を加えることであった。そして、ここで圖られた蕃兵制の變更というものは、基本的に李憲の三門法に從おうとすることであった。つまり元祐期には、三門法の根幹となる蕃兵將を熙河路以外の陝西路にも擴大設置し、蕃兵を漢兵から分離しようとする議論が實施に向けて愼重に檢討されていた。

ところが、この議論は結局元祐期には實現しなかったようである。というのも、史料による限り、元祐期に蕃兵將が熙河路以外の地域に置かれた事實を傳えるものはなく、それが初めて確認できるのは、紹聖三年に「東西路蕃兵將」なるものが鍾傳の建議で涇原と秦鳳兩路に設置されたという記事である。但し、この「東西路蕃兵將」も存續した期間はわずか元符二年までの三年間くらいに過ぎなかった。その理由は、涇原路經略安撫使章楶が涇原路などと熙河路の間には「事體の同じからざる」地域的差異があるとし、涇原や秦鳳兩路の「東西路蕃兵將」の廢止を主張したことにあった。つまり熙河路の蕃兵將は、五つの州軍などにそれが一つずつ置かれていたことに對し、鍾傳の建議した「東西路蕃兵將」はその名稱通り一路に蕃兵將が二つしかなく、それで一路の蕃兵全體を管轄するという不便があったからである。したがってこのような情況から判斷すると、陝西路では元祐以降熙河路以外の地域でも三門法に準ずる改革が圖られたものの、紹聖三年までは結局實現せず、この時ようやく涇原と秦鳳兩路にだけそれが一時實現したが、しかしそれも長續きはせず、元符二年以降は元豐末期の狀態である「一路蕃漢分離、四路蕃漢合一」の將兵制に復歸したことになる。

では、三門法はどのようなものであったのか。その內容は『長編』に詳しく見えており、それによれば三門法は職分門、蒐閱門、雜條門という三つの門からなる故の呼稱であり、それらの各門にはそれぞれ貴重な記事が載っている。まず職分門では、蕃兵統轄官に蕃兵將が二員、蕃兵使臣が一〇員それぞれあって、その仕事が熟戶部族への巡按と蒐閱、兵馬の參領、戰具などの管理と把握、各種の仕事に蕃兵を差發、蕃兵の揀選と交替など、蕃兵のほぼ全てのことに關わっていること、並びに彼らには常に正兵とも緊密な連絡體制が維持されるべきであったことも述べられている。次に蒐閱門では、まず熟戶蕃部に戶毎に出すべき壯丁の數が決まっていて、蕃兵將などがそれに準じて蕃丁を徵集し、その徵集の成果が毎年經略使に報告され、勤務評價にも反映されていた。ただ、かくして徵集された蕃丁たちは、全てが蕃兵に組織されたわけではなく、少なくとも「出戰蕃兵」、「四部に入らぬ者」、「供贍人」の三つに分けられた。そのうち「出戰蕃兵」だけが普通の戰闘要員であり、彼らはさらに武藝の程度などで四等級に分けられ、有事には「將－部－隊」という將兵制の一般的な部隊編成法にしたがって部隊を作っていた。また「四部に入らぬ者」は、定員が決まっている「出戰蕃兵」の枠以外の者たちで構成された、いわば豫備的な軍隊として考えられ、さらに「供贍人」は「輜重」に近いものであったと思われる。最後の雜條門には、主として蕃兵を「犒設」するための公使錢の支給規定などが述べられている。それによれば、宋朝は特に公使錢を蕃兵の數などに比例して各州軍に確保しておき、「點閱」の際にそれを支給することになっている。但し、熙河路の各州軍に決まっている「犒設」のための公使錢の定額に比べ、實際「點閱」の際にそれを支給された額は多いとは言えず、その點から公使錢の一部は例えば戰功を立てた蕃兵への褒美などにも拂われていたと思われる。

さて、このような檢討を踏まえ、宋代西北地域の國境と民族問題の意義を述べれば次のようになる。まず宋代には、塞外民族の西夏との對立または戰爭が解消すると、常に「和議」が締結されていた。そして、その和議の中で國境問題が最も重要な爭點の一つとして取り上げられ、その交渉の妥結如何が和議の成否に直結することも多かった。本書の第三章で、王安石が和議の前提として西夏に畫界交渉を提案し、それが何とか終わった段階で和議が締結されたごとくであり、或は第四章では、西夏との國境交渉が物別れとなったためこそ和議も遂に決裂したごとくである。

ところで、宋代にはこのように國境交渉が繰返して行われることにつれ、當然のことながら「國境の明確化」という傾向と、またそれにしたがって宋人の國境に對する考え方にも、注目すべき變化が現れていたと思われる。まず、宋夏間の國境は最初はまさに「(陝西)五路の舊界、…犬牙相錯する」様相を呈していたが、その状況は宋一代を通じて「禁地(=草地=兩不耕地)」・「封堠」・「塹壕」など國境を現す施設や標識などが、次第に國境地帯に廣く導入されることと並行して次第に變わり、國境の「明確化」が進むようになった。「禁地」の例だけを擧げても、それは慶曆年間河東路で最初に設けられたが、その後熙寧年間には綏州に擴大され、さらに元祐期には一應失敗はしたもののそれが陝西路のほぼ全域にまで出現しようとする趨勢にあった。

かかる宋代の狀況は宋人或は西夏の人々にも影響を及ぼし、彼らの國境に對する考え方にも何らかの變化をもたらしたはずである。そうした宋人の考えの一端を現わすものとして、王安石は「侵爭の端は、常に地界の不明に因る」と指摘して境界明確化の必要性を主張しており、一方の西夏でも、最初は「我が馬の足踐む所、卽ち我が土と爲る」としていたが、後になると西夏は「草地」設定の必要性に對して「以て蕃漢の出入を辨じ、交鬪の端を斷つ」と述べていたごとくである。要するに、宋代の西夏との間で存在した國境は、最初は南下を畫策しようとする西夏と、それを阻止しようとする宋朝との間でできた「力の均衡」、すなわち「軍事分界線」的な意味が強かったが、それはやがて度重なる國境交涉の中で次第に「國の境」の意味が付け加えられるようになり、さらにそこからは宋人などに素朴ではあるが領土國家の觀念のようなものも生まれていたと思われる。

ちなみに境界地理學では、境界の屬性を「常に明確化を志向して發展するもの」と捉えている。とするならば、以上のような宋代における境界の實態は、狹く宋一代に限ってももちろんであるが、廣く中國史上で俯瞰する場合、そうした境界の一般的屬性が中國史においてもようやく宋代に芽を發しつつあったものと理解し得るのではあるまいか。というのも、以上のような宋代における國境をめぐる諸問題、すなわち他國との頻繁な畫界交涉、或はその中で現れた國境に對する考え方などは、宋以前には見られなかった現象であったからである。

一方、宋代の西北問題において國境と共に重要な意味を持っていたのが民族問題である。まず、西北地域で民族と國境が互いに深く關係し合っていたことは、『西夏書事』巻二一　治平二年一一月に、

囊霄（＝李元昊）時、生羌十九戶以同家堡入獻、地在德順軍威戎堡外二十里、中國未設封堠、諒祚認爲己境被宋侵占、遣兵殺屬戶數千。

とある例などから明らかである。これは宋代の國境が單に兩國の關係だけでなく、その間に介在する生・熟戶の動向

によっても變わる素地が多かったことを説明する。

またこれら西北地域の蕃部は、何より軍事的に高い資質を持つものと知られ、それ故に宋夏の間で角逐の對象となり、時にはそれが「和議」締結時においても重要な議題となっていた。ところで、このように蕃部を自分の勢力に取り込もうとする宋夏兩國の思惑について、『宋史』四八五　夏國上には、

黨項、吐蕃唃厮囉董氊瞎征諸部、夏國兵力之所必爭者也、宋之威德亦曁其地、又間獲其助焉。

と、論評している。宋朝より人口の數が遙かに少數であった西夏にとって、周邊の蕃部を自分の方に引き付けることは、兵力の擴充のためにもまさに「必ず爭うもの」であったのであり、この點は西夏史の展開の中で重要な課題となっていた。一方これに對し、宋側から蕃部の包攝を同じく人口の數という觀點で觀れば、それは確かに『宋史』の説明のように「必ず爭う」ものではなく、「間にその助けを獲る」意味しかなかったかも知れない。

しかしながら、宋朝にとっても蕃部の獲得、およびその利用は決して「補助的」な意味に止まらず、宋の邊防及び兵制、ひいては財政上にも重大な意義を持っていたと言わなければならない。本書で何度も指摘したように蕃部は軍事的に優れた資質をもち、それに宋朝が注目することによって熟戶對策が邊防上で重視され、やがて熟戶は「蕃兵」に組織されていった。特に、蕃兵が宋の重要な軍額にまで發展していく背景には、宋の禁軍の邊防上での不振が明らかに作用していた。一時その數が百萬にまで膨れ上がっていた禁軍は、その軍隊の數に比べ邊防の功は少なく、かえってそれを扶養することは財政國家の宋朝にしても多大な負擔であった。ゆえに、ここにこそ宋朝が「其の實效は正兵を勝ること遠甚たり」とされ、かつ「正兵萬人を養う一歲の費を以て、招撫の具と爲せば、則ち事に濟まざる無し」（『宋名臣奏議』巻一三二　邊防門）とされる、蕃兵に注目せざるを得なかった理由があったのである。したがって、このように考えてくると、西北地域で運用されていた宋朝の異民族對策は、單にこの地域の問題に止まらぬ宋史全體

の展開と深い關わりをもつと評價できる。つまり、そこにはまさに「地域史から全體史の再編を迫る」様々な問題が内包されていたと言えよう。

參考文獻一覽

＊日本語、中國語、韓國語の參考文獻は著者または編者の名前の五十音順に、漢文史料及び歐文は無順に並べた。
＊韓國語の論文名はこれを日本語に譯して示した。

Ⅰ　漢文史料

（漢）司馬遷『史記』（中華書局）
（唐）杜祐『通典』（中華書局）
（宋）司馬光等『資治通鑑』（中華書局）
（宋）司馬光『溫國文正司馬公文集』（國學基本叢書）
（宋）司馬光『司馬光奏議』（山西人民出版社）
（宋）司馬光『稽古錄』（北京師範大學出版社）
（後晉）劉昫等『舊唐書』（中華書局）
（宋）歐陽修等『新唐書』（中華書局）
（唐）李林甫等『唐六典』（中華書局）
（唐）李林甫等『唐律疏議』（中華書局）
（宋）王欽若等『册府元龜』（中華書局）
（宋）薛居正等『舊五代史』（中華書局）
（宋）歐陽修『新五代史』（中華書局）

（唐）李林甫『元和郡縣志』（中華書局）
（宋）歐陽忞『輿地廣記』（國學基本叢書）
（宋）樂史等『太平寰宇記』（文海出版社）
（宋）彭百川『太平治績統類』（揚州古籍書店）
（宋）王安石『臨川先生文集』（鼎文書局）
（宋）王　珪『華陽集』（四庫本）
（宋）韓　琦『韓魏公集』（國學基本叢書）
（宋）司馬光『涑水記聞』（中華書局）
（宋）司馬光『司馬光日記』（中國社會科學出版社）
（宋）宋　祁『景文集』（四庫本）
（宋）田　錫『咸平集』（四庫本）
（宋）葉　適『水心集』（臺灣中華書局）
（宋）田　況『儒林公議』（中華書局）
（宋）宋敏求等『宋大詔令集』（鼎文書局）
（宋）沈　括『夢溪筆談』（臺灣商務印書館）
（宋）孟元老『東京夢華錄』（臺灣商務印書館）
（宋）李心傳『建炎以來繫年要錄』（中華書局）
（宋）李心傳『建炎以來朝野雜記』（『宋史資料萃編』文海出版社）
（宋）李若水等『太宗皇帝實錄殘本』（鼎文書局）
（宋）李　埴『皇宋十朝綱要』（『宋史資料萃編』文海出版社）
（宋）李　燾『續資治通鑑長編』（中華書局）

（清）徐　松『宋會要輯稿』（世界書局）
（宋）呂祖謙『宋文鑑』（中華書局）
（宋）王應麟『玉海』（上海古籍出版社）
（宋）章如愚『羣書考索』（上海古籍出版社）
（宋）趙汝愚『諸臣奏議』（『宋史資料萃編』 文海出版社）
（宋）呂　陶『淨德集』（四庫本）
（宋）餘　靖『武溪集』（四庫本）
（宋）陸　游『陸游集』（中華書局）
（宋）佚　名『宣和遺事』（四庫本）
（宋）邵伯溫『邵氏聞見錄』（中華書局）
（宋）尹　洙『河南先生集』（四部叢刊初編）
（宋）范仲淹『范文正公集』（叢書集成初編）
（宋）范純仁『范忠宣公集』（四庫本）
（宋）夏　竦『文莊集』（四庫本）
（宋）朱　熹『宋名臣言行錄五集』（『宋史資料萃編』 文海出版社）
（宋）徐夢莘『三朝北盟會編』（上海古籍出版社）
（宋）張方平『樂全集』（四庫本）
（宋）陳　均『皇朝編年綱目備要』（四庫本）
（元）脫脫等『宋史』（中華書局）
（元）脫脫等『金史』（中華書局）
（元）脫脫等『遼史』（中華書局）

（宋）謝深甫等『慶元條法事類』（新文豐出版公司）
（宋）曾　鞏『元豐類稿』（臺灣中華書局）
（宋）曾　鞏『隆平集』（『宋史資料萃編』文海出版社）
（宋）曾　鞏『曾鞏集』（中華書局）
（宋）王　偁『東都事略』（『宋史資料萃編』文海出版社）
（宋）李　攸『宋朝事實』（鼎文書局）
（宋）江少虞『宋朝事實類苑』（上海古籍出版社）
（宋）高　承『事物紀原』（中華書局）
（宋）葉隆禮『契丹國志』（上海古籍出版社）
（宋）趙汝愚『宋名臣奏議』（『宋史資料萃編』文海出版社）
（宋）歐陽修『歐陽修全集』（世界書局）
（宋）蔡　絛『鐵圍山叢談』（中華書局）
（宋）周去非『嶺外代答』（中華書局）
（宋）趙汝适『諸蕃志』（叢書集成初編）
（宋）劉　摯『忠肅集』（四庫本）
（宋）韓　琦『安陽集』（四庫本）
（宋）蘇　軾『蘇軾文集』（中華書局）
（宋）蘇　轍『蘇轍集』（中華書局）
（宋）李　遠『青唐錄』（青海人民出版社）
（宋）汪　藻『青唐錄』（青海人民出版社）
（宋）曾公亮『武經總要』（解放軍出版社）

（宋）陳　靚『事林廣記』（中華書局）
（宋）王存等『元豐九域志』（華世出版社）
（宋）蘇　頌『蘇魏公文集』（中華書局）
（明）王夫之『宋論』（漢京文化事業有限公司）
（宋）徐自明『宋宰輔編年錄校補』（中華書局）
（清）畢　沅『續資治通鑑』（中華書局）
（宋）馬端臨『文獻通考』（新興書局）
（明）王　圻『續文獻通考』（現代出版社）
（宋）楊仲良『資治通鑑長編紀事本末』（『宋史資料萃編』　文海出版社）
（清）蔡上翔『王荊公年譜考略』（中華書局）
（宋）杜大珪『名臣碑傳琬琰集』（『宋史資料萃編』　文海出版社）
（清）顧祖禹『讀史方輿紀要』（國學基本叢書）
（清）顧炎武『日知錄』（中華書局）
（清）顧炎武『天下郡國利病志』（中文出版社）
（清）趙　翼『二十二史劄記』（洪氏出版社）
（明）陳邦瞻『宋史紀事本末』（三民書局）
（民國）『宋人軼事彙編』（臺灣商務印書館）
（明）李賢等『大明一統志』（汲古書院）
（清）乾隆敕撰『大清一統志』（中華書局）
（清）吳廣成『西夏書事』（鼎文書局）
（清）戴錫章『西夏紀』（寧夏人民出版社）

（民國）張鑒『西夏紀事本末』（『宋史資料萃編』 文海出版社）

Ⅱ 日本語文獻

i 單行本

青山定雄『唐宋時代の交通と地誌地圖の研究』（吉川弘文館 一九六三）
荒野泰典等編『アジアの中の日本史（Ⅰ）』（東京大學出版會 一九九二）
板野正高『近代中國政治外交史』（東京大學出版會 一九七三）
伊波利貞『中華思想』（岩波講座 東洋思想 第一七回配本 一九三六）
岩田孝三『國境政治地理學』（東學社 一九三八）
石見清裕『唐の北方問題と國際秩序』（汲古書院 一九九八）
梅原 郁『宋代官僚制度研究』（同朋舍 一九八五）
岡崎精郎『タングート古代史研究』（東洋史研究會 一九七二）
岡田宏二『中國華南民族社會史研究』（汲古書院 一九九三）
片岡一忠『清朝新疆統治研究』（雄山閣 一九九一）
河原正博『漢民族華南發展史研究』（吉川弘文館 一九八四）
木田知生『司馬光とその時代』（白帝社 一九九四）
國松久彌『政治地理學概論』（風間書房 一九五七）
桑原隲藏『蒲壽庚の事蹟』（平凡社 一九八九）
小岩井弘光『宋代兵制史の研究』（汲古書院 一九九八）
佐竹靖彦『唐宋變革期の地域的研究』（同朋舍 一九九〇）
佐藤 長『チベット歴史地理研究』（岩波書店 一九七八）

島居一康『宋代税政史研究』（汲古書院　一九九三）
島田正郎『北方ユーラシア法系の研究』（創文社　一九八一）
周藤吉之『宋代史研究』（東洋文庫　一九六九）
曾我部靜雄『宋代財政史』（生活社　一九四一）
曾我部靜雄『宋代政經史の研究』（吉川弘文館　一九七四）
舘　稔『人口分析の方法』（古今書院　一九六五）
田中健夫『中世對外關係史』（東京大學出版會　一九七五）
谷川道雄編著『戰後日本の中國史論爭』（河合文化教育研究所　一九九三）
田村實造『中國征服王朝の研究（上、中、下）』（東洋史研究會　一九六四、一九七一、一九八五）
田村實造『中國史上の民族移動期』（創文社　一九八五）
竺沙雅章『宋の太祖と太宗』（清水書院　一九七五）
竺沙雅章『范仲淹』（白帝社　一九九五）
寺地　遵『南宋初期政治史研究』（溪水社　一九八八）
外山軍治『金朝史研究』（同朋社　一九六四）
唐代史研究會編『隋唐帝國と東アジア世界』（汲古書院　一九七九）
仁井田陞『中國法制史研究――法と慣習・法と道德――』（東京大學出版會　一九六四）
仁井田陞『中國法制史研究・刑法』（東京大學出版會　一九五九）
西嶋定生等編『中國史の時代區分』（東京大學出版會　一九八三）
西嶋定生『中國古代國家と東アジア世界』（東京大學出版會　一九七五）
西嶋定生『日本歴史の國際環境』（東京大學出版會　一九九二）
西田龍雄『西夏文字』（紀伊國屋書店　一九九四）

濱下武志『近代中國の國際的契機』（東京大學出版會　一九九〇）
濱下武志『朝貢システムと近代アジア』（岩波書店　一九九七）
濱下武志編『東アジア世界の地域ネットワーク』（山川出版社　一九九九）
林　　武『發展途上國の都市化』（アジア經濟研究所　一九七六）
日比野丈夫『中國歷史地理研究』（同朋舍　一九七七）
日野開三郎『支那中世の軍閥』三省堂　一九四二、のち同『日野開三郎東洋史論集』（第一卷）三一書房　一九八〇に再收）
星　斌夫『中國社會經濟史語彙（續編）』（光文堂書店　一九七五）
堀　敏一『中國と古代東アジア世界──中華的世界と諸民族』（岩波書店　一九九三）
堀　敏一『東アジアの中の古代日本』（研文出版　一九九八）
前田正名『陝西橫山の歷史地理學的研究』（學術出版社　一九六二）
前田正名『河西の歷史地理學的研究』（吉川弘文館　一九六四）
松田壽男『砂漠の文化』（『松田壽男著作集』一　六興出版　一九八六、のち同『砂漠の文化』岩波書店　同時代ライブラリー　一九九四に再收）
溝口雄三等編『アジアから考える（2）──地域システム──』（東京大學出版會　一九九三）
宮崎市定『東洋的近世』（同『アジア史論考』朝日新聞社　一九七五）
宮崎市定『東洋における素朴主義の民族と文明主義の社會』（同『アジア史論考』朝日新聞社　一九七五）
村井章介等編『中世後期における東アジアの國際關係』（山川出版社　一九九七）
村井章介『中世日本の內と外』（筑摩書房　一九九九）
吉田金一『近代露清關係史』（近藤出版社　一九七四）
吉田金一『ロシアの東方進出とネルチンスク條約』（近代中國研究センター　一九八四）

ii　論　文

安部健夫「清朝と華夷思想」（『人文科學』一―三　一九四六、のち同『清代史の研究』創文社　一九七一に再收）
安部健夫「中國人の天下觀念」（『東方文化講座』六　一九五六、のち同『元代史の研究』創文社　一九七二に再收）
池田　溫「唐朝處遇外族官制略考」（隋唐史研究會編『隋唐帝國と東アジア世界』汲古書院　一九七九）
猪口　孝「傳統的東アジア世界秩序試論」（『國際法外交雜誌』七三―五　一九七五）
井上孝範「北宋期河北路榷場貿易の一考察」（『福岡大學大學院論集』五―一、一九七三）
井上孝範「北宋期陝西路の對外貿易について」（『九州共立大學紀要』一〇―二、一一―一合併號　一九七六）
井上孝範「沿邊の市易法」（『九州共立大學紀要』一二―二　一九七八）
井上孝範「北宋の回易について」（『九州共立大學紀要』一五―二　一九八〇）
井上孝範「南宋の回易について」（『九州共立大學紀要』一六―二　一九八一）
井上孝範「宋代の榷場貿易についての再檢討（一）（二）」（『九州共立大學紀要』二〇―一、四　一九八五、一九八八）
井上孝範「宋金榷場貿易についての一考察」（『九州共立大學紀要』一八―三　一九八四）
石見清裕「唐の內附異民族對象規定をめぐって」（『中國古代の國家と民衆』汲古書院　一九九四）
石見清裕「唐代外國貿易・在留外國人をめぐる諸問題」（『魏晉南北朝隋唐時代史の基本問題』汲古書院　一九九七）
石見清裕「ラティモの邊境論と漢～唐間の中國北邊」（『東アジアにおける國家と地域』刀水書房　一九九九）
岩崎　力「西涼府潘羅支政權始末考」（『東方學』四七　一九七四）
岩崎　力「西涼府政權の滅亡と宗哥族の發展」（『鈴木俊先生古稀記念東洋史論叢』山川出版社　一九七五）
岩崎　力「宗哥城唃廝囉政權の性格と企圖」（『中央大學アジア史研究』二　一九七八）
岩崎　力「西夏建國と宗哥族の動向」（『中村治兵衞先生古稀記念東洋史論叢』刀水書房　一九八六）
上西泰之「宋代の歸明をめぐって」（一九九五年度東洋史研究大會レジュメ）
榎　一雄「王韶の熙河路經略について」（『蒙古學報』一　一九四〇、のち同『榎一雄著作集』七　汲古書院　一九九四に再收）

榎本淳一「唐代の朝貢と貿易」(『古代文化』五〇　一九九八)
岡崎精郎「タングート慣習法と西夏法典」(『田村博士頌壽東洋史論叢』一九六八、のち同『タングート古代史研究』東洋史研究會　一九七二に再收)
岡崎精郎「タングートの遊牧と農耕」(『江上波夫教授古希記念論集』民族・文化編　山川出版社　一九七七)
小笠原正治「宋代弓箭手の研究(前篇)」(『東洋史學論集』二　一九六〇)
岡田英弘「東アジア大陸における民族」(『漢民族と中國社會』民族の世界史(五)　山川出版社　一九八三)
岡田宏二「宋代華南における非漢民族の諸相」(『東洋研究』五五　一九七九、のち同『中國華南民族社會史研究』汲古書院　一九九三に再收)
岡田宏二「宋代廣南西路左右江地域の峒丁について」(『大東文化大學紀要』二八　一九九〇、のち同『中國華南民族社會史研究』汲古書院　一九九三に再收)
奥村房夫「國境論」(『海外事情』一九七〇－四)
越智重明「華夷思想」(同『戰國秦漢史の研究』中國書店　一九九三)
川合　安「沈約『宋書』の華夷意識」(『中國における歷史認識と歷史意識の展開についての總合的研究』一九九四)
川本芳昭「五胡における中華意識の形成と「部」の制の傳播」(『古代文化』五〇　一九九八)
河原正博「宋代の羈縻州洞における計口給田について」(『東南アジアにおける權力構造の史的考察』竹村書店　一九六九、のち同『漢民族華南發展史研究』吉川弘文館　一九八四に再收)
河原正博「國境問題」(山本達郎編『ベトナム中國關係史』山川出版社　一九七五、のち同『漢民族華南發展史研究』吉川弘文館　一九八四に再收)
菊池英夫「節度使制確立以前における「軍」制度の展開」(『東洋學報』四四－二、四五－一　一九六一、一九六二)
岸本美緒「東アジア・東南アジア傳統社會の形成」(『岩波講座　世界歷史』一三　一九九八)
衣川　强「官僚と俸給」(『東方學報』四二　一九七一)

久保田和男「宋都開封と禁軍軍營の變遷」（『東洋學報』七四－三、四　一九九四）
熊谷滋三「後漢の羌族内徙策について」（『史滴』九　一九八八）
熊谷滋三「後漢の異民族統治における官爵授與について」（『東方學』八〇　一九九〇）
栗原朋信「中華世界の成立」（『中國前近代史研究』雄山閣　一九八〇）
古賀　登「中國複合文化試論」（『中國前近代史研究』雄山閣　一九八〇）
小林　聰「後漢の少數民族統御官に關する一考察」（『九州大學東洋史論集』一七　一九八九）
小林義廣「歐陽修における歴史敍述と慶曆の改革」（『史林』六六－四　一九八三）
近藤一成「宋代永嘉學派葉適の華夷觀」（『史學雜誌』八八－六　一九七九）
近藤一成「北宋慶曆の治小考」（『史滴』五　一九八四）
近藤一成「洛蜀黨議と哲宗實錄」（『中國正史の基礎的研究』早稲田大學出版部　一九八四）
佐伯　富「宋代雄州における緩衝地兩輸地について」（『東亞人文學報』一－二　一九四一、のち同『中國史研究』一　東洋史研究會　一九七一に再收）
佐伯　富「宋代の公使錢について」（『東洋學報』四七－一、二　一九六四、のち同『中國史研究』二　東洋史研究會　一九七一に再收）
佐伯　富「宋代の公使庫について」（『史林』五三－一　一九七〇、のち同『中國史研究』二　東洋史研究會　一九七一に再收）
酒寄雅志「古代東アジア諸國の國際意識」（『歴史學研究』一九八三年別册特集）
酒寄雅志「華夷思想の諸相」（『アジアの中の日本史Ⅴ　自意識と相互理解』東京大學出版會　一九九三）
佐々木揚「清代の朝貢システムと近現代中國の世界觀（1）（2）」（『佐賀大學教育學部研究論文集』三四－二、三五－二　一九八七、一九八八）
佐藤　弘「國防地理學の立場より觀たる中立地帶の理論（一、二、三、四）」（『地理學』五－五、六、七、八　一九三七）
佐藤愼一「儒教とナショナリズム」（『中國－社會と文化』四　一九八九）

島居一康「宋代における逃棄田對策の變遷過程」（『鹿兒島大學法文學部紀要』一〇　一九八〇、のち同『宋代税制史研究』汲古書院　一九九三に再收）
庄司莊一「王安石「周官新義」の大宰について」（『集刊東洋學』二三　一九七〇）
妹尾達彦「都市の生活と文化」（『魏晉南北朝隋唐時代史の基本問題』汲古書院　一九九七）
全　海宗「韓國と日本古代史における「歸化」について」（『朝鮮學報』七〇　一九七四）
竹村卓二「中國の少數民族」（橋本萬太郎『民族の世界史（5）』山川出版社　一九八三）
谷口哲也「唐代前半期の蕃將」（『史朋』九　一九七八）
田村實造「澶淵の盟約と其の史的意義」（『史林』二〇―一、二、四　一九三五、のち同『中國征服王朝の研究』上　東洋史研究會　一九六四に再收）
田村實造「遼宋の交通と遼國内における經濟的發達」（『滿蒙史論叢』二　一九三九）
田村雄二郎「中華ナショナリズムと『最後の帝國』」（山内昌之等編『いま、なぜ民族か』東京大學出版社　一九九四）
張　士陽「乾隆期臺灣における先住民統治政策について」（『東洋學報』七五―三、四　一九九四）
土田健次郎「王安石における學の構造」（『宋代の知識人』汲古書院　一九九三）
寺地　遵「范仲淹の政治論とその歴史的意義」（『廣島大學文學部紀要』三一―二　一九七二）
德山正人「遼宋國境地帶の兩輸戶について」（『史潮』一一―四　一九四二）
内藤湖南「概括的唐宋時代觀」（『内藤湖南全集』八　筑摩書房　一九七二）
中田　薫「唐代法における外國人の地位」（同『法制史論集』三　岩波書店　一九四三）
西嶋定生「東アジア世界の形成」（岩波講座『世界歴史』四　古代四　一九七〇、のち同『中國古代國家と東アジア世界』東大出版會　一九八三に再收）
西嶋定生「東アジア世界と册封體制」（岩波講座『日本歴史』二　古代二　一九六二、のち同『中國古代國家と東アジア世界』東大出版會　一九八三に再收）

中嶋　敏「西羌族をめぐる宋夏の抗爭」(『歷史學研究』一－六　一九三四、のち同『東洋史學論集』汲古書院　一九八八に再收)
中嶋　敏「西夏における政局の推移と文化」(『東方學報』六　東京　一九三六、のち同『東洋史學論集』汲古書院　一九八八に再收)
中嶋　敏「邦泥定國考」(『東方學報』一一－一　東京　一九四〇、のち同『東洋史學論集』汲古書院　一九八八に再收)
中嶋　敏「李元昊と野利兄弟」(『池田末利博士古希記念東洋學論集』一九八〇、のち同『東洋史學論集』汲古書院　一九八八に再收)
中村治兵衞「王安石の登場」(『歷史學研究』一五七　一九五二)
長部和雄「西夏紀年考」(『史林』一八－三、四　一九三三)
畑地正憲「五代・北宋における府州折氏について」(『史淵』一一〇　一九七三)
畑地正憲「北宋・遼間の貿易と歲贈とについて」(『史淵』一一一　一九七四)
畑地正憲「宋代行政機關としての軍について」(『史淵』一一二　一九七五)
畑地正憲「宋代における麟府路について」(『東洋史研究』五一－三　一九九二)
旗田　巍「十~十二世紀の東アジアと日本」(岩波講座『日本歷史』四　古代四　一九六二)
濱下武志「朝貢システムと近代アジア」(『國際政治』八二　一九八六)
濱下武志「東アジア國際體系」(山本吉宣等編『講座國際政治』(國際政治の理論)　東京大學出版會　一九八九)
東　一夫「宋神宗論」(『東京學藝大學紀要』一八　一九六六、のち同『王安石新法の研究』風間書房　一九七〇に再收)
東　一夫「馬政上より見たる北宋の西北邊經營」(『史海』六　一九五九)
日野開三郎「宋代史概說」(『東洋中世史』平凡社　一九三四、のち同『日野開三郎東洋史學論集』(第二十卷)三一書房　一九九五に再收)
日野開三郎「五代・北宋の歲幣・歲賜の推移」(『東洋史學』五　一九五二、のち同『日野開三郎東洋史論集』(第二十卷)三一書房　一九八〇に再收)

日野開三郎「五代・北宋の歳幣・歳賜と財政」(『東洋史學』六　一九五二、のち同『日野開三郎東洋史論集』(第二十巻) 三一書房　一九八〇に再收)
日野開三郎「銀絹の需給上よりみた五代・北宋の歳幣・歳賜」(『東洋學報』三五－一、二　一九四八、のち同『日野開三郎東洋史論集』(第二十巻) 三一書房　一九八〇に再收)
日野開三郎「唐府兵制時代における團結兵の呼稱とその普及地域」(『史淵』六一　一九五四、のち同『日野開三郎東洋史論集』(第一巻) 三一書房　一九八〇に再收)
日野開三郎「唐府兵制時代の團結兵について」(『法制史研究』五　一九五四、のち同『日野開三郎東洋史論集』(第一巻) 三一書房　一九八〇に再收)
平田茂樹「元祐時代の政治について」(『宋代の知識人』汲古書院　一九九三)
平戸幹夫「地域區分と境界」(『海外事情』(特集：境界)　一九七八－六)
平野邦雄「記紀・律令における「歸化」「外蕃」の概念とその用例」(『東洋文化』六〇　一九八〇)
藤枝　晃「李繼遷の興起と東西交通」(『羽田博士頌壽記念東洋史論叢』東洋史研究會　一九五〇)
藤田豐八「宋代の市舶司及び市舶條例」(同『東西交渉史の研究』南海篇　岡書院　一九三二)
ブルース・バートン「大宰府の國境機能」(『西海と南島の生活・文化』(古代王權と交流) 名著出版　一九九五)
堀　敏一「五代宋初における禁軍の發展」(『東洋文化研究所紀要』四　一九五三)
三浦徹明「清代中國における領土主權の思想と行動」(『史叢』二〇　一九七六)
三浦徹明「中華世界秩序の崩壞」(『海外事情』(特集：東アジア) 一九七八－九)
松井　等「宋對契丹の戰略地理」(『滿鮮地理歷史研究報告』四　一九一九)
松井　等「契丹の國軍編制及び戰術」(『滿鮮地理歷史研究報告』四　一九一九)
牧野　巽「中國家族制度概說」(『支那問題辭典』所收　中央公論社　一九四二、のち『牧野巽著作集(一)』お茶の水書房　一九七九に再收)

松園萬龜雄「文化の接觸と變化・進化」（祖父江孝男等編『文化人類學事典』ぎょうせい　一九七七）
宮崎市定「王安石の吏士合一策」（『桑原博士還暦記念東洋史論叢』弘文堂　一九三〇、のち同『アジア史研究』第一巻　東洋史研究會　一九六三に再收）
宮崎市定「西夏の興起と青白鹽問題」（『東亞經濟研究』一八―二　一九三四、のち同『アジア史研究』第一巻　東洋史研究會　一九五七に再收）
宮崎市定「宋代州縣制度の由來とその特色」（『史林』三六―二　一九五三、のち同『アジア史研究』第四巻　東洋史研究會　一九六四に再收）
宮崎市定「宋代官制序説」（佐伯富編『宋史職官志索引』東洋史研究會　一九六三）
村井誠人「民族地域と國境の相關に關する一考察」（『海外事情』（特集：境界）　一九七八―六）
柳澤　明「キャフタ條約以前の外モンゴル――ロシア國境地帶」（『東方學』七七、一九八九）
山内晉次「航海と祈りの諸相」（『古代文化』五〇　一九九八）
山本澄子「五代宋初の黨項民族及びその西夏建國との關係」（『東洋學報』三三―一　一九五一）
吉田順一「北方遊牧社會の基礎的研究」（『中國前近代史研究』雄山閣　一九八〇）
渡邊　孝「北宋の貝州王則の亂について」（『史峯』四　一九九〇）

Ⅲ　中國語文獻

i　單行本

安國樓『宋朝周邊民族政策研究』（文津出版社　一九九七）
王小甫『唐・吐蕃・大食政治關係史』（北京大學出版社　一九九二）
王曾瑜『宋朝兵制初探』（中華書局　一九八三）
王天順主編『西夏戰史』（寧夏人民出版社　一九九三）

王天順『西夏學概論』（甘肅文化出版社　一九九五）
王民信『沈括熙寧使虜圖抄箋證』（學海出版社　一九七六）
王　門『陝西古代道路交通史』（人民交通出版社　一九八九）
華夏子『明長城考實』（档案出版社　一九八八）
韓蔭晟編『黨項與西夏資料匯編』（寧夏人民出版社　一九八三）
龔延明『宋代官制辭典』（中華書局　一九九四）
嚴耕望『唐代交通圖考』第一卷～第五卷（中央研究院歷史語言研究所　一九八五～八六）
吳天墀『西夏史稿』（四川人民出版社　一九八三）
江天健『宋代市馬之研究』（國立編譯館　一九九五）
札奇斯欽『北亞遊牧民族與中原農業民族間的和平戰爭與貿易之關係』（正中書局　一九七三）
史金波等『西夏用兵史話』（四川民族出版社　一九九七）
漆　俠『王安石變法』（上海人民出版社　一九五九）
漆俠等『遼夏金經濟史』（河北大學出版社　一九九四）
周偉洲『唐代黨項』（三秦出版社　一九八八）
周寶珠『宋代東京研究』（河南大學出版社　一九九二）
祝啓源『唃廝囉――宋代藏族政權』（青海人民出版社　一九八八）
鐘　侃『寧夏古代歷史紀年』（寧夏人民出版社　一九八八）
章　羣『唐代蕃將』及び同續編（聯經出版事業公司　一九八六、一九九〇）
青海省社會科學院藏學研究所編『中國藏族部落』（中國藏學出版社　一九九〇）
孫繼民『唐代行軍制度研究』（文津出版社　一九九五）
中國軍事史編寫組編『中國軍事史（第六卷：兵站）』（解放軍出版社　一九九一）

趙雨樂『唐宋變革期軍政制度史研究』（文史哲出版社　一九九三）
趙雨樂『唐宋變革期之軍政制度』（文史哲出版社　一九九四）
張迎勝『西夏文化概論』（甘肅文化出版社　一九九五）
張家駒『沈括』（上海人民出版社　一九六二）
張復華『北宋中期以後之官制改革』（文史哲出版社　一九九一）
陳寅恪『隋唐制度淵源略論稿』（重慶商務印書館　一九四一）
陳炳應『貞觀玉鏡將研究』（寧夏人民出版社　一九九五）
程光裕『宋太宗對遼戰爭考』（臺灣商務印書館　一九七二）
杜建錄『西夏與周邊民族關係史』（甘肅文化出版社　一九九五）
湯開建等『宋代吐蕃史料集輯校（一）（二）』（四川民族出版社　一九八六）
陶晉生・王民信編『李燾續資治通鑑長編宋遼關係史料輯錄』（中央研究院歷史言語研究所　一九七四）
陶晉生『宋遼關係史研究』（聯經出版事業公司　一九八六）
馬　馳『唐代蕃將』（三秦出版社　一九九〇）
白濱編『西夏史論文集』（寧夏人民出版社　一九八四）
白　濱『黨項史研究』（吉林教育出版社　一九八九）
餘貽澤『中國土司制度』（中國邊疆學會　一九四七）
羅家祥『北宋黨爭研究』（文津出版社　一九九三）
李華瑞『宋夏關係史』（河北人民出版社　一九九八）
李　蔚『西夏史研究』（寧夏人民出版社　一九八九）
李　蔚『簡明西夏史』（人民出版社　一九九七）
李昌憲『宋代安撫使考』（齊魯書社　一九九七）

李范文『西夏簡史』（寧夏人民出版社　一九七九）
李范文『西夏研究論集』（寧夏人民出版社　一九八三）
劉馨珺『南宋荊湖南路的變亂之研究』（臺灣大學出版會　一九九四）
梁啓超『王荊公』（中華書局　一九五六）
梁天錫『宋樞密院制度(上)(下)』（黎明文化事業公司　一九九〇）
林瑞翰『宋代政治史』（正中書局　一九八九）
黎　虎『漢唐外交制度史』（蘭州大學出版社　一九九八）

ii　論　文

安國樓「論宋朝對西北邊區民族的統治體制」（『民族研究』一九九六年第一期）
安國樓「論宋代蕃兵制」（『鄭州大學學報』一九九七年第一期）
安國樓「宋代蕃法與蕃漢關係法」（『中南民族學院學報』一九九七年第三期）
閻沁恆「北宋對遼塘濼設施之研究」（『國立政治大學學報』八　一九六三）
王　偉「淺論宋夏蘭州戰役及其影響」（『蘭州學刊』一九九七年第一期）
王　忠「論西夏的興起」（『歷史研究』一九六二年第五期）
王天順等「論王安石的御夏方略」（『中州學刊』一九九六年第四期）
王桐齡「宋遼之關係」（『清華學報』四－二　一九三七）
汪伯琴「宋代西北邊境的榷場」（『大陸雜誌』五三－六　一九七六）
王民信「西夏官名雜考」（『政治大學邊政研究所年報』一九八六年第一七期）
賈大泉「論北宋的兵變」（『宋史研究論文集』上海古籍出版社　一九八二）
霍升平「論北宋與西夏的貿易」（『中州學刊』一九八八年第一期）

郭正忠「青白鹽使與青白鹽刑律」(『寧夏社會科學』一九九五年第二期)
韓茂莉「宋夏交通道路研究」(『中國歷史地理論叢』一 一九八八)
魏志江「論遼與高麗關係的分期及其發展」(『揚州師院學報』一九九六年第一期)
姫乃軍「宋與西夏在保安軍互市榷場位置考」(『寧夏大學學報』一九九三年第四期)
金渭顯「西夏與宋契丹之關係」(『明知史論』七 明知大學史學會 一九九五)
闞鎬曾「宋夏關係之研究」(『政治大學學報』一九六四年第九期)
嚴耕望「唐代北疆直轄境界考」(『唐代研究論集』四集 新文豐出版公司 一九九二)
顧吉辰「五代北宋初期西涼府族帳考」(『中國史研究』一九八四年第四期)
顧吉辰「北宋前期黨項羌族帳考」(『史學集刊』一九八五年第三期)
顧吉辰「宋西夏交聘考」(『固原師專學報』一九八六年第三期)
顧吉辰「宋代蕃官制度考述」(『中國史研究』一九八七年第四期)
顧吉辰「宋夏慶曆議和考」(『寧夏社會科學』一九八八年第三期)
顧吉辰「西夏后妃制度考述」(『寧夏社會科學』一九九三年第二期)
顧全芳「評宋初的對遼政策」(『社會科學輯刊』一九八五年第五期)
吳永章「論宋代對南方民族的羈縻政策」(『中南民族學院學報』一九八三年第三期)
黄寬重「略論南宋時代的歸正人」(『食貨月刊』復刊第七卷第三、四期 一九七八、のち同『南宋史研究集』新文豐出版 一九八五に再收)
黄正林「北宋時期環慶路的蕃族」(『西北史地』一九九七年第三期)
江天健「北宋陝西路沿邊堡寨」(『食貨月刊』第一五卷第七、八期 一九八六)
江天健「宋夏戰爭中對於横山之爭奪」(『中國歷史學會史學集刊』第二四期 一九九二)
黄鳳岐「遼宋交聘及其有關制度」(『社會科學輯刊』一九八五年第二期)

史四馬勵「北宋在對遼戰爭期間的河北邊防」（『史繹』一〇　一九七三）
朱希祖「西夏史籍考」（『説文月刊』三卷一一期　一九四三、のち白濱編『西夏史論文集』寧夏人民出版社　一九八四に再收）
朱斯白「王安石與宋遼之畫界交渉」（臺灣大學學士論文　一九五三）
周宏偉「北宋河湟地區城堡寨關位置通考」（『中國歷史地理論叢』二　一九九二）
徐玉虎「宋朝與安南之關係」（『中華文化復刊月刊』四－九　一九七一）
蔣維忠等「遼宋金元時期各族的中華意識評析」（『中央民族大學學報』一九九六年第二期）
章　巽「夏國諸州考」（『開封師範學院學報』一九六三年第一期、のち白濱編『西夏史論文集』寧夏人民出版社　一九八四に再收）
任樹民「北宋西北邊防軍中的一支勁旅――蕃兵」（『西北民族研究』一九九三年第二期）
任樹民「北宋西北邊疆質院、御書院略考」（『西北民族研究』一九九七年第二期）
齊覺生「北宋聯制與買和的外交」（『政治大學學報』二一　一九七〇）
全漢昇「宋金間走私貿易」（『歷史語言研究所集刊』一一　一九四七）
曹松林「熙寧初年的對西夏戰爭述評」（『中日宋史研討會中方論文選集』河北大學出版社　一九九一）
宋德金「遼朝正統觀念的形成與發展」（『傳統文化與現代化』一九九六年第一期）
孫建民「熙豐時期東聯高麗戰略研究」（『齊魯學刊』（曲阜）一九九六年第六期）
孫建民「宋朝與高麗朝貢貿易考論」（『河南大學學報』一九九七年第二期）
戴應新「銀州城址勘測記」（『文物』一九八〇年第八期　總二九一期）
段玉明「大理國的周邊關係」（『云南社會科學』一九九七年第三期）
張雅琴「沈括與宋遼畫界交渉」（『史繹』一二　一九七五）
趙繼顏「北宋仁宗時的宋夏陝西之戰」（『齊魯學刊』一九八〇年第四期、のち白濱編『西夏論文集』寧夏人民出版社　一九八四に再收）
張國剛「唐代的蕃部與蕃兵」（同『唐代政治制度研究論集』文津出版社　一九九四）

丁栢傳「試論西夏與北宋的經濟往來及其影響」（『河北大學學報』一九九六年第二期）
趙文潤「論唐文化的胡化傾向」（『陝西師範大學報』（哲學社會科學版）二三－四　一九九四）
張翼之「宋夏關係略論」（『民族研究』一九八三年第五期）
陳寅恪「論唐代之蕃將與府兵」（『中山大學學報』一（社會科學）一九五七、のち『陳寅恪先生文史論集』文文出版社　一九七三に再收）
陳守忠「王安石變法與熙河之役」（『甘肅師大學報』一九八〇年第三期）
陳守忠「北宋時期秦隴地區吐蕃各部族及其居地考（上）（下）」（『西北師大學報』一九九六年第二期、三期）
陳新權「宋金榷場貿易考略」（『中華文史論叢』二一　一九八二）
陳炳應「略論西夏的社會性質及其演變」（『蘭州大學學報』一九八〇年第二期）
陳炳應「黨項人的軍事組織述論」（『民族研究』一九八六年第五期）
陳炳應「西夏軍隊的徵選・廩給制度」（『西北史地』一九八七年第一期）
程民生「熙豐時期的兵制改革及啓示」（『河南大學學報』一九九六年第三期）
杜建錄「宋夏商業貿易初探」（『寧夏社會科學』一九八八年第三期）
杜建錄「宋代屬戶史論」（『寧夏社會科學』一九九二年第一期）
杜建錄「論西夏與周邊民族關係及其特點」（『民族研究』一九九六年第二期）
杜建錄「西夏官牧制度初探」（『寧夏社會科學』一九九七年第三期）
唐嘉弘「關于西夏拓跋氏的族屬問題」（『四川大學學報』一九五五年第二期、のち白濱編『西夏史論文集』寧夏人民出版社　一九八一に再收）
湯開建「李繼遷領導的反宋鬪爭是一場反對民族壓迫的正義戰爭馬」（『宋史研究論文集』第三集　一九八七）
湯開建「關于元昊領導的反宋戰爭性質的探討」（『青海民族學院學報』一九八五年第二期）
湯開建「契丹境內黨項部落的分布」（『中日宋史研討會中方論文選集』河北大學出版社　一九九一）

董光濤「范仲淹戍邊事蹟考」（『花蓮師專學報』二　一九七〇）
鄧廣銘「王安石對北宋兵制的改革措施及設想」（『宋史研究論文集』上海古籍出版社　一九八二）
陶晉生「余靖與宋遼夏外交」（『食貨月刊』第一一卷第一〇期　一九七二）
白　濱「羅兀築城考」（『寧夏社會科學』一九八六年第三期）
白　濱「論西夏的后族政治」（『民族研究』一九九〇年第一期）
馬　力「宋哲宗親政時對西夏的開邊和元符新疆界的確立」（『宋史研究論文集』第四集　一九八九）
傅樂成「唐型文化與宋型文化」（『唐代研究論集』第一輯　新文豊出版公司　一九九二年）
姚兆餘「論北宋對西夏的羈縻政策」（『甘肅社會科學』一九九六年第四期）
姚兆餘「論唐宋元王朝對西北少數民族的羈縻政策」（『甘肅社會科學』一九九七年第五期）
楊德泉等「陝西在宋代的歴史地位」（『中日宋史研討會中方論文選集』河北大學出版社　一九九一）
羅球慶「北宋兵制研究」（『新亞學報』第三卷第一期　一九五七）
羅球慶「宋夏戰爭中的蕃部與堡寨」（『崇基學報』第六卷第二期　一九六七）
李　蔚「宋夏横山之爭述論」（同『西夏史研究』寧夏人民出版社　一九八九）
李　蔚「宋神宗五路伐夏述論」（宋德金主編『遼金西夏史研究』天津古籍出版社　一九九七）
李　埏「北宋西北少數民族地區的生熟戶」（『思想戰線』一九九二年第二期）
李華瑞「貿易與西夏侵宋的關係」（『寧夏社會科學』一九九七年第三期）
李華瑞「北宋朝野人士對西夏的看法」（『安徽師大學報』一九九七年第四期）
李建超「北宋西北堡寨」（『西北歴史資料』一九八三年第二期）
李　曉「西夏的和親政策」（『文史哲』一九九六年第三期）
李克武「關于北宋河北塘濼問題」（『中州學刊』一九八七年第四期）
李范文「西夏皇帝稱號考」（『寧夏社會科學』試刊號　一九七九）

李　平「荊公溫公同異論」（『西南師範學院學報』一九八四年增刊號）
劉建麗「宋夏戰爭中的秦州吐蕃」（『寧夏社會科學』一九九六年第四期）
劉建麗「宋代吐蕃風俗述略」（『西北史研究（下）』蘭州大學出版社　一九九七）
劉建麗「北宋對西北吐蕃居地的土地開發」（『西北史研究（下）』蘭州大學出版社一九九七）
劉建麗「略論漢文化對西夏的影響」（宋德金主編『遼金西夏史研究』天津古籍出版社　一九九七）
柳立言「宋遼澶淵之盟新探」（『中央研究院歷史語言研究所集刊』六一－三　一九九〇）
呂卓民「永樂築城與永樂之戰」（『寧夏社會科學』一九八九年第三期）
呂士朋「宋代之中越關係」（『東海學報』二二　一九八一）
梁金奎「宋永樂城址考辨」（『楡林文史資料』一九八五年第三號）
廖隆盛「北宋對西夏的和市馭邊政策」（『大陸雜誌』六二－五　一九八五）
廖隆盛「宋夏關係中的青白鹽問題」（『食貨月刊』（復刊）第五卷第一〇期　一九七六）
廖隆盛「北宋對吐蕃的政策」（『國立臺灣師範大學歷史學報』四　一九七六）
廖隆盛「北宋與遼夏邊境的走私貿易問題（上）（下）」（『食貨月刊』一九八一－一一、一二）
林瑞翰「北宋之邊防」（『臺灣大學文史哲學報』一九　一九七〇）

Ⅳ　韓國語文獻

ｉ　單行本

金庠基『高麗時代史』（ソウル大學出版部　一九八五）
金在滿『契丹民族發展史の研究』（讀書新聞社　一九七五）
金在滿『契丹・高麗關係史研究』（國學資料院　一九九九）
金渭顯『遼金史研究』（裕豐出版社　一九八五）

申採湜『宋代官僚制研究』（三英社　一九八一）
朴漢濟『中國中世胡漢體制研究』（一潮閣　一九八八）

ii　論　文

安俊光「北宋禁軍の形成とその運用」（『大丘史學』三二　大丘史學會　一九八七）
安俊光「北宋廂軍の組織と役割」（『慶北史學』一一　慶北大學史學會　一九八八）
安俊光「北宋の蕃兵について」（『慶北史學』一五　慶北大學史學會　一九九二）
安俊光「宋・夏戰爭について」（『陸軍三士官學校論文集』三九　一九九四）
安俊光「宋・夏七年戰爭について」（『陸軍三士官學校論文集』四四　一九九七）
金渭顯「契丹の對西夏政策（一）」（『白山學報』三二　白山學會　一九八五）
金渭顯「契丹の對西夏政策（二）」（『白山學報』三三　白山學會　一九八六）
金渭顯「北宋の對西域政策」（『明知史論』二　明知大學史學會　一九八八）
金貴達「遼聖宗の對宋外交政策に關する研究」（『論文集』四九　全北大學　一九七六）
金庠基「高麗と金宋との關係」（『國史上の諸問題』五　一九五九）
金庠基「麗宋貿易小考」（『東方文化交流史論考』乙酉文化社　一九六四）
金容完「麗宋關係史研究」（『人文科學研究所論文集』一一―一　忠南大學　一九八四）
金容完「北宋と遼・夏境上の密貿易問題」（『濟州史學』三　濟州大學史學會　一九八七）
姜吉仲「宋遼の澶淵の盟約に關する一研究」（『慶尙史學』六　慶尙大學史學會　一九九〇）
崔韶子「淸朝の對朝鮮政策」（『明淸史研究』五　明淸史學會　一九九六）
申採湜「北宋仁宗朝における對西夏政策の變遷について」（『歷史教育』八　歷史教育研究會　一九六四）
申採湜「宋・西夏貿易考」（『歷史教育』一〇　歷史教育研究會　一九六七）

申採湜「北宋鄉兵考」（『歷史教育』一一、一二　歷史教育研究會　一九六九）
朴志君「歐陽修の華夷觀」（『梨大史苑』二二、二三　梨大史學會　一九八八）
朴志君「北宋代の對外經濟關係と華夷觀」（『梨花史學研究』一九　梨花史學研究所　一九九〇）
李東潤「宋代貿易政策」（『史學誌』一六　壇國大學史學會　一九八二）
李範鶴「王安石の對外經略策と新法」（『歷史と人間の對應』　一九八四）

Ⅴ　歐文文獻

B. Vladimirtsov *Obshchestvennuij Stroi Mongolov* 1934＝外務省調査部譯『蒙古社會制度史』一九三六

Boggs, S. Whittemore, *International Boundaries : A Study of Boundary Functions and Problems*, Columbia Univ. Press, 1940.

Harm J. de Blij, *Systematic Political Geography,* Michigan State University, 1967.

John K. Fairbank ed., *The Chinese World Order,* Cambridge, Mass, Harvard Univ. Press, 1968.

J. R. V. Prescott, *Boundary and Frontiers*, Croom Helm, 1978.

Morris Rossabi ed., *China among Equals: The Middles Kingdom and Its Neighbors, 10th-14th Centuries*, Berkeley and LosAngeles: University of California Press, 1983.

Robert P. Hymes and Conrad Schirokauer ed., *Ordering the World, Approaches to State and Society in Sung Dynasty China,* Berkeley and LosAngeles: University of California Press, 1993.

Luc Kwanten, *China and Tibet during the Northern Sung*, Indiana University, 1975.

あとがき

私は、一九九一年初めから一九九七年後半まで、まる七年間を早稲田大學大學院に留學し、現在は母國の韓國に歸り大學で教鞭をとっている。私個人の人生において大事な二〇代後半から三〇代前半の時間のすべてを投資して、日本の東洋史學を直接學び、かつ體驗したわけであるが、いま振り返ってみて、果たしてそれがどのように私に受け入れられ、また消化されたのかは未だ結論が出ていない。

ここに誠に拙い内容をもって刊行させていただくことになった本書は、その七年間を通して日本の諸先生や諸先輩より學んだところが至大だが、その中にはもちろん私の非才の故にそれを十分生かすことができなかった部分も多い。本書は私の研究のまとめとは決して言えず、むしろ長引く留學生活を決算する氣持ちでの報告書として意味づけたいと思う。

そもそも私が留學の國として日本を選んだのは、日本の學界の高い研究水準に引かれたためである。韓國でも東洋史を志す人にとって、日本語の論文は避けられないものであり、私もそれらの研究書に接する中で、次第に日本行きまでを決意することになった。當時（一九九〇年）、韓國と中國の間には國交がまだなく、中國を目指したとしても難しかったかも知れないが、とにかく外國史としての東洋史をあれだけ分析できる日本の學界の魅力と、おまけに當時の韓國で起こっていた日本を知ろうという雰圍氣が、私をそのような氣持ちにさせたのであろう。

そして私が、その日本の多くの大學から早稲田大學を選んだのは、成均館大學時代の恩師金在滿先生のご斡旋もあったが、とりわけ早稲田は以前から韓國の留學生を多く輩出するなど、韓國とはその縁が他大學より深かったことにもよる。私にもそうした傳統を確認し感じてみたい氣持ちがあったのかも知れない。

こうして早稲田に入學させていただいたが、當初の私は當然のことながら何もできないまさに物知らず同然であった。日本語もろくに話せず、それが先生方や大學院の先輩・同僚の皆様に對するご迷惑の始まりであった。そのような私を最も勵まし指導して下さったのが、古賀登先生であり、近藤一成先生であった。この兩先生は在日中の私にとってはまさに父と母のような方々であったと言える。というのも、私は宋代史を目指しながら事情があって指導教授として古賀先生のお世話を頂き、また一方では宋代史がご專門の近藤先生のご指導も缺かせなかったからである。そこで、ゼミも私は兩方に屬していた。この兩先生はお互いに對照的な面があり、したがってご指導法にも違いがあった。しかし、これが私にはかえって多様な形のご指導をいただける機會となったし、また小さなことまでもお二方からダブルチェックしていただける貴重な機會であった。とにかく私の日本での留學生活は、このお二方のお蔭なくしては成り立たないものであった。

この他、長い期間お付き合いさせていただき、何かとお世話になった方々も多い。學問ばかりでなく日常生活のことについても親切にご相談に乘って下さった、福井重雅先生、吉田順一先生、李成市先生に感謝申し上げたい。また、一々そのお名前を擧げないが、古賀ゼミと宋代史ゼミを中心とする早稲田大學大學院時代の同僚の皆様、および宋代史研究會などの學界で交際して下さった方々にも、いろいろな面においてご恩惠を蒙った。併せて、日本で共に留學しながら勵ましあった韓國留學生同僚の皆さん、特に林南壽君にお世話になった。この場を借りて以上の方々に感謝の氣持ちを表したく思う。

日本での生活が少し長くなるにつれ、私は韓國での事情もあってどうしても博士の學位が必要になった。だが、いまは少し變わりつつあるとはいえ、數年前まで日本での博士號はまさに神聖なるものの如く感じられ、自分のように業績も少ない人間にはとても口にし難いものであった。そのようなとき、私の事情を誰よりも察知し私をその方向にお導き下さったのはやはり古賀先生であり、近藤先生であった。そのお蔭で、私は當時までに發表した四本の論文を中心として、それに新しい部分を付け加え、合わせて六章からなる論考を一應の學位論文として、なんとか提出させていただくことになったのである。それが一九九七年六月のことであり、その學位請求論文『宋代の西北問題と異民族政策』と本書との關連はこの「あとがき」の最後のところで示すごとくである。

これで私には充分であり、また晴れて國へ歸ることができたのであるが、そのうえ私には誠に過分にも出版のご勸誘がかかってきた。古賀先生から學位論文を出した者の義務であると言われたとはいえ、甚だ貧弱なものを公刊することを私は恥ずかしく思っていた。そこで結局は、論文の内容を多少補足することで、出版に踏み切らせていただくことになった。

この出版に至るまでには近藤先生に誠に大なるご恩惠を蒙った。古賀先生は私の學位論文の提出直前にご停年でご引退され、相談役は主として近藤先生になったが、先生はとてもお忙しい合間を割かれ、私のために出版社のご斡旋から原稿のチェックまでして下さったのである。また、その近藤先生のご依頼を快くお引き受け下さった方は汲古書院の元社長、坂本健彦氏である。今日の嚴しい出版事情にも關わらず、私の拙論を刊行する機會を與えてくださった坂本氏に厚くお禮申し上げげたい。

私はいま、長い旅行を終えてやっと家に歸ってきたような心情である。その旅行先の日本で見て感じ、そして學んだことをこれからどのように役立たせていくか。世界はますます狹くなっており、いま東アジア世界に對する研究は從來になく脚光を浴びている。私はこれからの研究テーマを引き續き宋代を中心とする東アジアの國際關係に設定しているが、この課題を成し遂げていくに當たって、いままでの自分の經驗を十分に生かしていきたい。すなわち私は、これまで韓國人として日本において中國史を學ぶという、東アジアの主要三國と深い關係のある勉强をしてきたわけだが、この貴重な經驗を東アジアの關係史を研究するうえでさらに活用していきたい。またそうするためには、これからも日本でお付き合いした皆様との交流を大事に守り續けたいことはもちろん、中國との交流も深めていかなければならないと思う。

＊　＊　＊

本書は、さきにも述べたように、大筋において私の學位請求論文がもとになっている。ただし、そのなかには學位論文提出の前にすでに公表した部分もあれば、一部はその後歸國して個別論文として韓國の雜誌に發表したものもある。さらに、本書をまとめるに際し新たに立てた章もあり、あるいは既發表の舊稿に補訂をした部分もある。いま本書の各章とそれらの關係を示せば次のとおりである。

はしがき（學位論文の「導言」を大幅に加筆）

第一章　「宋代國境問題の基本性格と國境の諸相」（學位論文提出後に新たに執筆して、『歷史學報』一六二　韓國　一九九九に發表）

第二章　「寶元用兵と戰後の國境問題」（『埠村申延徹先生退任紀念史學論叢』日月書閣　韓國　一九九五）

第三章　「綏州事件と王安石の對西夏國境策定策」（『早稻田大學大學院文學研究科紀要』四一－一　一九九六）

第四章　「元祐期における宋夏の畫界交涉始末」（『史滴』一六　一九九四）

第五章　「宋代における熟戶の形成とその對策」（『東洋學報』七八－四　一九九七）

第六章　「唐から宋前期までの蕃兵制」（學位論文提出後に新たに執筆）
第七章　「宋代における蕃兵制の成立」（學位論文提出後に個別論文として『宋遼金元史研究』二　韓國　一九九八に發表）
第八章　「北宋後期の蕃兵制」（學位論文提出後に個別論文として『歷史教育』六六　韓國　一九九八に發表）
結語　（學位論文の「結語」一部に加筆）

讀み返してみると、未熟なところばかりが目につき、まだ殘された課題は多い。また本書は右の諸論稿の原型をできるだけとどめようとした結果、史料の重出、體例の統一を失った箇所などがある。御了解を願いたい。

最後に私的なことであるが、これまでの私の研究生活を支えてきてくれた兩親、及び留學生活の苦樂を一緒にしてくれた妻にも感謝したいと思う。

本書は、平成一一年度文部省科學研究費補助金「研究成果公開促進費」（一般學術圖書）の交付を受け出版するものである。

二〇〇〇年二月

金　成　奎

著者略歴

金成奎（きん・そんきゅ）

韓國　京畿道　果川市　生まれ
1987年　成均館大學校史學科卒業
1993年　早稲田大學大學院文學研究科東洋史學專攻修士課程修了
1997年　早稲田大學大學院文學研究科東洋史學專攻博士後期課程修了（文學博士）
現在　成均館大學校人文學部等　非常勤講師
最近主要論文
『宋代迎賓機關の性格を中心として見た唐宋變革の一面』（『中國學報』41、韓國、2000）
『外國朝貢使節宋皇帝謁見儀式復元考』（『宋遼金元史研究』4、韓國、2000）等

宋代の西北問題と異民族政策

二〇〇〇年二月二八日　發行

著　者　金　成　奎
發行者　石　坂　叡　志
印　刷　富士リプロ

發行所　汲　古　書　院
〒102-0072 東京都千代田區飯田橋二-五-四
電　話　〇三（三二六五）九七六四
ＦＡＸ　〇三（三二二二）一八四五

ISBN4 - 7629 - 2645 - 0　C3022

宋西夏交涉史研究

金 成 奎 著

唐宋變革至今也是中國史研究上的一個重要課題。但是當時整個東亞都發生了巨大的變化、所以中國與周邊諸民族的關係也處在一個劃時代的轉折期。因而對唐宋變革研究不僅在中國史的研究上是必要的、在更廣泛的東亞史的角度上來說也是必要的。本書從這種觀點出發、把研究焦點對准在、與唐宋變革直接相關的、北宋史和東亞史的連系上、尤其是由國境和民族問題而引起的外交問題上而進行了探討。

在已往的研究中、不但是宋史、就是在整個中國史的研究上、對國境問題的研究、不僅數量極少、而且研究實態也極其曖昧。本書的意義之一是通過分析宋時頻發的國境問題、明示當時東亞國際關係的面貌、展示了一些不爲人知的歷史上的中國國境形態、了解了中國人對國境的認識。另外宋代除了國境問題以外、圍繞着民族的問題也與周邊國家常發生糾分。在本研究中、還通過對宋代少數民族政策和對其拉忻等現象的考察、展示了宋與其他國家對立和矛盾等國際關係的歷史變貌。

如上所述、刊行本書的目的和意義在于、通過對宋史乃至中國史研究中較少受到重視、而又必需得以分析的、以國境和民族問題爲中心的宋與東亞諸國的交往史進行考察、從而希望能夠對唐宋變革的理解豫以一定的幫助。

但是、本研究的考察重點、主要限于與西夏接壤的宋朝的西北地區。這是因爲、比起契丹等地區、在這一地域民族及國境糾分更加頻繁和活躍。所以着重于這一地區的活動進行考察、相對來說具有便利的優點。另外、如衆所周知、在與宋朝交往的契丹（遼）、西夏（黨項）、女眞（金）等諸民族中、宋亡于女眞、而契丹則是要求與宋平等關係的宿敵。但是、宋與金的正式交往是從北宋末開始的、而

宋與契丹的關係則是通過1004年的〈澶淵盟約〉而得到了緩和。西夏則從宋初就開始壯大、後來一直對宋朝進行壓迫、給以痛苦、是宋朝的最大强敵。這也意味着西夏是與宋朝接觸最久而又最頻繁的國家。從以上几點出發、本研究以與西夏接壤的西北地域爲重點、對上述的東亞國際政治形成的新局面、進行了考察和研究。

本書分前後兩部分、通過對宋與西夏的國境和民族問題、考察了宋代東亞國際關係的變化。前半部分着重于國境問題、後半部分則着重于民族問題。宋與西夏間僅重大的國境問題衝突至少有五起、通過歷史資料可進行一定的研究的有、慶曆年間（1041-1048)、熙寧年間（1068-1077)、元祐年間（1086-1093)等。所以在本書前半部、主要以這三次事變爲考察對象、對各事變的背景和發生過程以及造成的國境形態和意義進行了分析。具體來說、與比相對應的章節是。

第二章〈寶元用兵和戰後的國境問題〉

第三章〈綏州事件與王安石對西夏國境畫定政策〉

第四章〈元祐年間宋與西夏的畫界交涉始末〉

另外、在本文中在對各別的國境事件進行分析之前、對包括西南等地域的宋代國境的一般狀態進行了整體性考察。這一部分是在

第一章〈宋代國境問題的基本性質和國境諸相〉

中進行了闡述。在這一章除了要對國境問題從整體上進行整理的試圖之外、還希望通過這種考察、對宋與西夏的交涉能有進一步理解。在以前的宋代國境問題研究中、與契丹的關係只是從局部豫以涉及、對與西夏的關係的研究、以及對這兩方面乃至全宋史的研究則几乎空白。

之後、對與西北地域民族間的問題中、關鍵問題之一是所謂的熟戶與生戶的問題。這一稱謂、是根據宋朝對周邊各民族（黨項、西蕃等)、是否與宋有無內屬關係爲基准而區別的。但熟戶不但與宋朝的邊境問題有關、而且與西夏和西蕃(藏族政權)之間的關係也相關、以至于有宋人評設“泛是邊境問題、無不與熟戶有關”。在宋朝邊境因其歸屬的曖昧、所以常與隣國發生糾分、而且代表這種

糾分的熟戶問題、與前述的國境問題綜合在一起、有必要得到考察。這一問題在以往的研究中也是不充分的。在韓國和日本几乎是空白、而在中國雖有李埏、安國樓等的論文、但對熟戶在宋朝的內屬問題的狀態和實際狀況、還存在不少值得研究的問題。本書中的

第五章〈宋代熟戶的形成及對策〉

考察論述了熟戶的形成過程以及宋朝對此的政策。熟戶因爲其相當一部分被編成所謂的〈蕃兵〉、而被補充爲宋朝的戰鬪力。當時蕃兵的素質和效率超過了宋朝的禁軍、廂兵、鄉兵之後的第四兵額、但在以往的宋朝兵制研究中從未得到言及、專論就更不用說了。這一問題與前述的熟戶等問題有着密接的關係、所以應做爲延伸的研究課題豫以分析。所以、在本文的在第五章之後的

第六章〈唐朝至宋朝的蕃兵制〉

中、先對唐宋兩代的蕃兵制的內容進行比較、然後通過

第七章〈宋代蕃兵制的成立〉

第八章〈北宋後期的蕃兵制〉

兩章、對宋代蕃兵制的形成和發展過程與宋史展開一起進行了整理。

한글 개요

宋 西夏 交涉史의 研究-국경과 민족문제를 중심으로-

김 성 규 저

唐宋變革은 지금까지 중국사연구에서 중요한 과제의 하나였다. 하지만 이 무렵 동아시아 전체에서도 큰 변화가 나타나 중국은 주변 諸民族과의 관계면에서도 획기적인 시대를 맞고 있었다. 따라서 당송변혁은 중국사 내부의 자생적 측면을 부정할 수 없더라도, 이를 넓게 동아시아 차원에서 일어난 변화의 일부로써 眺望하는 관점도 필요할 것이다. 本書는 이러한 관점에 입각해서 당송변혁기에 직결하는 北宋왕조의 역사를 동아시아와 관련지은 위에서, 특히 당시의 중요한 외교문제로 제기되고 있던 國境과 民族문제에 초점을 맞추어 검토한 것이다.

종래 국경에 관한 연구는 宋代史뿐만아니라 중국사 전체에서도 양적으로 적고, 따라서 그 실태는 극히 애매한 것이었다. 본서의 의의중의 하나는 송대에 頻發하는 국경문제에 주목하여 이를 분석함으로써 동아시아 국제관계의 새로운 樣相을 분명히 함과 동시에, 이제까지 알려지지 않았던 전통 중국에서의 국경의 구체적인 존재양태와 중국인의 거기에 대한 관념까지를 파악하는 것이 가능하였다는 점에 있다. 또한 송대에는 국경과 표리관계를 이루면서 民族을 둘러싼 문제도 주변 국가와의 사이에서 자주 일어나고 있었다. 본 연구는 이 방면에 대해서도 집중적인 검토를 행하여 송조의 少數民族에 대한 정책 및 외국과의 사이에서 이를 자기쪽으로 끌어 들이려고 하는 대립과 갈등에서 빚어지는 국제관계의 면모를 밝혔다.

이처럼 본서 간행의 목적과 의의는 송대사 내지 중국사 연구에서 비교적 관심이 적었던, 그러나 현재 분석의 필요가 요망되는 국경과 민족 문제를 중심으로 한 송대 동아시아 제국간의 교섭을 고찰하여, 종래의 당송변혁에 대한 이해를 돕는 곳에 있다고 할 수 있다.

다만 본 연구에서는 고찰의 중점을 주로 西夏와 境界를 접하는

송대의 西北방면으로 한정했다. 그 이유는 이 지역이 오히려 契丹 등의 타지역보다도 국경과 민족을 둘러싼 문제가 활발히 일어나고 있어서, 이를 집중적으로 관찰하는 데에 편리한 점이 있기 때문이다. 뿐만아니라 주지하는 것처럼 송조가 당면한 제민족은 契丹(遼), 西夏(黨項), 女眞(金) 等으로 이중 송조는 女眞에게 멸망되었고 또 契丹은 송에 대등한 관계를 요구하는 강적이었다. 그러나 송조가 金과 본격적인 관계를 갖기 시작한 것은 北宋末期부터이며, 한편 契丹과는 1004年의「澶淵의 盟約」을 계기로 이후 완만한 관계를 유지하고 있었다. 여기에 대해 西夏는 宋初부터 실력을 점차로 증강시켜 시종일관 송조를 압박하여 고통을 준 송대사상의 최대 難敵이었다. 따라서 西夏는 송조에게 가장 길고 활발한 접촉을 갖었던 국가였으며, 동시에 이점으로부터는 上述한 동아시아 국제정세의 新局面이라는 事象—國境과 民族문제가 西夏와 경계를 접하는 서북지방을 軸으로 가장 활발하게 나타나고 있었다.

이렇게 이전과는 변화된 송대 동아시아의 국제관계를 宋・西夏간의 국경과 민족문제를 통해서 고찰하려고 하는 본서에서는 그 전반부를 국경문제에, 그리고 그 후반부를 민족문제에 각각 충당하였다. 먼저 宋・西夏간의 국경문제는 큰 것만으로도 적어도 5회 이상 발생하고 있는데, 그중에서 교섭의 전개과정을 사료를 통해 어느 정도 추적할 수 있는 것은 慶曆年間(1041-1048), 熙寧年間(1068-1077), 元祐年間(1086-1093)에 각각 발생한 문제이다. 따라서 본서의 전반부에서는 이들 세개의 사례를 주요한 검토 대상으로 삼아, 각 사건의 발생 배경과 전개과정 및 거기에 나타난 국경의 형태와 의미 등에 대해서 분석하였다. 이것이 본문의

제2장「寶元用兵과 戰後의 國境問題」,

제3장「綏州事件과 王安石의 對西夏 國境 策定策」,

제4장「元祐期에 있어서 宋・西夏의 劃界交涉 始末」

에 해당한다. 또한 본문에서는 이러한 개별적인 국경교섭의 분석에 앞서서 송대 국경의 일반적인 존재형태를 契丹 및 송대의 西南지역까지를 포함해서 전체적으로 眺望하는 시도도 행하였다. 본문의

제1장 「宋代 國境問題의 基本性格과 國境의 諸相」

이 그것이며, 이 부분은 송대의 국경에 관한 문제를 취급하려고 하는 본서에서 그 기본적인 문제점을 전체적인 관점에서 정리해 보고 싶은 이유이외에, 이를 검토한 위에서 宋·西夏의 구체적인 교섭을 생각하는 것이 이해에 도움이 될 수 있다고 판단했기 때문이다. 종래 송대의 국경문제에 대해서는 契丹과의 문제가 부분적으로 취급되었을 뿐, 특히 西夏방면의 문제 그리고 이 양방면 내지 송대 전체를 포괄한 분석은 全無한 상태였다.

한편 西北지역의 민족문제에 있어서 하나의 큰 關鍵을 이루고 있던 것이 소위 熟戶와 生戶 문제이다. 이것은 송조가 주변의 각종 異民族(黨項·西蕃 등)에 대하여 자기에의 「內屬」 有無를 기준으로 구별해서 부친 칭호이지만, 이 중에서 특히 熟戶는 「邊事中에서 熟戶에 起因하지 않는 것은 없다」라고 지적될 정도로 송대의 변경, 그리고 그 성격상 西夏와 西蕃(藏族政權)의 사이에서도 문제로 되고 있었다. 요컨데 송대의 변경에서는 그 歸屬의 애매함에 의해서 隣國과 분쟁이 자주 일어나고 있었으며, 그것을 대표하는 熟戶 문제는 앞의 국경문제와 함께 종합적으로 고찰할 필요가 있다. 종래 이 문제에 대한 연구도 충분하지는 않았다. 한국과 일본에서는 거의 全無한 상황에 있으며 중국에서는 李埏·安國樓 등에 의한 논문이 있지만, 熟戶의 송조에 대한 內屬 양태 등 그 구체적인 실상에 대해서는 아직 考究할 여지가 적지 않다. 본서중의

제5장 「宋代에서 熟戶의 形成과 그 對策」

은 그와같은 熟戶의 형성과정과 거기에 대한 송조의 정책을 論考한 것이다.

또한 熟戶는 그 상당수가 소위 「蕃兵」이라는 말하자면 송조의 外人部隊에 편성되어 송조의 戰力을 크게 보충하고 있었다. 당시의 蕃兵은 자질과 효율면에서 송의 정규군=禁軍을 능가하고 있었으며, 송조의 熟戶對策의 목적도 바로 이점을 중시한 것이었다. 이 蕃兵은 송조에서 禁軍, 廂兵, 鄕兵에 이어지는 제4의 兵額이었음에도 불구하고 종래 송조의 兵制硏究에서 專論은 물론 언급조차 거의 되지

않는 실정에 있었다. 이 문제는 전술한 熟戶 등의 문제와 깊게 관련하므로 그 연장선에서 같이 분석되어야 할 것이다. 따라서 본서에서는 제5장에 이은

제6장「唐에서 宋前期까지의 蕃兵制」

에서 먼저 송대 蕃兵의 존재형태를 唐代의 그것과 비교를 시도해 본 후,

제7장「宋代에서 蕃兵制의 成立」

제8장「北宋 後期의 蕃兵制」

에 걸쳐 송대 蕃兵제도의 형성 및 발전과정을 송대사의 추이와 관련시켜 정리하였다.

索　　　　引

事　項　索　引

さ行

人　名　索　引

地　名　索　引